荆楚文库编纂出版委员会

崇文书局

後漢書卷三十四

梁統列傳第二十四 子松 竦 曾孫商 玄孫冀

　　梁統字仲寧，安定烏氏人，晉大夫梁益耳，即其先也。〔1〕統高祖父子都，自河東遷居北地，子都子橋，〔2〕以貲千萬徙茂陵，至哀、平之末，歸安定。

【注】
〔1〕《東觀記》曰："其先與秦同祖，出於伯益，別封於梁。"梁益耳見《左傳》。氏音支。
〔2〕《東觀記》，橋子溥。溥子延，以明軍謀特除西域司馬。延生統。

　　統性剛毅而好法律。初仕州郡。更始二年，召補中郎將，使安集涼州，拜酒泉太守。會更始敗，赤眉入長安，統與竇融及諸郡守起兵保境，謀共立帥。初以位次，咸共推統，統固辭曰："昔陳嬰不受王者，以有老母也。〔1〕今統內有尊親，又德薄能寡，誠不足以當之。"遂共推融為河西大將軍，更以統為武威太守。為政嚴猛，威行鄰郡。

【注】
〔1〕《前書》曰，陳嬰故東陽令史，少年殺其令，相聚數千人，迺請立嬰為王。嬰母謂曰："吾自為汝家婦，〔一〕聞先故未嘗貴，今暴得大名，不祥，不

如有所屬。"嬰乃不敢為王。

　　建武五年，統等各遣使隨竇融長史劉鈞詣闕奉貢，願得詣行在所，詔加統宣德將軍。八年夏，光武自征隗囂，統與竇融等將兵會車駕。及囂敗，封統為成義侯，〔二〕同產兄巡、從弟騰並為關內侯，拜騰酒泉典農都尉，〔三〕悉遣還河西。十二年，統與融等俱詣京師，以列侯奉朝請，更封高山侯，拜太中大夫，除四子為郎。

　　統在朝廷，數陳便宜。以為法令既輕，下姦不勝，宜重刑罰，以遵舊典，乃上疏曰：

　　臣竊見元哀二帝輕殊死之刑以一百二十三事，手殺人者減死一等，〔1〕自是以後，著為常準，故人輕犯法，吏易殺人。

【注】
　　〔1〕《東觀記》曰："元帝初元五年，輕殊死刑三十四事，哀帝建平元年，輕殊死刑八十一事，其四十二事手殺人者減死一等。"

　　臣聞立君之道，仁義為主，仁者愛人，義者政理，愛人以除殘為務，政理以去亂為心。刑罰在衷，無取於輕，是以五帝有流、殛、放、殺之誅，〔1〕三王有大辟、刻肌之法。〔2〕故孔子稱"仁者必有勇"，〔3〕又曰"理財正辭，禁民為非曰義"。〔4〕高帝受命誅暴，平蕩天下，約令定律，誠得其宜。〔5〕文帝寬惠柔克，遭世康平，〔6〕唯除省肉刑、相坐之法，它皆率由，無革舊章。〔7〕武帝值中國隆盛，財力有餘，征伐遠方，軍役數興，豪桀犯禁，姦吏弄法，故重首匿之科，著知從之律，〔8〕以破朋黨，以懲隱匿。宣帝聰明正直，總御海內，臣下奉憲，無所失墜，因循先典，天下稱理。至哀、平繼體，而即位日淺，聽斷尚寡，丞相王嘉輕為穿鑿，虧除先帝舊約成律，〔9〕數年之間，百有餘事，或不便於理，或不厭民心。謹表其尤害於體者傅奏於左。〔10〕

【注】

〔1〕唐堯時流共工，放驩兜，（服）〔殺〕三苗，〔四〕殛鯀。堯為五帝之一，故舉言焉。

〔2〕大辟，罪之大者，謂死刑也。刻肌謂墨、劓、臏、刖。

〔3〕《論語》載孔子之言也。五帝、三王皆以仁義而化，而能用肉刑以正俗，是為勇也。

〔4〕《易·繫詞》曰："何以守位？曰仁。何以聚人？曰財。理財正辭，禁人為非曰義。"《繫詞》亦孔子作，故稱"又曰"。

〔5〕高祖定天下，使蕭何次律令。

〔6〕克，能也。言以和柔能理俗也。《尚書》曰"高明柔克"也。

〔7〕秦法，一人有罪，（并）〔坐〕其家室。〔五〕文帝除肉刑并相坐律令，餘則仍舊不改。

〔8〕凡首匿者，為謀首，臧匿罪人。〔六〕至宣帝時，除子匿父母，妻匿夫，孫匿大父母罪，餘至殊死上請。知縱謂見知故縱，武帝時立見知故縱之罪，使張湯等著律，並見《前書》也。

〔9〕王嘉字公仲，平陵人。案《嘉傳》及《刑法志》並無其事，統與嘉時代相接，所引故不妄矣，但班固略而不載也。

〔10〕體，政體也。傅音附。

伏惟陛下包元履德，權時撥亂，〔1〕功踰文武，德侔高皇，誠不宜因循季末衰微之軌。回神明察，考量得失，宣詔有司，詳擇其善，定不易之典，施無窮之法，天下幸甚。

【注】

〔1〕撥，理也。《公羊傳》曰："撥亂代反之正。"

事下三公、廷尉，議者以為隆刑峻法，非明王急務，施行日久，豈一朝所釐。〔1〕統今所定，不宜開可。〔七〕

【注】
〔1〕釐猶改也。

統復上言曰："有司以臣今所言,不可施行。尋臣之所奏,非曰嚴刑。竊謂高帝以後,至乎孝宣,其所施行,多合經傳,宜比方今事,驗之往古,聿遵前典,事無難改,不勝至願。願得召見,若對尚書近臣,口陳其要。"帝令尚書問狀,統對曰:

聞聖帝明王,制立刑罰,故雖堯舜之盛,猶誅四凶。經曰:"天討有罪,五刑五庸哉。"〔1〕又曰:"爰制百姓于刑之衷。"〔2〕孔子曰:"刑罰不衷,則人無所厝手足。"〔3〕〔八〕衷之為言,不輕不重之謂也。《春秋》之誅,不避親戚,〔4〕所以防患救亂,全安眾庶,豈無仁愛之恩,貴絕殘賊之路也?

【注】
〔1〕《尚書·咎繇謨》之詞也。庸,用也。言天以五刑討有罪,用五刑必當也。
〔2〕《尚書·吕刑》云:"士制百姓于刑之中。"孔安國注云:"咎繇作士,制百官于刑之中。"此作"爰",爰,於也,義亦通。衷音丁仲反,下同也。
〔3〕厝,置也。
〔4〕《左傳》曰:"大義滅親。"又曰:"周公殺管叔,夫豈不愛,王室故也。"

自高祖之興,至于孝宣,君明臣忠,謨謀深博,猶因循舊章,不輕改革,海內稱理,斷獄益少。至初元、建平,所減刑罰百有餘條,〔1〕而盜賊浸多,歲以萬數。閒者三輔從橫,群輩並起,〔2〕至燔燒茂陵,火見未央。其後隴西、北地、西河之賊,越州度郡,萬里交結,攻取庫兵,劫略吏人,詔書討捕,連年不獲。〔3〕是時以天下無難,百姓安平,而狂狡之執，猶至於此，皆刑罰不衷，愚人易犯之所致也。

【注】
〔1〕初元，元帝年也。建平，哀帝年也。
〔2〕從音子用反，橫音户孟反。
〔3〕《東觀記》統對尚書狀曰"元壽二年，三輔盜賊群輩並起，至燔燒茂陵都邑，煙火見未央宮，前代[所]未嘗(所)有。〔九〕其後隴西新興，〔一〇〕北地任橫、任(崔)[崖]，〔一一〕西河(曹)[漕]況，〔一二〕越州度郡，萬里交結，或從遠方，四面會合，遂攻取庫兵，劫略吏人，國家開封侯之科，以軍法追捕，僅能破散"也。

由此觀之，則刑輕之作，反生大患；惠加姦軌，而害及良善也。故臣統願陛下采擇賢臣孔光、師丹等議。[1]

【注】
〔1〕孔光字子夏，師丹字公仲，並哀帝時丞相。光明習漢制及法令，丹初以論議深博，徵入為光祿大夫，皆有議，見《前書》。

議上，遂寢不報。[1]

【注】
〔1〕上音時掌反。

後出為九江太守，定封陵鄉侯。〔一三〕統在郡亦有治迹，吏人畏愛之。卒於官。子松嗣。

松字伯孫，少為郎，尚光武女舞陰長公主，再遷虎賁中郎將。松博通經書，明習故事，與諸儒脩明堂、辟廱、郊祀、封禪禮儀，常與論議，寵幸莫比。光武崩，受遺詔輔政。永平元年，遷太僕。

松數為私書請託郡縣，二年，發覺免官，遂懷怨望。四年冬，乃縣飛書誹謗，下獄死，國除。〔1〕

【注】
〔1〕飛書者，無根而至，若飛來也，即今匿名書也。

子扈，後以恭懷皇后從兄，永元中，擢為黃門侍郎，歷位卿、校尉。溫恭謙讓，亦敦《詩》、《書》。永初中，為長樂少府。松弟竦。

竦字叔敬，少習《孟氏易》，〔1〕弱冠能教授。後坐兄松事，與弟恭俱徙九真。既徂南土，歷江、湖、濟沅、湘，〔2〕感悼子胥、屈原以非辜沈身，乃作《悼騷賦》，繫玄石而沈之。〔3〕

【注】
〔1〕孟喜字長卿，東海人，見《前書》。
〔2〕湖謂洞庭湖，在今岳州。《水經》云沅〔水〕出牂柯且蘭縣，〔一四〕注云入洞庭，會于江。湘水出零陵始安縣陽海山，至巴丘入于江。
〔3〕《東觀記》載其文曰："彼仲尼之佐魯兮，先嚴斷而後弘衍。雖離讒以鳴邑兮，卒暴誅於兩觀。殷伊尹之協德兮，暨太甲而俱寧。豈齊量其幾微兮，徒信己以榮名。雖吞刀以奉命兮，〔一五〕抉目眦於門閭。吳荒萌其已殖兮，可信顏於王廬？圖往鏡來兮，關北在篇。〔一六〕君名既泯沒兮，後辟亦然。屈平濯德兮，絫顯芬香。句踐罪種兮，越嗣不長。重耳忽推兮，六卿卒強。趙殪鳴犢兮，秦人入疆。樂毅奔趙兮，燕亦是喪。武安賜命兮，昭以不王。蒙宗不幸兮，長平顛荒。范父乞身兮，楚項不昌。何爾生不先後兮，推洪勳以遐邁。〔一七〕服荔裳如朱紱兮，騁鷥路於犇瀨。歷蒼梧之崇丘兮，宗虞氏之俊乂。臨衆瀆之神林

兮，東勑職於蓬碣。祖聖道而垂典兮，襃忠孝以為珍。既匡救而不得兮，必殞命而後仁。惟賈傅其違指兮，何楊生之欺真。〔一八〕彼皇麟之高舉兮，熙太清之悠悠。臨岷川以愴恨兮，指丹海以為期。"

顯宗後詔聽還本郡。竦閉門自養，以經籍為娛，著書數篇，名曰《七序》。班固見而稱曰："孔子著《春秋》而亂臣賊子懼，〔1〕梁竦作《七序》而竊位素餐者慙。"性好施，不事產業。長嫂舞陰公主贍給諸梁，親疎有序，特重敬竦，雖衣食器物，必有加異。竦悉分與親族，自無所服。〔2〕

【注】
〔1〕《左傳》："書齊豹曰盜，三叛人名，以懲不義。善人勸焉，淫人懼焉。"《孟子》云："仲尼成《春秋》，亂臣賊子懼。"
〔2〕服猶用也。

竦生長京師，不樂本土，自負其才，鬱鬱不得意。嘗登高遠望，歎息言曰："大丈夫居世，生當封侯，死當廟食。〔1〕如其不然，閑居可以養志，《詩》、《書》足以自娛，州郡之職，徒勞人耳。"後辟命交至，並無所就。有三男三女，〔一九〕肅宗納其二女，皆為貴人。小貴人生和帝，竇皇后養以為子，而竦家私相慶。後諸竇聞之，恐梁氏得志，終為己害，建初八年，遂譖殺二貴人，而陷竦等以惡逆。詔使漢陽太守鄭據傳考竦罪，死獄中，家屬復徙九真。辭語連及舞陰公主，坐徙新城，使者護守。〔2〕宮省事密，莫有知和帝梁氏生者。

【注】
〔1〕《禮記》曰："諸侯五廟，卿大夫三廟，士一廟。"
〔2〕新城，今洛州伊闕縣也。

永元九年，竇太后崩，松子扈遣從兄禫[1]奏記三府，[二〇]以為漢家舊典，崇貴母氏，而梁貴人親育聖躬，不蒙尊號，求得申議。[2]太尉張酺引禫訊問事理，會後召見，因白禫奏記之狀。帝感慟良久，曰："於君意若何？"酺對曰："《春秋》之義，母以子貴。[3]漢興以來，母氏莫不隆顯，臣愚以為宜上尊號，追慰聖靈，存錄諸舅，以明親親。"帝悲泣曰："非君孰為朕思之！"會貴人姊南陽樊調妻嫕[4]上書自訟曰："妾同產女弟貴人，前充後宮，蒙先帝厚恩，得見寵幸。皇天授命，誕生聖明。而為竇憲兄弟所見譖訴，使妾父竦冤死牢獄，骸骨不掩。老母孤弟，遠徙萬里。獨妾遺脫，逸伏草野，常恐沒命，無由自達。今遭值陛下神聖之運，親統萬機，群物得所。憲兄弟姦惡，既伏辜誅，海內曠然，各獲其宜。妾得蘇息，拭目更視，乃敢昧死自陳所天。[5]妾聞太宗即位，薄氏蒙榮；[6]宣帝繼統，史族復興。[7]妾門雖有薄、史之親，獨無外戚餘恩，誠自悼傷。妾父既冤，不可復生，母氏年殊七十，[8]及弟棠等，遠在絕域，不知死生。願乞收竦朽骨，使母弟得歸本郡，則施過天地，存歿幸賴。"帝覽章感悟，乃下中常侍、掖庭令驗問之，嫕辭證明審，遂得引見，具陳其狀。乃留嫕止宮中，連月乃出，賞賜衣被錢帛第宅奴婢，旬月之間，累資千萬。嫕素有行操，帝益愛之，加號梁夫人；[二一]擢樊調為羽林左監。調，光祿大夫宏兄曾孫也。[9]

【注】

〔1〕禫，古"禪"字也。

〔2〕求申理而議之也。

〔3〕解見《光武紀》。

〔4〕嫕音於計反。

〔5〕臣以君為天，故云"所天"。

〔6〕文帝即位，尊薄太后為皇太后，封弟昭為軹侯。太后母前死櫟陽，迺追尊太后父為靈文侯，會稽郡置園邑三百家，櫟陽亦置靈文夫人園，令如靈文侯園儀也。

〔7〕史良娣,宣帝祖母也。宣帝初生,母王夫人死,無所歸,史良娣母貞君養視焉。宣帝即位,以舊恩封史恭三子,高為樂陵侯,曾為將陵侯,玄為平臺侯。

〔8〕殊猶過也。

〔9〕宏,光武舅也。

於是追尊恭懷皇后。其冬,制詔三公、大鴻臚曰:"夫孝莫大於尊尊親親,其義一也。〔1〕《詩》云:'父兮生我,母兮鞠我,撫我畜我,長我育我,顧我復我,出入腹我。欲報之德,昊天罔極。'〔2〕朕不敢興事,覽于前世,太宗、中宗,寔有舊典,〔3〕追命外祖,以篤親親。其追封諡皇太后父竦為褒親愍侯,比靈文、順成、[恩成]侯。〔4〕〔二二〕魂而有靈,嘉斯寵榮,好爵顯服,以慰母心。"遣中謁者與嫕及巵,備禮西迎竦喪,〔5〕詣京師改殯,賜東園畫棺、玉匣、衣衾,〔6〕建塋於恭懷皇后陵傍。帝親臨送葬,百官畢會。

【注】

〔1〕《禮記》曰:"上正祖禰,尊尊也。下正子孫,親親也。"

〔2〕《詩·小雅》也。毛萇注云:"鞠,養也。腹,厚也。"鄭玄注云:"畜,起也。育,覆育也。顧,旋視也。復,反覆也。腹,懷抱也。極,已也。欲報父母之德,昊天乎,我心無已也。"

〔3〕太宗,文帝也。中宗,宣帝也。

〔4〕昭帝母趙婕妤,帝即位,追封婕妤父為順成侯,宣帝追封母王夫人父迺始為恩成侯,各置園廟也。

〔5〕竦死漢陽獄,故西迎也。

〔6〕東園,署名,主知棺椁。《漢儀注》,王侯葬,署已下玉為札,長尺,廣二寸半;為匣,下至足,綴以黃金鏤為之。"匣"字或作"柙"也。

徵還竦妻子,封子棠為樂平侯,棠弟雍乘氏侯,雍弟翟單父侯,邑各五千戶，位皆特進，賞賜第宅奴婢車馬兵弩什物以巨萬計，寵遇光於當世。諸梁內外以親疎並補郎、謁者。

棠官至大鴻臚，雍少府。棠卒，子安國嗣，延光中為侍中，有罪免官，諸梁為郎吏者皆坐免。

商字伯夏，雍之子也。少以外戚拜郎中，遷黃門侍郎。永建元年，襲父封乘氏侯。三年，順帝選商女及妹入掖庭，遷侍中、屯騎校尉。陽嘉元年，女立為皇后，妹為貴人，加商位特進，更增國土，賜安車駟馬，其歲拜執金吾。二年，封子冀為襄邑侯，商讓不受。三年，以商為大將軍，固稱疾不起。四年，使太常桓焉奉策就第即拜，商乃詣闕受命。明年，夫人陰氏薨，追號開封君，贈印綬。[1]

【注】
[1] 開封，縣，故城在今汴州浚儀縣南。

商自以戚屬居大位，每存謙柔，虛己進賢，辟漢陽巨覽、上黨陳龜為掾屬，李固、周舉為從事中郎，於是京師翕然，稱為良輔，帝委重焉。[1]每有飢饉，輒載租穀於城門，賑與貧餒，不宣己惠。檢御門族，未曾以權盛干法。而性慎弱無威斷，頗溺於內豎。以小黃門曹節等用事於中，遂遣子冀、不疑與為交友，然宦者忌商寵任，反欲陷之。永和四年，中常侍張逵、蘧政，內者令石光，[2]尚方令傅福，冗從僕射杜永連謀，共譖商及中常侍曹騰、孟賁，云欲徵諸王子，圖議廢立，請收商等案罪。帝曰："大將軍父子我所親，騰、賁我所愛，必無是，但汝曹共妒之耳。"逵等知言不用，懼迫，遂出矯詔收縛騰、賁於省中。帝聞震怒，勑宦者李歙急呼騰、賁釋之，收逵等，悉伏誅。辭所連染及在位大臣，商懼多侵枉，乃上疏曰："《春秋》之義，功在元帥，罪止首惡，[3]故賞不僭溢，刑不淫濫，五帝、三王所以同致康乂也。[4]竊聞考中常侍張逵等，辭語多所牽及。大獄一起，無辜者衆，死囚久繫，纖微成大，[5]非所以順迎和氣，平政成化也。[6]宜早訖竟，以止逮捕之煩。"[7]帝乃納之，罪止坐者。

【注】

[1]《東觀漢記》："商少持《韓詩》，兼讀衆書傳記，天資聰敏，昭達萬情。[二三]舉措動作，直推雅性，務在誠實，不為華飾。孝友著於閭閻，明信結於友朋。其在朝廷，儼恪矜嚴，威而不猛。退食私館，接賓待客，寬和肅敬。憂人之憂，樂人之樂，皆若在己。輕財貨，不為蓄積，故衣裘裁足卒歲，奴婢車馬供用而已。朝廷由是敬憚委任焉。"

[2]內者，署名，令一人，秩六百石，屬少府，見《漢官儀》也。

[3]《春秋經》書"虞師、晉師滅下陽"。《公羊傳》曰："虞，微國也，曷為序于大國之上？使虞首[二四]惡也。曷為（序）[使]虞首惡？虞受賂，假滅國者道，以取亡焉。"

[4]《左傳》曰："善為國者，賞不僭而刑不濫。賞僭則懼及淫人，刑濫則懼及善人。若不幸而過，寧僭無濫。"

[5]言久繫，則細微之事引牽而成大也。

[6]《禮記・月令》"孟春之月，天子親帥三公、九卿、諸侯、大夫，以迎春於東郊，命相布德和令，行慶施惠，下及兆人"也。

[7]逮，及也，辭所連及即追捕之也。

六年秋，商病篤，勑子冀等曰："吾以不德，享受多福。生無以輔益朝廷，死必耗費帑藏，衣衾飯唅玉匣珠貝之屬，何益朽骨。[1]百僚勞擾，紛華道路，祇增塵垢，雖云禮制，亦有權時。[2]方今邊境不寧，盜賊未息，豈宜重為國損！氣絕之後，載至冢舍，即時殯斂。斂以時服，皆以故衣，無更裁制。殯已開冢，冢開即葬。祭食如存，無用三牲。孝子善述父志，不宜違我言也。"[3]及薨，帝親臨喪，諸子欲從其誨，朝廷不聽，賜以東園朱壽（之）器、銀鏤、黃腸、玉匣、什物二十八種，[4]

錢二百萬，布三千匹。皇后錢五百萬，布萬匹。及葬，贈輕車介士，[5]賜謚忠侯。中宮親送，帝幸宣陽亭，[6]瞻望車騎。[7]

【注】
〔1〕唅，口實也。《白虎通》曰"大夫飯以玉，唅以貝；士飯以珠，唅以貝"也。
〔2〕權時謂不依禮也。
〔3〕《禮記》曰："孝子善述父之志，善成人之事。"
〔4〕壽器，棺也，以朱飾之，以銀鏤之。《前書音義》曰"以柏木黃心為椁，曰黃腸"也。
〔5〕輕車，兵車也。介士，甲士也。
〔6〕每城門皆有亭，即宣陽門之亭也。
〔7〕《東觀記》云："初，帝作誄曰'孰云忠侯，不聞其音。背去國家，都茲玄陰。幽居冥冥，靡所且窮'也。"

子冀嗣。

冀字伯卓。[二五]為人鳶肩豺目，[1]洞精矘眄，[2]口吟舌言，[3]裁能書計。少為貴戚，逸游自恣。性嗜酒，能挽滿、彈棋、[4]格五、[5]六博、[6]蹴鞠、[7]意錢之戲，[8]又好臂鷹走狗，騁馬鬥雞。初為黃門侍郎，轉侍中，虎賁中郎將，越騎、步兵校尉，執金吾。

【注】
〔1〕鳶，鴟也，鴟肩上竦也。豺目，目豎也。
〔2〕洞，通也。矘音它蕩反。《說文》："目精直視。"
〔3〕謂語吃不能明了。
〔4〕挽滿猶引強也。《藝經》曰："彈棋，兩人對局，白黑棋各六枚，先列

棋相當，更先彈也。其局以石為之。"

〔5〕《前書》吾丘壽王善格五。《音義》云："簺也，音蘇代反。"《說文》曰："簺，行棋相塞謂之簺。"鮑宏《簺經》曰："簺有四采，塞、白、乘、五是也。至五即格，不得行，故謂之格五。"

〔6〕《楚詞》曰："琨蔽象棋有六博。"王逸注云："投六著，行六棋，故云六博。"鮑宏《博經》曰："用十二棋，六棋白，六棋黑。所擲頭謂之瓊。瓊有五采，刻為一畫者謂之塞，刻為兩畫者謂之白，刻為三畫者謂之黑，一邊不刻者五塞之間，謂之五塞。"

〔7〕劉向《別錄》曰："蹴鞠者，傳言黃帝所作，或曰起戰國之時。蹋鞠，兵埶也，所以講武知有材也。"

〔8〕何承天《纂文》曰："詭億一曰射意，一曰射數，即攤錢也。"

永和元年，拜河南尹。冀居職暴恣，多非法，父商所親客洛陽令呂放，頗與商言及冀之短，商以讓冀，冀即遣人於道刺殺放。而恐商知之，乃推疑於放之怨仇，請以放弟禹為洛陽令，[1]使捕之，盡滅其宗親、賓客百餘人。

【注】
〔1〕安慰放家，欲以滅口。

商薨未及葬，順帝乃拜冀為大將軍，弟侍中不疑為河南尹。
及帝崩，沖帝始在繦褓，太后臨朝，詔冀與太傅趙峻、太尉李固參錄尚書事。冀雖辭不肯當，而侈暴滋甚。
沖帝又崩，冀立質帝。帝少而聰慧，知冀驕橫，嘗朝群臣，目冀曰："此跋扈將軍也。"[1]冀聞，深惡之，遂令左右進鴆加煑餅，帝即日崩。

【注】

〔1〕跋扈猶强梁也。

復立桓帝,而枉害李固及前太尉杜喬,海內嗟懼,語在《李固傳》。建和元年,益封冀萬三千户,增大將軍府舉高第茂才,官屬倍於三公。〔1〕又封不疑為潁陽侯,不疑弟蒙西平侯,冀子胤襄邑侯,各萬户。和平元年,重增封冀萬户,并前所襲合三萬户。

【注】

〔1〕《漢官儀》,三公府有長史一人,司徒府掾屬三十一人,令史及御屬三十六人也。

弘農人宰宣素性佞邪,欲取媚於冀,乃上言大將軍有周公之功,今既封諸子,則其妻宜為邑君。詔遂封冀妻孫壽為襄城君,兼食陽翟租,歲入五千萬,加賜赤紱,比長公主。〔1〕壽色美而善為妖態,作愁眉,啼粧,墮馬髻,折腰步,齲齒笑,〔2〕以為媚惑。冀亦改易輿服之制,作平上軿車,〔3〕埤幘,狹冠,〔4〕折上巾,〔5〕擁身扇,〔6〕狐尾單衣。〔7〕壽性鉗忌,〔8〕能制御冀,冀甚寵憚之。

【注】

〔1〕長公主儀服同藩王,解見《皇后紀》。

〔2〕《風俗通》曰:"愁眉者,細而曲折。啼粧者,薄拭目下若啼處。墮馬髻者,側在一邊。折腰步者,足不任體。〔二六〕齲齒笑者,若齒痛不忻忻。始自冀家所為,京師翕然皆放效之。"齲音丘禹反。

〔3〕鄭玄注《周禮》云:"軿猶屏也,所用自蔽隱也。"《蒼頡篇》云:"衣車也,形制上平。"異於常也。

〔4〕埤,下也,音頻爾反,一音皮彼反。

〔5〕蓋折其巾之上角也。

〔6〕大扇也。
〔7〕後裾曳地，若狐尾也。
〔8〕鉗，釱也。言性忌害，如鉗之釱物也。釱音女輒反。

初，父商獻美人友通期於順帝，[1]通期有微過，帝以歸商，商不敢留而出嫁之，冀即遣客盜還通期。會商薨，冀行服，於城西私與之居。壽伺冀出，多從倉頭，篡取通期歸，截髮刮面，笞掠之，欲上書告其事。冀大恐，頓首請於壽母，壽亦不得已而止。冀猶復與私通，生子伯玉，匿不敢出。壽尋知之，使子胤誅滅友氏。冀慮壽害伯玉，常置複壁中。冀愛監奴秦宮，官至太倉令，得出入壽所。壽見宮，輒屏御者，託以言事，因與私焉。宮內外兼寵，威權大震，刺史、二千石皆謁辭之。

【注】
〔1〕友，姓也。《東觀記》"友"作"支"。

冀用壽言，多斥奪諸梁在位者，外以謙讓，而實崇孫氏宗親。冒名而為侍中、卿、校尉、郡守、長吏者十餘人，皆貪叨凶淫，各遣私客籍屬縣富人，被以它罪，[1]閉獄掠拷，使出錢自贖，貨物少者至於死徙。扶風人士孫奮居富而性吝，冀因以馬乘遺之，[2]從貸錢五千萬，[二七]奮以三千萬與之，冀大怒，乃告郡縣，認奮母為其守臧婢，云盜白珠十斛、紫金千斤以叛，遂收考奮兄弟，死於獄中，悉沒貲財億七千餘萬。

【注】
〔1〕籍謂疏錄之也。
〔2〕摯虞《三輔決錄注》曰"士孫奮字景卿，少為郡五官掾起家，得錢貲至一億七千萬，富聞京師"也。

其四方調發，歲時貢獻，皆先輸上第於冀，[1]乘輿乃其次焉。吏人齎貨求官請罪者，道路相望。冀又遣客出塞，交通外國，廣求異物。因行道路，發取（妓）〔伎〕女御者，〔二八〕而使人復乘埶橫暴，妻略婦女，毆擊吏卒，所在怨毒。

【注】
〔1〕上第，第一也。

冀乃大起第舍，而壽亦對街為宅，殫極土木，互相誇競。堂寢皆有陰陽奧室，〔1〕連房洞戶。〔2〕柱壁雕鏤，加以銅漆；窗牖皆有綺疏青瑣，〔3〕圖以雲氣仙靈。臺閣周通，更相臨望；飛梁石蹬，陵跨水道。〔4〕金玉珠璣，異方珍怪，充積臧室。遠致汗血名馬。又廣開園囿，採土築山，十里九坂，以像二崤，〔5〕深林絕澗，有若自然，奇禽馴獸，飛走其閒。冀壽共乘輦車，張羽蓋，飾以金銀，游觀第內，多從倡伎，〔二九〕鳴鍾吹管，酣謳竟路。或連繼日夜，以騁娛恣。客到門不得通，皆請謝門者，門者累千金。又多拓林苑，禁同王家，西至弘農，東界滎陽，南極魯陽，北達河、淇，包含山藪，遠帶丘荒，周旋封域，殆將千里。又起菟苑於河南城西，經亘數十里，發屬縣卒徒，繕修樓觀，數年乃成。移檄所在，調發生菟，刻其毛以為識，人有犯者，罪至刑死。嘗有西域賈胡，不知禁忌，誤殺一兔，轉相告言，坐死者十餘人。冀二弟嘗私遣人出獵上黨，冀聞而捕其賓客，一時殺三十餘人，無生還者。冀又起別第於城西，以納姦亡。或取良人，悉為奴婢，至數千人，名曰"自賣人"。

【注】
〔1〕奧，深室也。
〔2〕洞，通也，謂相當也。
〔3〕牖，小窗也。綺疏謂鏤為綺文。青瑣謂刻為瑣文，而以青飾之也。
〔4〕架虛為橋若飛也。

〔5〕二崤，山，在今洛州永寧縣西北。

元嘉元年，帝以冀有援立之功，欲崇殊典，乃大會公卿，共議其禮。於是有司奏冀入朝不趨，劍履上殿，謁讚不名，禮儀比蕭何；〔1〕悉以定陶、（陽）成〔陽〕餘戶增封為四縣，〔三〇〕比鄧禹；〔2〕賞賜金錢、奴婢、綵帛、車馬、衣服、甲第，比霍光：以殊元勳。每朝會，與三公絕席。〔3〕十日一入，平尚書事。〔4〕宣布天下，為萬世法。冀猶以所奏禮薄，意不悅。專擅威柄，凶恣日積，機事大小，莫不諮決之。宮衛近侍，並所親樹，〔5〕禁省起居，纖微必知。百官遷召，皆先到冀門牋檄謝恩，然後敢詣尚書。下邳人吳樹為宛令，之官辭冀，冀賓客布在縣界，以情託樹。樹對曰："小人姦蠹，比屋可誅。明將軍以椒房之重，處上將之位，宜崇賢善，以補朝闕。宛為大都，士之淵藪，自侍坐以來，未聞稱一長者，而多託非人，誠非敢聞！"冀嘿然不悅。樹到縣，遂誅殺冀客為人害者數十人，由是深怨之。樹後為荊州刺史，臨去辭冀，冀為設酒，因鴆之，樹出，死車上。又遼東太守侯猛，初拜不謁，冀託以它事，乃腰斬之。

【注】
〔1〕事見《王莽傳》也。
〔2〕冀初封襄邑，襲封乘氏，更以定陶、（陽）成〔陽〕（是）〔足〕四縣。〔三一〕
〔3〕絕席，別也。
〔4〕謂平議也。
〔5〕樹，置也。

時郎中汝南袁著，年十九，見冀凶縱，不勝其憤，乃詣闕上書曰："臣聞仲尼歎鳳鳥不至，河不出圖，自傷卑賤，不能致也。今陛下居得致之位，又有能致之資，〔1〕而和氣未應，賢愚失序者，執分權臣，上下壅隔之故也。夫四時之運，功成則退，[2]高爵厚寵，鮮不致災。今大將軍位極功成，可為至戒，宜遵懸車之禮，高枕頤神。[3]傳曰：'木實繁者，披枝害心。'若不抑損權盛，將無以全其身矣。左右聞臣言，將側目切齒，臣特以童蒙見拔，故敢忘忌諱。昔舜、禹相戒無若丹朱，[4]周公戒成王無如殷王紂，[5]願除誹謗之罪，以開天下之口。"書得奏御，冀聞而密遣掩捕著。著乃變易姓名，後託病偽死，結蒲為人，市棺殯送。冀廉問知其詐，[6]陰求得，笞殺之，隱蔽其事。學生桂陽劉常，當世名儒，素善於著，冀召補令史以辱之。時太原郝絜、胡武，皆危言高論，[7]與著友善。先是絜等連名奏記三府，薦海內高士，而不詣冀，冀追怒之，又疑為著黨，勅中都官移檄捕前奏記者並殺之，遂誅武家，死者六十餘人。絜初逃亡，知不得免，因輿櫬奏書冀門。書入，仰藥而死，家乃得全。及冀誅，有詔以禮祀著等。冀諸忍忌，皆此類也。

【注】

[1]此董仲舒對策之詞，著引而略之也。

[2]《易·繫辭》曰："寒往則暑來，暑往則寒來，寒暑相推，而歲（功）成焉。"[三二]《老子》曰："功成名遂身退，天之道也。"

[3]薛廣德為御史大夫，乞骸骨，賜安車四馬，懸其安車傳子孫。欲令冀遵致仕之禮也。

[4]《尚書》禹謂帝舜曰："亡若丹朱傲，惟慢遊是好。"

[5]《尚書》周公戒成王曰："無若殷王受之迷亂，酗于酒德哉！"

[6]廉，察也。

[7]危亦高，謂峻也。

不疑好經書，善待士，冀陰疾之，因中常侍白帝，轉為光禄勳。又諷眾人共薦其子胤為[三三]河南尹。胤一名胡狗，時年十六，容貌甚陋，不勝冠帶，道路見者，莫不蚩笑焉。不疑自恥兄弟有隙，遂讓位歸第，與弟蒙閉門自守。冀不欲令與賓客交通，陰使人變服至門，記往來者。

南郡太守馬融、江夏太守田明，初除，過謁不疑，冀諷州郡以它事陷之，皆髡笞徙朔方。融自刺不殊，明遂死於路。

永興二年，封不疑子馬為潁陰侯，胤子桃為城父侯。〔三四〕冀一門前後七封侯，三皇后，六貴人，二大將軍，夫人、女食邑稱君者七人，尚公主者三人，其餘卿、將、尹、校五十七人。在位二十餘年，窮極滿盛，威行內外，百僚側目，莫敢違命，天子恭己而不得有所親豫。

帝既不平之。延熹元年，太史令陳授〔三五〕因小黃門徐璜，陳災異日食之變，咎在大將軍，冀聞之，諷洛陽［令］收考授，〔三六〕死於獄。帝由此發怒。

初，掖庭人鄧香妻宣生女猛，[1]香卒，宣更適梁紀。梁紀者，冀妻壽之舅也。壽引進猛入掖庭，見幸，為貴人，冀因欲認猛為其女以自固，乃易猛姓為梁。時猛姊壻邴尊為議郎，冀恐尊沮敗宣意，[2]乃結刺客於偃城，刺殺尊，而又欲殺宣。宣家在延熹里，與中常侍袁赦相比。[3]冀使刺客登赦屋，欲入宣家。赦覺之，鳴鼓會眾以告宣。宣馳入以白帝，帝大怒，遂與中常侍單超、具瑗、唐衡、左悺、徐璜等五人成謀誅冀。語在《宦者傳》。

【注】
〔1〕香蓋掖庭署人之名也。
〔2〕沮，壞也。恐尊壞敗宣意，不從其改梁姓也。
〔3〕相鄰比也。

冀心疑超等，乃使中黃門張惲入省宿，以防其變。具瑗勑吏收惲，以輒從外入，欲圖不軌。帝因是御前殿，召諸尚書入，發其事，使尚書令尹勳持節勒丞郎以下皆操兵守省閤，斂諸符節送省中。使黃門令具瑗將左右廄騶、[1]虎賁、羽林、都候劍戟士，[2]合千餘人，與司隸校尉張彪共圍冀第。使光祿勳袁盱[3]持節收冀大將軍印綬，徙封比景都鄉侯。冀及妻壽即日皆自殺。悉收子河南尹胤、叔父屯騎校尉讓，及親從衛尉淑、越騎校尉忠、長水校尉戟等，諸梁及孫氏中外宗親送詔獄，無長少皆棄市。不疑、蒙先卒。其它所連及公卿列校刺史二千石死者數十人，故吏賓客免黜者三百餘人，朝廷為空，唯尹勳、袁盱及廷尉邯鄲義在焉。是時事卒從中發，〔4〕使者交馳，公卿失其度，官府市里鼎沸，數日乃定，百姓莫不稱慶。

【注】
〔1〕騶，騎士也。
〔2〕《續漢志》曰"左右都候各一人，秩六百石，主劍戟士，徼循宮中及天子有所收考"也。
〔3〕音呼。
〔4〕卒音七訥反。

收冀財貨，縣官斥賣，合三十餘萬萬，以充王府，用減天下稅租之半。散其苑囿，以業窮民。錄誅冀功者，封尚書令尹勳以下數十人。

論曰：順帝之世，梁商稱為賢輔，豈以其地居亢滿，而能以愿謹自終者乎？〔1〕夫宰相運動樞極，感會天人，〔2〕中於道則易以興政，乖於務則難乎御物。商協回天之埶，屬彫弱之期，而匡朝岋患，未聞上術，憔悴之音，載謠人口。雖輿粟盈門，何救阻飢之厄；〔3〕永言終制，未解尸官之尤。〔4〕況乃傾側孽臣，〔5〕傳寵凶嗣，以至破家傷國，而豈徒然哉！

【注】
〔1〕亢，上極之名也。愿，愨也。
〔2〕樞謂斗樞也，極，北極也。
〔3〕阻，難也。《書》曰"黎人阻飢"也。
〔4〕尸官猶尸祿。終制謂薄葬也。
〔5〕商遣冀、不疑與曹節等為交友也。

贊曰：河西佐漢，統亦定筭。[1]褒親幽憤，升高累欷。商恨善柔，冀遂貪亂。[2]

【注】
[1]謂統初與竇融定計歸光武。
[2]善柔，失刑斷之道也。

【校勘記】
[一]吾自為汝家婦　按：《刊誤》謂"吾自為"案前書云"自吾為"。
[二]封統為成義侯　按：張熷謂"成義"當為"義成"。義成，世祖時屬沛，後屬九江郡，他郡無此名。
[三]拜騰酒泉典農都尉　按：《校補》引侯康說，謂兩漢但稱農都尉，曹操始加"典"字，此誤以後世官名稱之。
[四]（服）[殺]三苗　據汲本、殿本改。按：正文言"有流殛放殺之誅"，明"服"字譌，當作"殺"。
[五]（并）[坐]其家室　據殿本改。
[六]凡首匿者為謀首藏匿罪人　按：汲本作"凡首匿者為謀自藏匿罪人"，殿本作"凡首匿者每為謀自藏匿罪人"。
[七]不宜開可　按：張熷謂《晉書・刑法志》作"不可開許"為是。
[八]刑罰不衷則人無所厝手足　按：《御覽》六三五引"衷"作"中"，"厝"作"措"。
[九]前代[所]未嘗（所）有　據《刊誤》改，與《東觀記》合。
[一〇]隴西新興　按：張森楷《校勘記》謂"新興"當是人姓名，然自來無姓新者，"新"疑"辛"字之誤。《前書・辛慶忌傳》言莽時司直陳崇舉奏辛次兄之宗親隴西辛興等侵陵百姓，威行州郡，又《鮑宣傳》言名捕隴西辛興，統對或指此也。
[一一]北地任橫任（崔）[崖]　據汲本、殿本改，與《東觀記》合。
[一二]西河（曹）[漕]況　汲本"曹況"作"漕況"。張森楷《校勘記》

謂《前書·游俠傳》有西河漕中叔，未知即況否，然則漕亦姓，從水，作"曹"非也。按：《東觀記》亦作"漕"，今據改。

〔一三〕定封陵鄉侯　按：《集解》引洪頤煊説，謂《皇后紀》舞陰長公主適延陵鄉侯太僕梁松，此傳"陵"上脱"延"字。《明帝紀》亦作"陵鄉侯梁松"。

〔一四〕沅〔水〕出牂柯且蘭縣　據汲本、殿本補。

〔一五〕雖吞刀以奉命兮　按：《集解》引惠棟説，謂"雖"當作"胥"，謂伍員也。

〔一六〕關北在篇　按：此句疑有誤。殿本《考證》王會汾謂"北"當作"比"，言關逢、比干以直諫死，其事著在篇籍也。足備一説。

〔一七〕推洪勳以遐邁　按：汲本、殿本"推"作"惟"。

〔一八〕何楊生之欺真　按：汲本、殿本"欺"作"敗"。

〔一九〕有三男三女　按：袁《紀》云竦生二男三女，長男棠及翟，長女憑及二貴人。

〔二〇〕松子扈遣從兄禮奏記三府　按：《校補》引柳從辰説，謂袁《紀》"禮"作"擅"。

〔二一〕加號梁夫人　按：袁《紀》作"梁貴人"。

〔二二〕比靈文順成〔恩成〕侯　據汲本、殿本補。

〔二三〕昭達萬情　按："情"原譌"惜"，逕據汲本、殿本改正。

〔二四〕曷為（序）〔使〕虞首惡　據汲本改，與《公羊傳》合。

〔二五〕冀字伯卓　按：殿本"伯卓"作"伯車"。

〔二六〕足不任體　按："任"原譌"在"，逕改正。

〔二七〕從貸錢五千萬奮以三千萬與之　按：《集解》引汪文臺説，謂《類聚》八十四引《續漢書》作"奮以五百萬與之"，《御覽》八百三十五引"五千萬"作"二十萬"，"五百萬"作"十萬"。

〔二八〕發取（妓）〔伎〕女御者　《刊誤》謂古無"妓"字，當作"伎"。今據改。按：句疑有譌，《册府元龜·外戚部七》作"發取奴女御婢"。

〔二九〕多從倡伎　"伎"原作"妓"，逕依殿本改。按：此處劉攽無刊誤，是劉所見本亦作"伎"也。

〔三〇〕悉以定陶（陽）成〔陽〕餘户增封為四縣　《集解》引《通鑑》胡注，謂"陽成"當作"成陽"，與定陶、乘氏皆屬濟陰郡。今據改，注同。

〔三一〕更以定陶（陽）成〔陽〕（是）〔足〕四縣　"足"字據殿本改。

〔三二〕而歲（功）成焉　據汲本、殿本刪。按：此涉下文"功成名遂"而衍。

〔三三〕又諷衆人共薦其子胤為河南尹　按：《集解》引惠棟説，謂《梁冀別傳》"胤"作"嗣"。

〔三四〕永興二年封不疑子馬為潁陰侯胤子桃為城父侯　按：《集解》引惠棟説，謂袁宏《紀》"馬"作"焉"，"桃"作"祧"，建和元年封也。又按：《通鑑》封不疑子馬等在永壽二年。

〔三五〕太史令陳授　按：《集解》引惠棟説，謂《別傳》"授"作"援"。

〔三六〕諷洛陽〔令〕收考授　據汲本、殿本補。

後漢書卷三十五

張曹鄭列傳第二十五

　　張純字伯仁，京兆杜陵人也。高祖父安世，宣帝時為大司馬衞將軍，封富平侯。[1]父放，為成帝侍中。純少襲爵土，哀平閒為侍中，王莽時至列卿。遭值篡偽，多亡爵土，純以敦謹守約，保全前封。

【注】
〔1〕臣賢案：張安世昭帝元鳳六年以右將軍宿衞忠謹封富平侯，今此言宣帝封，誤也。宣帝即位，但益封萬户耳。

　　建武初，先來詣闕，故得復國。五年，拜太中大夫，使將潁川突騎安集荊、徐、楊部，督委輸，[1]監諸將營。後又將兵屯田南陽，遷五官中郎將。有司奏，列侯非宗室不宜復國。光武曰："張純宿衞十有餘年，其勿廢，更封武始侯，食富平之半。"[2]

【注】
〔1〕督，促也。委輸，轉運也。
〔2〕武始，縣，屬魏郡。富平，縣，屬平原郡也。

　　純在朝歷世，明習故事。建武初，舊章多闕，每有疑議，輒以訪純，自郊廟婚冠喪紀禮儀，多所正定。帝甚重之，以純兼虎賁中郎將，數被引見，一日或至數四。[1]純以宗廟未定，昭穆失序，十九年，乃與太僕朱浮共奏言：「陛下興於匹庶，蕩滌天下，誅鉏暴亂，興繼祖宗。竊以經義所紀，人事衆心，雖實同創革，而名為中興，宜奉先帝，恭承祭祀者也。元帝[一]以來，宗廟奉祠高皇帝為受命祖，孝文皇帝為太宗，孝武皇帝為世宗，皆如舊制。又立親廟四世，推南頓君以上盡於舂陵節侯。[2]禮，為人後者則為之子，既事大宗，[二]則降其私親。[3]今禘祫高廟，陳序昭穆，而舂陵四世，君臣並列，以卑廁尊，不合禮意。設不遭王莽，而國嗣無寄，推求宗室，以陛下繼統者，安得復顧私親，違禮制乎？昔高帝以自受命，不由太上，宣帝以孫後祖，不敢私親，故為父立廟，獨群臣侍祠。臣愚謂宜除今親廟，以則二帝舊典，願下有司博採其議。」詔下公卿，大司徒戴涉、大司空竇融議：「宜以宣、元、成、哀、平五帝四世代今親廟，宣、元皇帝尊為祖、父，可親奉祠，成帝以下，有司行事，別為南頓君立皇考廟。其祭上至舂陵節侯，群臣奉祠，以明尊尊之敬，親親之恩。」帝從之。是時宗廟未備，自元帝以上，祭於洛陽高廟，成帝以下，祠於長安高廟，其南頓四世，隨所在而祭焉。

【注】
[1] 過三以至於四也。
[2] 南頓令欽即光武之父。舂陵侯買，光武高祖也。
[3] 大宗謂元帝也。據代相承，高祖至元帝八代，光武即高帝九代孫，以代數相推，故繼體元帝，故曰「既事大宗」。下又云「宣、元皇帝尊為祖、父」，又曰「自元帝以上祭於洛陽，成帝以下祭於長安」，其義明矣。降其私親，謂舂陵已下不別序昭穆。

明年，純代朱浮為太僕。二十三年，代杜林為大司空。在位慕曹參之迹，務於無為，[1]選辟掾史，皆知名大儒。明年，上穿陽渠，引洛水為漕，[2]百姓得其利。

【注】
〔1〕曹參，惠帝時代蕭何為相國，遵蕭何法，無所變更。
〔2〕上音時丈反。陽渠在洛陽城南。

二十六年，詔純曰："禘、祫之祭，不行已久矣。'三年不為禮，禮必壞；三年不為樂，樂必崩'。[1]宜據經典，詳為其制。"純奏曰："《禮》，三年一祫，五年一禘。《春秋傳》曰：'大祫者何？合祭也。'毀廟及未毀廟之主皆登，合食乎太祖，五年而再殷。[2]漢舊制三年一祫，毀廟主合食高廟，存廟主未嘗合祭。元始五年，諸王公列侯廟會，始為禘祭。[3]又前十八年親幸長安，亦行此禮。[4]禮說三年一閏，天氣小備；五年再閏，天氣大備。故三年一祫，五年一禘。禘之為言諦，諦定昭穆尊卑之義也。〔三〕禘祭以夏四月，夏者陽氣在上，陰氣在下，[5]故正尊卑之義也。祫祭以冬十月，冬者五穀成孰，物備禮成，故合聚飲食也。〔四〕斯典之廢，於茲八年，[6]謂可如禮施行，以時定議。"帝從之，自是禘、祫遂定。

【注】
〔1〕《論語》載宰我之言也。
〔2〕《周禮》三年一祫，五年一禘。又《公羊傳》曰："大祫者何？合祭也。合祭奈何？毀廟主陳于太祖，未毀主皆升，合食于太祖，五年而再殷祭。"注云："殷，盛也。謂三年祫，五年禘也。"
〔3〕臣賢案：平帝元始五年春，祫祭明堂，諸侯王列侯宗室助祭，賜爵金帛。今純及司馬彪《書》並云"禘祭"，蓋禘、祫俱是大祭，名可通也。
〔4〕《續漢書》曰："十八年上幸長安，詔太常行禘禮於高廟，序昭穆。父為昭，南向，子為穆，北向。"
〔5〕四月《乾》卦用事，故言陽氣在上也。
〔6〕自十八年至此。〔五〕

時南單于及烏桓來降，邊境無事，百姓新去兵革，歲仍有年，家給人足。[1] 純以聖王之建辟雍，所以崇尊禮義，既富而教者也。[2] 乃案七經讖、明堂圖、[3] 河間《古辟雍記》、孝武太山明堂制度，[4] 及平帝時議，[5] 欲具奏之。未及上，會博士桓榮上言宜立辟雍、明堂，章下三公、太常，而純議同榮，帝乃許之。

【注】
[1] 仍，頻也。
[2]《論語》曰"子適衛，冉子僕。子曰：'庶矣哉！'冉子曰：'既庶矣，又何加焉？'曰：'富之。''既富矣，又何加焉？'曰：'教之'"也。
[3] 讖，驗也。解見《光武紀》。七經謂《詩》、《書》、《禮》、《樂》、《易》、《春秋》及《論語》也。
[4] 武帝時，河間獻王德獻雅樂，對三雍宮，有其書記也。又武帝封太山，濟南人公玉帶上黃帝時明堂圖，明堂中有一殿，四面無壁，以茅蓋，水環宮垣，為複道，上有樓也。
[5] 平帝時起明堂，徵天下通一蓺以上皆議於公車也。

三十年，純奏上宜封禪，曰："自古受命而帝，治世之隆，必有封禪，以告成功焉。[1]《樂動聲儀》曰：'以《雅》治人，《風》成於《頌》。'[2] 有周之盛，成康之閒，郊配封禪，皆可見也。《書》曰'歲二月，東巡狩，至于岱宗，[柴]'，[六] 則封禪之義也。臣伏見陛下受中興之命，平海內之亂，修復祖宗，撫存萬姓，天下曠然，咸蒙更生，恩德雲行，惠澤雨施，[3] 黎元安寧，夷狄慕義。《詩》云：'受天之祜，四方來賀。'[4] 今攝提之歲，倉龍甲寅，德在東宮。[5] 宜及嘉時，遵唐帝之典，繼孝武之業，以二月東巡狩，封于岱宗，明中興，勒功勳，復祖統，報天神，禪梁父，祀地祇，傳祚子孫，萬世之基也。"中元元年，帝乃東巡岱宗，以純視御史大夫從，[6] 并上元封舊儀及刻石文。[7] 三月，薨，諡曰節侯。

【注】
〔1〕《禮記》曰："因名山，升中于天。"鄭玄注曰："謂巡守至於方嶽，燔柴祭天，告以諸侯之成功也。"
〔2〕《動聲儀》，《樂緯》篇名也。
〔3〕《易》曰："雲行雨施，品物流形。"
〔4〕《下武》之詩也。鄭玄注云："言武王受此萬年之壽，輔佐之臣亦宜蒙餘福也。"
〔5〕《爾雅》曰："太歲在寅曰攝提格。"建武三十年太歲在甲寅，時歲德在東宮。《前書音義》曰："蒼龍，太歲也。"
〔6〕視，比也。
〔7〕武帝元封元年封禪儀，令侍中皮弁搢紳，射牛行事。封廣丈二，高九尺，有玉牒書，書祕，其事皆禁。禪肅然，天子親拜，衣上黃。江淮閒一茅三脊為神籍，五色土雜封。縱遠方奇獸飛禽之屬也。

子奮嗣。

奮字穉通。父純，臨終勑家丞曰："司空無功於時，猥蒙爵土，身死之後，勿議傳國。"〔1〕奮兄根，少被病，光武詔奮嗣爵，奮稱純遺勑，固不肯受。帝以奮違詔，勑收下獄，奮惶怖，乃襲封。永平四年，隨例歸國。

【注】
〔1〕《東觀記》曰家丞名歆。

奮少好學，節儉行義，常分損租奉，〔1〕贍卹宗親，雖至傾匱，而施與不怠。十［七］年，〔七〕儋耳降附，〔2〕奮來朝上壽，引見宣平殿，應對合旨，顯宗異其才，以為侍祠侯。〔3〕建初元年，拜左中郎將，轉五官中郎將，遷長水校尉。七年，為將作大匠，章和元年，免。永元元年，復拜城門校尉。四年，遷長樂衛尉。明年，代桓郁為太常。六年，代劉方為司空。

【注】
〔1〕奉音扶用反。
〔2〕儋耳，郡，武帝置，故城即今儋州義倫縣也。
〔3〕名臣子孫侍祠封侯，解見《鄧禹傳》。

時歲災旱，祈雨不應，乃上表曰："比年不登，人用飢匱，今復久旱，秋稼未立，〔1〕陽氣垂盡，歲月迫促。夫國以民為本，民以穀為命，政之急務，憂之重者也。臣蒙恩尤深，受職過任，夙夜憂懼，章奏不能叙心，願對中常侍疏奏。"〔2〕即時引見，復口陳時政之宜。明日，和帝召太尉、司徒幸洛陽獄，錄囚徒，收洛陽令陳歆，即大雨三日。

【注】
〔1〕立，成也。
〔2〕疏猶條錄也。

奮在位清白，無它異績。九年，以病罷。在家上疏曰："聖人所美，政道至要，本在禮樂。五經同歸，而禮樂之用尤急。孔子曰：'安上治民，莫善於禮；移風易俗，莫善於樂。'又曰：'揖讓而化天下者，禮樂之謂也。'〔1〕先王之道，禮樂可謂盛矣。孔子謂子夏曰：'禮以修外，樂以制內，丘已矣夫！'〔2〕又曰：'禮樂不興，則刑罰不中；刑罰不中，則民無所厝其手足。'臣以為漢當制作禮樂，是以先帝聖德，數下詔書，愍傷崩缺，而眾儒不達，議多駁異。臣累世台輔，〔3〕而大典未定，私竊惟憂，不忘寢食。臣犬馬齒盡，誠冀先死見禮樂之定。"〔4〕十三年，更召拜太常。復上疏曰："漢當改作禮樂，圖書著明。〔5〕王者化定制禮,功成作樂。[6]謹條禮樂異議三事,願下有司,以時考定。昔者孝武皇帝、光武皇帝封禪告成,而禮樂不定,事不相副。先帝已詔曹襃,[7]今陛下但奉而成之,猶周公斟酌文武之道,非自為制,誠無所疑。[8]久執謙謙,令大漢之業不以時成,非所以章顯祖宗功德,建太平之基,為後世法。"帝雖善之,猶未施行。其冬,復以病罷。明年,卒於家。

【注】

〔1〕《禮記‧樂記》孔子之辭也。

〔2〕《禮稽命徵》之辭也。宋均注云:"修外,飾容貌也。修內,蕩滌心性也。已矣夫,恨不制作禮樂也。"

〔3〕奮七代祖湯,武帝時為御史大夫,六代祖子孺,宣帝時為衞將軍,領尚書;父純,光武時為司空。

〔4〕先死謂未死之前也。

〔5〕見《曹襃傳》。

〔6〕《禮‧樂記》之文也。功成化定同耳,功謂王業,化謂教人也。

〔7〕章帝勑曹襃於東觀次序禮事,依準舊典,凡百五十篇奏之也。

〔8〕周公制禮,皆斟酌文武之美德,為之(節)[等]制,[八]不自述也。今先帝已詔曹襃,非陛下出意,何所疑而不為也。《詩頌》曰:"於乎不顯,文王之德之純,假以溢我,我其收之,駿惠我文王。"又曰"執競武王,無競維烈"也。

子甫嗣,官至津城門候。[1]甫卒,子吉嗣。永初三年,吉卒,無子,國除。自昭帝封安世,至吉,傳國八世,[2]經歷篡亂,二百年間[3]未嘗譴黜,封者莫與為比。

【注】

〔1〕津城門,洛陽南面西門也,當洛水浮橋。《漢官儀》曰"候一人,秩

六百石"也。

〔2〕張安世字子孺,昭帝時為右將軍,始封富平侯。卒,子延壽嗣。卒,子勃嗣。卒,子臨嗣。卒,子放嗣。卒,子純嗣,建武初,改封武始侯。卒,子奮嗣。卒,子甫嗣。卒,子吉嗣,無子,國除。此言八代者,除安世始封也。

〔3〕篡亂謂王莽也。張子孺昭帝元鳳六年封,至永初三年合一百八十二年,故曰"閒"也。

曹褒字叔通,魯國薛人也。父充,持《慶氏禮》,[1][九]建武中為博士,從巡狩岱宗,定封禪禮,還,受詔議立七郊、三雍、大射、養老禮儀。[2]顯宗即位,充上言:"漢再受命,仍有封禪之事,而禮樂崩闕,不可為後嗣法。五帝不相沿樂,三王不相襲禮,[3]大漢〔當〕自制禮,[一〇]以示百世。"帝問:"制禮樂云何?"充對曰:"《河圖括地象》曰:'有漢世禮樂文雅出。'《尚書琁機鈐》曰:'有帝漢出,德洽作樂,名予。'"帝善之,下詔曰:"今且改太樂官曰太予樂,歌詩曲操[一一],以俟君子。"[4]拜充侍中。作章句辯難,於是遂有慶氏學。

【注】

〔1〕《前書》,沛人慶普字孝公,為東平太傅,受禮於后蒼,號《慶氏禮》也。

〔2〕五帝及天地為七郊。三雍以下解見《明帝紀》。

〔3〕《禮記》正文也,言損益不同也。

〔4〕操猶曲也。劉向《別錄》曰:"君子因雅琴之適,故從容以致思焉。其道閉塞悲愁而作者名其曲曰操,言遇災害不失其操也。"

褒少篤志,有大度,結髮傳充業,博雅疏通,尤好禮事。[一二]常感朝廷制度未備,慕叔孫通為漢禮儀,晝夜研精,沈吟專思,寢則懷抱筆札,行則誦習文書,當其念至,忘所之適。

初舉孝廉,再遷圉令,[1]以禮理人,以德化俗。時它郡盜徒五人來入圉界,吏捕得之,陳留太守馬嚴聞而疾惡,風縣殺之。襃勑吏曰:"夫絕人命者,天亦絕之。皐陶不為盜制死刑,管仲遇盜而升諸公。[2]今承旨而殺之,是逆天心,順府意也,其罰重矣。如得全此人命而身坐之,吾所願也。"遂不為殺。嚴奏襃姦弱,免官歸郡,為功曹。

【注】
〔1〕圉,縣,屬陳留,故城在今汴州雍丘縣南也。
〔2〕《禮·雜記》云孔子曰:"管仲遇盜,取二人焉,上以為公臣。"注云:"此人但居惡人之中,使犯法耳。"

徵拜博士。會肅宗欲制定禮樂,元和二年下詔曰:"《河圖》稱'赤九會昌,十世以光,十一以興'。[1]《尚書琁機鈐》曰:'述堯理世,平制禮樂,放唐之文。'[2]予末小子,託于數終,曷以纘興,崇弘祖宗,仁濟元元?《帝命驗》曰:'順堯考德,題期立象。'[3]且三五步驟,優劣殊軌,[4]況予頑陋,[一三]無以克堪,雖欲從之,末由也已。每見圖書,中心惡焉。"襃知帝旨欲有興作,乃上疏曰:"昔者聖人受命而王,莫不制禮作樂,以著功德。功成作樂,化定制禮,所以救世俗,致禎祥,為萬姓獲福於皇天者也。今皇天降祉,嘉瑞並臻,制作之符,甚於言語。[5]宜定文制,著成漢禮,丕顯祖宗盛德之美。"章下太常,太常巢堪以為一世大典,非襃所定,不可許。帝知群僚拘攣,難與圖始,[6]朝廷禮憲,宜時刊立,明年復下詔曰:"朕以不德,膺祖宗弘烈。乃者鸞鳳仍集,麟龍並臻,甘露宵降,嘉穀滋生,赤草之類,紀于史官。[7]朕夙夜祇畏,上無以彰于先功,下無以克稱靈物。漢遭秦餘,禮壞樂崩,且因循故事,未可觀省,有知其說者,各盡所能。"襃省詔,乃歎息謂諸生曰:"昔奚斯頌魯,[8]考甫詠殷。[9]夫人臣依義顯君,竭忠彰主,行之美也。當仁不讓,吾何辭哉!"遂復上疏,具陳禮樂之本,制改之意。拜褒侍中，從駕南巡，既還，以事下三公，未及奏，詔召玄武司馬班固，[10]問改定禮制之宜。固曰："京師諸儒，多能説禮，宜廣招集，共議得失。"帝曰："諺言'作舍道邊，三年不成'。會禮之家，名為聚訟，[11]互生疑異，筆不得下。昔堯作《大章》，一夔足矣。"[12]章和元年正月，乃召褒詣嘉德門，令小黃門持班固所上叔孫通《漢儀》十二篇，勅褒曰："此制散略，多不合經，[13]今宜依禮條正，使可施行。於南宮、東觀盡心集作。"褒既受命，乃次序禮事，依準舊典，雜以五經讖記之文，撰次天子至於庶人冠婚吉凶終始制度，以為百五十篇，寫以二尺四寸簡。其年十二月奏上。帝以衆論難一，故但納之，不復令有司平奏。會帝崩，和帝即位，褒乃為作章句，帝遂以《新禮》二篇冠。擢褒監羽林左騎。[14][一四]永元四年，遷射聲校尉。後太尉張酺、尚書張敏等奏褒擅制《漢禮》，破亂聖術，宜加刑誅。帝雖寢其奏，而《漢禮》遂不行。

【注】

〔1〕九謂光武，十謂明帝，十一謂章帝也。

〔2〕緯本文云："使帝王受命，用吾道述堯理代，平制禮放唐之文，化洽作樂名斯在。"宋均注云："述，脩也。"

〔3〕宋均注曰："堯巡省於河、洛，得龜龍之圖書。舜受禪後習堯禮，得之演以為《考河命》，題五德之期，立將起之象，凡三篇，在《中候》也。"

〔4〕《孝經鉤命決》曰："三皇步，五帝驟，三王馳。"宋均注云："步謂德隆道用，[一五]日月為步。時事彌順，[一六]日月亦驟。勤思不已，日月乃馳。"是優劣也。

〔5〕言明白也。

〔6〕拘攣猶拘束也。《前書》鄒陽曰"能越拘攣之語"也。

〔7〕赤草即朱草也。《大戴禮》曰"朱草日生一葉，至十五日，十六日落一葉，[一七]周而復始"也。

〔8〕《韓詩》曰："新廟奕奕，奚斯所作。"薛君《傳》云："是詩公子奚

斯所作也。"

〔9〕正考甫,孔子之先也,作《商頌》十二篇。

〔10〕玄武司馬主玄武門。《續漢志》云"宮掖門,每門司馬一人,秩比千石"也。

〔11〕言相爭不定也。

〔12〕夔,堯樂官也。《呂氏春秋》曰,魯哀公問於孔子曰,樂正夔一足矣。

〔13〕散略猶疎略也。

〔14〕《漢官儀》曰"羽林左騎秩六百石,領羽林,屬光禄勳"也。

襃在射聲,營舍有停棺不葬者百餘所,襃親自履行,問其意故。吏對曰:"此等多是建武以來絕無後者,不得埋掩。"襃乃愴然,為買空地,悉葬其無主者,設祭以祀之。遷城門校尉、將作大匠。時有疾疫,襃巡行病徒,為致醫藥,經理饘粥,多蒙濟活。七年,出為河内太守。時春夏大旱,糧穀踊貴。襃到,乃省吏并職,退去姦殘,澍雨數降。其秋大孰,百姓給足,流冗皆還。後坐上災害不實免。有頃徵,再遷,復為侍中。

襃博物識古,為儒者宗。十四年,卒官。作《通義》十二篇,演經雜論百二十篇,又傳《禮記》四十九篇,教授諸生千餘人,慶氏學遂行於世。

論曰:漢初天下創定,朝制無文,叔孫通頗採經禮,參酌秦法,雖適物觀時,有救崩敝,然先王之容典蓋多闕矣,〔1〕是以賈誼、仲舒、王吉、劉向之徒,懷憤歎息所不能已也。〔2〕資文、宣之遠圖明懿(美)〔一八〕,而終莫或用,〔3〕故知自燕而觀,有不盡矣。〔4〕孝章永言前王,明發興作,〔5〕專命禮臣,撰定國憲,洋洋乎盛德之事焉。〔6〕而業絕天筭,議黜異端,斯道竟復墜矣。〔7〕夫三王不相襲禮,五帝不相沿樂,所以《咸》、《莖》異調,中都殊絕。〔8〕況物運遷回,情數萬化,制則不能隨其流變，品度未足定其滋章，〔9〕斯固世主所當損益者也。且樂非夔、襄，而新音代起，律謝皋、蘇，而制令亟易，〔10〕修補舊文，獨何猜焉？〔11〕禮云禮云，曷其然哉！〔12〕

【注】
〔1〕容，禮容也，典，法則也，謂行禮威儀俯仰之容貌也。文帝時，魯徐生以容為禮官，孫襄亦善為容。"容"或作"宏"，義亦通也。

〔2〕賈誼等以叔孫通禮制疏略，並上書對策，請更改作，皆不從，所以歎息也。班固曰："今大漢久曠大義，此賈誼、仲舒、王吉、劉向之徒所為發憤而增歎也。"見《前書》。

〔3〕資，用也。言用文帝、宣帝美略遠謀，而終不能用賈誼等言。誼，文帝時人。王吉，宣帝時人。

〔4〕《禮記》曰："孔子之喪，有自燕來觀者，舍於子夏氏。子夏曰：'聖人之葬人與人之葬聖人也，子何觀焉？'"有不盡矣言未備也。

〔5〕明發謂發夕至明也。《詩》曰："明發不寐。"

〔6〕洋洋，美也。

〔7〕業絕天筭謂章帝晏駕也。議黜異端謂張酺等奏褒擅制禮，遂不行也。

〔8〕《咸》，《咸池》，黃帝樂也。《莖》，《六莖》，顓頊樂也。見《前書》。異調言古今不同處。中都，魯邑名也。《家語》曰："孔子為中都宰，制為養生送死之節。"殊絕猶斷絕也。言古樂不同，舊禮亦絕也。

〔9〕言時代遷移，繁省不定也。

〔10〕夔，舜樂官。襄，魯樂官也。皋繇，虞士官。蘇忿生，周武王之司寇也。

〔11〕言刑樂數改，而修禮則疑之。

〔12〕歎其不能定也。

鄭玄字康成，北海高密人也。八世祖崇，哀帝時尚書僕射。玄少為鄉嗇夫,〔1〕得休歸,常詣學官,不樂為吏,父數怒之,不能禁。〔2〕遂造太學受業,師事京兆第五元先,始通《京氏易》、《公羊春秋》、《三統曆》、《九章筭術》。〔3〕又從東郡張恭祖受《周官》、《禮記》、《左氏春秋》、《韓詩》、《古文尚書》。以山東無足問者,乃西入關,因涿郡盧植,事扶風馬融。

【注】
〔1〕《前書》曰"鄉有嗇夫,掌聽訟收賦稅"也。
〔2〕《鄭玄別傳》曰"玄年十一二,隨母還家,正臘會同列十數人,皆美服盛飾,語言閑通,玄獨漠然如不及,母私督數之,乃曰'此非我志,不在所願'"也。
〔3〕《三統曆》,劉歆所撰也。《九章筭術》,周公作也,凡有九篇,《方田》一,《粟米》二,《差分》三,《少廣》四,《均輸》五,《方程》六,《傍要》七,《盈不足》八,《鉤股》九。

融門徒四百餘人,升堂進者五十餘生。融素驕貴,玄在門下,三年不得見,乃使高業弟子傳授於玄。玄日夜尋誦,未嘗怠倦。會融集諸生考論圖緯,聞玄善筭,乃召見於樓上,玄因從質諸疑義,問畢辭歸。融喟然謂門人曰:"鄭生今去,吾道東矣。"〔1〕

【注】
〔1〕《前書》曰:"田何授《易》於丁寬,學成,寬東歸,何謂門人曰:'《易》東矣。'"

玄自游學,十餘年乃歸鄉里。家貧,客耕東萊,學徒相隨已數百千人。及黨事起,乃與同郡孫嵩等四十餘人俱被禁錮,〔1〕遂隱修經業,杜門不出。時任城何休好《公羊》學,遂著《公羊墨守》、〔2〕《左氏膏肓》、〔3〕《穀梁廢疾》;玄乃發《墨守》,鍼《膏肓》,起《廢疾》。休見而歎曰："康成入吾室，操吾矛，以伐我乎！"初，中興之後，范升、陳元、李育、賈逵之徒爭論古今學，後馬融答北地太守劉瓌及玄答何休，義據通深，由是古學遂明。

【注】
〔1〕嵩字賓石，見《趙岐傳》。〔一九〕
〔2〕言《公羊》義理深遠，不可駁難，如墨翟之守城也。
〔3〕《說文》曰："肓，隔也。"心下為膏，喻《左氏》之疾不可為也。

靈帝末，黨禁解，大將軍何進聞而辟之。州郡以進權戚，不敢違意，遂迫脅玄，不得已而詣之。進為設几杖，禮待甚優。玄不受朝服，而以幅巾見。一宿逃去。時年六十，弟子河內趙商等自遠方至者數千。後將軍袁隗表為侍中，以父喪不行。國相孔融深敬於玄，屣履造門。〔1〕告高密縣為玄特立一鄉，曰："昔齊置'士鄉'，〔2〕越有'君子軍'，皆異賢之意也。〔3〕鄭君好學，實懷明德。昔太史公、廷尉吳公、謁者僕射鄧公，皆漢之名臣。又南山四皓有園公、夏黃公，潛光隱耀，世嘉其高，皆悉稱公。〔4〕然則公者仁德之正號，不必三事大夫也。今鄭君鄉宜曰'鄭公鄉'。昔東海于公僅有一節，猶或戒鄉人侈其門閭，〔5〕矧乃鄭公之德，而無駟牡之路！可廣開門衢，令容高車，號為'通德門'。"

【注】
〔1〕屣謂納履未正，曳之而行，言趨賢急也。
〔2〕管仲相桓公，制國為二十一鄉，工商鄉六，士鄉十五，以居工商士也。事見《國語》也。
〔3〕吳越相攻，越王句踐乃中分其師為左右軍，以其私卒君子六千人為中軍。注云："君子，王所親近有志行者。"見《國語》。
〔4〕吳公，文帝時為河南守。鄧公，景帝時為謁者僕射。太史公司馬談，武帝時。四皓，高帝時也，有園公、夏黃公、角里先生、綺里季也。須眉皓白，

故言皓。秦末隱於商雒南山，以待天下之定，漢興，迎而致之也。

〔5〕一節謂決獄也。昭帝時，東海于公為縣獄吏，決獄平，郡為生立祠，號曰于公祠。先是于公閭門壞，父老方共修之。于公曰"少高大其門，令容駟馬車。我決獄多陰德，子孫必有興者"也。

董卓遷都長安，公卿舉玄為趙相，道斷不至。〔1〕會黃巾寇青部，乃避地徐州，徐州牧陶謙接以師友之禮。建安元年，自徐州還高密，道遇黃巾賊數萬人，見玄皆拜，相約不敢入縣境。玄後嘗疾篤，自慮，以書戒子益恩曰："吾家舊貧，〔二〇〕[不]為父母群弟所容，去廝役之吏，〔2〕游學周、秦之都，往來幽、并、兗、豫之域，獲覲乎在位通人，處逸大儒，得意者咸從捧手，〔二一〕有所受焉。〔3〕遂博稽《六藝》，粗覽傳記，時覩祕書緯術之奧。年過四十，乃歸供養，假田播殖，以娛朝夕。遇閹尹擅埶，坐黨禁錮，十有四年，而蒙赦令，舉賢良方正有道，辟大將軍三司府。公車再召，比牒并名，早為宰相。〔4〕惟彼數公，懿德大雅，克堪王臣，故宜式序。〔5〕吾自忖度，無任於此，但念述先聖之元意，思整百家之不齊，亦庶幾以竭吾才，故聞命罔從。而黃巾為害，萍浮南北，復歸邦鄉。〔二二〕入此歲來，已七十矣。宿素衰落，仍有失誤，案之禮典，便合傳家。〔6〕今我告爾以老，歸爾以事，將閑居以安性，覃思以終業。自非拜國君之命，問族親之憂，展敬墳墓，觀省野物，胡嘗扶杖出門乎！家事大小，汝一承之。咨爾煢煢一夫，曾無同生相依。其勗求君子之道，研鑽勿替，敬慎威儀，以近有德。〔7〕顯譽成於僚友，德行立於己志。若致聲稱，亦有榮於所生，可不深念邪！可不深念邪！吾雖無紱冕之緒，頗有讓爵之高。〔8〕自樂以論贊之功，庶不遺後人之羞。末所憤憤者，徒以亡親墳壠未成，所好群書率皆腐敝，不得於禮堂寫定，傳與其人。〔9〕日西方暮，其可圖乎！家今差多於昔，勤力務時，無恤飢寒。菲飲食，薄衣服，節夫二者，尚令吾寡恨。若忽忘不識，亦已焉哉！"

【注】

〔1〕趙王乾之相也。〔二三〕

〔2〕廝，賤也。

〔3〕處逸謂處士隱逸之大儒。

〔4〕比牒猶連牒也，併名謂齊名也，言連牒齊名被召者並為宰相也。併音步鼎反。

〔5〕式，用也。序，列也。

〔6〕傳家謂家事任子孫也。《曲禮》曰："七十老而傳。"

〔7〕《詩·大雅·人勞篇》之言也。

〔8〕謂頻被辟不就也。

〔9〕其人謂好學者也。《前書》司馬遷曰"僕誠已著此書，傳之其人"也。

時大將軍袁紹總兵冀州，遣使要玄，大會賓客，玄最後至，乃延升上坐。身長八尺，飲酒一斛，秀眉明目，容儀溫偉。紹客多豪俊，並有才說，見玄儒者，未以通人許之，競設異端，百家互起。玄依方辯對，咸出問表，皆得所未聞，莫不嗟服。時汝南應劭亦歸於紹，因自贊曰："故太山太守應中遠，〔二四〕北面稱弟子何如？"玄笑曰："仲尼之門考以四科，〔1〕回、賜之徒不稱官閥。"劭有慙色。紹乃舉玄茂才，表為左中郎將，皆不就。公車徵為大司農，給安車一乘，所過長吏送迎。玄乃以病自乞還家。

【注】

〔1〕四科謂德行、言語、政事、文學，顏淵、閔子騫及子游、子夏，並見《論語》也。

五年春，夢孔子告之曰："起，起，今年歲在辰，來年歲在巳。"〔1〕既寤，以讖合之，知命當終，有頃寢疾。時袁紹與曹操相拒於官度，〔2〕

令其子譚遣使逼玄隨軍。不得已，載病到元城縣，疾篤不進，其年六月卒，年七十四。遺令薄葬。自郡守以下嘗受業者，縗絰赴會千餘人。

【注】
〔1〕北齊劉晝《高才不遇傳》論玄曰"辰為龍，巳為蛇，歲至龍蛇賢人嗟，玄以讖合之"，蓋謂此也。
〔2〕官度，津名也，在今鄭州中牟縣北。《前書音義》曰："於滎陽下引河東南為洪溝，以通宋、鄭、淮、泗，即今官度。"

門人相與撰玄荅諸弟子問五經，依《論語》作《鄭志》八篇。凡玄所注《周易》、《尚書》、《毛詩》、《儀禮》、《禮記》、《論語》、《孝經》、《尚書大傳》、《中候》、《乾象歷》，又著《天文七政論》、《魯禮禘祫義》、《六藝論》、《毛詩譜》、《駁許慎五經異義》、《荅臨孝存周禮難》，凡百餘萬言。〔1〕

【注】
〔1〕案：謝承《書》載玄所注與此略同，不言注《孝經》，唯此書獨有也。

玄質於辭訓，通人頗譏其繁。至於經傳洽孰，稱為純儒，齊魯閒宗之。其門人山陽郗慮至御史大夫，東萊王基、清河崔琰著名於世。又樂安國淵、任嘏，〔1〕時並童幼，玄稱淵為國器，嘏有道德，其餘亦多所鑒拔，皆如其言。玄唯有一子益恩，孔融在北海，舉為孝廉；及融為黃巾所圍，益恩赴難隕身。有遺腹子，玄以其手文似己，名之曰小同。〔2〕

【注】
〔1〕慮字鴻豫。基字伯輿，〔二五〕魏鎮南將軍安樂鄉侯。琰字季珪，魏東（西）曹掾，〔二六〕遷中尉。淵字子尼，魏司空掾，遷太僕。嘏字昭光，魏黃門侍郎也。

〔2〕《魏氏春秋》曰："小同，高貴鄉公時為侍中。嘗詣司馬文王，文王有密疏，未之屏也，如廁還，問之曰：'卿見吾疏乎？'答曰：'不。'文王曰：'寧我負卿，無卿負我。'遂酖之。"

論曰：自秦焚六經，聖文埃滅。〔1〕漢興，諸儒頗修蓺文；及東京，學者亦各名家。而守文之徒，滯固所稟，〔2〕異端紛紜，互相詭激，遂令經有數家，家有數説，章句多者或乃百餘萬言，學徒勞而少功，後生疑而莫正。鄭玄括囊大典，網羅衆家，〔3〕删裁繁誣，〔二七〕刊改漏失，自是學者略知所歸。王父豫章君每考先儒經訓，而長於玄，〔4〕常以為仲尼之門不能過也。及傳授生徒，並專以鄭氏家法云。〔5〕

【注】
〔1〕埃，塵也。
〔2〕稟，受；滯固猶固執也。言學者各守所見，不疏通也。
〔3〕括，結也。《易·坤卦》曰"括囊無咎"也。
〔4〕王父，祖父也。《爾雅》曰"父之父為王父"也。范曄祖父甯，字武子，晉[孝]武帝時為豫章太守，〔二八〕經義每以玄為長也。
〔5〕言甯教授專崇鄭學也。

贊曰：富平之緒，承家載世。〔1〕伯仁先歸，釐我國祭。〔2〕玄定義乖，襃修禮缺。孔書遂明，漢章中輟。〔3〕

【注】
〔1〕載，重也。《易·師卦》曰"大君有命，開國承家"也。
〔2〕釐，理也。言純釐理禘祫之祭也。
〔3〕孔書謂六經也。輟，止也。中輟謂曹襃禮不行也。

【校勘記】

〔一〕元帝以來　按："帝"原譌"年"，逕據汲本、殿本改正。

〔二〕既事大宗　"大"原作"太"，逕據汲本、殿本改。注同。按：《集解》王先謙云"大"或作"太"，非。

〔三〕諦定昭穆尊卑之義也　按：《集解》引王補說，謂《續漢志》"諦定"作"諦諟"。

〔四〕故合聚飲食也　按：《集解》引王補說，謂《續漢志》"合聚"上有"骨肉"二字。

〔五〕自十八年至此　按：《集解》引惠棟說，謂《續志》及本傳皆云十九年與朱浮共奏，至二十六年合八年之數，則"十八年"當作"十九年"，以十八年曾行禘禮故也。

〔六〕至于岱宗〔柴〕　據汲本、殿本補。按：汲本、殿本"柴"作"柴"，非，今改正。

〔七〕十〔七〕年儋耳降附　《集解》引錢大昭說，謂按本紀，儋耳諸國貢獻，公卿奉觴上壽，在永平十七年，此脫"七"字。今據補。

〔八〕為之（節）〔等〕制　據汲本、殿本改。

〔九〕父充持慶氏禮　按：《集解》引錢大昕說，謂"持"本是"治"字，章懷避諱改之。

〔一〇〕大漢〔當〕自制禮　據汲本、殿本補。按：殿本《考證》謂監本脫去"當"字，從宋本增。

〔一一〕歌詩曲操　按："歌"字原脫，逕據汲本、殿本補。

〔一二〕尤好禮事　按：汲本、殿本"事"作"士"。《集解》引汪文臺說，謂《御覽》六百十一引謝承《書》，云"褒尤好禮事，常感朝廷制度未備"云云，明此"士"字當作"事"。

〔一三〕況予頑陋　按："予"原譌"于"，逕改正。

〔一四〕擢褒監羽林左騎　按：《刊誤》謂案《百官志》"騎"當作"監"。

〔一五〕德隆道用　按：汲本"用"作"備"。

〔一六〕時事彌順　按：殿本《考證》謂"順"疑"煩"之誤，又"事"

字舊本作"士"。

〔一七〕至十五日十六日落一葉　按：注文有脱譌，今本《大戴禮》作"至十五日生十五葉，十六日一葉落"。

〔一八〕資文宣之遠圖明懿（美）　《刊誤》謂衍一"明"字，何焯謂衍一"美"字。今依何焯説刪"美"字。

〔一九〕見趙岐傳　按："岐"原作"歧"，逕依汲本、殿本改。

〔二〇〕吾家舊貧〔不〕為父母群弟所容　《集解》引周壽昌説，謂"不為父母群弟所容"一語，不應出之康成。錢氏《曝書雜記》云陳仲魚元刻《後漢書·康成傳》無"不"字，與唐史承節所撰《鄭康成祠碑》云"吾家舊貧，為父母群弟所容"之語相合。今本作"不為父母群弟所容"，乃刻之誤。《校補》則謂玄意本謂家貧而父母群弟力薄，不能並容，為吏又非所樂，乃發憤游學耳。去"不"字，於文義轉覺其窒。今從《校補》説，據汲本，殿本補一"不"字。

〔二一〕得意者咸從捧手　按："者"字原脱，逕據汲本、殿本補。

〔二二〕復歸邦鄉　按：李慈銘謂碑作"鄉邦"，是也，此誤倒。

〔二三〕趙王乾之相也　按：汲本、殿本"乾"作"虔"。

〔二四〕故太山太守應中遠　《集解》引惠棟説，謂"遠"當作"瑗"，具本傳注。今按：本傳注云謝承《書》、《應氏譜》並云"字仲遠"，《續漢書》、《文士傳》作"仲瑗"，《漢官儀》又作"仲瑗"，未知孰是。

〔二五〕基字伯輿　汲本、殿本"輿"作"興"。按：《魏志》作"輿"。

〔二六〕魏東（西）曹掾　據《刊誤》刪。

〔二七〕刪裁繁誣　按：殿本"誣"作"蕪"。

〔二八〕晉〔孝〕武帝時為豫章太守　張森楷《校勘記》謂案《晉書》，范武子仕晉孝武，去武帝時百有餘年，明"武"上當有"孝"字。今據補。

後漢書卷三十六

鄭范陳賈張列傳第二十六

　　鄭興字少贛，河南開封人也。少學《公羊春秋》。晚善《左氏傳》，遂積精深思，通達其旨，同學者皆師之。〔1〕天鳳中，〔2〕將門人從劉歆講正大義，〔3〕歆美興才，使撰條例、章句、傳詁，〔一〕及校《三統歷》。〔4〕

【注】
〔1〕《東觀記》曰："興從博士金子嚴為《左氏春秋》。"
〔2〕王莽年也。
〔3〕《左氏》義也。
〔4〕《說文》曰："詁，訓古言也。"音古度反。《三統歷》，劉歆撰，謂夏、殷、周歷也。

　　更始立，以司直李松行丞相事，先入長安，松以興為長史，令還奉迎遷都。更始諸將皆山東人，咸勸留洛陽。興說更始曰："陛下起自荊楚，權政未施，〔1〕一朝建號，而山西雄桀爭誅王莽，開關郊迎者，何也？〔2〕此天下同苦王氏虐政，而思高祖之舊德也。今久不撫之，臣恐百姓離心，盜賊復起矣。《春秋》書'齊小白入齊'，不稱侯，未朝廟故也。〔3〕今議者欲先定赤眉而後入關，是不識其本而爭其末，恐國家之守轉在函谷，〔4〕雖臥洛陽，庸得安枕乎？"〔5〕更始曰："朕西決矣。"拜興為諫議大夫，使安集關西及朔方、涼、益三州，還拜涼州刺史。會天水有反者，攻殺郡守，興坐免。

【注】
〔1〕更始起南陽，南陽屬荊州，故曰荊楚也。
〔2〕山西謂陝山已西也。
〔3〕小白，齊桓公也。《春秋》"齊小白入于齊"。《公羊傳》曰："曷為以國氏？當國也。其言入何？篡辭也。"
〔4〕言若不早都關中，有人先入，則國家鎮守轉在函谷也。
〔5〕庸，用也。

時赤眉入關，東道不通，興乃西歸隗囂，[囂]虛心禮請，〔二〕而興恥為之屈，稱疾不起。囂矜己自飾，〔三〕常以為西伯復作，〔1〕乃與諸將議自立為王。興聞而說囂曰："《春秋傳》云：'口不道忠信之言為嚚，〔2〕耳不聽五聲之和為聾。'閒者諸將集會，無乃不道忠信之言；大將軍之聽，無乃阿而不察乎？昔文王承積德之緒，加之以睿聖，三分天下，尚服事殷。〔3〕及武王即位，八百諸侯不謀同會，皆曰'紂可伐矣'，武王以未知天命，還兵待時。〔4〕高祖征伐累年，猶以沛公行師。今令德雖明，世無宗周之祚，威略雖振，未有高祖之功，而欲舉未可之事，昭速禍患，無乃不可乎？惟將軍察之。"囂竟不稱王。後遂廣置職位，以自尊高。興復止囂曰："夫中郎將、太中大夫、使持節官皆王者之器，非人臣所當制也。孔子曰：'唯器與名，不可以假人。'〔5〕不可以假人者，亦不可以假於人也。無益於實，有損於名，非尊上之意也。"囂病之而止。〔6〕

【注】
〔1〕西伯，文王也。作，起也。
〔2〕《左傳》富辰諫周襄王之辭。

〔3〕《論語》孔子曰："三分天下有其二，以服事殷。"

〔4〕《史記》曰，武王觀兵孟津，諸侯不期而至者八百人，[四]皆曰："紂可伐矣。"王曰："汝未知天命。"乃還師。後聞紂殺比干，囚箕子，乃告諸侯以伐之。故曰待時也。

〔5〕《左傳》杜預注曰："器，車服；名，爵號也。"

〔6〕病猶難也。

及囂遣子恂入侍，將行，興因恂求歸葬父母，囂不聽而徙興舍，益其秩禮。興入見囂曰："前遭赤眉之亂，以將軍僚舊，故敢歸身明德。[1]幸蒙覆載之恩，復得全其性命。興聞事親之道，生事之以禮，死葬之以禮，祭之以禮，奉以周旋，弗敢失墜。[2]今為父母未葬，請乞骸骨，若以增秩徙舍，中更停留，是以親為餌，[3]無禮甚矣。將軍焉用之！"囂曰："囂將不足留故邪？"興曰："將軍據七郡之地，[4]擁羌胡之衆，以戴本朝，德莫厚焉，威莫重焉。居則為專命之使，入必為鼎足之臣。興，從俗者也，不敢深居屏處，因將軍求進，不患不達，因將軍求入，何患不親，此興之計不逆將軍者也。興業為父母請，不可以已，願留妻子獨歸葬，將軍又何猜焉？"囂曰："幸甚。"促為辨裝，[五]遂令與妻子俱東。時建武六年也。

【注】

〔1〕興嘗為涼州刺史，囂為西州將軍，故曰"僚舊"也。

〔2〕周旋猶遵奉也。《左傳》季文子曰"先大夫臧文仲教行父事君之禮，奉以周旋，弗敢失墜"也。

〔3〕猶釣餌也。

〔4〕七郡，天水、隴西、武威、張掖、酒泉、敦煌、金城也。

侍御史杜林先與興同寓隴右，乃薦之曰："竊見河南鄭興，執義堅固，敦悅《詩》、《書》，[1]好古博物，見疑不惑，有公孫僑、觀射父之德,[2]宜侍帷幄,典職機密。昔張仲在周,燕翼宣王,而詩人悅喜。[3]惟陛下留聽少察,以助萬分。"乃徵為太中大夫。

【注】
〔1〕《左傳》趙衰曰"臣亟聞郤縠之言矣,郤縠悅禮樂而敦《詩》、《書》"也。
〔2〕《左傳》,子產辨黃熊,晉侯聞之,曰:"博物君子也。"觀射父,楚大夫也,對楚昭王以重黎、羲和之事。見《國語》。
〔3〕張仲,周宣王時賢臣也。燕,樂也。翼,敬也。《詩·小雅》曰:"侯誰在矣,張仲孝友。"

明年三月晦,日食。興因上疏曰:
《春秋》以天反時為災,地反物為妖,人反德為亂,亂則妖災生。[1]往年以來,譴咎連見,意者執事頗有闕焉。案《春秋》'昭公十七年夏六月甲戌朔,日有食之'。[2]傳曰:'日過分而未至,[3]三辰有災,[4]於是百官降物,[5]君不舉,[6]避移時,[7]樂奏鼓,[8]祝用幣,[9]史用辭。'[10]今孟夏,純乾用事,陰氣未作,其災尤重。夫國無善政,則譴見日月,變咎之來,不可不慎,其要在因人之心,擇人處位也。[11]堯知鯀不可用而用之者,是屈己之明,因人之心也。齊桓反政而相管仲,晉文歸國而任郤縠者,是不私其私,擇人處位也。[12]今公卿大夫多舉漁陽太守郭伋可大司空者,而不以時定,道路流言,咸曰"朝廷欲用功臣",功臣用則人位謬矣。願陛下上師唐、虞,下覽齊、晉,以成屈己從眾之德,以濟群臣讓善之功。[13]

【注】
〔1〕《左傳》晉伯宗之辭。天反時為災謂寒暑易節也。地反物為妖謂群物失性也。
〔2〕杜預注曰:"於周為六月,於夏為四月,純陽用事,陰氣未動而侵陽

也。"

〔3〕言過春分而未及夏至也。

〔4〕三辰,日、月、星也。

〔5〕降物,素服。

〔6〕不舉盛饌。

〔7〕避正寢過日食時也。

〔8〕伐鼓。

〔9〕用幣於社。

〔10〕用辭以自責也。此以上皆《左傳》載魯太史荅季平子之詞也。

〔11〕《左傳》晉士文伯曰"國無政,不用善,則自取謫于日月之災,故政不可不慎也。務三而已,一曰擇人,二曰因人,三曰從時"也。

〔12〕《史記》曰,桓公與兄子糾爭位,糾使管仲將兵遮道,射桓公鉤帶,及桓公即位,任政於管仲也。又晉文公自秦歸國,懷公故臣郤芮謀燒公宮,殺文公,宦者勃鞮告之,後文公以郤縠為中軍帥。縠即郤芮之族,文公不以為讎而任焉,言唯賢是用,不私其私也。

〔13〕濟,成也。

夫日月交會,數應在朔,而頃年日食,每多在晦。先時而合,皆月行疾也。日君象而月臣象,君亢急則臣下促迫,故行疾也。今年正月繁霜,自爾以來,率多寒日,〔1〕此亦急咎之罰。〔2〕天於賢聖之君,猶慈父之於孝子也,丁寧申戒,欲其反政,故災變仍見,此乃國之福也。今陛下高明而群臣惶促,宜留思柔剋之政,垂意《洪範》之法,〔3〕博採廣謀,納群下之策。

【注】

〔1〕正月,夏之四月。

〔2〕《書》曰:"急恒寒若。"

〔3〕剋,能也。柔剋謂和柔而能立事也。《尚書·洪範》曰:"高明柔

剋。"

書奏,多有所納。

帝嘗問興郊祀事,曰:"吾欲以讖斷之,何如?"興對曰:"臣不為讖。"帝怒曰:"卿之不為讖,非之邪?"興惶恐曰:"臣於書有所未學,而無所非也。"帝意乃解。興數言政事,依經守義,文章溫雅,然以不善讖故不能任。

九年,使監征南、積弩營於津鄉,[1]會征南將軍岑彭為刺客所殺,興領其營,遂與大司馬吳漢俱擊公孫述。述死,詔興留屯成都。頃之,侍御史舉奏興奉使私買奴婢,坐左轉蓮勺令。[2]是時喪亂之餘,郡縣殘荒,興方欲築城郭,修禮教以化之,會以事免。

【注】
〔1〕征南將軍岑彭、積弩將軍傅俊屯津鄉,以拒公孫述。津鄉在今荊州也。
〔2〕蓮勺,縣,屬左馮翊,故城在今同州下邽縣東北。蓮音輦,勺音酌。

興好古學,尤明《左氏》、《周官》,長於歷數,自杜林、桓譚、衛宏之屬,莫不斟酌焉。[1]世言《左氏》者多祖於興,而賈逵自傳其父業,故有鄭、賈之學。興去蓮勺,後遂不復仕,客授閺鄉,[2]三公連辟不肯應,卒于家。子眾。

【注】
〔1〕斟酌謂取其意指也。
〔2〕閺音聞,古字也,建安中改作"聞"。[六]

眾字仲師。年十二,從父受《左氏春秋》,精力於學,明《三統歷》，作《春秋難記條例》，兼通《易》、《詩》，知名於世。建武中，皇太子及山陽王荊，因虎賁中郎將梁松以縑帛聘請衆，欲為通義，引籍出入殿中。衆謂松曰："太子儲君，無外交之義，漢有舊防，蕃王不宜私通賓客。"遂辭不受。松復風衆以"長者意，不可逆"。衆曰："犯禁觸罪，不如守正而死。"太子及荊聞而奇之，亦不強也。及梁氏事敗，[1]賓客多坐之，唯衆不染於辭。

【注】
〔1〕梁松坐懸飛書誹謗下獄死，事見《梁統傳》也。

永平初，辟司空府，以明經給事中，再遷越騎司馬，[1]復留給事中。是時北匈奴遣使求和親。八年，顯宗遣衆持節使匈奴。衆至北庭，虜欲令拜，衆不為屈。單于大怒，圍守閉之，不與水火，欲脅服衆。衆拔刀自誓，單于恐而止，乃更發使隨衆還京師。朝議復欲遣使報之，衆上疏諫曰："臣伏聞北單于所以要致漢使者，欲以離南單于之衆，堅三十六國之心也。[2]又當揚漢和親，誇示鄰敵，令西域欲歸化者局促狐疑，[七]懷土之人絕望中國耳。漢使既到，便偃蹇自信。[3]若復遣之，虜必自謂得謀，其群臣駮議者不敢復言。[4]如是，南庭動搖，烏桓有離心矣。南單于久居漢地，具知形執，萬分離析，旋為邊害。今幸有度遼之衆揚威北垂，雖勿報荅，不敢為患。"[5]帝不從，復遣衆。衆因上言："臣前奉使不為匈奴拜，單于恚恨，故遣兵圍臣。今復銜命，必見陵折。臣誠不忍持大漢節對氈裘獨拜。如令匈奴遂能服臣，將有損大漢之強。"帝不聽，衆不得已，既行，在路連上書固爭之。詔切責衆，追還繫廷尉，會赦歸家。

【注】
〔1〕《漢官儀》曰"越騎司馬一人，秩千石"也。
〔2〕武帝開通西域，本三十六國。

〔3〕信音申。

〔4〕駁議謂勸單于歸漢。

〔5〕明帝八年，初置度遼將軍，屯五原曼栢。

其後帝見匈奴來者，問眾與單于爭禮之狀，皆言匈奴中傳眾意氣壯勇，雖蘇武不過。乃復召眾為軍司馬，使與虎賁中郎將馬廖擊車師。至敦煌，拜為中郎將，使護西域。會匈奴脅車師，圍戊己校尉，眾發兵救之。遷武威太守，謹修邊備，虜不敢犯。遷左馮翊，政有名迹。

建初六年，代鄧彪為大司農。是時肅宗議復鹽鐵官，眾諫以為不可。[1]詔數切責，至被奏劾，眾執之不移。帝不從。在位以清正稱。其後受詔作《春秋删》十九篇。八年，卒官。

【注】

〔1〕武帝時國用不足，乃賣鹽鐵，置官以主之。昭帝罷之，今議欲復之。

子安世，亦傳家業，為長樂、未央廄令。[1]延光中，安帝廢太子為濟陰王，安世與太常桓焉、太僕來歷等共正議諫爭。及順帝立，安世已卒，追賜錢帛，除子亮為郎。眾曾孫公業，自有傳。

【注】

〔1〕《續漢志》曰："廄令一人，秩六百石。"

范升字辯卿，代郡人也。少孤，依外家居。九歲通《論語》、《孝經》，及長，習《梁丘易》、《老子》，教授後生。[1]

【注】

〔1〕宣帝時梁丘賀之《易》也。

王莽大司空王邑辟升為議曹史。時莽頻發兵役,徵賦繁興,升乃奏記邑曰:"升聞子以人不閒於其父母為孝,臣以下不非其君上為忠。[1]今衆人咸稱朝聖,皆曰公明。蓋明者無不見,聖者無不聞。今天下之事,昭昭於日月,震震於雷霆,而朝云不見,公云不聞,則元元焉所呼天?公以為是而不言,則過小矣;知而從令,則過大矣。二者於公無可以免,宜乎天下歸怨於公矣。朝以遠者不服為至念,升以近者不悅為重憂。今動與時戾,事與道反,馳騖覆車之轍,探湯敗事之後,[2]後出益可怪,晚發愈可懼耳。方春歲首,而動發遠役,藜藿不充,田荒不耕,穀價騰躍,斛至數千,吏人陷於湯火之中,非國家之人也。如此,則胡、貊守關,[八]青、徐之寇在於帷帳矣。[3]升有一言,可以解天下倒縣,免元元之急,不可書傳,願蒙引見,極陳所懷。"邑雖然其言,而竟不用。升稱病乞身,邑不聽,令乘傳使上黨。升遂與漢兵會,因留不還。

【注】

〔1〕《論語》孔子曰:"孝哉閔子騫,人不閒於其父母昆弟之言。"閒,非也。言子騫之孝,化其父母兄弟,言人無非之者。忠臣事君,有過即諫。在下無有非君者,是忠臣也。

〔2〕賈誼曰:"前車覆,後車誡。"《論語》曰:"見不善如探湯。"

〔3〕王莽時,青徐二部為寇,號"青徐賊"。

建武二年,光武徵詣懷宮,拜議郎,遷博士,上疏讓曰:"臣與博士梁恭、山陽太守吕羌俱修《梁丘易》。二臣年並耆艾,經學深明,而臣不以時退,與恭並立,深知羌學,又不能達,[1]慙負二老,無顏於世。誦而不行,知而不言,不可開口以為人師,願推博士以避恭、羌。"帝不許,然由是重之,數詔引見,每有大議,輒見訪問。

【注】
〔1〕達，進也。

時尚書令韓歆上疏，欲為《費氏易》、《左氏春秋》立博士，[1]詔下其議。四年正月，朝公卿、大夫、博士，見於雲臺。帝曰："范博士可前平說。"升起對曰："《左氏》不祖孔子，而出於丘明，師徒相傳，又無其人，且非先帝所存，無因得立。"遂與韓歆及太中大夫許淑等互相辯難，日中乃罷。升退而奏曰："臣聞主不稽古，無以承天；臣不述舊，無以奉君。陛下愍學微缺，勞心經藝，情存博聞，故異端競進。近有司請置《京氏易》博士，群下執事，莫能據正。《京氏》既立，《費氏》怨望，《左氏春秋》復以比類，亦希置立。《京》、《費》已行，次復《高氏》，[2]《春秋》之家，又有《騶》、《夾》。[3]如令《左氏》、《費氏》得置博士，《高氏》、《騶》、《夾》，五經奇異，並復求立，各有所執，乖戾分爭。從之則失道，不從則失人，將恐陛下必有厭倦之聽。孔子曰：'博學約之，弗叛矣夫。'[4]夫學而不約，必叛道也。顏淵曰：'博我以文，約我以禮。'孔子可謂知教，顏淵可謂善學矣。《老子》曰：'學道日損。'損猶約也。又曰：'絕學無憂。'絕末學也。今《費》、《左》二學，無有本師，而多反異，先帝前世，有疑於此，故《京氏》雖立，輒復見廢。疑道不可由，疑事不可行。《詩》、《書》之作，其來已久。孔子尚周流遊觀，至于知命，自衛反魯，乃正《雅》《頌》。[5]今陛下草創天下，紀綱未定，雖設學官，無有弟子，《詩》、《書》不講，禮樂不修，奏立《左》、《費》，非政急務。孔子曰：'攻乎異端，斯害也已。'[6]傳曰：'聞疑傳疑，聞信傳信，而堯舜之道存。'[7]願陛下疑先帝之所疑，信先帝之所信，以示反本，明不專己。天下之事所以異者，以不一本也。《易》曰：'天下之動，貞夫一也。'[8]又曰：'正其本，萬事理。'[9]〔九〕五經之本自孔子始，謹奏《左氏》之失凡十四事。"時難者以太史公多引《左氏》，升又上太史公違戾五經，謬孔子言，及《左氏春秋》不可錄三十一事。詔以下博士。

【注】
〔1〕費直字長翁，善《易》，長於卦筮，見《前書》。
〔2〕沛人高相善《易》，與費直同時，見《前書》。
〔3〕《前書》曰，《騶氏》無師，《夾氏》未有其書也。
〔4〕《論語》孔子之言。弗叛言不違道也。
〔5〕孔子以魯哀公十一年自衞還魯。是時道衰樂廢，孔子來還，乃正之，故《雅》《頌》各得其所。見《史記》。
〔6〕攻猶習也。異端謂奇技也。
〔7〕《穀梁傳》曰："信以傳信，疑以傳疑。"《公羊傳》曰："君子曷為《春秋》？樂堯舜之道也。"
〔8〕《易·下繫》之文也。
〔9〕今《易》無此文也。

後升為出妻所告，坐繫，得出，還鄉里。永平中，為聊城令，坐事免，卒於家。

陳元字長孫，蒼梧廣信人也。〔1〕父欽，習《左氏春秋》，事黎陽賈護，與劉歆同時而別自名家。〔2〕王莽從欽受《左氏》學，以欽為猒難將軍。〔3〕元少傳父業，為之訓詁，銳精覃思，至不與鄉里通。以父任為郎。

【注】
〔1〕廣信故城在今梧州蒼梧縣。
〔2〕元父欽，字子佚。以《左氏》授王莽，自名《陳氏春秋》，故曰別也。賈護字季君。並見《前書》也。
〔3〕猒，一葉反。

建武初，元與桓譚、杜林、鄭興俱為學者所宗。時議欲立《左氏傳》博士，范升奏以為《左氏》淺末，不宜立。元聞之，乃詣闕上疏曰：

陛下撥亂反正，文武並用，[1]深愍經藝謬雜，真偽錯亂，每臨朝日，輒延群臣講論聖道。知丘明至賢，親受孔子，而《公羊》、《穀梁》傳聞於後世，故詔立《左氏》，博詢可否，示不專己，盡之群下也。今論者沈溺所習，翫守舊聞，固執虛言傳受之辭，以非親見實事之道。《左氏》孤學少與，[2]遂為異家之所覆冒。夫至音不合衆聽，故伯牙絶弦；[3]至寶不同衆好，故卞和泣血。[4]仲尼聖德，而不容於世，[5]況於竹帛餘文，其為雷同者所排，固其宜也。非陛下至明，孰能察之！

【注】
[1] 撥，理也。語見《公羊傳》。
[2] 與猶黨也。
[3] 伯牙善鼓琴，鍾子期善聽，相與為友。子期死，伯牙破琴絶弦，不復鼓琴，以時人莫之能聽也。見《呂覽》。
[4] 卞和得寶玉，獻楚武王，王示玉人，曰"石也"，刖其右足。武王歿後，復獻之文王，復曰"石也"，刖其左足。至成王時，卞和抱其璞於郊，泣盡以血繼之，王乃使玉尹攻之，果得寶玉。事見《韓子》也。
[5] 仲尼去魯，斥齊，逐乎宋、衛，困於陳、蔡之閒。見《史記》。

臣元竊見博士范升等所議奏《左氏春秋》不可立，及太史公違戾凡四十五事。案升等所言，前後相違，皆斷截小文，媟黷微辭，以年數小差，掇為巨謬，[1]遺脫纖微，指為大尤，抉瑕摘釁，[2]掩其弘美，所謂"小辯破言，小言破道"者也。[3]升等又曰："先帝不以《左氏》為經，故不置博士，後主所宜因襲。"臣愚以為若先帝所行而後主必行者，則盤庚不當遷于殷，周公不當營洛邑，[4]

陛下不當都山東也。往者，孝武皇帝好《公羊》，衞太子好《穀梁》，有詔詔太子受《公羊》，不得受《穀梁》。孝宣皇帝在人閒時，聞衞太子好《穀梁》，於是獨學之。及即位，為石渠論而《穀梁氏》興，[5]至今與《公羊》並存。此先帝後帝各有所立，不必其相因也。孔子曰，純，儉，吾從眾；至於拜下，則違之。[6]夫明者獨見，不惑於朱紫，聽者獨聞，不謬於清濁，故離朱不為巧眩移目，[7]師曠不為新聲易耳。[8]方今干戈少弭，戎事略戢，留思聖蓺，眷顧儒雅，採孔子拜下之義，卒淵聖獨見之旨，分明白黑，建立《左氏》，解釋先聖之積結，洮汰學者之累惑，[9]使基業垂於萬世，後進無復狐疑，則天下幸甚。

【注】

〔1〕媟，狎也；黷，垢濁也。掇，拾也，音丁括反。

〔2〕抉音於決反。

〔3〕《大戴記‧小辯篇》孔子曰："小辯破言，小言破義，小義破道。"

〔4〕盤庚都耿，自耿遷於殷。文王都酆，武王都鎬，周公輔成王營洛邑。

〔5〕石渠閣以藏祕書，在未央殿北。宣帝甘露三年，詔諸儒韋玄成、梁丘賀等講論五經於石渠也。

〔6〕《論語》孔子曰："麻冕，禮也。今也純，儉，吾從眾。拜下，禮也。今拜乎上，泰也。雖違眾，吾從下。"何晏注云："麻冕，緇布冠也，古績麻三十升以為之。純，絲也。絲易成，故從儉。臣之與君行禮者，下拜然後升。時臣驕泰，故於上拜。今從下，禮之恭也。"

〔7〕離朱，黃帝時明目者也，一號離婁。《慎子》曰："離朱之明，察毫末於百步之外。"

〔8〕桓譚《新論》曰："晉師曠善知音，衞靈公將之晉，宿於濮水之上，夜聞新聲，召師涓告之曰：'為我聽寫之。'曰：'臣得之矣。'遂之晉。晉平公饗之，酒酣，靈公曰：'有新聲，願奏之。'乃令師涓鼓琴。未終，師曠止之曰：'此亡國之聲也。'"

〔9〕洮汰猶洗濯也。

　　　臣元愚鄙，嘗傳師言。如得以褐衣召見，俯伏庭下，[1]誦孔氏之正道，理丘明之宿冤；若辭不合經，事不稽古，退就重誅，雖死之日，生之年也。

【注】
〔1〕褐，織毛為布，貧者之服也。

書奏，下其議，范升復與元相辯難，凡十餘上。帝卒立《左氏》學，太常選博士四人，元為第一。帝以元新忿爭，乃用其次司隸從事李封，於是諸儒以《左氏》之立，論議讙譁，自公卿以下，數廷爭之。會封病卒，《左氏》復廢。

　　元以才高著名，辟司空李通府。時大司農江馮上言，宜令司隸校尉督察三公。事下三府。元上疏曰："臣聞師臣者帝，賓臣者霸。[1]〔一〇〕故武王以太公為師，齊桓以夷吾為仲父。孔子曰：'百官總己聽於冢宰。'[2]近則高帝優相國之禮，[3]太宗假宰輔之權。[4]及亡新王莽，遭漢中衰，專操國柄，以偷天下，[5]況己自喻，不信群臣。奪公輔之任，損宰相之威，以刺舉為明，徼訐為直。至乃陪僕告其君長，子弟變其父兄，[6]罔密法峻，大臣無所措手足。然不能禁董忠之謀，身為世戮。[7]故人君患在自驕，不患驕臣；失在自任，不在任人。是以文王有日昃之勞，周公執吐握之恭，[8]不聞其崇刺舉，務督察也。方今四方尚擾，天下未一，百姓觀聽，咸張耳目。陛下宜修文武之聖典，襲祖宗之遺德，勞心下士，屈節待賢，誠不宜使有司察公輔之名。"帝從之，宣下其議。[9]

【注】
〔1〕言以臣為師，以臣為賓也。

〔2〕《論語》文也。

〔3〕蕭何為相國，高帝賜劍履上殿，入朝不趨。

〔4〕太宗，孝文也。申屠嘉為丞相，坐府召太中大夫鄧通，欲誅之。孝文使持節召通，令人謝嘉，故曰"假權"也。

〔5〕偷，竊也。

〔6〕王莽時開吏告其將，奴婢告其主。

〔7〕董忠為王莽大司馬，共劉歆等謀誅莽，事發覺死也。

〔8〕《尚書》曰："文王自朝至于日中昃，不遑暇食。"《史記》曰，伯禽封魯，周公戒之曰："我文王之子，武王之弟，成王之叔父，亦不賤矣。我一沐三握髮，一飯三吐哺，以待士，猶恐失天下之賢人，汝無以國驕人也。"

〔9〕司察猶督察也。

李通罷，元後復辟司徒歐陽歙府，數陳當世便事、郊廟之禮，帝不能用。以病去，年老，卒於家。子堅卿，有文章。

賈逵字景伯，扶風平陵人也。九世祖誼，文帝時為梁王太傅。[1]曾祖父光，為常山太守，宣帝時以吏二千石自洛陽徙焉。父徽，從劉歆受《左氏春秋》，兼習《國語》、《周官》，又受《古文尚書》於塗惲，[2]學《毛詩》於謝曼卿，作《左氏條例》二十一篇。

【注】

〔1〕為文帝子梁王揖之傅也。

〔2〕《風俗通》曰："塗姓，塗山氏之後。"惲字子真，受《尚書》於胡常，見《前書》。

逵悉傳父業，弱冠能誦《左氏傳》及五經本文，以《大夏侯尚書》教授，雖為古學，兼通五家《穀梁》之說。[1]自為兒童，常在太學，不通人閒事。身長八尺二寸，諸儒為之語曰："問事不休賈長頭。"性愷悌，多智思，俶儻有大節。[2]尤明《左氏傳》、《國語》，為之《解詁》五十一篇，[3]永平中，上疏獻之。顯宗重其書，寫藏祕館。

【注】

〔1〕五家謂尹更始、劉向、周慶、丁姓、王彥等，皆為《穀梁》，見《前書》也。

〔2〕愷，樂也。悌，易也。言有和樂簡易之德也。俶儻，卓異也。

〔3〕《左氏》三十篇，《國語》二十一篇也。

時有神雀集宮殿官府，冠羽有五采色，帝異之，以問臨邑侯劉復，[1]復不能對，薦逵博物多識，帝乃召見逵，問之。對曰："昔武王終父之業，鸑鷟在岐，[2]宣帝威懷戎狄，神雀仍集，此胡降之徵也。"[3]帝勑蘭臺給筆札，使作《神雀頌》，拜為郎，與班固並校祕書，應對左右。

【注】

〔1〕臨邑，東郡縣也。復，齊武王伯升孫，北海王興子。

〔2〕鸑鷟，鳳之別名也。周大夫內史過對周惠王曰："周之興也，鸑鷟鳴于岐山。"事見《國語》也。

〔3〕仍，頻也。宣帝時神雀再見，改為年號，後匈奴降服，呼韓入朝也。

肅宗立，降意儒術，特好《古文尚書》、《左氏傳》。建初元年，詔逵入講北宮白虎觀、南宮雲臺。帝善逵說，使發出《左氏傳》大義長於二傳者。[一]逵於是具條奏之曰：

臣謹摘出《左氏》三十事尤著明者，斯皆君臣之正義，父子之紀綱。其餘同《公羊》者什有七八，或文簡小異，無害大體。至如祭仲、紀季、伍子胥、叔術之屬，《左氏》義深於君父，《公羊》多任於權變,〔1〕其相殊絕,固以甚遠,而冤抑積久,莫肯分明。

【注】

〔1〕《左傳》,宋人執鄭祭仲,曰:"不立突,將死。"祭仲許之,遂出昭公而立厲公。杜預注云:"祭仲之如宋,非會非聘,見誘被拘。廢長立少,故書名罪之。"《公羊傳》曰:"祭仲者何?鄭之相也。何以不名?賢也。何賢乎祭仲?以為知權也。其知權奈何?宋人執之,謂之曰:'為我出忽而立突。'祭仲不從其言,則君必死,國必亡;從其言,則君可以生易死,國可以存易亡。"古之有權者,祭仲之權是也。《左傳》,紀季以酅入于齊,紀侯大去其國。賈逵以為紀季不能兄弟同心以存國,乃背兄歸讎,書以譏之。《公羊傳》曰:"紀季者何?紀侯之弟也。何以不名?賢也。何賢乎?服罪也。其服罪奈何?請後五廟以存姑姊妹。"《左傳》,楚平王將殺伍奢,召伍奢子伍尚、伍員曰:"來,吾免而父。"尚謂員曰:"聞免父之命,不可以莫之奔,親戚為戮,不可以莫之報。父不可弃,名不可廢。"子胥奔吳,遂以吳師入郢,卒復父讎。《公羊傳》曰:"父受誅,子復讎,推刃之道也。"《公羊》不許子胥復讎,是不深父也。《左傳》曰:"冬,邾黑肱以濫來奔。賤而書名,重地故也。君子曰:'名之不可不慎。'以地叛,雖賤必書。地以名其人,終為不義,不可滅已。是以君子動則思禮,行則思義。"《公羊傳》曰:"冬,黑弓以濫來奔,文何以無邾婁?通濫也。曷(謂)[為]通濫?〔一二〕賢者子孫宜有地。賢者孰謂?謂叔術也。何賢乎叔術?讓國也。"

臣以永平中上言《左氏》與圖讖合者,先帝不遺芻蕘,省納臣言,寫其傳詁,藏之祕書。建平中,〔1〕侍中劉歆欲立《左氏》,不先暴論大義,而輕移太常,恃其義長,詆挫諸儒,諸儒內懷不服,相與排之。〔2〕孝哀皇帝重逆衆心,故出歆為河內太守。從是攻擊《左氏》,遂為重讎。至光武皇帝,奮獨見之明,興立《左氏》、《穀梁》,會二家先師不曉圖讖,故令中道而廢。凡所以存先王之道者,要在安上理民也。今《左氏》崇君父,卑臣子,彊幹弱枝,勸善戒惡，至明至切，至直至順。[3]且三代異物，損益隨時，故先帝博觀異家，各有所採。《易》有施、孟，復立梁丘，[4]《尚書》歐陽，復有大小夏侯，[5]今三傳之異亦猶是也。又五經家皆無以證圖讖明劉氏為堯後者，而《左氏》獨有明文。[6]五經家皆言顓頊代黃帝，而堯不得為火德。[7]《左氏》以為少昊代黃帝，即圖讖所謂帝宣也。[8]如令堯不得為火，則漢不得為赤。其所發明，補益實多。

【注】

〔1〕建平，哀帝年也。

〔2〕排，擯却也。劉歆欲建立《左氏》，哀帝令歆與諸儒講論其義，諸博士不肯置對，歆乃移書太常以責之，故被排擯。事見《前書》。

〔3〕《左傳》曰："翼戴天子，加之以恭。"又曰："君命，天也，天可讎乎？委質策名，貳乃辟也。父教子貳，何以事君？"又曰："弃父之命，惡用子矣，以有無父之國則可。"是崇君父，卑臣子也。《左氏》王人雖微，序在諸侯之上。又曰："五大不在邊，五細不在庭，末大必折，尾大不掉。"是彊幹弱枝也。又曰："盡而不汙，懲惡而勸善，非聖人誰能修之？"《史記》曰，孔子曰："我欲載之空言，不如見之行事深切著明也。"

〔4〕施讎、孟喜、梁丘賀也。

〔5〕歐陽和伯、大夏侯勝、小夏侯建也。並見《前書》。

〔6〕《春秋》晉大夫蔡墨曰："陶唐氏既衰，其後有劉累，學擾龍，事孔甲，范氏其後也。"范會自秦還晉，其處者為劉氏。明漢承堯後也。

〔7〕《史記》曰"黃帝崩，其孫昌意之子立，是為帝顓頊"。當時五經家同為此說。若以顓頊代黃帝以土德王，即顓頊當為金德，高辛為水德，堯為木德。漢承堯後，自然不得為火德也。

〔8〕《左氏傳》曰："黃帝氏以雲紀，少昊氏以鳥紀。"是以少昊代黃帝也。《河圖》曰："大星如虹，下流華渚，女節意感，生白帝朱宣。"宋均注曰："朱宣，少昊氏也。"

陛下通天然之明，建大聖之本，改元正歷，垂萬世則，[1]是以麟鳳百數，嘉瑞雜遝。[2]猶朝夕恪勤，遊情六藝，研機綜微，靡不審覈。[3]若復留意廢學，以廣聖見，庶幾無所遺失矣。[4]

【注】

〔1〕改元謂改建初九年為元和元年，正歷謂元和二年始用《四分歷》也。

〔2〕雜遝言多也。章帝時，鳳皇見百三十九，騏麟五十二，白虎二十九，黃龍三十四，神雀、白燕等史官不可勝紀。見《東觀記》。

〔3〕覈，實也。

〔4〕廢學謂《左氏傳》也。

書奏，帝嘉之，賜布五百匹，衣一襲，令逵自選《公羊》嚴、顏諸生高才者二十人，教以《左氏》，[1]與簡紙經傳各一通。[2]

【注】

〔1〕公羊高作《春秋》傳，號曰《公羊春秋》。嚴彭祖、顏安樂俱受《公羊春秋》，故《公羊》有嚴、顏之學。見《前書》也。

〔2〕竹簡及紙也。

逵母常有疾，帝欲加賜，以校書例多，特以錢二十萬，使潁陽侯馬防與之。謂防曰："賈逵母病，此子無人事於外，[1]屢空則從孤竹之子於首陽山矣。"[2]

【注】

〔1〕無人事謂不廣交通也。

〔2〕屢，數也。空，乏也。《史記》曰，伯夷、叔齊，孤竹君之子也，隱於首陽山，卒餓死也。

逵數為帝言《古文尚書》與經傳《爾雅》詁訓相應，詔令撰歐陽、大、小夏侯《尚書古文》同異。逵集為三卷，帝善之。復令撰齊、魯、韓《詩》與《毛氏》異同。并作《周官解故》。[1]遷逵為衛士令。[2]八年，乃詔諸儒各選高才生，受《左氏》、《穀梁春秋》、《古文尚書》、《詩》由是四經遂行於世。皆拜逵所選弟子及門生為千乘王國郎，[3]朝夕受業黃門署，學者皆欣欣羨慕焉。

【注】

[1]轅固，齊人也，為《齊詩》；申公，魯人也，為《魯詩》；韓嬰為《韓詩》；毛萇為《毛詩》。故謂事之指意也。

[2]北宮衛士令一人，掌南、北宮，秩比六百石，見《續漢志》也。

[3]千乘王伉，章帝子也。

和帝即位，永元三年，以逵為左中郎將。八年，復為侍中，領騎都尉。內備帷幄，兼領祕書近署，甚見信用。

逵薦東萊司馬均、陳國汝郁，帝即徵之，並蒙優禮。均字少賓，安貧好學，隱居教授，不應辟命。信誠行乎州里，鄉人有所計爭，輒令祝少賓，[1]不直者終無敢言。位至侍中，以老病乞身，帝賜以大夫祿，歸鄉里。郁字叔異，[一三]性仁孝，[2]及親歿，遂隱處山澤。後累遷為魯相，以德教化，百姓稱之，流人歸者八九千户。

【注】

[1]祝，詛也。《東觀記》曰："爭曲直者，輒言'敢祝少賓乎'？心不直者，終不敢祝也。"

[2]《東觀記》曰："郁年五歲，母病不能食，郁常抱持啼泣，亦不食。母憐之，強為飯。宗親共異之，因字曰'異'也。"

逵所著經傳義詁及論難百餘萬言，又作詩、頌、誄、書、連珠、酒令凡九篇，學者宗之，後世稱為通儒。〔1〕然不修小節，當世以此頗譏焉，故不至大官。永元十三年卒，時年七十二。朝廷愍惜，除兩子為太子舍人。

【注】
〔1〕應劭《風俗通義》曰："授先王之制，立當時之事，綱紀國體，原本要化，此通儒也。"

論曰：鄭、賈之學，行乎數百年中，遂為諸儒宗，亦徒有以焉爾。〔1〕桓譚以不善讖流亡，鄭興以遜辭僅免，賈逵能附會文致，最差貴顯。〔2〕世主以此論學，悲矣哉！〔3〕

【注】
〔1〕言賈、鄭雖為儒宗，而不為帝所重，故曰"亦徒有以焉爾"。
〔2〕賈逵附會文致，謂引《左氏》明漢為堯後也。
〔3〕言時主不重經而重讖也。

張霸字伯饒，蜀郡成都人也。年數歲而知孝讓，雖出入飲食，自然合禮，鄉人號為"張曾子"。七歲通《春秋》，復欲進餘經，父母曰"汝小未能也"，霸曰"我饒為之"，故字曰"饒"焉。〔1〕

【注】
〔1〕饒猶益也。

後就長水校尉樊（儵）[鯈]〔一四〕受《嚴氏公羊春秋》，遂博覽五經。諸生孫林、劉固、段著等慕之，各市宅其傍，以就學焉。
舉孝廉光祿主事，稍遷，〔1〕永元中為會稽太守，表用郡人處士顧奉、公孫松等。奉後為潁川太守，松為司隸校尉，並有名稱。其餘有業行者，皆見擢用。郡中争厲志節，習經者以千數，道路但聞誦聲。

【注】
〔1〕光禄勳之主事也，見《漢官》。

初，霸以樊（儵）[儵]刪《嚴氏春秋》猶多繁辭，乃減定為二十萬言，更名《張氏學》。

霸始到越，賊未解，郡界不寧，乃移書開購，明用信賞，賊遂束手歸附，不煩士卒之力。童謡曰："弃我戟，〔一五〕捐我矛，盜賊盡，吏皆休。"視事三年，謂掾史曰："太守起自孤生，致位郡守。蓋日中則移，月滿則虧。〔1〕老氏有言：'知足不辱。'"遂上病。

【注】
〔1〕《史記》蔡澤之辭也。《易·豐卦》曰"日中則昃，月盈則食"也。

後徵，四遷為侍中。時皇后兄虎賁中郎將鄧騭，當朝貴盛，聞霸名行，欲與為交，霸逡巡不答，衆人笑其不識時務。後當為五更，會疾卒，年七十。遺勅諸子曰："昔延州使齊，子死嬴、博，因坎路側，遂以葬焉。〔1〕今蜀道阻遠，不宜歸塋，可止此葬，足藏髮齒而已。務遵速朽，副我本心。人生一世，但當畏敬於人，若不善加己，直為受之。"諸子承命，葬於河南梁縣，因遂家焉。將作大匠翟酺等與諸儒門人追録本行，謚曰憲文。中子楷。〔一六〕

【注】
〔1〕嬴，博，二縣名，屬泰山郡。《禮記》曰："延陵季子適齊，其長子死於嬴、博之閒，因葬焉。"

楷字公超，通《嚴氏春秋》、《古文尚書》，門徒常百人。賓客慕之，自父黨夙儒，偕造門焉。車馬填街，徒從無所止，黃門及貴戚之家，皆起舍巷次，以候過客往來之利。楷疾其如此，輒徙避之。家貧無以為業，常乘驢車至縣賣藥，足給食者，輒還鄉里。司隸舉茂才，除長陵令，不至官。隱居弘農山中，學者隨之，所居成市，後華陰山南遂有公超市。五府連辟，舉賢良方正，不就。[1]

【注】
[1] 五府，太傅、太尉、司徒、司空、大將軍也。

漢安元年，順帝特下詔告河南尹曰："故長陵令張楷行慕原憲，操擬夷、齊，[1]輕貴樂賤，竄跡幽藪，高志確然，獨拔群俗。前比徵命，盤桓未至，將主者玩習於常，優賢不足，使其難進歟？郡時以禮發遣。"楷復告疾不到。

【注】
[1] 原憲，魯人，字子思，孔子弟子。清約守節，貧而樂道。

性好道術，能作五里霧。時關西人裴優亦能為三里霧，自以不如楷，從學之，楷避不肯見。桓帝即位，優遂行霧作賊，事覺被考，引楷言從學術，楷坐繫廷尉詔獄，積二年，恒諷誦經籍，作《尚書注》。後以事無驗，見原還家。建和三年，下詔安車備禮聘之，辭以篤疾不行。年七十，終於家。子陵。

陵字處沖，官至尚書。元嘉中，歲首朝賀，大將軍梁冀帶劍入省，陵呵叱令出，敕羽林、虎賁奪冀劍。冀跪謝，陵不應，即劾奏冀，請廷尉論罪，有詔以一歲俸贖，而百僚肅然。

初,冀弟不疑為河南尹,舉陵孝廉。不疑疾陵之奏冀,因謂曰:"昔舉君,適所以自罰也。"陵對曰:"明府不以陵不肖,誤見擢序,今申公憲,以報私恩。"不疑有愧色。陵弟玄。

玄字處虛,沈深有才略,以時亂不仕。司空張溫數以禮辟,不能致。中平二年,溫以車騎將軍出征涼州賊邊章等,將行,玄自田廬被褐帶索,要說溫曰:"天下寇賊雲起,豈不以黃門常侍無道故乎?聞中貴人公卿已下當出祖道於平樂觀,明公總天下威重,握六師之要,若於中坐酒酣,鳴金鼓,整行陣,召軍正執有罪者誅之,引兵還屯都亭,以次翦除中官,解天下之倒縣,報海內之怨毒,然後顯用隱逸忠正之士,則邊章之徒宛轉股掌之上矣。"溫聞大震,不能對,良久謂玄曰:"處虛,非不悅子之言,顧吾不能行,如何!"玄乃歎曰:"事行則為福,不行則為賊。今與公長辭矣。"即仰藥欲飲之。溫前執其手曰:"子忠於我,我不能用,是吾罪也,子何為當然!且出口入耳之言,誰今知之!"〔1〕〔一七〕玄遂去,隱居魯陽山中。〔2〕及董卓秉政,聞之,辟以為掾,舉侍御史,不就。卓臨之以兵,不得已彊起,至輪氏,〔一八〕道病終。〔3〕

【注】

〔1〕《左傳》曰:"言出於余口,入於爾耳。"

〔2〕山在今汝州南。

〔3〕輪氏,縣,屬潁川郡,故城在今洛州洛陽縣城西南。

贊曰:中世儒門,賈、鄭名學。衆馳一介,爭禮甒榲。〔1〕升、元守經,義偏情較,〔一九〕霸貴知止,辭交戚里。公超善術,所舍成市。

【注】

〔1〕一介，單使也。《左傳》曰："君亦不使一介行李告於寡君。"氈裘謂匈奴也。

【校勘記】

〔一〕使撰條例章句傳詁　汲本、殿本"傳詁"作"訓詁"。今按：注專釋"詁"字，引《説文》"詁，訓古言也"，似正文不作"訓詁"。下《賈逵傳》云"寫其傳詁"，亦當作"傳詁"之一證也。

〔二〕［嚚］虛心禮請　據《刊誤》及《校補》説補。

〔三〕嚚矜己自飾　汲本、殿本"矜"作"矜"。按：段注《説文》依漢石經《論語》，改"矜"為"矜"，云从矛令聲，則以作"矜"為是。然紹興本"矜""矜"互見，前後亦不一致也。

〔四〕諸侯不期而至者八百人　按：汲本、殿本"至"作"會"。

〔五〕促為辨裝　汲本、殿本"辨"作"辦"。按："辨"本作"辦"，从刀㪔聲。段玉裁謂俗作"辨"，為辨别字，别作从力之"辦"，為幹辦字，實則古辦别、幹辦無二義，亦無二音二形也。

〔六〕建安中改作"聞"　按：《集解》引沈欽韓説，謂閔字本作"閔"，建安中改作"閔"，非改作"聞"也。

〔七〕局促狐疑　"局促"原作"局足"，逕據汲本、殿本改。按：此疊韻謰語，通常皆作"局促"也。

〔八〕胡貊守關　按：《刊誤》謂"關"當作"闕"。方喻迫近，不當云關。

〔九〕萬事理　按：張森楷《校勘記》謂惠校本"事"作"物"，《補注》引劉向《説苑》亦作"物"。

〔一〇〕賓臣者霸　按：《集解》引沈欽韓説，謂袁宏《紀》作"賓臣者王"。

〔一一〕使發出左氏傳大義長於二傳者　汲本、殿本無"發"字。按：殿本《考證》謂監本"出"字上有"發"字。

〔一二〕曷(謂)[為]通濫　據汲本、殿本改，與今《公羊傳》合。

〔一三〕郁字叔異　《集解》引沈欽韓説，謂《文選》四十六注引《東觀記》作"字幼異"。按：今聚珍本《東觀記》亦作"字叔異"。

〔一四〕長水校尉樊(鯈)[儵]　據《樊宏傳》改。下同。

〔一五〕弃我戟　按：王先謙謂《類聚》十五引《續漢書》作"棄子戟"。

〔一六〕中子楷　按："楷"原作"揩"，據汲本、殿本改正。下同。

〔一七〕且出口入耳之言誰今知之　王先謙謂"今"當為"令"之誤文，言出於子口，入於我耳，我不言，誰令他人知之，語意自順。今按：今猶即也，則也，言誰則知之，王説未諦。

〔一八〕至輪氏　按："輪"《續志》同，《前志》作"綸"。

〔一九〕義偏情較　按：殿本"較"作"駮"。

後漢書卷三十七

桓榮丁鴻列傳第二十七

　　桓榮字春卿,〔一〕沛郡龍亢人也。[1]少學長安,習《歐陽尚書》,事博士九江朱普。[2]〔二〕貧窶無資,[3]常客傭以自給,精力不倦,十五年不闚家園。至王莽篡位乃歸。會朱普卒,榮奔喪九江,負土成墳,因留教授,徒衆數百人。莽敗,天下亂。榮抱其經書與弟子逃匿山谷,雖常飢困而講論不輟,後復客授江淮間。

【注】
　〔1〕《續漢書》曰:"榮本齊人,遷于龍亢,至榮六葉。"《東觀記》曰:"榮本齊桓公後也。桓公作伯,支庶用其謚立族命氏焉。"
　〔2〕朱普字公文,受業於平當,為博士,徒衆尤盛。見《前書》。
　〔3〕《字林》曰:"窶,空也。"

　　建武十九年,年六十餘,始辟大司徒府。時顯宗始立為皇太子,選求明經,乃擢榮弟子豫章何湯為虎賁中郎將,以《尚書》授太子。世祖從容問湯[1]本師為誰,湯對曰:"事沛國桓榮。"帝即召榮,令說《尚書》,甚善之。[2]拜為議郎,賜錢十萬,入使授太子。〔三〕每朝會,輒令榮於公卿前敷奏經書。帝稱善,曰:"得生幾晚!"會《歐陽》博士缺,帝欲用榮。榮叩頭讓曰:"臣經術淺薄,不如同門生郎中彭閎、揚州從

事皋弘。"帝曰:"俞,往,女諧。"〔3〕因拜榮為博士,引閎、弘為議郎。〔四〕

【注】

〔1〕從音七容反。

〔2〕謝承《書》曰:"何湯字仲弓,豫章南昌人也。榮門徒常四百餘人,湯為高第,以才明知名。榮年四十無子,湯乃去榮妻為更娶,生三子,榮甚重之。後拜郎中,守開陽門候。上微行夜還,湯閉門不納,更從中東門入。明旦,召詣太官賜食,諸門候皆奪俸。建武十八年夏旱,〔5〕公卿皆暴露請雨。洛陽令著車蓋出門,湯將衛士鉤令車收案,有詔免令官,拜湯虎賁中郎將。上嘗歎曰:'赳赳武夫,公侯干城,何湯之謂也。'湯以明經嘗授太子,推薦榮,榮拜五更,封關內侯。榮常言曰:'此皆何仲弓之力也。'"

〔3〕《續漢書》曰:"閎字作明。"俞,然也。然其所舉,勅令往,言汝能和諧此官。謝承《書》曰"皋弘字奉卿,〔6〕吳郡人也。〔7〕家代為冠族。少有英才,與桓榮相善。子徹,至司徒長史"也。

車駕幸大學,會諸博士論難於前,榮被服儒衣,溫恭有蘊籍,〔1〕辯明經義,每以禮讓相厭,不以辭長勝人,儒者莫之及,〔2〕特加賞賜。又詔諸生雅吹擊磬,盡日乃罷。〔3〕後榮入會庭中,詔賜奇果,受者皆懷之,榮獨舉手捧之以拜。帝笑指之曰:"此真儒生也。"以是愈見敬厚,常令止宿太子宮。積五年,榮薦門下生九江胡憲侍講,乃聽得出,旦一入而已。榮嘗寢病,太子朝夕遣中傅問病,賜以珍羞、帷帳、奴婢,謂曰:"如有不諱,無憂家室也。"〔4〕後病愈,復入侍講。

【注】

〔1〕蘊籍猶言寬博有餘也。蘊音於問反。

〔2〕厭,服也。音一葉反。

〔3〕吹管奏《雅》《頌》也。

〔4〕不諱謂死也。死者人之常，故言不諱也。

二十八年，大會百官，詔問誰可傅太子者，群臣承望上意，皆言太子舅執金吾原鹿侯陰識可。〔1〕博士張佚正色曰："今陛下立太子，為陰氏乎？為天下乎？即為陰氏，則陰侯可；為天下，則固宜用天下之賢才。"帝稱善，曰："欲置傅者，以輔太子也。今博士不難正朕，況太子乎？"即拜佚為太子太傅，而以榮為少傅，賜以輜車、乘馬。榮大會諸生，陳其車馬、印綬，曰："今日所蒙，稽古之力也，可不勉哉！"榮以太子經學成畢，上疏謝曰："臣幸得侍帷幄，執經連年，而智學淺短，無以補益萬分。今皇太子以聰叡之姿，通明經義，觀覽古今，儲君副主莫能專精博學若此者也。斯誠國家福祐，天下幸甚。臣師道已盡，皆在太子，謹使掾臣汜再拜歸道。"〔2〕太子報書曰："莊以童蒙，學道九載，而典訓不明，無所曉識。夫五經廣大，聖言幽遠，非天下之至精，豈能與於此！〔3〕況以不才，敢承誨命。昔之先師謝弟子者有矣，上則通達經旨，分明章句，〔4〕下則去家慕鄉，求謝師門。〔5〕今蒙下列，不敢有辭，願君慎疾加餐，重愛玉體。"〔6〕

【注】

〔1〕言可任也。

〔2〕《續漢書》曰："三公東西曹掾四百石，餘掾比二百石。"歸猶謝也。

〔3〕此上二句，《周易》之《繫辭》。與音預。

〔4〕《前書》丁寬受學於田何，學成，何謝寬，寬東歸，何謂門人曰："《易》東矣。"是先師謝弟子。

〔5〕《韓詩外傳》曰"孔子行，見皋魚哭。孔子曰：'子非有喪，何哭悲也？'皋魚曰：'吾少而好學，周流諸侯，以沒吾親。樹欲靜而風不止，子欲養而親不待。往而不可追者年也，去而不見者親也。'孔子曰：'弟子識之。'於是門人辭歸者十有三"也。

〔6〕《史記》曰："伏聞太后玉體不安。"君子於玉比德，故以言也。

三十年,拜為太常。榮初遭倉卒,與族人桓元卿同飢戹,而榮講誦不息。元卿嗤榮曰:"但自苦氣力,何時復施用乎?"榮笑不應。及為太常,元卿歎曰:"我農家子,豈意學之為利乃若是哉!"[1]

【注】
[1]《東觀漢記》曰:"榮為太常,元卿來候榮,榮諸弟子謂曰:'平生笑盡氣力,今何如?'元卿曰:'我安能知此哉!'"

顯宗即位,尊以師禮,甚見親重,拜二子為郎。榮年踰八十,自以衰老,數上書乞身,輒加賞賜。乘輿嘗幸太常府,令榮坐東面,設几杖,會百官驃騎將軍東平王蒼以下及榮門生數百人,天子親自執業,每言輒曰"大師在是"。[1]既罷,悉以太官供具賜太常家。其恩禮若此。

【注】
[1]《東觀記》曰"時執經生避位發難,上謙曰'大師在是'"也。

永平二年,三雍初成,拜榮為五更。[1]每大射養老禮畢,帝輒引榮及弟子升堂,執經自為下說。[2]乃封榮為關內侯,食邑五千戶。[3][八]

【注】
[1]三雍,宮也,謂明堂、靈臺、辟雍。《前書音義》曰:"皆叶天人雍和之氣為之,故謂三雍。"五更,解見《明紀》。
[2]下說謂下語而講說之也。
[3]《東觀記》曰:"榮以《尚書》授朕十有餘年。《詩》云:'日就月將,示我顯德行。'乃封之。"

榮每疾病,帝輒遣使者存問,太官、太醫相望於道。及篤,上疏謝恩,讓還爵土。帝幸其家問起居,入街下車,擁經而前,撫榮垂涕,賜以牀茵、帷帳、刀劍、衣被，良久乃去。自是諸侯將軍大夫問疾者，不敢復乘車到門，皆拜牀下。榮卒，帝親自變服，臨喪送葬，賜冢塋于首山之陽。〔1〕除兄子二人補四百石，都講生八人補二百石，其餘門徒多至公卿。〔2〕子郁嗣。〔3〕

【注】
〔1〕首陽山在今偃師縣西北也。
〔2〕華嶠《書》曰："榮弟子丁鴻學最高。"
〔3〕華嶠《書》曰："榮長子雍早卒，少子郁嗣。"

論曰：張佚訐切陰侯，以取高位，危言犯衆，義動明后，知其直有餘也。若夫一言納賞，志士為之懷恥；〔1〕受爵不讓，風人所以興歌。〔2〕而佚廷議戚援，自居全德，〔3〕意者以廉不足乎？昔樂羊食子，有功見疑；西巴放麑，以罪作傅。〔4〕蓋推仁審偽，本乎其情。君人者能以此察，則真邪幾於辨矣。〔5〕〔九〕

【注】
〔1〕秦兵圍趙，時魯仲連在趙，因説令退兵。平原君趙勝乃以千金為仲連壽，連笑曰："所貴於天下之士者，能排患解紛而無取也。即有取者，是商賈之事也，而連不忍為也。"遂去，終身不復見。見《史記》也。
〔2〕《詩·小雅·角弓篇》曰："受爵不讓，至於己斯亡。"風人猶詩人也。
〔3〕佚諫云"當用天下之賢才"，而乃自當其任，故曰"自居全德"。全德言無玷缺也。《莊子》曰"是謂全德"也。
〔4〕並解見《吳漢傳》。〔一〇〕
〔5〕幾，近也，音鉅依反。

郁字仲恩，少以父任為郎。敦厚篤學，傳父業，以《尚書》教授，門徒常數百人。榮卒，郁當襲爵，上書讓於兄子汎，顯宗不許，不得已受封，悉以租入與之。帝以郁先師子，有禮讓，甚見親厚，常居中論經書，問以政事，稍遷侍中。[1]帝自製《五家要説章句》，令郁校定於宣明殿，[2]以侍中監虎賁中郎將。〔一〕

【注】
〔1〕《東觀記》曰"永平十四年為議郎，遷侍中"也。
〔2〕華嶠《書》曰"帝自製《五行章句》"，此言"五家"，即謂五行之家也。宣明殿在德陽殿後。《東觀記》曰："上謂郁曰：'卿經及先師，致復文雅。'其冬，上親於辟雍，自講所製《五行章句》已，復令郁説一篇。上謂郁曰：'我為孔子，卿為子夏，起予者商也。'又問郁曰：'子幾人能傳學？'郁曰：'臣子皆未能傳學，孤兄子一人學方起。'上曰：'努力教之，有起者即白之。'"

永平十五年，入授皇太子經，遷越騎校尉，詔勑太子、諸王各奉賀致禮。郁數進忠言，多見納錄。[1]肅宗即位，郁以母憂乞身，詔聽以侍中行服。[2]建初二年，遷屯騎校尉。

【注】
〔1〕《東觀記》曰："皇太子賜郁鞍馬、刀劍，郁乃上疏皇太子曰：'伏見太子體性自然，包含今古，謙謙允恭，天下共見。郁父子受恩，無以明益，夙夜慙懼，誠思自竭。愚以為太子上當合聖心，下當卓絶於衆，宜思遠慮，以光朝廷。'"
〔2〕華嶠《書》曰"郁上書乞身，天子憂之，有詔公卿議。議者皆以郁身為名儒，學者之宗，可許之，於是詔郁以侍中行服"也。

和帝即位，富於春秋，侍中竇憲自以外戚之重，欲令少主頗涉經學,上疏皇太后曰:"《禮記》云:'天下之命,懸於天子;天子之善,成乎所習。習與智長,則切而不勤;〔一二〕化與心成,則中道若性。昔成王幼小,越在襁保,周公在前,史佚在後,太公在左,召公在右。中立聽朝,四聖維之。是以慮無遺計,舉無過事。'[1]孝昭皇帝八歲即位,大臣輔政,亦選名儒韋賢、蔡義、夏侯勝等入授於前,平成聖德。[2]近建初元年,張酺、魏應、召訓〔一三〕亦講禁中。[3]臣伏惟皇帝陛下,躬天然之姿,宜漸教學,而獨對左右小臣,未聞典義。昔五更桓榮,親為帝師,子郁,結髮敦尚,繼傳父業,故再以校尉入授先帝,父子給事禁省,更歷四世,今白首好禮,經行篤備。又宗正劉方,宗室之表,善為《詩經》,先帝所褒。宜令郁、方並入教授,以崇本朝,光示大化。"由是遷長樂少府,復入侍講。頃之,轉為侍中奉車都尉。永元四年,代丁鴻為太常。明年,病卒。

【注】

〔1〕自《禮記》以下,至此以上,皆《大戴禮》之文也。切而不勤,謂習與智長,則常自切厲而不須勤勅,若性猶自然也。襁,絡也;保,小兒被也。"保"當作"緥",古字通也。史佚,成王時史官,名佚,賢者也。維,持也。遺,失也。

〔2〕韋賢字長孺,魯國鄒人,治《魯詩》。蔡義,河內溫人也,為《韓詩》,給事中也。夏侯勝,魯人也,字長公,治《歐陽尚書》。並見《前書》。

〔3〕酺等並自有傳。

郁經授二帝,恩寵甚篤,賞賜前後數百千萬,顯於當世。門人楊震、朱寵,皆至三公。[1]

【注】

〔1〕《鄧騭傳》曰:"朱寵字仲威,京兆人也。篤行好學,從桓榮受《尚書》,位至太尉。"

初，榮受朱普學章句四十萬言，浮辭繁長，多過其實。[1]及榮入授顯宗，減為二十三萬言。郁復刪省定成十二萬言。由是有《桓君大小》《太常章句》。

【注】
〔1〕長音直亮反。

子普嗣，傳爵至曾孫。郁中子焉，能世傳其家學。[1]孫鸞、曾孫彬，並知名。

【注】
〔1〕華嶠《書》曰："郁六子，普、延、焉、俊、鄑、良。普嗣侯，傳國至曾孫，絕。鄑、良子孫皆博學有才能。"

焉字叔元，少以父任為郎。明經篤行，有名稱。永初元年，入授安帝，三遷為侍中步兵校尉。永寧中，順帝立為皇太子，以焉為太子少傅，月餘，遷太傅，以母憂自乞，聽以大夫行喪。踰年，詔使者賜牛酒，奪服，即拜光祿大夫，遷太常。時廢皇太子為濟陰王，焉與太僕來歷、廷尉張晧諫，不能得，事已具《來歷傳》。

順帝即位，拜太傅，與太尉朱寵並錄尚書事。焉復入授經禁中，因讌見，建言宜引三公、尚書入省事，[1]帝從之。以焉前廷議守正，封陽平侯，固讓不受。視事三年，坐辟召禁錮者為吏免。復拜光祿大夫。陽嘉二年，代來歷為大鴻臚，數日，遷為太常。永和五年，代王龔為太尉。漢安元年，以日食免。明年，卒於家。

【注】
〔1〕省猶視也。

弟子傳業者數百人，黃瓊、楊賜最為顯貴。焉孫典。[1]

【注】
[1]華嶠《書》曰："焉長子衡，早卒。中子順，順子典。"

典字公雅，復傳其家業，[1]以《尚書》教授潁川，門徒數百人。舉孝廉為郎。居無幾，會國相王吉以罪被誅，[2]故人親戚莫敢至者。典獨弃官收斂歸葬，服喪三年，負土成墳，為立祠堂，盡禮而去。

【注】
[1]華嶠《書》曰"典十二喪父母，事叔母如事親。立廉操，不取於人，門生故吏問遺，一無所受"也。
[2]沛相。

辟司徒袁隗府，舉高第，拜侍御史。是時宦官秉權，典執政無所回避。[一四]常乘驄馬，京師畏憚，為之語曰："行行且止，避驄馬御史。"及黃巾賊起滎陽，典奉使督軍。賊破，還，以忤宦官賞不行。在御史七年不調，[1]後出為郎。

【注】
[1]華嶠《書》作"十年"。

靈帝崩，大將軍何進秉政，典與同謀議，三遷羽林中郎將。[1]獻帝即位，三公奏典前與何進謀誅閹官，功雖不遂，忠義炳著。詔拜家一人為郎，賜錢二十萬。

【注】
〔1〕華嶠《書》曰"遷平津都尉、鉤盾令、羽林中郎將"也。

從西入關，拜御史中丞，賜爵關內侯。車駕都許，遷光祿勳。建安六年，卒官。

鸞字始春，焉弟子也。[1]少立操行，褞袍糟食，不求盈餘。[2]以世濁，州郡多非其人，恥不肯仕。

【注】
〔1〕《東觀記》曰"鸞父良，龍舒侯相"也。
〔2〕《東觀記》曰"鸞貞亮之性，著乎幼沖。學覽六經，莫不貫綜。推財孤寡，分賄友朋。泰於待賢，狹於養己。常著大布褞袍，糲食醋餐"也。[一五]

年四十餘，時太守向苗[一六]有名迹，乃舉鸞孝廉，遷為膠東令。始到官而苗卒，鸞即去職奔喪，終三年然後歸，淮汝之閒高其義。後為巳吾、汲二縣令，[1]甚有名迹。諸公並薦，復徵(辟)拜議郎。[一七]上陳五事：舉賢才，審授用，黜佞倖，省苑囿，息役賦。書奏御，忤內豎，故不省。以病免。中平元年，年七十七，卒于家。子曄。

【注】
〔1〕《東觀記》曰："[除]陳留巳吾長，[一八]旬月閒遷河內汲令。"

曄字文林，一名嚴，[1]尤修志介。姑為司空楊賜夫人。初鸞卒，姑歸寧赴哀，將至，止於傳舍，整飾從者而後入，曄心非之。及姑勞問，終無所言，號哭而已。賜遣吏奉祠，因縣發取祠具，曄拒不受。後每至京師，未嘗舍宿楊氏。其貞忮若此。[2]賓客從者，皆祗其志行，一餐不受於人。仕為郡功曹。後舉孝廉、有道、方正、茂才，三公並辟，皆不應。

【注】
〔1〕《東觀記》"嚴"作"礹"。
〔2〕忮，堅也。

初平中，天下亂，避地會稽，遂浮海客交阯，[1]越人化其節，至閭里不爭訟。為凶人所誣，遂死于合浦獄。

【注】
〔1〕《東觀記》曰"礹到吳郡，揚州刺史劉繇振給穀食衣服所乏者，悉不受。後東適會稽，住止山陰縣故魯相鍾離意舍，太守王朗餉給粮食、布帛、牛羊，一無所（當）[留]。[一九]臨去之際，屋中尺寸之物，悉疏付主人，纖微不漏。移居揚州從事屈豫室中，中庭橘樹一株，遇實孰，乃以竹藩樹四面，風吹落兩實，以繩繫著樹枝。每當危亡之急，其志彌固，賓客從者皆肅其行"也。

彬字彥林，焉之兄孫也。
父麟，字元鳳，早有才惠。[1]桓帝初，為議郎，入侍講禁中，以直道忤左右，出為許令，[2]病免。會母終，麟不勝喪，未祥而卒，年四十一。所著碑、誄、讚、說、書凡二十一篇。[3]

【注】
〔1〕華嶠《書》曰"酆生麟"也。
〔2〕許，縣名，今許州許昌縣也。
〔3〕案摯虞《文章志》，麟文見在者十八篇，有碑九首，誄七首，《七說》

一首,《沛相郭府君書》一首。

　　彬少與蔡邕齊名。初舉孝廉,拜尚書郎。時中常侍曹節女壻馮方亦為郎,彬厲志操,與左丞劉歆、右丞杜希同好交善,未嘗與方共酒食之會,方深怨之,遂章言彬等為酒黨。事下尚書令劉猛,[猛]雅善彬等,〔二〇〕不舉正其事,節大怒,劾奏猛,以為阿黨,請收下詔獄,在朝者為之寒心,猛意氣自若,旬日得出,免官禁錮。彬遂以廢。〔二一〕光和元年,卒於家,年四十六。諸儒莫不傷之。

　　所著《七說》〔二二〕及書凡三篇,蔡邕等共論序其志,僉以為彬有過人者四:夙智早成,岐嶷也;[1]〔二三〕學優文麗,至通也;仕不苟祿,絕高也;辭隆從窊,絜操也。[2]乃共樹碑而頌焉。

【注】
[1]夙,早也。岐,行兒也。嶷然有所識也。《詩》曰"克岐克嶷"也。
[2]窊,下也,音烏瓜反。

　　劉猛,琅邪人。桓帝時為宗正,直道不容,自免歸家。靈帝即位,太傅陳蕃、大將軍竇武輔政,復徵用之。

　　論曰:伏氏自東西京相襲為名儒,以取爵位。[1]中興而桓氏尤盛,自榮至典,世宗其道,父子兄弟代作帝師,受其業者皆至卿相,顯乎當世。[孔]子曰〔二四〕:"古之學者為己,今之學者為人。"[2]為人者,憑譽以顯物;為己者,因心以會道。桓榮之累世見宗,豈其為己乎!

【注】
[1]謂伏生已後至伏湛也。
[2]《論語》文也。

丁鴻字孝公,[二五]潁川定陵人也。

父綝,字幼春,王莽末守潁陽尉。世祖略地潁陽,潁陽城守不下,綝說其宰,遂與俱降,世祖大喜,厚加賞勞,以綝為偏將軍,因從征伐。綝將兵先度河,移檄郡國,攻營略地,下河南、陳留、潁川二十一縣。

建武元年,拜河南太守。及封功臣,帝令各言所樂,諸將皆占豐邑美縣,唯綝願封本鄉。或謂綝曰:"人皆欲縣,子獨求鄉,何也?"綝曰:"昔孫叔敖勅其子,受封必求墝埆之地,[1]今綝能薄功微,得鄉亭厚矣。"帝從之,封定陵新安鄉侯,食邑五千户,後徙封陵陽侯。

【注】

[1] 孫叔敖,楚相也。墝埆,瘠薄之地。叔敖將死,戒其子曰:"王封汝,必無居利地也。楚、越之間,有寢丘者,甚惡,可長有以食也。"見《吕氏春秋》也。

鴻年十三,從桓榮受《歐陽尚書》,三年而明章句,善論難,為都講,遂篤志精銳,布衣荷擔,不遠千里。

初,綝從世祖征伐,鴻獨與弟盛居,憐盛幼小而共寒苦。及綝卒,鴻當襲封,上書讓國於盛,不報。既葬,乃挂縗絰於冢廬而逃去,留書與盛曰:"鴻貪經書,不顧恩義,弱而隨師,[1]生不供養,死不飯唅,皇天先祖,並不祐助,身被大病,不任茅土。[2]前上疾狀,願辭爵仲公,[3]章寢不報,迫且當襲封。謹自放弃,逐求良醫。如遂不瘳,永歸溝壑。"鴻初與九江人鮑駿[二六]同事桓榮,甚相友善,及鴻亡封,與駿遇於東海,陽狂不識駿。駿乃止而讓之曰:"昔伯夷、吳札亂世權行,故得申其志耳。[4]《春秋》之義,不以家事廢王事。[5]今子以兄弟私恩而絕父不滅之基,可謂智乎?"鴻感悟,垂涕歎息,乃還就國,開門教授。鮑駿亦上書言鴻經學至行,顯宗甚賢之。[6]

【注】

〔1〕弱,少也。

〔2〕任,堪也。

〔3〕仲公,盛之字也。

〔4〕伯夷,孤竹君之子,讓其弟叔齊,餓死於首陽之山。吳札,吳王壽夢之季子也,諸兄欲讓其國,季子乃舍其室而耕。皆是權時所行,非常之道也。伯夷當紂時,吳札當周之末,故言亂(也)[世]。〔二七〕

〔5〕《春秋》衛靈公卒,孫輒立,父蒯聵與輒爭國。〔二八〕《公羊傳》曰:"輒者曷為?蒯聵之子。然則曷為不立蒯聵而立輒?蒯聵無道,靈公逐之而立輒。然則輒之義可以立乎?曰可。不以父命辭於王命,〔二九〕不以家事辭於王事。"故駿引以為言也。

〔6〕《續漢書》載駿書曰:"臣聞武王克殷,封比干之墓,表商容之閭,二人無功,下車先封之,表善顯仁,為國之砥礪也。伏見丁鴻經明行修,志節清妙。"由是上賢之也。

永平十年詔徵,鴻至即召見,說文《侯之命篇》,〔1〕賜御衣及綬,稟食公車,〔2〕與博士同禮。頃之,拜侍中。十三年,兼射聲校尉。建初四年,徙封魯陽鄉侯。〔3〕

【注】

〔1〕周平王東遷洛邑,晉文侯仇有輔佐之功,平王賜以車馬、弓矢而策命之,因以名篇,事見《尚書》也。

〔2〕稟,給也。公車,署名,公車所在,因以名。諸待詔者,皆居以待命,故令給食焉。

〔3〕《東觀記》曰:"魯陽鄉在尋陽(郡)[縣]也。"〔三〇〕

肅宗詔鴻與廣平王羨及諸儒樓望、成封、桓郁、賈逵等,論定五經同異於北宮白虎觀,〔1〕使五官中郎將魏應主承制問難,侍中淳于恭奏上,帝親稱制臨決。鴻以才高，論難最明，諸儒稱之，帝數嗟美焉。時人嘆曰："殿中無雙丁孝公。"〔2〕數受賞賜，擢徙校書，〔三一〕遂代成封為少府。門下由是益盛，遠方至者數千人。彭城劉愷、北海巴茂、九江朱倀皆至公卿。元和三年，徙封馬亭鄉侯。〔3〕

【注】

〔1〕廣平王羨，明帝子也。《東觀記》曰"與太常樓望、少府成封、屯騎校尉桓郁、衛士令賈逵等集議"也。白虎，門名。於門立觀，因之以名焉。

〔2〕《東觀記》曰："上嘆嗟其才，號之曰'殿中無雙丁孝公'，賜錢二十萬。"《續漢書》亦同。而此書獨作"時人歎"也。

〔3〕《東觀記》曰："元和二年，車駕東巡狩，鴻以少府從。上奏曰：'臣聞古之帝王，統治天下，五載巡狩，至于岱宗，柴祭於天，望秩山川，協時月正日，同斗斛權衡，〔三二〕使人不爭。陛下尊履蒸蒸，奉承弘業，祀五帝於明堂，配以光武，二祖四宗，咸有告祀。瞻望太山，嘉澤降渥，柴祭之日，白氣上升，與燎煙合，黃鵠群翔，所謂神人以和，荅響之休符也。'上善焉。"又曰"以廬江郡為六安國"，所以徙封為馬亭侯。

和帝即位，遷太常。永元四年，代袁安為司徒。是時竇太后臨政，憲兄弟各擅威權。鴻因日食，上封事曰：

臣聞日者陽精，守實不虧，君之象也；月者陰精，盈毀有常，臣之表也。故日食者，臣乘君，陰陵陽；月滿不虧，下驕盈也。昔周室衰季，皇甫之屬專權於外，黨類彊盛，侵奪主埶，則日月薄食，〔1〕故《詩》曰："十月之交，朔月辛卯，日有食之，亦孔之醜。"〔2〕《春秋》日食三十六，弒君三十二。〔三三〕變不空生，各以類應。夫威柄不以放下，利器不可假人。〔3〕覽觀往古，近察漢興，傾危之禍，靡不由之。是以三桓專魯，田氏擅齊，六卿分晉；諸呂握權，統嗣幾移；哀、平之末，廟不血食。〔4〕故雖有周公之親，而無其德，不得行其埶也。〔5〕

【注】

〔1〕周室衰謂幽王時也。皇甫即幽王后之黨也。《詩·小雅》曰："皇甫卿士，番惟司徒，家伯維宰，仲允膳夫。"其類非一，故言之屬也。

〔2〕《十月之交》，《詩·小雅》篇名也。孔，甚也。醜，惡也。周之十月，夏之八月也。八月朔，日月交而日食，陰侵陽，臣侵君之象也。日辰之義，日為君，辰為臣。辛，金也。卯，木也。又以卯侵金，故甚惡也。

〔3〕劉向上書云："弒君三十六。"今據《春秋》與劉向同，而《東觀》及《續漢》范氏諸本皆云"三十二"，蓋誤也。威柄謂《周禮》之八柄，即爵、祿、生、置、予、奪、廢、誅也。利器謂國之權埶。假，借也。《左傳》曰"唯器與名，不可以假人"也。

〔4〕三桓謂季孫氏、叔孫氏、仲孫氏。三家皆出自魯桓公，故言三桓。並專權魯國。至魯昭公，遂為季氏所逐，平子乃攝行君事。田氏，陳敬仲之後，因自陳奔齊，改為田氏，遂執齊政，至田和乃篡齊。六卿謂晉之智氏、中行氏、范氏、韓氏、趙氏、魏氏，並專晉政，韓、趙、魏卒三分晉國也。諸呂謂呂產、呂祿也。產領南軍，祿領北軍，謀危劉氏，故曰"統嗣幾移"。

〔5〕言親賢兼重，方可執政。《孟子》曰："有伊尹之心則可，無伊尹之心則篡也。"〔三四〕

今大將軍雖欲敕身自約，不敢僭差，然而天下遠近皆惶怖承旨，刺史二千石初除謁辭，求通待報，雖奉符璽，受臺敕，不敢便去，久者至數十日。背王室，向私門，此乃上威損，下權盛也。人道悖於下，效驗見於天，雖有隱謀，〔三五〕神照其情，垂象見戒，以告人君。閒者月滿先節，過望不虧，〔1〕此臣驕溢背君，專功獨行也。陛下未深覺悟，故天重見戒，誠宜畏懼，以防其禍。《詩》云："敬天之怒，不敢戲豫。"〔2〕若敕政責躬，杜漸防萌，則凶妖銷滅，害除福湊矣。

【注】
〔1〕《易》曰"天垂象,見吉凶",故言見戒也。月滿先節謂未及望而滿也。《東觀記》亦（云）作"先節",〔三六〕俗本作"失節",字之誤也。
〔2〕《詩·大雅》也。雷電震燿,天怒也。戲豫猶逸豫也。不敢自逸,所以敬天也。

夫壞崖破巖之水,源自涓涓;干雲蔽日之木,起於葱青。禁微則易,救末者難,人莫不忽於微細,以致其大。恩不忍誨,義不忍割,去事之後,未然之明鏡也。臣愚以為左官外附之臣,〔1〕依託權門,傾覆諂諛,以求容媚者,宜行一切之誅。間者大將軍再出,威振州郡,莫不賦斂吏人,遣使貢獻。大將軍雖云不受,而物不還主,部署之吏無所畏憚,縱行非法,不伏罪辜,故海内貪猾,競為姦吏,小民吁嗟,怨氣滿腹。臣聞天不可以不剛,不剛則三光不明;〔2〕王不可以不彊,不彊則宰牧從橫。宜因大變,改政匡失,以塞天意。

【注】
〔1〕《前書》:"左官附益阿黨之法設。"左官者,人道尚右,舍天子而事諸侯為左官。外附謂背正法而附私家。
〔2〕三光,日、月、星也。天道尚剛。《周易》曰:"乾,健也。"《左傳》曰:"天為剛德。"〔三七〕

書奏十餘日,帝以鴻行太尉兼衛尉,屯南、北宮。於是收竇憲大將軍印綬,憲及諸弟皆自殺。
時大郡口五六十萬舉孝廉二人,小郡口二十萬并有蠻夷者亦舉二人,帝以為不均,下公卿會議。鴻與司空劉方上言:"凡口率之科,宜有階品,蠻夷錯雜,不得為數。自今郡國率二十萬口歲舉孝廉一人,四十萬二人,六十萬三人,八十萬四人,百萬五人,百二十萬六人。不滿二十萬二歲一人，不滿十萬三歲一人。"帝從之。

六年，鴻薨，賜贈有加常禮。子湛嗣。[湛]卒，子浮嗣。〔三八〕浮卒，子夏嗣。〔1〕

【注】
〔1〕《東觀記》及《續漢書》"夏"字作"夔"也。

論曰：孔子曰"太伯三以天下讓，民無得而稱焉"。〔1〕孟子曰"聞伯夷之風者，貪夫廉，懦夫有立志"。若乃太伯以天下而違周，伯夷率累情以去國，並未始有其讓也。〔2〕故太伯稱至德，伯夷稱賢人。後世聞其讓而慕其風，徇其名而昧其致，所以激詭行生而取與妄矣。〔3〕至夫鄧彪、劉愷，讓其弟以取義，使弟受非服而己厚其名，〔三九〕於義不亦薄乎！〔4〕君子立言，非苟顯其理，將以啟天下之方悟者；立行，非獨善其身，將以訓天下之方動者。言行之所開塞，可無慎哉！原丁鴻之心，主於忠愛乎？何其終悟而從義也！異夫數子類乎徇名者焉。

【注】
〔1〕此上《論語》載孔子之言也。鄭玄注云："太伯，周太王之長子，次子仲雍，次子季歷。太王見季歷賢，又生文王有聖人表，故欲立之，而未有命。太王疾，太伯因適吳、越採藥，太王歿而不返，季歷為喪主，一讓也。季歷赴之，不來奔喪，二讓也。免喪之後，遂斷髮文身，三讓也。三讓之美皆蔽隱不著，故人無得而稱焉。"
〔2〕違，去也。未始猶未嘗也。言太伯、伯夷率性清絜，超然去國，未嘗故有求讓之名。
〔3〕徇，營也。言二子非故立讓風以求聲譽，故至德稱於前古。後代之人直欲營慕其名，而昧其深致，所以激射詭譎之行生，而取與之間多詐妄矣。
〔4〕彪讓國異母弟荊及鳳，愷以國讓弟憲，帝皆許焉。弟不當襲爵，故言非服，而彪、愷皆獨受美名，而陷弟於不義也。

贊曰：五更待問，應若鳴鍾。[1]庭列輜駕，堂修禮容。穆穆帝則，擁經以從。[2]丁鴻翼翼，讓而不飾。高論白虎，深言日食。[3]

【注】

[1]《禮記》曰："夙夜強學以待問。"又曰"善待問者如撞鍾，扣之以小者則小鳴，扣之以大者則大鳴，待其舂容而後盡其聲，不善荅問者反此"也。

[2]從，就也。

[3]《春秋經》書"日有食之"。杜注云："日食者，月掩日。聖人不言月掩日，而以自食為文，[四〇]闕於所不見也。"

【校勘記】

[一] 桓榮字春卿　按：《集解》引汪文臺說，謂《書鈔》云字子春。

[二] 事博士九江朱普　按：王先謙謂今本《東觀記》作"朱文剛"。

[三] 入使授太子　《刊誤》謂案文"入使"當作"使人"。按：孔廣陶校注本《北堂書鈔》五十六引《續漢書》作"入授太子"，無"使"字。張森楷《校勘記》謂《治要》無"使"字。

[四] 引閔弘為議郎　按：《東觀記》無"弘"字。

[五] 建武十八年夏旱　汲本、殿本"十八年"作"十六年"。按：《光武紀》建武十八年夏五月旱，是作"十六年"者誤也。

[六] 皋弘字奉卿　按："奉"原譌"秦"，逕據汲本、殿本改正。

[七] 吳郡人也　按：張熷謂吳郡順帝時置，榮時乃會稽郡耳，"郡"當為"縣"。

[八] 食邑五千戶　按：《東觀記》作"五百戶"，云後以五更祿終厥身。

[九] 則真邪幾於辨矣　按：王先謙謂"真"蓋"貞"之誤。

[一〇] 並解見吳漢傳　按：《集解》引黃山說，謂注誤，乃見《公孫述傳》。

[一一] 以侍中監虎賁中郎將　按：《刊誤》謂漢無監虎賁官，蓋是"兼"字，與丁鴻同也。

〔一二〕則切而不勤　按：《集解》引沈欽韓説，謂《大戴禮·保傅篇》作"切而不攘"，《賈誼傳》及《新書》作"切而不媿"。

〔一三〕召訓　按：《集解》引惠棟説，謂本傳作"馴"，徐廣云馴古訓字。

〔一四〕典執政無所回避　《刊誤》謂典為御史，非執政者，"政"當作"正"。按：《御覽》四二七引作"正"。

〔一五〕糲食醋餐　按：聚珍本《東觀記》"醋餐"作"粗餐"。

〔一六〕時太守向苗　按：《校補》引錢大昭説，謂鸞，沛國人，苗當為國相，桓典之為孝廉，國相王吉舉之，是其證。此云"太守"，誤。

〔一七〕復徵（辟）拜議郎　《刊誤》謂徵則上徵之，辟則諸府辟之，議郎當云徵而已，明多"辟"字。今據刪。

〔一八〕［除］陳留已吾長　據汲本、殿本補。

〔一九〕一無所（當）［留］　據殿本改，與聚珍本《東觀記》合。

〔二〇〕［猛］雅善彬等　據汲本、殿本補。按：《御覽》二一五引重"猛"字。

〔二一〕彬遂以廢　按：《御覽》二一五引"以"作"見"。

〔二二〕所著七説　按：《校補》引侯康及柳從辰説，並謂"七説"當作"七誤"。

〔二三〕夙智早成岐嶷也　按：《刊誤》謂案蔡邕本以早成為一德，傳寫之誤，反以"岐嶷"在下，當云"夙智岐嶷，早成也"。

〔二四〕［孔］子曰　據汲本、殿本補。

〔二五〕丁鴻字孝公　按：王先謙謂李善《文選》注作"字季公"。

〔二六〕九江人鮑駿　按：《集解》引惠棟説，謂袁宏《紀》"駿"作"俊"。

〔二七〕故言亂（也）［世］　據殿本改。

〔二八〕父酀贈與輒爭國　按：汲本、殿本"贈"作"瞶"。下同。

〔二九〕不以父命辭於王命　按：陳景雲謂按《公羊傳》本文，當作"不以父命辭王父命"。

〔三〇〕魯陽鄉在尋陽（郡）〔縣〕也 《集解》引洪亮吉説，謂漢時止有尋陽縣，屬廬江郡，此"郡"字蓋"縣"字之誤。今據改。

〔三一〕數受賞賜擢徙校書 《刊誤》謂漢校書者郎官而已，鴻已為二千石，不當以校書為擢徙也，明衍"校書"二字。《集解》引惠棟説，謂如劉説，則"擢徙"二字無所附麗，或作"尚書"。《校補》謂案劉意，"擢徙"二字承上"數受賞賜"為一句，不必有所附麗，尚書六百石，亦非二千石擢徙之官。此傳但云"校書"，未言"校書郎"，則"賞賜擢徙"與"校書"各為一事，原不必校書定為官名。今按：句當有脱譌，諸説皆未諦。

〔三二〕同斗斛權衡 按："同"原譌"角"，逕據汲本、殿本改正。

〔三三〕弒君三十二 按："弒"原譌"殺"，逕據汲本、殿本改正。

〔三四〕有伊尹之心則可無伊尹之心則篡也 按：殿本"心"皆改作"志"，取與今本《孟子》合。《校補》謂案《周章傳論》已引作"心"，官本同，周廣業據為《孟子》異本是也。

〔三五〕雖有隱謀 按：《集解》引王補説，謂袁宏《紀》作"雖欲隱諱"。

〔三六〕東觀記亦（云）作先節 據《校補》刪。

〔三七〕左傳曰天為剛德 按：汲本、殿本注無此七字，而有"天道終日乾乾是其剛也"十字。

〔三八〕〔湛〕卒子浮嗣。 據汲本、殿本補。

〔三九〕而己厚其名 按：《集解》引惠棟説，謂華嶠《書》"厚"作"享"。

〔四〇〕而以自食為文 按：汲本、殿本"自食"譌"日食"。

後漢書卷三十八

張法滕馮度楊列傳第二十八

　　張宗字諸君，南陽魯陽人也。王莽時，為縣陽泉鄉佐。[1]會莽敗，義兵起，宗乃率陽泉民三四百人起兵略地，西至長安，更始以宗為偏將軍。宗見更始政亂，因將家屬客安邑。

【注】
〔1〕《續漢書》曰："鄉佐，主佐鄉收稅賦。"

　　及大司徒鄧禹西征，定河東，宗詣禹自歸。禹聞宗素多權謀，乃表為偏將軍。禹軍到枸邑，〔一〕赤眉大眾且至，禹以枸邑不足守，欲引師進就堅城，而眾人多畏賊追，憚為後拒。禹乃書諸將名於竹簡，署其前後，亂著筩中，令各探之。[1]宗獨不肯探，曰："死生有命，張宗豈辭難就逸乎！"禹歎息謂曰："將軍有親弱在營，柰何不顧？"宗曰："愚聞一卒畢力，百人不當；萬夫致死，可以橫行。宗今擁兵數千，以承大威，何遽其必敗乎！"〔二〕遂留為後拒。諸營既引兵，宗方勒屬軍士，堅壘壁，以死當之。禹到前縣，議曰："以張將軍之眾，當百萬之師，猶以小雪投沸湯，雖欲戮力，〔三〕其埶不全也。"乃遣步騎二千人反還迎宗。宗引兵始發，而赤眉卒至，宗與戰，卻之，乃得歸營，於是諸將服其勇。及還到長安，宗夜將銳士入城襲赤眉，中矛貫胛，[2]又轉攻諸營保,為流矢所激,皆幾至於死。

【注】
〔1〕笰以竹為之。鄭玄注《禮記》云:"圓曰簞,方曰笰。"
〔2〕胛,背上兩膊閒。

及鄧禹徵還,光武以宗為京輔都尉,〔1〕將突騎與征西大將軍馮異共擊關中諸營保,破之,遷河南都尉。建武六年,都尉官省,拜太中大夫。八年,潁川桑中盜賊群起,宗將兵擊定之。後青、冀盜賊屯聚山澤,宗以謁者督諸郡兵討平之。十六年,琅邪、北海盜賊復起,宗督二郡兵討之,乃設方略,明購賞,皆悉破散,於是沛、楚、東海、臨淮群賊懼其威武,相捕斬者數千人,青、徐震慄。後遷琅邪相,其政好嚴猛,敢殺伐。永平二年,卒於官。

【注】
〔1〕秦每郡有尉一人,典兵禁,景帝更名都尉。武帝元鼎四年,置京輔都尉,各一人,〔四〕二千石,見《前書》也。

法雄字文彊,扶風郿人也,齊襄王法章之後。秦滅齊,子孫不敢稱田姓,故以法為氏。〔1〕宣帝時,徙三輔,世為二千石。雄初仕郡功曹,〔2〕辟太傅張禹府,舉雄高第,除平氏長。〔3〕善政事,好發擿姦伏,盜賊稀發,吏人畏愛之。南陽太守鮑得上其理狀,遷宛陵令。〔五〕

【注】
〔1〕法章,齊湣王子也。法章子建立,為秦所滅。見《史記》也。
〔2〕《續漢志》曰"郡皆置諸曹掾史。功曹史,主選署功勞"也。
〔3〕平氏,縣,屬南陽郡,故城今唐州平氏縣也。

永初三年，海賊張伯路等三千餘人，冠赤幘，服絳衣，自稱"將軍"，寇濱海九郡，殺二千石令長。初，遣侍御史龐雄督州郡兵擊之，伯路等乞降，尋復屯聚。明年，伯路復與平原劉文河等三百餘人稱"使者"，攻厭次城，殺長吏，〔1〕轉入高唐，〔2〕燒官寺，出繫囚，渠帥皆稱"將軍"，共朝謁伯路。伯路冠五梁冠，佩印綬，〔3〕黨眾浸盛。乃遣御史中丞王宗持節發幽、冀諸郡兵，合數萬人，乃徵雄為青州刺史，與王宗并力討之。連戰破賊，斬首溺死者數百人，餘皆奔走，收器械財物甚眾。會赦詔到，賊猶以軍甲未解，不敢歸降。於是王宗召刺史太守共議，皆以為當遂擊之。雄曰："不然。兵，凶器；戰，危事。〔4〕勇不可恃，勝不可必。賊若乘船浮海，深入遠島，攻之未易也。及有赦令，可且罷兵，以慰誘其心，勢必解散，然後圖之，可不戰而定也。"宗善其言，即罷兵。賊聞大喜，乃還所略人。而東萊郡兵獨未解甲，賊復驚恐，遁走遼東，止海島上。五年春，乏食，復抄東萊間，雄率郡兵擊破之，賊逃還遼東，遼東人李久等共斬平之，於是州界清靜。

【注】

〔1〕厭次，今棣州縣是也。

〔2〕高唐今博州縣。

〔3〕《漢官儀》曰"諸侯冠進賢三梁，卿大夫、尚書、二千石冠兩梁，千石以下至小吏冠一梁"，無五梁制者也。

〔4〕《史記》范蠡之詞。

雄每行部，錄囚徒，察顏色，多得情偽，長吏不奉法者皆解印綬去。

在州四年，遷南郡太守，斷獄省少，戶口益增。郡濱帶江沔，〔1〕又有雲夢藪澤，〔2〕永初中，多虎狼之暴，前太守賞募張捕，反為所害者甚眾。雄乃移書屬縣曰："凡虎狼之在山林，猶人[民]之居城市。〔六〕古者至化之世，猛獸不擾，〔3〕皆由恩信寬澤，仁及飛走。太守雖不德，敢忘斯義。記到,其毀壞檻穽,不得妄捕山林。"[4]是後虎害稍息,人以獲安。[七]在郡數歲,歲常豐稔。[5]元初中卒官。

【注】

〔1〕《水經》曰:"沔水出武都沮縣東狼谷中,至江夏沙羨縣北,南入于江。"羨音夷。

〔2〕雲夢澤今在安州。

〔3〕《禮記》曰:"大道之行,四靈以為畜。龍以為畜,故魚鮪不淰;鳳以為畜,故鳥不獝;麟以為畜,故獸不狘。"是不擾之也。

〔4〕檻謂捕獸之機也。穽謂穿地陷獸也。

〔5〕稔,熟也。

子真,在《逸人傳》。[八]

滕撫字叔輔,北海劇人也。初仕州郡,稍遷為涿令,有文武才用。太守以其能,委任郡職,兼領六縣。[1]風政修明,流愛于人,在事七年,道不拾遺。

【注】

〔1〕《續漢志》涿郡領七縣,除涿以外,有遒、故安、范陽、良鄉、北新城、方城六縣,使撫兼領之。

順帝末,揚、徐盜賊群起,磐牙連歲。[1][九]建康元年,九江范容、周生等相聚反亂,屯據歷陽,[2]為江淮巨患,遣御史中丞馮緄將兵督揚州刺史尹燿、九江太守鄧顯討之。燿、顯軍敗,為賊所殺。又陰陵人徐鳳、馬勉等復寇郡縣,殺略吏人。鳳衣絳衣,帶黑綬,稱"無上將軍",勉皮冠黃衣,帶玉印,稱"黃帝",築營於當塗山中。[3]乃建年號,置百官,遣別帥黃虎攻沒合肥。[4]明年,廣陵賊張嬰等復聚衆數千人反,據廣陵。朝廷博求將帥,三公舉撫有文武才,拜為九江都尉,與中郎將趙序助馮緄合州郡兵數萬人共討之。又廣開賞募,錢、邑各有差。梁太后慮群賊屯結,諸將不能制,又議遣太尉李固。未及行,會撫等進擊,大破之,斬馬勉、范容、周生等千五百級,徐鳳遂將餘衆攻燒東城縣。[5]下邳人謝安應募,率其宗親設伏擊鳳,斬之,封安為平鄉侯,邑三千戶。拜撫中郎將,督揚徐二州事。撫復進擊張嬰,斬獲千餘人。趙序坐畏懦不進,詐增首級,徵還棄市。又歷陽賊華孟自稱"黑帝",攻九江,殺郡守。撫乘勝進擊,破之,斬孟等三千八百級,虜獲七百餘人,牛馬財物不可勝筭。於是東南悉平,振旅而還。以撫為左馮翊,除一子為郎。撫所得賞賜,盡分於麾下。

【注】
〔1〕磐牙謂相連結。
〔2〕歷陽今和州縣。
〔3〕當塗縣之山也,在今宣州。[一〇]
〔4〕合肥故城在今廬州北也。
〔5〕東城縣故城在今豪州定遠縣東南。[一一]

性方直,不交權埶,宦官懷忿。及論功當封,太尉胡廣時錄尚書事,承旨奏黜撫,天下怨之。卒於家。

馮緄字鴻卿,巴郡宕渠人也,[1]少學《春秋》、《司馬兵法》。[2]父煥,安帝時為幽州刺史,疾忌姦惡,數致其罪。時玄菟太守姚光亦失人和。建光元年,怨者乃詐作璽書譴責煥、光,賜以歐刀。又下遼東都尉龐奮使速行刑,奮即斬光收煥。煥欲自殺,緄疑詔文有異,止煥曰:"大人在州,志欲去惡,實無它故,必是凶人妄詐,規肆姦毒。願以事自上,甘罪無晚。"煥從其言,上書自訟,果詐者所為,徵奮抵罪。會煥病死獄中,帝愍之,賜煥、光錢各十萬,以子為郎中。緄由是知名。

【注】
〔1〕宕渠,縣,故城在今渠州東北。緄音古本反。
〔2〕謝承《書》曰,緄學《公羊春秋》。《史記》曰,司馬穰苴者,田完之苗裔也,當景公時,善用兵。至齊威王時,使大夫追論古者司馬兵法,而附穰苴其中,號曰《司馬穰苴》也。

家富好施,賑赴窮急,為州里所歸愛。初舉孝廉,七遷為廣漢屬國都尉,徵拜御史中丞。順帝末,以緄持節督揚州諸郡軍事,與中郎將滕撫擊破群賊,遷隴西太守。後鮮卑寇邊,以緄為遼東太守,曉喻降集,虜皆弭散。〔1〕徵拜京兆尹,轉司隸校尉,所在立威刑。遷廷尉、太常。

【注】
〔1〕弭,止也。

時長沙蠻寇益陽,屯聚積久,至延熹五年,眾轉盛,而零陵蠻賊復反應之,合二萬餘人,攻燒城郭,殺傷長吏。又武陵蠻夷悉反,寇掠江陵間,荊州刺史劉度、南郡太守李肅並奔走,荊南皆沒。於是拜緄為車騎將軍,將兵十餘萬討之,詔策緄曰:"蠻夷猾夏,久不討攝,〔1〕各焚都城,蹈籍官人。州郡將吏,死職之臣,相逐奔竄,曾不反顧,可愧言也。將軍素有威猛,是以擢授六師。〔2〕前代陳湯、馮、傅之徒,以寡擊眾,〔3〕郅支、夜郎、樓蘭之戎,頭懸都街,〔4〕衛、霍北征,功列金石,是皆將軍所究覽也。〔5〕今非將軍,誰與修復前迹?進赴之宜,權時之策,將軍一之,出郊之事,不復內御。〔6〕已命有司祖于國門。〔7〕《詩》不云乎:'進厥虎臣,闞如虓虎,敷敦淮濆,仍執醜虜。'將軍其勉之!"〔8〕

【注】

〔1〕猾，亂也。夏，華夏也。攝，持也。《書》曰："蠻夷猾夏。"

〔2〕六師猶六軍也，《詩》云"整我六師，以修我戎"也。

〔3〕陳湯字子公，山陽瑕丘人也。元帝時，為西域副校尉，矯發西域諸國兵四萬人，誅斬郅支單于，傳首長安，懸於藁街。馮奉世字子明，上黨潞人也。宣帝時，以衛尉持節送大宛諸國客到伊修城。時莎車王萬年殺漢使者，子明乃以節告諸國王，發兵五千人擊莎車，殺其王，傳首詣長安。傅介子，北地人。昭帝時，為平樂監。時樓蘭國數反覆，霍光白遣介子與士卒，齎金幣以賜外國為名，至樓蘭，樓蘭王與介子飲，乃令壯士二人刺殺之，持首詣闕。

〔4〕夜郎，西南夷之國也。成帝時，夜郎王興數不從命，牂柯太守陳立行縣至夜郎，召興，興從邑君數十人見立，立數責，因斷興頭。案：夜郎王首不傳京師，殺之者陳立，又非陳湯、馮、傅，此蓋泛論誅戮戎夷耳。

〔5〕衛青、霍去病俱出擊匈奴，青至寘顏山，斬首九千級，去病斬首七萬餘級，次（到）〔封〕狼居胥山迺還也。〔一二〕

〔6〕一猶專也，言出郊以外，不復由內制御也。《淮南子》曰"凡命將，主親授鉞曰：'從此上至天，將軍制之。'將荅曰：'國不可從外理，軍不可從中御'"也。

〔7〕祖，道祭也。鄭玄注《禮記》云："天子九門：路門也，應門也，雉門也，庫門也，皋門也，國門也，近郊門也，遠郊門也，關門也。"

〔8〕《詩·大雅》也。當周宣王時，徐方、淮夷反叛，宣王乃進其虎猛之臣，謂方叔、召虎之類也。虓虎，怒聲也。水涯曰濆。敷，布也。醜，衆也。仍，因也。言布兵敦逼淮水之涯，因執得衆虜。引《詩》戒緄，令其勉也。

時天下飢饉，帑藏虛盡，每出征伐，常減公卿奉祿，假王侯租賦，前後所遣將帥，宦官輒陷以折耗軍資，往往抵罪。緄性烈直，不行賄賂，懼為所中，乃上疏曰："執得容姦，伯夷可疑；苟曰無猜，盜跖可信。〔1〕故樂羊陳功，文侯示以謗書。〔2〕願請中常侍一人監軍財費。"尚書朱穆奏緄以財自嫌，失大臣之節。有詔勿劾。

【注】
〔一〕《莊子》曰，孔子與柳下季為友，弟名曰盜跖，從卒九千人，橫行，侵暴諸侯，驅人馬牛，取人婦女，貪虐無親，萬人苦之。
〔二〕樂羊，魏將軍也。《史記》曰，魏文侯令樂羊將而攻中山，三年而拔之。樂羊反而論功，文侯示之謗書一篋。樂羊再拜曰："此非臣之功也。"

緄軍至長沙，賊聞，悉詣營道乞降。[1]進擊武陵蠻夷，斬首四千餘級，受降十餘萬人，[一三]荊州平定。詔書賜錢一億，固讓不受。振旅還京師，推功於從事中郎應奉，薦以為司隸校尉，而上書乞骸骨，朝廷不許。監軍使者張敞承宦官旨，奏緄將傅婢二人戎服自隨，又輒於江陵刻石紀功，請下吏案理。尚書令黃儁奏議，以為罪無正法，不合致糾。會長沙賊復起，攻桂陽、武陵，緄以軍還盜賊復發，策免。

【注】
〔一〕營道，今道州縣也。

頃之，拜將作大匠，轉河南尹。上言"舊典，中官子弟不得為牧人職"，帝不納。復為廷尉。時山陽太守單遷以罪繫獄，緄考致其死。遷，故車騎將軍單超之弟，中官相黨，遂共誹章誣緄，坐與司隸校尉李膺、大司農劉祐俱輸左校。應奉上疏理緄等，得免。後拜屯騎校尉，復為廷尉，卒於官。

緄弟允，[一四]清白有孝行，能理《尚書》，善推步之術。[1]拜降虜校尉，終於家。[2]

【注】
〔一〕推步謂究日月五星之度，昏旦節氣之差。
〔二〕謝承《書》曰："緄子鸞，舉孝廉，除郎中。"

度尚字博平,山陽湖陸人也。家貧,不修學行,不為鄉里所推舉。[1]積困窮,乃為宦者同郡侯覽視田,得為郡上計吏,拜郎中,除上虞長。[2]為政嚴峻,明於發擿姦非,吏人謂之神明。[3]遷文安令,[4]遇時疾疫,穀貴人飢,尚開倉稟給,營救疾者,百姓蒙其濟。時冀州刺史朱穆行部,見尚甚奇之。

【注】

〔1〕《續漢書》曰:"尚少喪父,事母至孝,通《京氏易》、《古文尚書》。為吏清絜,有文武才略。"與此不同。

〔2〕上虞,縣,故城在今越州餘姚縣西。

〔3〕謝承《書》曰:"尚進善愛人,坐以待旦,擢門下書佐朱儁,恒嘆述之,以為有不凡之操。儁後官至車騎將軍,遠近奇尚有知人之鑒。"

〔4〕文安,縣,故城在今瀛州文安縣東北。

延熹五年,長沙、零陵賊合七八千人,自稱"將軍",入桂陽、蒼梧、南海、交阯,交阯刺史及蒼梧太守望風逃奔,二郡皆沒。遣御史中丞盛修募兵討之,不能剋。豫章艾縣人六百餘人,[一五]應募而不得賞直,怨恚,遂反,焚燒長沙郡縣,寇益陽,[1]殺縣令,衆漸盛。又遣謁者馬睦,督荊州刺史劉度擊之,軍敗,睦、度奔走。桓帝詔公卿舉任代劉度者,尚書朱穆舉尚,自右校令擢為荊州刺史。尚躬率部曲,與同勞逸,廣募雜種諸蠻夷,明設購賞,進擊,大破之,降者數萬人。桂陽宿賊渠帥卜陽、潘鴻等畏尚威烈,徙入山谷。尚窮追數百里,遂入南海,破其三屯,多獲珍寶。而陽、鴻等黨衆猶盛,尚欲擊之,而士卒驕富,莫有鬭志。尚計緩之則不戰,逼之必逃亡,乃宣言卜陽、潘鴻作賊十年,習於攻守,今兵寡少,未易可進,當須諸郡所發悉至,爾乃并力攻之。申令軍中,恣聽射獵。兵士喜悅,大小皆相與從禽。尚乃密使所親客潛焚其營,珍積皆盡。獵者來還,莫不泣涕。尚人人慰勞,深自咎責,因曰:"卜陽等財寶足富數世,諸卿但不并力耳。所亡少少,何足介意!"

眾聞咸憤踊，尚勑令秣馬蓐食，明旦，徑赴賊屯。陽、鴻等自以深固，不復設備，吏士乘銳，遂大破平之。

【注】
〔1〕益陽，縣，在益水之陽，故城在今潭州益陽縣東。

尚出兵三年，群寇悉定。七年，封右鄉侯，遷桂陽太守。明年，徵還京師。時荊州兵朱蓋等，征戍役久，財賞不贍，忿患，復作亂，與桂陽賊胡蘭等三千餘人復攻桂陽，焚燒郡縣，太守任胤棄城走，賊衆遂至數萬。轉攻零陵，太守陳球固守拒之。於是以尚為中郎將，將幽、冀、黎陽、烏桓步騎二萬六千人救球，又與長沙太守抗徐等發諸郡兵，并執討擊，大破之，斬蘭等首三千五百級，餘賊走蒼梧。詔賜尚錢百萬，餘人各有差。

時抗徐與尚俱為名將，數有功。徐字伯徐，丹陽人，鄉邦稱其膽智。初試守宣城長，悉移深林遠藪椎髻鳥語之人置於縣下，〔1〕由是境內無復盜賊。後為中郎將宗資別部司馬，擊太山賊公孫舉等，破平之，斬首三千餘級，封烏程東鄉侯五百戶。〔2〕遷太山都尉，寇盜望風奔亡。及在長沙，宿賊皆平。卒於官。桓帝下詔追增封徐五百戶，并前千戶。

【注】
〔1〕宣城，縣，故城在今宣州南陵縣東。椎，獨髻也，音直追反。鳥語謂語聲似鳥也。《書》曰："島夷卉服。"〔一六〕
〔2〕烏程，今湖州縣。

復以尚為荊州刺史。尚見胡蘭餘黨南走蒼梧，懼為己負，乃偽上言蒼梧賊入荊州界，〔一七〕於是徵交阯刺史張磐下廷尉。辭狀未正，會赦見原。磐不肯出獄，方更牢持械節，獄吏謂磐曰："天恩曠然而君不出，（何）[可]乎？"〔一八〕磐因自列曰："前長沙賊胡蘭作難荊州，餘黨散入交阯。磐身嬰甲胄,涉危履險,討擊凶患,斬殄渠帥,餘盡鳥竄冒遁,還奔荊州。刺史度尚懼磐先言,怖畏罪戾,[1]伏奏見誣。磐備位方伯,為國爪牙,[2]而為尚所枉,受罪牢獄。夫事有虛實,法有是非。磐實不辜,赦無所除。如忍以苟免,永受侵辱之恥,生為惡吏,死為敝鬼。乞傳尚詣廷尉,面對曲直,足明真偽。尚不徵者,磐埋骨牢檻,終不虛出,望塵受枉。"廷尉以其狀上,詔書徵尚到廷尉,辭窮受罪,以先有功得原。磐字子石,丹陽人,以清白稱,終於廬江太守。

【注】

〔1〕戾亦罪也。

〔2〕爪牙,以猛獸為喻,言為國之扞衛也。《詩》曰"圻父,予王之爪牙"也。

尚後為遼東太守,數月,鮮卑率兵攻尚,與戰,破之,戎狄憚畏。年五十,延熹九年,卒於官。

楊琁字機平,會稽烏傷人也。高祖父茂,本河東人,從光武征伐,為威寇將軍,封烏傷新陽鄉侯。建武中就國,傳封三世,有罪國除,因而家焉。父扶,交阯刺史,有理能名。兄喬,為尚書,容儀偉麗,數上言政事,桓帝愛其才兒,詔妻以公主,喬固辭不聽,遂閉口不食,七日而死。

琁初舉孝廉,稍遷,靈帝時為零陵太守。是時蒼梧、桂陽猾賊相聚,攻郡縣,賊衆多而琁力弱,吏人憂恐。琁乃特制馬車數十乘,以排囊盛石灰於車上,[1][一九]繫布索於馬尾,又為兵車,專轂弓弩,剋(共)[期]會戰。[二〇]乃令馬車居前,順風鼓灰,賊不得視,因以火燒布,[布]然[二一]馬驚,奔突賊陣,因使後車弓弩亂發,鉦鼓鳴震。群盜波駭破散,追逐傷斬無數,梟其渠帥,郡境以清。[2]荊州刺史趙凱,誣奏琁實非身破賊,而妄有其功。琁與相章奏,凱有黨助,遂檻車徵琁。防禁嚴密,無由自訟,乃嚙臂出血,書衣為章,具陳破賊形執,及言凱所誣狀,〔二二〕潛令親屬詣闕通之。詔書原琁,拜議郎,凱反受誣人之罪。

【注】
〔1〕排囊即今囊袋也。排音蒲拜反。
〔2〕梟,懸也。

琁三遷為勃海太守,所在有異政,以事免。後尚書令張溫特表薦之,徵拜尚書僕射。以病乞骸骨,卒於家。

論曰:安順以後,風威稍薄,寇攘寖橫,緣隙而生,剽人盜邑者不閡時月,〔1〕假署皇王者蓋以十數。或託驗神道,或矯妄冕服。然其雄渠魁長,未有聞焉,猶至壘盈四郊,奔命首尾。〔2〕若夫數將者,並宣力勤慮,以勞定功,〔3〕而景風之賞未甄,膚受之言互及。〔4〕以此而推,政道難乎以免。〔5〕

【注】
〔1〕閡,息也。
〔2〕壘,軍壁也。《禮記》曰:"四郊多壘,卿大夫之辱。"奔命謂有命即奔赴之。《左傳》曰"余必使爾罷於奔命"也。
〔3〕宣,布也。《尚書》曰:"宣力四方。"《禮記》曰:"以勞定國則祀之。"
〔4〕景風至則行賞,解見《和紀》。甄,明也。膚受謂得皮膚之言而受之,不深知其情核者也。孔子曰:"膚受之愬不行焉,可謂明矣。"
〔5〕《論語》孔子曰:"不有祝鮀之佞,〔二三〕難乎免於今之世矣。"

贊曰:張宗裨禹,敢殿後拒。〔1〕江、淮、海、岱,虔劉寇阻。〔2〕其誰清之？雄、尚、緄、撫。琁能用譎，亦云振旅。

【注】

〔1〕殿音丁見反。

〔2〕虔、劉皆殺也。

【校勘記】

〔一〕禹軍到梅邑　按："梅"原譌"拘"，逕據汲本、殿本改正。下同。

〔二〕何遽其必敗乎　按：王先謙謂"遽"下疑奪"知"字。

〔三〕雖欲戮力　"戮"汲本作"勠"。按：戮勠通。

〔四〕武帝元鼎四年置京輔都尉各一人　按：《漢書·百官公卿表》云"元鼎四年，更置三輔都尉，都尉丞各一人"。京輔都尉為三輔都尉之一，注文有脫誤。《刊誤》謂脫"左右輔"三字。

〔五〕遷宛陵令　按：宛陵屬丹陽郡，此指河南郡之苑陵，"宛"當作"苑"，説詳《校補》。

〔六〕猶人之居城市　按：《御覽》卷五七引作"猶人民之居城市"，"民"當為唐避太宗諱刪，應依《御覽》補入。

〔七〕是後虎害稍息人以獲安　按：汲本、《集解》本"稍"作"消"。王先謙謂作"稍"蓋誤，稍息不得云人安也。

〔八〕子真在逸人傳　按：《集解》引錢大昕説，謂逸人即逸民，章懷避諱，改為"人"字，後來追改，不及徧檢它傳，故或改或否耳。

〔九〕磐牙連歲　殿本《考證》謂"牙"字是"冴"字之誤。按："冴"即"互"之俗字。

〔一〇〕當塗縣之山也在今宣州　《集解》引吳仁傑説，謂有兩當塗縣，一在九江郡，一在宣州。宣之當塗，晉成帝始置，東都固未之有。今按："宣州"當依《下邳惠王傳》注作"濠州"。

〔一一〕在今豪州定遠縣東南　"豪州"《集解》本作"濠州"。按：《元和郡縣志》謂隋開皇三年改高齊之西楚州為濠州，因水為名，大業三年改為鍾離郡，唐武德五年復改為濠州。中閒誤去"水"旁作"豪"，元和三年又加"水"焉。

〔一二〕次（到）〔封〕狼居胥山迺還也　據汲本、殿本改。

〔一三〕受降十餘萬人　按：汲本、殿本"十餘萬"作"十萬餘"。

〔一四〕緄弟允　《集解》引惠棟說，謂《華陽國志》作"元"，字公信。今按：古人名字相應，元無信義，當從本傳為是。

〔一五〕豫章艾縣人六百餘人　王先謙謂案上下文衍一"人"字。今按：疑本作"豫章艾縣民六百餘人"，後避唐太宗諱，改"民"為"人"耳。

〔一六〕書曰島夷卉服　《集解》引錢大昕說，謂《禹貢》"島夷"《漢書‧地理志》作"鳥夷"，鄭康成、王肅本皆同，故章懷引以證鳥語之義。後人依今本改"鳥"字為"島"，而此注遂成贅文矣。按：王先謙謂注引"島夷"當作"鳥夷"。

〔一七〕乃偽上言蒼梧賊入荊州界　按："偽"原譌"為"，逕據汲本、殿本改正。

〔一八〕天恩曠然而君不出（何）〔可〕乎　汲本、殿本"何乎"作"何也"，今據《通鑑》改。

〔一九〕以排囊盛石灰於車上　按："上"原譌"土"，逕改正。

〔二〇〕剋（共）〔期〕會戰　按：《刊誤》謂已言會戰，何用"共"字，蓋本是"期"字，誤作"其"，遂轉作"共"也。今據改。

〔二一〕因以火燒布〔布〕然　據汲本、殿本補。

〔二二〕及言凱所誣狀　按：汲本、殿本"及"作"又"。

〔二三〕不有祝鮀之佞　按：殿本此下有"而有宋朝之美"六字。

後漢書卷三十九

劉趙淳于江劉周趙列傳第二十九

孔子曰："夫孝莫大於嚴父，嚴父莫大於配天，則周公其人也。"[1]子路曰："傷哉貧也！生無以養，死無以葬。"子曰："啜菽飲水，孝也。"[2]夫鍾鼓非樂云之本，而器不可去；[3]三牲非致孝之主，而養不可廢。[4]存器而忘本，樂之遁也；[5][一]調器以和聲，樂之成也。崇養以傷行，孝之累也；[6]脩己以致祿，養之大也。故言能大養，則周公之祀，致四海之祭；言以義養，則仲由之菽，甘於東鄰之牲。[7]夫患水菽之薄，干祿以求養者，是以恥祿親也。[8]存誠以盡行，孝積而祿厚者，此能以義養也。

【注】

〔1〕配天謂宗祀文王於明堂，以配上帝。

〔2〕事見《禮記》。啜音昌悦反。《廣雅》曰："啜，食也。"

〔3〕《論語》孔子曰："樂云樂云，鍾鼓云乎哉？"言樂之所貴者，移風易俗也，非謂鍾鼓而已，然而不可去鍾鼓。去音丘吕反。

〔4〕《孝經》曰："雖日用三牲，猶為不孝。"言孝子者，以和顏悦色為難也，非謂三牲而已，然不可闕甘旨。

〔5〕遁，失也。言盛飾鍾簴之器而忘移風之本，是失樂之意也。

〔6〕不義而崇養，更為親憂，是孝之累也。

〔7〕《易》曰"東鄰殺牛,不如西鄰之禴祭"也。
〔8〕干,求也。謂不以道求祿,故可恥也。

中興,廬江毛義少節,家貧,以孝行稱。南陽人張奉慕其名,往候之。坐定而府檄適至,以義守令,〔1〕義奉檄而入,喜動顏色。奉者,志尚士也,心賤之,自恨來,固辭而去。及義母死,去官行服。數辟公府,為縣令,進退必以禮。後舉賢良,公車徵,遂不至。張奉歎曰:"賢者固不可測。往日之喜,乃為親屈也。斯蓋所謂'家貧親老,不擇官而仕'者也。"〔2〕建初中,章帝下詔褒寵義,賜穀千斛,常以八月長吏問起居,加賜羊酒。壽終于家。

【注】
〔1〕檄,召書也。《東觀記》曰"義為安陽尉,府檄到,當守令"也。
〔2〕《韓詩外傳》曾子曰:"任重道遠,不擇地而息。家貧親老,不擇官而仕。"

安帝時,汝南薛包孟嘗,〔一〕好學篤行,喪母,以至孝聞。及父娶後妻而憎包,分出之,包日夜號泣,不能去,至被毆杖。〔二〕不得已,廬於舍外,旦入而洒掃,父怒,又逐之。乃廬於里門,昏晨不廢。積歲餘,父母慙而還之。後行六年服,喪過乎哀。既而弟子求分財異居,包不能止,乃中分其財。奴婢引其老者,曰:"與我共事久,若不能使也。"田廬取其荒頓者,〔1〕曰:"吾少時所理,意所戀也。"器物取朽敗者,曰:"我素所服食,身口所安也。"弟子數破其產,輒復賑給。建光中,公車特徵,至,拜侍中。包性恬虛,稱疾不起,以死自乞。有詔賜告歸,加禮如毛義。〔2〕年八十餘,以壽終。

【注】
〔1〕頓猶廢也。
〔2〕告,請假也。漢制,吏病滿三月當免,天子優賜其告,使得帶印綬,

將官屬，歸家養病，謂之賜告也。

若二子者，推至誠以為行，行信於心而感於人，以成名受祿致禮，斯可謂能以孝養也。若夫江革、劉般數公者之義行，猶斯志也。撰其行事著于篇。[1]

【注】
[1] 自此已上，並略華嶠之詞也。

劉平字公子，楚郡彭城人也。本名曠，顯宗後改為平。王莽時為郡吏，守菑丘長，[1] 政教大行。其後每屬縣有劇賊，輒令平守之，所至皆理，由是一郡稱其能。

【注】
[1] 菑丘，縣，屬彭城國。

更始時，天下亂，平弟仲為賊所殺。其後賊復忽然而至，平扶侍其母，奔走逃難。仲遺腹女始一歲，平抱仲女而弃其子。母欲還取之，平不聽，曰："力不能兩活，仲不可以絕類。"遂去不顧，與母俱匿野澤中。平朝出求食，逢餓賊，將亨［之］，[四] 平叩頭曰："今旦為老母求菜，老母待曠為命，願得先歸，食母畢，還就死。"[1] 因涕泣。賊見其至誠，哀而遣之。平還，既食母訖，因白曰："屬與賊期，義不可欺。"遂還詣賊。眾皆大驚，相謂曰："常聞烈士，乃今見之。子去矣，吾不忍食子。"於是得全。

【注】
[1] 食音飼。下同。

建武初，平狄將軍龐萌反於彭城，攻敗郡守孫萌。〔五〕平時復為郡吏，冒白刃伏萌身上，被七創，〔六〕困頓不知所為，號泣請曰：「願以身代府君。」賊乃斂兵止，曰：「此義士也，勿殺。」遂解去。萌傷甚氣絕，有頃蘇，渴求飲。平傾其創血以飲之。後數日萌竟死，平乃裹創，扶送萌喪，至其本縣。

後舉孝廉，拜濟陰郡丞，太守劉育甚重之，任以郡職，上書薦平。會平遭父喪去官。服闋，拜全椒長。〔1〕政有恩惠，百姓懷感，人或增貲就賦，或減年從役。刺史、太守行部，獄無繫囚，人自以得所，不知所問，〔2〕唯班詔書而去。後以病免。

【注】
〔1〕全椒，縣，屬九江郡也。
〔2〕「所」或作「何」。

顯宗初，尚書僕射鍾離意上書薦平及琅邪王望、東萊王扶曰：「臣竊見琅邪王望、楚國劉曠、東萊王扶，皆年七十，執性恬淡，所居之處，邑里化之，脩身行義，應在朝次。臣誠不足知人，竊慕推士進賢之義。」書奏，有詔徵平等，特賜辦裝錢。至皆拜議郎，並數引見。平再遷侍中，永平三年，拜宗正，數薦達名士承宮、郇恁等。〔1〕〔七〕在位八年，以老病上疏乞骸骨，卒於家。

【注】
〔1〕恁字君大，見《黃憲傳》。恁音人甚反。

王望字慈卿，客授會稽，自議郎遷青州刺史，甚有威名。是時州郡災旱，百姓窮荒，望行部，道見飢者，裸行草食，五百餘人，愍然哀之，因以便宜出所在布粟，給其（廩）〔稟〕糧，〔八〕為作褐衣。〔1〕事畢上言,帝以望不先表請,章示百官,詳議其罪。時公卿皆以為望之專命,法有常條。鍾離意獨曰:"昔華元、子反,楚、宋之良臣,不稟君命,擅平二國,《春秋》之義,〔九〕以為美談。〔2〕今望懷義忘罪,當仁不讓,若繩之以法,忽其本情,將乖聖朝愛育之旨。"帝嘉意議,赦而不罪。

【注】

〔1〕許慎注《淮南子》曰:"楚人謂袍為短褐。"

〔2〕《春秋》:"楚子圍宋,宋人及楚人平。"《公羊傳》曰:"外平不書,此何以書?大其平乎己也。何大其平乎己?莊王圍宋,有七日之糧爾,盡此不勝,將去而歸爾,於是使司馬子反乘堙而闚宋城,宋華元亦乘堙而出見之。子反曰:'子之國何如?'華元曰:'憊矣。'曰:'何如?'曰:'易子而食之,析骸而炊之。'子反曰:'諾。吾軍有七日之糧爾。盡此不勝,將去而歸爾。'揖而去之,反於莊王。莊王怒曰:'吾使子往視之,子曷為告之!'子反曰:'以區區之宋,猶有不欺人之臣,可以楚而無乎?是以告之。'王曰:'諾。'引師而去之。故君子大其平乎己也。"

王扶字子元,掖人也。〔1〕少脩節行,客居琅邪不其縣,所止聚落化其德。〔2〕國相張宗謁請,不應,欲強致之,遂杖策歸鄉里。連請,固病不起。〔一〇〕太傅鄧禹辟,不至。後拜議郎,會見,恂恂似不能言。〔3〕然性沈正,不可干以非義,當世高之。永平中,臨邑侯劉復〔4〕著《漢德頌》,盛稱扶為名臣云。

【注】

〔1〕掖,今萊州縣。

〔2〕小於鄉曰聚。《廣雅》曰:"落,居也。"

〔3〕恂恂,恭順之皃。

〔4〕復,光武兄伯升之孫,北海王興之子也。

趙孝字長平，沛國蘄人也。[1]父普，王莽時為田禾將軍，[2]任孝為郎。每告歸，常白衣步擔。嘗從長安還，欲止郵亭。亭長先時聞孝當過，以有長者客，掃洒待之。[3]孝既至，不自名，[4]長不肯內，因問曰："聞田禾將軍子當從長安來，何時至乎？"孝曰："尋到矣。"於是遂去。[5]及天下亂，人相食。孝弟禮為餓賊所得，孝聞之，即自縛詣賊，曰："禮久餓羸瘦，不如孝肥飽。"賊大驚，並放之，謂曰："可且歸，更持米糒來。"孝求不能得，復往報賊，願就亨。眾異之，遂不害。鄉黨服其義。州郡辟召，進退必以禮。舉孝廉，不應。

【注】

〔1〕蘄音機。

〔2〕王莽時置田禾將軍，屯田北邊。

〔3〕素聞孝高名，故以為長者客也。"洒"與"灑"通，音所買反。[一]

〔4〕不稱名也。

〔5〕華嶠《書》曰："孝報云三日至矣。"

永平中，辟太尉府，顯宗素聞其行，詔拜諫議大夫，遷侍中，又遷長樂衛尉。復徵弟禮為御史中丞。禮亦恭謙行己，類於孝。帝嘉其兄弟篤行，欲寵異之，詔禮十日一就衛尉府，太官送供具，令共相對盡歡。數年，禮卒，帝令孝從官屬送喪歸葬。後歲餘，復以衛尉賜告歸，卒于家。孝無子，拜禮兩子為郎。

時汝南有王琳巨尉者，年十餘歲喪父母。因遭大亂，百姓奔逃，唯琳兄弟獨守塚廬，號泣不絕。弟季，出遇赤眉，將為所哺，[1]琳自縛，請先季死。賊矜而放遣，[一二]由是顯名鄉邑。後辟司徒府，薦士而退。

【注】

〔1〕哺，食之也。哺音補胡反。

琅邪魏譚少閒者，時亦為飢寇所獲，等輩數十人皆束縛，以次當亨。賊見譚似謹厚，獨令主爨，暮輒執縛。賊有夷長公，[1]特哀念譚，密解其縛，語曰：「汝曹皆應就食，急從此去。」對曰：「譚為諸君爨，恒得遺餘，餘人皆茹草萊，〔一三〕不如食我。」長公義之，相曉赦遣，並得俱免。〔一四〕譚永平中為主家令。[2]

【注】
〔1〕夷，姓也。
〔2〕公主家令也。

　　又齊國兒萌子明、[1]梁郡車成子威二人，兄弟並見執於赤眉，將食之，萌、成叩頭，乞以身代，賊亦哀而兩釋焉。

【注】
〔1〕兒音五兮反。

　　淳于恭字孟孫，北海淳于人也。[1]善說《老子》，清靜不慕榮名。家有山田果樹，人或侵盜，輒助為收採。又見偷刈禾者，恭念其愧，因伏草中，盜去乃起，里落化之。

【注】
〔1〕淳于，縣，故城(今)在[今]密州安丘縣東北，〔一五〕故淳于國也。

　　王莽末，歲飢兵起，恭兄崇將為盜所亨，恭請代，得俱免。後崇卒，恭養孤幼，教誨學問，有不如法，輒反用杖自箠，以感悟之，兒慙而改過。初遭賊寇，百姓莫事農桑。恭常獨力田耕，鄉人止之曰：「時方淆亂，死生未分，何空自苦為？」恭曰：「縱我不得，它人何傷。」

墾耨不輟。後州郡連召，不應，遂幽居養志，潛於山澤。舉動周旋，必由禮度。建武中，郡舉孝廉，司空辟，皆不應，客隱琅邪黔陬山，遂數十年。〔1〕

【注】
〔1〕黔陬縣之山也。黔陬故城在今密州諸城縣東北也。

建初元年，肅宗下詔美恭素行，告郡賜帛二十匹，遣詣公車，除為議郎。引見極日，訪以政事，遷侍中騎都尉，禮待甚優。其所薦名賢，無不徵用。進對陳政，皆本道德，帝與之言，未嘗不稱善。五年，病篤，使者數存問，卒於官。詔書襃歎，賜穀千斛，刻石表閭。除子孝為太子舍人。

江革字次翁，〔一六〕齊國臨淄人也。少失父，獨與母居。遭天下亂，盜賊並起，革負母逃難，備經阻險，常採拾以為養。數遇賊，或劫欲將去，革輒涕泣求哀，言有老母，辭氣愿款，有足感動人者。〔1〕賊以是不忍犯之，或乃指避兵之方，〔2〕遂得俱全於難。革轉客下邳，窮貧裸跣，行傭以供母，便身之物，莫不必給。〔一七〕

【注】
〔1〕愿，謹也。款，誠也。
〔2〕華嶠《書》曰"語以避兵道"也。〔一八〕

建武末年，與母歸鄉里。每至歲時，縣當案比，〔1〕革以母老，不欲搖動，自在輓中輓車，不用牛馬，由是鄉里稱之曰"江巨孝"。〔2〕太守嘗備禮召，革以母老不應。及母終，至性殆滅，嘗寢伏冢廬，服竟，不忍除。郡守遣丞掾釋服，因請以為吏。

【注】
〔1〕案驗以比之，猶今兒閱也。
〔2〕巨，大也。華嶠《書》曰"臨淄令楊音高之，設特席，顯異巨孝於稠人廣衆中，親奉錢以助供養"也。

永平初，舉孝廉為郎，補楚太僕。月餘，自劾去。楚王英馳遣官屬追之，遂不肯還。復使中傅贈送，辭不受。後數應三公命，輒去。

建初初，太尉牟融舉賢良方正，再遷司空長史。肅宗甚崇禮之，遷五官中郎將。每朝會，帝常使虎賁扶侍，及進拜，恒目禮焉。[1] 時有疾不會，輒太官送醪膳，恩寵有殊。於是京師貴戚衛尉馬廖、侍中竇憲慕其行，各奉書致禮，革無所報受。[2] 帝聞而益善之。後上書乞骸骨，轉拜諫議大夫，賜告歸，因謝病稱篤。

【注】
〔1〕獨視之也。
〔2〕華嶠《書》曰："終不報書，一無所受。"

元和中，天子思革至行，制詔齊相曰："諫議大夫江革，前以病歸，今起居何如？夫孝，百行之冠，衆善之始也。國家每惟志士，未嘗不及革。縣以見穀千斛賜'巨孝'，常以八月長吏存問，致羊酒，以終厥身。[1] 如有不幸，祠以中牢。"由是"巨孝"之稱，行於天下。及卒，詔復賜穀千斛。

【注】
〔1〕華嶠《書》曰："致羊一頭，酒二斛。"

劉般字伯興，宣帝之玄孫也。宣帝封子囂於楚，是為孝王。孝王生思王衍，衍生王紆，紆生般。自囂至般，積累仁義，世有名節，而紆尤慈篤。早失母，同產弟原鄉侯平尚幼，紆親自鞠養，常與共臥起飲食。及成人，未嘗離左右。平病卒，紆哭泣歐血，數月亦歿。初，紆襲王封，因值王莽篡位，廢為庶人，因家於彭城。

般數歲而孤，獨與母居。王莽敗，天下亂，太夫人聞更始即位，[1]乃將般俱奔長安。會更始敗，復與般轉側兵革中，西行上隴，遂流至武威。般雖尚少，而篤志脩行，講誦不怠。其母及諸舅，以為身寄絕域，死生未必，[2]不宜苦精若此，數以曉般，般猶不改其業。

【注】

〔1〕太夫人，般之母也。《前書音義》曰："列侯之妻稱夫人，〔一九〕母稱太夫人。"

〔2〕"必"或作"分"也。

建武八年，隗囂敗，河西始通，般即將家屬東至洛陽，脩經學於師門。明年，光武下詔，封般為菑丘侯，奉孝王祀，使就國。後以國屬楚王，徙封杼秋侯。[1]

【注】

〔1〕杼秋，縣，屬梁國。杼音是與反。

十九年，行幸沛，詔問郡中諸侯行能。太守薦言般束脩至行，為諸侯師。[1]帝聞而嘉之，乃賜般綬，錢百萬，繒二百匹。二十年，復與車駕會沛，因從還洛陽，賜穀什物，留為侍祠侯。

【注】

〔1〕束脩謂謹束脩絜也。

永平元年，以國屬沛，徙封居巢侯，[1]復隨諸侯就國。數年，楊州刺史觀恂薦般在國口無擇言，行無怨惡，宜蒙旌顯。顯宗嘉之。十年，徵般行執金吾事，從至南陽，還為朝侯。明年，兼屯騎校尉。時五校官顯職閑，而府寺寬敞，輿服光麗，伎巧畢給，故多以宗室肺腑居之。[2]每行幸郡國，般常將長水胡騎從。

【注】
〔1〕居巢，縣，屬廬江郡也。
〔2〕肺腑，天子之親屬也。

帝曾欲置常平倉，[1]公卿議者多以為便。般對以"常平倉外有利民之名，而內實侵刻百姓，豪右因緣為姦，小民不能得其平，置之不便"。帝乃止。是時下令禁民二業，[2]又以郡國牛疫，通使區種增耕，[3]而吏下檢結，多失其實，百姓患之。般上言："郡國以官禁二業，至有田者不得漁捕。今濱江湖郡率少蠶桑，民資漁採以助口實，且以冬春閑月，不妨農事。夫漁獵之利，為田除害，有助穀食，無關二業也。又郡國以牛疫、水旱，墾田多減，故詔勑區種，增進頃畝，以為民也。而吏舉度田，欲令多前，[4]至於不種之處，亦通為租。可申勑刺史、二千石，務令實覈，其有增加，皆使與奪田同罪。"帝悉從之。[5]

【注】
〔1〕宣帝時，大司農耿壽昌請令邊郡皆築倉，以穀賤時增其價而糴之以利農，穀貴時減價而糶之，名曰常平倉。
〔2〕謂農者不得商賈也。
〔3〕《氾勝之[二〇]書》曰："上農區田（大）[法]，區方深各六寸，[二一]閒相去七寸，一畝三千七百區，丁男女種十畝，至秋收區三升粟，畝得百斛。中農區田法，方七寸，深六寸，閒相去二尺，一畝千二十七區，丁男女種十畝，秋收粟畝得五十一石。下農區田法，方九寸，深六寸，閒相去三尺，秋收畝得

二十八石。旱即以水沃之。"

〔4〕多於前歲。

〔5〕華嶠《書》(曰)"奪"作"脫"也。〔二二〕

肅宗即位,以為長樂少府。建初二年,遷宗正。般妻卒,厚加賵贈,及賜冢塋地於顯節陵下。般在位數言政事。其收卹九族,行義尤著,時人稱之。年六十,建初三年卒。子憲嗣。憲卒,子重嗣。憲兄愷。

愷字伯豫,以當襲般爵,讓與弟憲,遁逃避封。久之,章和中,有司奏請絕愷國,肅宗美其義,特優假之,〔1〕愷猶不出。積十餘歲,至永元十年,有司復奏之,侍中賈逵因上書曰:"孔子稱'能以禮讓為國,於從政乎何有'。〔2〕竊見居巢侯劉般嗣子愷,素行孝友,謙遜絜清,讓封弟憲,潛身遠迹。有司不原樂善之心,而繩以循常之法,〔3〕懼非長克讓之風,成含弘之化。前世扶陽侯韋玄成,〔4〕近有陵陽侯丁鴻、郿侯鄧彪,〔5〕並以高行絜身辭爵,未聞貶削,而皆登三事。今愷景仰前脩,有伯夷之節,〔6〕宜蒙矜宥,全其先功,以增聖朝尚德之美。"和帝納之,下詔曰:"故居巢侯劉般嗣子愷,當襲般爵,而稱父遺意,致國弟憲,遁亡七年,〔二三〕所守彌篤。蓋王法崇善,成人之美。其聽憲嗣爵。遭事之宜,後不得以為比。"乃徵愷,拜為郎,稍遷侍中。

【注】

〔1〕假,借也。

〔2〕《論語》之文也。何有者,言(善無)〔何難之〕有也。〔二四〕

〔3〕原,本也。繩,政也。

〔4〕玄成字少翁,韋賢薨,讓封於兄弘。宣帝高其節,以為河南太守。元帝時為御史大夫,又為丞相。見《前書》也。

〔5〕鴻讓國於弟盛,和帝時為司徒。彪讓國於弟荊、鳳,明帝時為太尉。鄳音盲。

〔6〕景猶慕也。《詩》云:"景行行止。"前修,前賢也。《楚辭》曰:"蹇吾法夫前修。"

愷之入朝,在位者莫不仰其風行。遷步兵校尉。十三年,遷宗正,免。復拜侍中,遷長水校尉。永初元年,代周章為太常。愷性篤古,貴處士,每有徵舉,必先巖穴。論議引正,辭氣高雅。(永初)六年,代張敏為司空。〔二五〕元初二年,代夏勤為司徒。

舊制,公卿、二千石、刺史不得行三年喪,由是內外衆職並廢喪禮。元初中,鄧太后詔長吏以下不為親行服者,不得典城選舉。時有上言牧守宜同此制,詔下公卿,議者以為不便。愷獨議曰:"詔書所以為制服之科者,蓋崇化厲俗,以弘孝道也。今刺史一州之表,二千石千里之師,〔1〕職在辯章百姓,宣美風俗,〔2〕尤宜尊重典禮,以身先之。而議者不尋其端,至於牧守則云不宜,是猶濁其源而望流清,曲其形而欲景直,不可得也。"〔3〕太后從之。

【注】

〔1〕《前書》杜欽曰"即以二千石守千里之地,任兵馬之重,不宜去郡"也。

〔2〕《尚書》曰:"九族既睦,辯章百姓。"鄭玄注云:"辯,別也。章,明也。"

〔3〕《前書》[杜欽]曰〔二六〕:"今淫僻之化流,而欲黎庶敦樸,猶濁其源而求流清也。"

時征西校尉任尚以姦利被徵抵罪。尚曾副大將軍鄧騭,騭黨護之,而太尉馬英、司空李郃承望騭旨,不復先請,即獨解尚臧錮,愷不肯與議。後尚書案其事,二府並受譴咎,〔1〕朝廷以此稱之。

【注】
〔1〕二府即馬英、李郃。

視事五歲,永寧元年,稱病上書致仕,有詔優許焉,加賜錢三十萬,以千石祿歸養,河南尹常以歲八月致羊酒。時安帝始親政事,朝廷多稱愷之德,帝乃遣問起居,厚加賞賜。會馬英策罷,尚書陳忠上疏薦愷曰:"臣聞三公上則台階,下象山岳,〔1〕股肱元首,鼎足居職,〔2〕協和陰陽,調訓五品,〔3〕考功量才,以序庶僚,遭烈風不迷,遇迅雨不惑,位莫重焉。〔4〕而今上司缺職,未議其人。臣竊差次諸卿,考合眾議,咸稱太常朱倀、少府荀遷。臣父寵,前忝司空,倀、遷並為掾屬,具知其能。倀能說經書而用心褊狹,遷嚴毅剛直而薄於藝文。伏見前司徒劉愷,沈重淵懿,道德博備,克讓爵土,致祚弱弟,躬浮雲之志,兼浩然之氣,〔5〕〔二七〕頻歷二司,舉動得禮。〔6〕以疾致仕,側身里巷,處約思純,進退有度,百僚景式,〔7〕海內歸懷。往者孔光、師丹、近世鄧彪、張酺,皆去宰相,復序上司。〔8〕誠宜簡練卓異,以猒眾望。"書奏,詔引愷拜太尉。安帝初,清河相叔孫光坐臧抵罪,遂增錮二世,釁及其子。〔9〕是時居延都尉范邠復犯臧罪,詔下三公、廷尉議。司徒楊震、司空陳褒、廷尉張皓議依光比。〔10〕愷獨以為"《春秋》之義,'善善及子孫,惡惡止其身',所以進人於善也。〔11〕《尚書》曰:'上刑挾輕,下刑挾重。'〔12〕如今使臧吏禁錮子孫,〔二八〕以輕從重,懼及善人,〔13〕非先王詳刑之意也"。〔14〕有詔:"太尉議是。"

【注】
〔1〕《前書音義》曰:"泰階者,天之三階也。上階為天子,中階為諸侯、公卿、大夫,下階為士、庶人。"《春秋漢含孳》曰:"三公象五岳。"
〔2〕《易》曰:"鼎折足,覆公餗。"鼎足,三公之象。
〔3〕五品,五常之教也。三公燮理陰陽,敬敷五教也。
〔4〕《尚書》:"納舜於大麓,烈風雷雨不迷。"《史記》曰"堯使舜入山

林川澤,暴風雨,舜行不迷,堯以為聖"也。

〔5〕孔子曰:"不義而富[且貴],〔二九〕於我如浮雲。"孟子曰"我善養浩然之氣,而無怨害,則塞乎天地之閒"也。言愷有仲尼、孟軻之德也。

〔6〕二司謂為司徒、司空。

〔7〕景慕以為法式。〔三〇〕

〔8〕孔光,成帝時丞相,哀帝時免,後以日食徵詣公車,復為丞相。師丹,哀帝時代王莽為大司馬,後為大司空。鄧彪,明帝時為太尉,章帝元和元年賜策罷,和帝即位,以彪為太傅,錄尚書事。張酺,和帝永元五年為太尉,後策免,十六年復為司徒。

〔9〕二代謂父子俱禁錮。

〔10〕比,類也。以郊類叔孫光,亦錮及子也。比音庇。

〔11〕《公羊傳》曰:"曹公孫會自鄸出奔宋,畔也。曷為不言畔?為公子喜時之後諱也,《春秋》為賢者諱也。何賢乎公子喜時?讓國也。君子之善善也長,惡惡也短。惡惡止其身,善善及子孫。賢者子孫,故君子為其諱也。"

〔12〕今《尚書·呂刑篇》曰:"上刑適輕下服,下刑適重上服。"謂二罪俱發,原其本情,須有虧減,故言適輕適重。此言"挾輕挾重",意亦不殊,但與今《尚書》不同耳。

〔13〕《左傳》曰:"刑濫則懼及善人。"

〔14〕《尚書》周穆王曰:"有邦有土,告汝詳刑。"鄭玄注云:"詳,審察之也。"

視事三年,以疾乞骸骨,久乃許之,下河南尹禮秩如前。歲餘,卒于家。詔使者護喪事,賜東園祕器,錢五十萬,布千匹。

少子茂,字叔盛,亦好禮讓,歷位出納,〔1〕桓帝時為司空。會司隸校尉李膺等抵罪,而南陽太守成瑨、太原太守劉瓆〔三一〕下獄當死,茂與太尉陳蕃、司徒劉矩〔三二〕共上書訟之。帝不悅,有司承旨劾奏三公,茂遂坐免。建寧中,復為太中大夫,卒於官。

【注】
〔1〕出納謂尚書,喉舌之官也。出謂受上言宣於下,納謂聽下言傳於上。

周磐字堅伯,汝南安成人,徵士燮之宗也。[1]祖父業,建武初為天水太守。磐少游京師,學《古文尚書》、《洪範五行》、《左氏傳》,好禮有行,非典謨不言,諸儒宗之。居貧養母,儉薄不充。嘗誦《詩》至《汝墳》之卒章,[三三]慨然而歎,[2]乃解韋帶,就孝廉之舉。[3]和帝初,拜謁者,除任城長,遷陽夏、重合令,[4]頻歷三城,皆有惠政。後思母,弃官還鄉里。及母歿,哀至幾於毀滅,服終,遂廬于冢側。教授門徒常千人。

【注】
〔1〕燮自有傳。
〔2〕《韓詩》曰:"《汝墳》,辭家也。"其卒章曰:"魴魚赬尾,王室如燬,雖則如燬,父母孔邇。"薛君《章句》:"赬,赤也。燬,烈火也。孔,甚也。邇,近也。言魴魚勞則尾赤,君子勞苦則顏色變。以王室政教如烈火矣,猶觸冒而仕者,以父母甚迫近飢寒之憂,為此祿仕。"
〔3〕以韋皮為帶,未仕之服也。求仕則服革帶,故解之。賈山上書曰"布衣韋帶之士"也。
〔4〕陽夏屬淮南郡。重合屬勃海郡。

公府三辟,皆以有道特徵,磐語友人曰:"昔方回、支父嗇神養和,不以榮利滑其生術。[1]吾親以沒矣,從物何為?"遂不應。[2]建光元年,年七十三,歲朝會集諸生,講論終日,[3]因令其二子曰:"吾日者夢見先師東里先生,與我講於陰堂之奧。"[4]既而長歎:"豈吾齒之盡乎!若命終之日,桐棺足以周身,外椁足以周棺,斂形懸封,濯衣幅巾。[5]編二尺四寸簡,寫《堯典》一篇,并刀筆各一,以置棺前,示不忘聖道。"其月望日,無病忽終,學者以為知命焉。

【注】
〔1〕嗇,愛惜也。滑,亂也。《列仙傳》曰:"方回,堯時隱人也。堯聘之,練食雲母,隱於五柞山。至夏啓末,為人所劫,閉之室中,從求道,回化而去。"《高士傳》曰:"堯舜各以天下讓支父,支父曰:'予適有勞憂之病,方且療之,未暇理天下也。'"《莊子》作"支伯"。
〔2〕物猶事也。
〔3〕歲朝,歲旦。
〔4〕東南隅謂之奧,陰堂幽暗之室。又入其奧,死之象也。
〔5〕斂形謂衣覆其形。懸封謂直下棺,不為埏道也。濯衣,浣衣也,不更新制。幅巾,不加冠也。封音窆。

磐同郡蔡順,字君仲,亦以至孝稱。〔1〕順少孤,養母。嘗出求薪,有客卒至,〔2〕母望順不還,乃噬其指,〔3〕順即心動,棄薪馳歸,跪問其故。母曰:"有急客來,吾噬指以悟汝耳。"母年九十,以壽終。未及得葬,里中災,火將逼其舍,順抱伏棺柩,號哭叫天,火遂越燒它室,順獨得免。太守韓崇召為東閤祭酒。母平生畏雷,自亡後,每有雷震,順輒圜冢泣,曰:"順在此。"崇聞之,每雷輒為差車馬到墓所。後太守鮑眾舉孝廉,順不能遠離墳墓,遂不就。年八十,終于家。

【注】
〔1〕《汝南先賢傳》曰:"蔡順事母至孝。井桔槔朽,在母生年上,而順憂,不敢理之。俄而有扶老藤生,繞之,遂堅固焉。"
〔2〕卒音千訥反。
〔3〕噬,嚙也。

趙咨字文楚,東郡燕人也。[1]父暢,為博士。咨少孤,有孝行,州郡召舉孝廉,並不就。

【注】
[1]燕故城,今滑州胙城縣也,古南燕之國也。

延熹元年,大司農陳奇[三四]舉咨至孝有道,仍遷博士。靈帝初,太傅陳蕃、大將軍竇武為宦者所誅,咨乃謝病去。太尉楊賜特辟,使飾巾出入,請與講議。[1]舉高第,累遷敦煌太守。以病免還,躬率子孫耕農為養。

【注】
[1]以幅巾為首飾,不加冠冕。

盜嘗夜往劫之,咨恐母驚懼,乃先至門迎盜,因請為設食,謝曰:"老母八十,疾病須養,居貧,朝夕無儲,乞少置衣糧。"妻子物餘,[三五]一無所請。盜皆慙歎,跪而辭曰:"所犯無狀,干暴賢者。"[三六]言畢奔出,咨追以物與之,不及。由此益知名。徵拜議郎,辭疾不到,詔書切讓,州郡以禮發遣,前後再三,不得已應召。

復拜東海相。之官,道經滎陽,令敦煌曹暠,咨之故孝廉也,[1]迎路謁候,咨不為留。暠送至亭次,望塵不及,謂主簿曰:"趙君名重,今過界不見,必為天下笑!"即棄印綬,追至東海。謁咨畢,辭歸家。其為時人所貴若此。

【注】
[1]咨為敦煌太守時,薦暠為孝廉。

咨在官清簡,計日受奉,豪黨畏其儉節。視事三年,以疾自乞,徵拜議郎。抗疾京師,〔三七〕將終,告其故吏朱祗、〔三八〕蕭建等,使薄斂素棺,籍以黃壤,〔1〕欲令速朽,早歸后土,不聽子孫改之。乃遺書勑子胤曰:"夫含氣之倫,有生必終,蓋天地之常期,自然之至數。是以通人達士,鑒茲性命,以存亡為晦明,死生為朝夕,故其生也不為娛,亡也不知戚。夫亡者,元氣去體,貞魂游散,反素復始,歸於無端。〔2〕既已消仆,還合糞土。土為弃物,豈有性情,而欲制其厚薄,調其燥溼邪?但以生者之情,不忍見形之毀,乃有掩骸埋窆之制。《易》曰:'古之葬者,衣以薪,藏之中野,後世聖人易之以棺椁。'〔3〕棺椁之造,自黃帝始。〔4〕爰自陶唐,逮于虞、夏,猶尚簡樸,或瓦或木,及至殷人而有加焉。〔5〕周室因之,制兼二代。復重以牆翣之飾,〔6〕表以旌銘之儀,〔7〕招復含斂之禮,〔8〕殯葬宅兆之期,〔9〕棺椁周重之制,〔10〕衣衾稱襲之數,〔11〕其事煩而害實,品物碎而難備。然而秩爵異級,貴賤殊等。自成、康以下,其典稍乖。至於戰國,漸至頹陵,〔12〕法度衰毀,上下僭雜。終使晉侯請隧,〔13〕秦伯殉葬,〔14〕陳大夫設參門之木,宋司馬造石椁之奢。〔15〕爰暨暴秦,違道廢德,滅三代之制,興淫邪之法,國貲糜於三泉,人力單於酈墓,玩好窮於糞土,伎巧費於窀穸。〔16〕自生民以來,厚終之敝,未有若此者。雖有仲尼重明周禮,〔17〕墨子勉以古道,猶不能禦也。〔18〕是以華夏之士,爭相陵尚,違禮之本,事禮之末,務禮之華,弃禮之實,單家竭財,以相營赴。廢事生而營終亡,替所養而為厚葬,〔19〕豈云聖人制禮之意乎?記曰:'喪雖有禮,哀為主矣。'又曰:'喪與其易也寧戚。'今則不然,并棺合椁,以為孝愷,豐貲重襚,以昭惻隱,〔20〕吾所不取也。昔舜葬蒼梧,二妃不從。〔21〕豈有匹配之會,守常之所乎?聖主明王,其猶若斯,況於品庶,禮所不及。古人時同即會,〔22〕時乖則別,〔23〕動靜應禮,臨事合宜。王孫裸葬,〔24〕墨夷露骸,〔25〕皆達於性理,貴於速變。梁伯鸞父没,卷席而葬,身亡不反其尸。〔26〕彼數子豈薄至親之恩,亡忠孝之道邪?況我鄙闇,不德不敏,薄意內昭,志有所慕,〔27〕上同古人,下不為咎。果必行之,勿生疑異。恐爾等目覩所見,耳諱所議,必欲改殯,以乖吾志,故遠采古聖,近揆行事,以悟爾心。但欲制坎,令容棺椁,棺歸即葬,[28]平地無墳。勿卜時日,葬無設奠,勿留墓側,無起封樹。於戲小子,其勉之哉,吾蔑復有言矣!"朱祇、蕭建送喪到家,[29]子胤不忍父體與土并合,欲更改殯,祇、建譬以顧命,[30]於是奉行,時稱咨明達。

【注】

〔1〕棺中置土,以籍其屍也。

〔2〕元氣,天之氣也。貞,正也。復,旋也。端,際也。太素、太始,天地之初也。言人既死,正魂游散,反於太素,旋於太始,無復端際者也。

〔3〕《易·繫辭》之文也。

〔4〕劉向曰:"棺椁之作,自黄帝始。"案:《禮記》曰"殷人棺椁",蓋至殷而加飾。

〔5〕《禮記》:"有虞氏之瓦棺,夏后氏之堲周、殷人棺椁。"《古史考》曰:"禹作土堲以周棺。"堲音即七反。

〔6〕《禮記》曰:"周人牆置翣。"盧植曰:"牆,載棺車箱也。"《三禮圖》曰"翣,以竹為之,高二尺四寸,廣三尺,衣以白布,柄長五尺,葬時令人執之於柩車傍"也。

〔7〕《禮記》曰:"銘,明旌也。以死者為不可別,故以其旗識之。"[三九]

〔8〕招復謂招魂復魄也。含,以玉珠實口也。斂,以衣服斂屍也。《禮記》曰:"凡復,男子稱名,婦人稱字。"《穀梁傳》曰:"貝玉曰含。"《禮記》曰"小斂於户内,大斂於阼"也。

〔9〕期謂諸侯五日而殯,五月而葬;大夫三日而殯,三月而葬;士(三)[二]日而殯,[四〇]踰月而葬。宅兆,葬之塋域也。

〔10〕《禮記》曰:"天子之棺四重。"鄭玄注云:"諸公三重,諸侯再重,大夫一重,士不重。"又曰:"君松椁,大夫柏椁,士雜木椁。"注云"天子(七)[五]重,[四一]諸公四重,諸侯三重,大夫再重,士一重"也。

〔11〕凡小斂,諸侯、大夫、士皆用複衾,君錦衾,大夫縞衾,士緇衾。又曰,天子襲十二稱,諸公九稱,諸侯七稱,大夫五稱,士三稱。小斂,尊卑

同，十九稱。大斂，天子百稱，上公九十稱，侯伯七十稱，大夫五十稱，士三十稱。衣單複具曰稱。

〔12〕戰國，當《春秋》時也。積陵謂積廢陵遲。

〔13〕隧謂掘地為埏道，王之葬禮也。諸侯則懸柩，故請之也。《左傳》，晉文公朝于襄王，請隧，不許。

〔14〕《左傳》："秦伯任好卒。"任好，秦繆公名也。以子車氏奄息、仲行、鍼虎殉葬，國人哀之，為賦《黃鳥》之詩也。

〔15〕宋司馬，桓魋也。自為石椁，三年不成。孔子曰："若是其靡也，死不如速朽之愈也。"見《禮記》。

〔16〕窀，厚也。穸，夜也。厚夜猶長夜也。秦始皇初即位，營葬驪山，役徒七十餘萬人，下錮三泉，宮觀、百官、奇器、珍怪莫不畢備。令匠作弩矢，有所穿近，矢輒射之。以水銀為百川江河大海，上具天文。以人魚為膏燭。〔四二〕事見《史記》。

〔17〕謂周公制禮之後，仲尼自衛返魯，又定之也。

〔18〕禦，止也，言猶不能止其奢侈。《墨子》曰："古者聖人制為葬埋之法，棺三寸足以朽體，衣衾三領足以覆惡。堯葬邛之山，〔四三〕滿坎無窆，舜葬紀市，禹葬會稽，皆下不及泉，上無遺臭。三王者，豈財用不足哉！"

〔19〕替，廢也。

〔20〕《穀梁傳》曰："衣衾曰襚。"音遂。

〔21〕二妃，娥皇、女英也。《禮記》曰："舜葬於蒼梧，蓋二妃未之從也。"

〔22〕謂呂望為太師，死葬於周，其子封於齊，比五代皆反葬於周，此時同則會也。

〔23〕謂舜葬於蒼梧，二妃不從。

〔24〕王孫者，楊王孫也。臨終令其子曰："吾死，可為布囊盛尸，入地七尺。既下，從足脫其囊，以身親土。"遂裸葬。見《前書》。

〔25〕墨夷謂為墨子之學者名夷之。欲見孟子。孟子曰："吾聞墨之治喪，以薄為其道也。蓋上世嘗有不葬其親者，其親死，則舉而委之於壑。"見《孟

子》。

〔26〕梁伯鸞父護寓於北地而卒，卷席而葬。鴻後出關適吳，及卒，葬於吳要離冢傍。

〔27〕薄，微也。

〔28〕歸到東郡也。

〔29〕謝承《書》曰："咨在京師病困，故吏蕭建經營之。咨豫自買小素棺，使人取乾黃土細擣篩之，聚二十石。臨卒，謂建曰：'亡後自著所有故巾單衣，先置土於棺，內尸其中以擁其上。'"

〔30〕譬，曉也。

贊曰：公子、長平，臨寇讓生。淳于仁悌，"巨孝"以名。居巢好讀，遂承家祿。伯豫逡巡，方迹孤竹。文楚薄終，喪朽惟速。周能感親，嗇神養福。〔1〕〔四四〕

【注】

〔1〕感，思也。謂誦《詩》至《汝》《墳》，思養親而求仕也。嗇神養福謂不應辟召，以壽終也。《左傳》曰："能者養之以福。"

【校勘記】

〔一〕樂之遁也　按：《集解》引惠棟說，謂"遁"一作"過"。

〔二〕汝南薛包孟嘗　按：汲本"嘗"作"常"。王先謙謂《東觀記》"包"作"苞"。

〔三〕至被毆杖　按：汲本"毆"作"敺"。《校補》謂古書"毆"亦通"敺"，敺即"驅"字，謂驅之出，不去，又杖之，故不得已而廬於舍外也。

〔四〕將亨〔之〕　《刊誤》謂案文"亨"下少一"之"字。今據補。

〔五〕平狄將軍龐萌反於彭城攻敗郡守孫萌　按：《校補》引錢大昭說，謂是時彭城非郡，不得有守，本紀作"楚郡太守"。

〔六〕被七創　汲本、殿本"七"作"十"。按：《校補》引錢大昭說，謂閩本作"七"。

〔七〕數薦達名士承宮郇恁等　殿本《考證》謂"郇"一本作"荀"。今按：《周黃徐姜申屠傳》序作"荀"。

〔八〕給其（廩）〔稟〕糧　據《刊誤》改。

〔九〕春秋之義　按：《刊誤》謂案文當作"義之"。"《春秋》之義"它處可用，此據上下文則不安也。

〔一〇〕固病不起　按：《刊誤》謂案文當作"固以病不起"。

〔一一〕音所買反　按："買"原譌"賈"，逕據汲本、殿本改正。

〔一二〕賊矜而放遣　"矜"汲本、殿本並作"矜"。按：馬敍倫謂段本《說文》"矜"字作"矜"，從矛令聲，《華嚴音義》卷二十引同，此矜憐可通之證。

〔一三〕餘人皆茹草萊　按："萊"原譌"菜"，逕據汲本、殿本改正。

〔一四〕並得俱免　按：《校補》謂"並"當為"遂"字之譌。

〔一五〕故城（今）在〔今〕密州安丘縣東北　據汲本、殿本改。

〔一六〕江革字次翁　按：《校補》引柳從辰說，謂《袁紀》"次翁"作"次伯"。

〔一七〕莫不必給　殿本《考證》謂"必"當作"畢"。今按：必畢同音，例得通叚。《書·康王之誥》"畢協賞罰"，《白虎通·諫諍篇》引作"必力賞罰"，是其證也。

〔一八〕語以避兵道也　按："也"原譌"地"，逕據汲本、殿本改正。

〔一九〕列侯之妻稱夫人　按：汲本、殿本注此下有"列侯死子復為列侯"八字。

〔二〇〕氾勝之　按："氾"各本皆譌"汜"，逕改正。

〔二一〕上農區田（大）〔法〕區方深各六寸　據汲本、殿本改。

〔二二〕華嶠書（曰）奪作脫也　據殿本《考證》刪。

〔二三〕遁亡七年　按：《集解》引蘇輿說，謂自章帝建初三年至和帝永元十年，已二十年矣，故上文言"積十餘歲"。此"七"字有誤，疑是"積"字聲近而訛。

〔二四〕言（善無）〔何難之〕有也　據汲本改。按：殿本無此注。

〔二五〕（永初）六年代張敏為司空　按：《集解》引蘇輿說，謂上已出"永初"，明衍二字。今據删。

〔二六〕前書〔杜欽〕曰　據汲本補。

〔二七〕兼浩然之氣　按："浩"原譌"皓"，逕據汲本、殿本改正。注同。

〔二八〕如今使臧吏禁錮子孫　汲本、殿本"今"作"令"。按：《刊誤》謂案文多一"如"字。

〔二九〕不義而富〔且貴〕　據殿本補。

〔三〇〕景慕以為法式　按：此注原在"歸懷"下，據殿本移正。

〔三一〕太守劉瓆　按：《校補》引柳從辰說，謂《桓紀》"瓆"作"質"。

〔三二〕司徒劉矩　按：《集解》引錢大昕說，謂據本紀，是時為司徒者乃胡廣，非劉矩也。《陳蕃傳》亦同此誤。

〔三三〕汝墳之卒章　按："墳"原譌"濆"，逕據汲本、殿本改正。

〔三四〕大司農陳奇　按：汲本"奇"作"猗"，殿本作"㨮"。

〔三五〕妻子物餘　《集解》引惠棟說，謂蔣杲云"物餘"當作"餘物"。今按：《東觀記》作"餘物"，《御覽》四一二引《東觀記》同。然《御覽》八四七引范《書》亦作"物餘"。

〔三六〕干暴賢者　按：《校補》引錢大昭說，謂閩本"暴"作"冒"。

〔三七〕抗疾京師　按：《刊誤》謂"抗"無義，當是"被"字。

〔三八〕告其故吏朱祇　按："祇"疑當作"衹"。朱名本傳凡三見，汲本前一左從禾，後二左從衣，殿本前一後一左均從示，中一從禾，其右從氐則同。

〔三九〕故以其旗識之　按：汲本"旗"作"旌"。

〔四〇〕士（三）〔二〕日而殯　據汲本、殿本改。

〔四一〕天子（七）〔五〕重　據《集解》引沈欽韓說改，與《禮喪服大記》鄭注合。

〔四二〕以人魚為膏燭　按：《刊誤》謂案文"膏"當在"為"字上。

〔四三〕堯葬邛之山　按:"邛"原譌"卬",逕改正。

〔四四〕文楚薄終喪朽惟速周能感親嘗神養福　按:王先謙謂"周能"二句當在"文楚"二句上,前諸傳贊皆順敍,末四句亦別無用意之處,不應倒置也。

後漢書卷四十上

班彪列傳第三十上 自東都主人以下分為下卷

班彪字叔皮，扶風安陵人也。祖況，成帝時為越騎校尉。父稚，哀帝時為廣平太守。[1]

【注】
[1]廣平，郡，今洺州永（平）[年]縣也，[一]隋室諱廣改焉。

彪性沈重好古。年二十餘，更始敗，三輔大亂。時隗囂擁眾天水，彪乃避難從之。囂問彪曰："往者周亡，戰國並爭，天下分裂，數世然後定。意者從橫之事復起於今乎？將承運迭興，在於一人也？願生試論之。"對曰："周之廢興，與漢殊異。昔周爵五等，諸侯從政，本根既微，枝葉彊大，故其末流有從橫之事，執數然也。漢承秦制，改立郡縣，[二]主有專己之威，臣無百年之柄。至於成帝，假借外家，[1]哀、平短祚，國嗣三絕，[2]故王氏擅朝，因竊號位。危自上起，傷不及下，[3]是以即真之後，天下莫不引領而歎。十餘年間，中外搔擾，遠近俱發，假號雲合，咸稱劉氏，不謀同辭。[4]方今雄桀帶州域者，皆無七國世業之資，而百姓謳吟，思仰漢德，已可知矣。"囂曰："生言周、漢之執可也；至於但見愚人習識劉氏姓號之故，而謂漢家復興，疎矣。昔秦失其鹿，劉季逐而羈之，[三]時人復知漢乎？"[5]

【注】
〔1〕外家謂王鳳、王商等,並輔政領尚書事也。
〔2〕哀帝在位六年,平帝在位五年,故曰短祚。成、哀、平俱無子,是三絕也。
〔3〕成帝威權借於外家,是危自上起也。漢德無害於百姓,是傷不及下也。
〔4〕謂王郎、盧芳等並詐稱劉氏也。
〔5〕《太公六韜》曰:"取天下如逐鹿,鹿得,天下共分其肉也。"

彪既疾囂言,又傷時方艱,乃著《王命論》,以為漢德承堯,有靈命之符,王者興祚,非詐力所致,欲以感之,而囂終不寤,遂避地河西。河西大將軍竇融以為從事,深敬待之,接以師友之道。彪乃為融畫策事漢,總西河以拒隗囂。

及融徵還京師,光武問曰:"所上章奏,誰與參之?"融對曰:"皆從事班彪所為。"帝雅聞彪才,因召入見,舉司隸茂才,拜徐令,以病免。〔1〕後數應三公之命,輒去。

【注】
〔1〕司隸舉為茂才也。徐,縣,屬臨淮郡。

彪既才高而好述作,遂專心史籍之閒。武帝時,司馬遷著《史記》,自太初以後,闕而不錄,〔1〕後好事者頗或綴集時事,然多鄙俗,不足以踵繼其書。〔2〕彪乃繼採前史遺事,傍貫異聞,作後傳數十篇,因斟酌前史而譏正得失。其略論曰:

【注】
〔1〕太初,武帝年號。
〔2〕好事者謂楊雄、劉歆、陽城衡、褚少孫、史孝山之徒也。

唐虞三代,《詩》、《書》所及,世有史官,以司典籍,[1]暨於諸侯,國自有史,[2]故《孟子》曰"楚之《檮杌》,晉之《乘》,魯之《春秋》,其事一也"。[3]定哀之閒,[4]魯君子左丘明論集其文,作《左氏傳》三十篇,又撰異同,號曰《國語》,二十一篇,由是《乘》、《檮杌》之事遂闇,[5]而《左氏》、《國語》獨章。又有記錄黃帝以來至春秋時帝王公侯卿大夫,號曰《世本》,一十五篇。春秋之後,七國並爭,秦并諸侯,則有《戰國策》三十三篇。漢興定天下,太中大夫陸賈記錄時功,作《楚漢春秋》九篇。孝武之世,太史令司馬遷採《左氏》、《國語》,刪《世本》、《戰國策》,據楚、漢列國時事,上自黃帝,下訖獲麟,[6]作本紀、世家、列傳、書、表凡百三十篇,而十篇缺焉。[7]遷之所記,從漢元至武以絕,則其功也。至於採經摭傳,分散百家之事,甚多疎略,不如其本,務欲以多聞廣載為功,論議淺而不篤。其論術學,則崇黃老而薄五經;[8]序貨殖,則輕仁義而羞貧窮;[9]道游俠,則賤守節而貴俗功:[10]此其大敝傷道,所以遇極刑之咎也。[11]然善述序事理,辯而不華,質而不野,文質相稱,蓋良史之才也。誠令遷依五經之法言,同聖人之是非,意亦庶幾矣。[12]

【注】
〔1〕《禮記》曰:"動則左史書之,言則右史書之。"見於史籍者,夏太史終古、殷太史向摯、周太史儋也。見《呂氏春秋》。
〔2〕《左傳》,魯季孫召外史掌惡臣。衛史華龍滑"曰我太史"也。楚有左史倚相。
〔3〕《乘》者,興於田賦乘馬之事。《檮杌》者,囂凶之類,興於記惡之誡。《春秋》以二始舉四時,以記萬事,遂各因以為名,其記事一也。見趙岐《孟子》注。[四]
〔4〕魯定公、哀公也。
〔5〕不行於時為闇也。其書今亡。

〔6〕武帝太始二年，登隴首，獲白麟，遷作《史記》，絕筆於此年也。

〔7〕十篇謂遷歿之後，亡《景紀》《武紀》《禮書》《樂書》《兵書》《將相年表》《日者傳》《三王世家》《龜策傳》《傅靳列傳》。

〔8〕黃帝、老子，道家也。五經，儒家也。遷《序傳》曰："道家使人精神專一，動合無形，贍足萬物。"此謂崇黃老也。又曰："儒者博而寡要，勞而少功。"此為薄五經也。

〔9〕《史記·貨殖傳序》曰："家貧親老，妻子輭弱，歲時無以祭祀，飲食被服不足以自適，如此不慙恥，則無所比矣。無巖處奇士之行，而長貧賤，語仁義，亦足羞也。"

〔10〕《史記·游俠傳序》曰："季次、原憲行君子之德，義不苟合當世，當世亦笑之。終身空室蓬戶，褐衣疏食不厭。今游俠，其行雖不軌於正義，然其言必信，於行必果，已諾必誠，不愛其軀，赴士之厄，蓋有足多者。今拘學或抱咫尺之義，久孤於世，豈若卑論齊俗，〔五〕與世沈浮而取榮名哉！"

〔11〕極刑謂遷被腐刑也。遷與任安書曰："最下腐刑，極矣！"

〔12〕《易》曰："顏氏之子，其殆庶幾乎！"

夫百家之書，猶可法也。若《左氏》、《國語》、《世本》、《戰國策》、《楚漢春秋》、《太史公書》，今之所以知古，後之所由觀前，聖人之耳目也。司馬遷序帝王則曰本紀，公侯傳國則曰世家，卿士特起則曰列傳。又進項羽、陳涉而黜淮南、衡山，〔1〕細意委曲，條例不經。若遷之著作，採獲古今，貫穿經傳，至廣博也。一人之精，文重思煩，故其書刊落不盡，尚有盈辭，多不齊一。〔2〕若序司馬相如，舉郡縣，著其字，至蕭、曹、陳平之屬，及董仲舒並時之人，不記其字，或縣而不郡者，蓋不暇也。〔3〕今此後篇，慎覈其事，整齊其文，不為世家，唯紀、傳而已。傳曰："殺史見極，平易正直《春秋》之義也。"

【注】

〔1〕謂遷著《項羽本紀》。又陳涉起於壟畝，數月被殺，無子孫相繼，著為世家，淮南、衡山，漢室之王胤，當世家而編之列傳，言進退之失也。

〔2〕刊，削也。謂削落繁蕪，仍有不盡。

〔3〕《史記》"衛青者，平陽人也"，"張釋之，堵陽人"，並不顯郡之類也。

彪復辟司徒玉況府。[1][六]時東宮初建，諸王國並開，[2]而官屬未備，師保多闕。彪上言曰：

【注】

〔1〕玉音肅。

〔2〕建武二十三年玉況為司徒，十九年建明帝為太子，十七年封諸王。

孔子稱"性相近，習相遠也"。[1]賈誼以為"習與善人居，不能無為善，猶生長於齊，不能無齊言也。習與惡人居，不能無[為]惡，[七]猶生長於楚，不能無楚言也"。[2]是以聖人審所與居，而戒慎所習。昔成王之為孺子，出則周公、邵公、太(公)史佚，[八]入則大顛、閎夭、南宮括、散宜生，左右前後，禮無違者，[3]故成王一日即位，天下曠然太平。是以《春秋》"愛子教以義方，不納於邪。驕奢淫佚，所自邪也"。[4]《詩》云："詒厥孫謀，以宴翼子。"言武王之謀遺子孫也。[5]

【注】

〔1〕見《論語》。

〔2〕賈誼上疏之辭。

〔3〕《左傳》曰："自郊勞至於贈賄，禮無違者。"

〔4〕《左傳》衛大夫石碏諫衛莊公之辭也。

〔5〕《詩·大雅》也。詒,遺也。宴,安也。翼,敬也。言文王遺其孫以善謀,武王以安敬之道遺其子。子謂成王也。

　　漢興,太宗使鼂錯導太子以法術,〔1〕賈誼教梁王以《詩》、《書》。〔2〕及至中宗,亦令劉向、王襃、蕭望之、周堪之徒,以文章儒學保訓東宮以下,〔3〕莫不崇簡其人,就成德器。今皇太子諸王,雖結髮學問,脩習禮樂,而傅相未值賢才,官屬多闕舊典。宜博選名儒有威重明通政事者,以為太子太傅,東宮及諸王國,備置官屬。又舊制,太子食湯沐十縣,設周衞交戟,五日一朝,因坐東箱,省視膳食,其非朝日,使僕、中允〔九〕旦旦請問而已,明不媟黷,廣其敬也。〔4〕

【注】
〔1〕文帝時鼂錯為博士,上言曰:"人主所以顯功揚名者,以知術數也。今皇太子所讀書多矣,而未知術數。願陛下擇聖人之術以賜太子。"上善之,拜錯為太子家令。
〔2〕賈誼為梁王太傅。梁王,文帝之少子,名揖,愛而好書,故令誼傅之。〔一〇〕
〔3〕中宗,宣帝也。時元帝為太子,宣帝使王襃、劉向、張子僑等之太子宮,娛侍太子朝夕讀誦,蕭望之為太傅,周堪為少傅。並見《前書》。
〔4〕《漢官儀》曰:"皇太子五日一至臺,因坐東箱,省視膳食,以法制勑太官尚食宰吏,其非朝日,使僕、中允旦旦請問,明不媟黷,所以廣敬也。太子僕一人,秩千石;中允一人,四百石,主門衞徼巡。"

書奏,帝納之。
後察司徒廉為望都長,吏民愛之。〔1〕建武三十年,年五十二,卒官。所著賦、論、書、記、奏事合九篇。

【注】

〔1〕察,舉也。司徒薦為廉。

二子:固,超。超別有傳。

論曰:班彪以通儒上才,傾側危亂之閒,行不踰方,〔1〕言不失正,仕不急進,貞不違人,敷文華以緯國典,守賤薄而無悶容。彼將以世運未弘,非所謂賤焉恥乎?何其守道恬淡之篤也!〔2〕

【注】

〔1〕《論語》孔子曰:"可謂仁之方。"鄭玄注云:"方猶道也。"

〔2〕孔子曰:"邦有道,貧且賤焉恥也。"言彪當中興之初,時運未泰,故不以貧賤為恥,何守道清靜之固也!恬淡猶清靜也。篤,固也。

固字孟堅。年九歲,能屬文誦詩賦,〔一〕及長,遂博貫載籍,九流百家之言,無不窮究。〔1〕所學無常師,不為章句,舉大義而已。性寬和容眾,不以才能高人,諸儒以此慕之。〔2〕

【注】

〔1〕九流謂道、儒、墨、名、法、陰陽、農、雜、縱橫。

〔2〕謝承《書》曰:"固年十三,王充見之,拊其背謂彪曰:'此兒必記漢事。'"

永平初,東平王蒼以至戚為驃騎將軍輔政,開東閣,延英雄。時固始弱冠,奏記說蒼曰:〔1〕

【注】

〔1〕奏,進也。記,書也。《前書》待詔鄭朋奏記於蕭望之,奏記自朋

始也。

　　將軍以周、邵之德，立乎本朝，承休明之策，建威靈之號，[1]昔在周公，今也將軍，《詩》、《書》所載，未有三此者也。[2]傳曰："必有非常之人，然後有非常之事；有非常之事，然後有非常之功。"[3]固幸得生於清明之世，豫在視聽之末，私以螻螳，竊觀國政，[4]誠美將軍擁千載之任，躡先聖之蹤，[5]體弘懿之姿，據高明之埶，博貫庶事，服膺六蓺，白黑簡心，求善無猒，[6]採擇狂夫之言，不逆負薪之議。[7]竊見幕府新開，廣延群俊，四方之士，顛倒衣裳。[8]將軍宜詳唐、殷之舉，察伊、皋之薦，[9]令遠近無偏，幽隱必達，期於總覽賢才，收集明智，為國得人，以寧本朝。則將軍養志和神，優游廟堂，光名宣於當世，遺烈著於無窮。

【注】

〔1〕號驃騎將軍也。
〔2〕唯蒼與周公二人而已。
〔3〕司馬相如喻蜀之辭。
〔4〕螻螳謂細微也。
〔5〕千載謂自周公至明帝時千餘載也。先聖謂周公也。
〔6〕《淮南子》曰："聖人見是非，若白黑之別於目。"《左傳》曰"求善不猒"也。
〔7〕負薪，賤人也。《三略》曰"負薪之諾，〔一二〕廊廟之言"也。
〔8〕《詩》曰："東方未明，顛倒衣裳。"言士爭歸之怱遽也。
〔9〕堯舉皋陶，湯舉伊尹。

　　竊見故司空掾桓梁，宿儒盛名，冠德州里，七十從心，行不踰矩，[1]蓋清廟之光暉，當世之俊彥也。[2]京兆祭酒晉馮，結髮修身，白首無違，好古樂道，玄默自守，古人之美行，時俗所莫及。扶風掾李育，[3]經明行著，教授百人，客居杜陵，茅室土階。京兆、扶風二郡更請，徒以家貧，數辭病去。溫故知新，論議通明，廉清修絜，行能純備，雖前世名儒，國家所器，韋、平、孔、翟，無以加焉。〔4〕宜令考績，以參萬事。京兆督郵郭基，孝行著於州里，經學稱於師門，政務之績，有絕異之效。如得及明時，秉事下僚，進有羽翮奮翔之用，退有杞梁一介之死。〔5〕涼州從事王雍，躬卞嚴之節，文之以術藝，〔6〕涼州冠蓋，未有宜先雍者也。古者周公一舉則三方怨，曰"奚為而後已"。〔7〕宜及府開，以慰遠方。弘農功曹史殷肅，〔8〕達學洽聞，才能絕倫，誦《詩三百》，奉使專對。此六子者，皆有殊行絕才，德隆當世，如蒙徵納，以輔高明，此山梁之秋，夫子所為歎也。〔9〕昔卞和獻寶，以離斷趾，〔10〕靈均納忠，終於沈身，〔11〕而和氏之璧，千載垂光，屈子之篇，萬世歸善。願將軍隆照微之明，信日昊之聽，〔12〕少屈威神，咨嗟下問，令塵埃之中，永無荊山、汨羅之恨。

【注】

〔1〕《論語》孔子曰："七十而縱心所欲，不踰矩。"言恣心之所為，皆闇合於法則。

〔2〕《詩·周頌》曰："於穆清廟，肅雍顯相，濟濟多士，執文之德。"〔一三〕鄭玄注曰："顯，光也。"言桓梁可參多士，助祭於清廟為光暉也。《爾雅》曰："髦，俊也。"美士為彥。

〔3〕育字元春，見《儒林傳》。

〔4〕韋賢、平當、孔光、翟方進也。流俗本"平"字作"玄"，誤。

〔5〕《說苑》曰："趙簡子遊於西河而歎曰：'安得賢士而與處焉？'舟人古桑對曰〔一四〕：'鴻鵠高飛，所恃者六翮也。背上之毛，腹下之毳，加之滿把，飛不能為之益高。不知門下左右客千人，亦有六翮之用乎？將盡毛毳也？'"又曰"齊莊公攻莒，杞梁與華周進鬭，壞軍陷陣，三軍不敢當。至莒城下，殺二十七人而死"也。

〔6〕卞嚴，卞莊子也。《新序》曰："卞莊子好勇，養母，戰而三北，交遊

非之,國君辱之。莊子受命,顏色不變。及母死三年,齊與魯戰,莊子請從。至,見於將軍曰:'初獨與母處,是以戰而三北。今母沒矣,請塞責。'遂赴敵而鬬,獲甲首而獻,曰:'夫三北,以養母也。吾聞之,節士不以辱生。'遂殺十人而死。"《論語》孔子曰:"卞莊子之勇,冉求之蓺,文之以禮樂。"

〔7〕《孫卿子》曰:"周公東征,西國怨,曰:'何獨不來也!'南征而北國怨,曰:'何獨後我也!'"

〔8〕《固集》"殷"作"段"。

〔9〕秋猶時也。《論語》孔子曰:"山梁雌雉,時哉!"

〔10〕離,被也。斷趾,刖足也。事見《韓子》。

〔11〕屈原字靈均,納忠於楚,終不見信,目沈於汨羅之水而死。

〔12〕信音申。

蒼納之。

父彪卒,歸鄉里。固以彪所續前史未詳,乃潛精研思,欲就其業。既而有人上書顯宗,告固私改作國史者,有詔下郡,收固繫京兆獄,盡取其家書。先是扶風人蘇朗偽言圖讖事,下獄死。固弟超恐固為郡所覈考,不能自明,乃馳詣闕上書,得召見,具言固所著述意,而郡亦上其書。顯宗甚奇之,召詣校書部,〔1〕〔一五〕除蘭臺令史,〔2〕與前睢陽令陳宗、長陵令尹敏、司隸從事孟異〔一六〕共成《世祖本紀》。遷為郎,典校祕書。固又撰功臣、平林、新市、公孫述事,作列傳、載記二十八篇,奏之。帝乃復使終成前所著書。

【注】

〔1〕《前書》固《敍傳》曰:"永平中為郎,典校祕書。"

〔2〕《漢官儀》曰:"蘭臺令史六人,秩百石,掌書劾奏。"

固以為漢紹堯運,以建帝業,至於六世,史臣乃追述功德,〔1〕私作本紀,編於百王之末,廁於秦、項之列,〔2〕太初以後,闕而不錄,故探撰前記，綴集所聞，以為《漢書》。起元高祖，終于孝平王莽之誅，十有二世，二百三十年，[3]綜其行事，傍貫五經，上下洽通，為《春秋》考紀、表、志、傳凡百篇。[4]固自永平中始受詔，潛精積思二十餘年，至建初中乃成。當世甚重其書，學者莫不諷誦焉。

【注】

[1]六代謂武帝，史臣謂司馬遷也。[一七]

[2]《史記》起自黃帝，漢最居其末也。

[3]高、惠、呂后、文、景、武、昭、宣、元、成、哀、平十二代也。并王莽合二百三十年。

[4]紀十二，表八，志十，列傳七十，合百篇。《前書音義》曰：" 《春秋》考紀謂帝紀也。言考覈時事，具四時以立言，如《春秋》之經。"

自為郎後，遂見親近。時京師脩起宮室，濬繕城隍，而關中耆老猶望朝廷西顧。固感前世相如、壽王、東方之徒，造構文辭，終以諷勸，[1]乃上《兩都賦》，盛稱洛邑制度之美，以折西賓淫侈之論。其辭曰：

【注】

[1]相如作《上林》、《子虛賦》，吾丘壽王作《士大夫論》及《驃騎將軍頌》，東方朔作《客難》及《非有先生論》，其辭並以諷喻為主也。

有西都賓問於東都主人曰：[1]"蓋聞皇漢之初經營也，嘗有意乎都河洛矣。輟而弗康，寔用西遷，作我上都。主人聞其故而覩其制乎？"[2]主人曰："未也。願賓攄懷舊之蓄念，發思古之幽情，[3]博我以皇道，弘我以漢京。"賓曰："唯唯。"

【注】

〔1〕中興都洛陽,故以東都為主,而謂西都為賓也。

〔2〕皇,大也。《尚書》曰:"厥既得吉卜則經營。"高祖五年,劉敬説上都關中,〔一八〕上疑之。左右大臣皆山東人,多勸都洛陽,此為有意都河洛矣。張良曰:"洛陽其中小不過數百里,四面受敵,非用武之國。關中金城千里,天府之國也。"於是上即日西都關中,此為輟而弗康也。輟,止也。康,安也。

〔3〕《廣雅》曰攄,舒也。

漢之西都,在于雍州,寔曰長安。[1]左據函谷、二崤之阻,表以(泰)[太]華、終南之山。[2]〔一九〕右界襃斜、隴首之險,帶以洪河、涇、渭之川。[3]〔二〇〕華實之毛,則九州之上腴焉;防禦之阻,則天下之奧區焉。[4]是故橫被六合,三成帝畿,[5]周以龍興,秦以虎視。及至大漢受命而都之也,[6]仰寤東井之精,俯協《河圖》之靈,[7]奉春建策,留侯演成,[8]天人合應,以發皇明,乃眷西顧,寔惟作京。[9]於是睎秦嶺,睋北阜,挾酆霸,據龍首。[10]圖皇基於億載,度宏規而大起,〔二一〕肇自高而終平,世增飾以崇麗,歷十二之延祚,故窮奢而極侈。[11]〔二二〕建金城其萬雉,呀周池而成淵,披三條之廣路,立十二之通門。[12]內則街衢洞達,閭閻且千,九市開場,貨別隧分,人不得顧,車不得旋,闐城溢郭,傍流百廛,紅塵四合,煙雲相連。[13]於是既庶且富,娛樂無疆,都人士女,殊異乎五方,游士擬於公侯,列肆侈於姬、姜。[14]鄉曲豪俊游俠之雄,〔二三〕節慕原、嘗,名亞春、陵,連交合眾,騁騖乎其中。[15]

【注】

〔1〕《前書音義》曰:"長安本秦之鄉名,高祖都焉。"

〔2〕函谷,關名也。《左傳》曰"崤有二陵,其南陵夏后皋之墓,其北陵文王之所避風雨",故曰二崤。太華,山也,《山海經》曰,華首之西六十里曰太華。終南,長安南山也。《詩》曰:"終南何有。"注云:"終南,周之名山

中南也。"

〔三〕褒斜,谷名,南口曰褒,北口曰斜,在今梁州。隴首,山名,在今秦州。洪,大也。

〔四〕華實之毛謂草木也。《左傳》曰:"食土之毛。"《前書》曰:"秦地九州膏腴。"《尚書》雍州"厥田上上"。防禦謂關禁也。楊雄《衛尉箴》曰:"設置山險,盡為防禦。"奧,深也。言秦地險固,為天下深奧之區域。

〔五〕《前書音義》曰:"關西為橫。"被猶及也。《吕氏春秋》曰:"神明通于六合。"高誘注云:"四方上下為六合。"《周禮》曰:"方千里曰王畿。"三成謂周、秦、漢並都之也。

〔六〕龍興虎視,喻盛彊也。孔安國《尚書序》曰:"漢室龍興。"《易》曰:"虎視眈眈。"

〔七〕寤猶曉也。協,合也。高祖至霸上,五星聚於東井。又《河圖》曰:"帝劉季,日角戴勝,斗匈龍股,長七尺八寸。昌光出軫,五星聚井,期之興,天授圖,地出道,予張兵鈐劉季起。"東井,秦之分野,明漢當代秦都關中。

〔八〕奉春君,婁敬也。春者,四時之始。婁敬亦始建遷都之策,故以號焉。留侯,張良也。《蒼頡篇》曰:"演者引也。"

〔九〕天謂五星聚東井也。人謂婁敬等進說也。皇明謂高祖也。西顧謂入關也。《詩》云:"乃眷西顧。"

〔一〇〕睎,望也,音希。睋,視也,音蛾。秦領在今藍田東南。北阜即今三原縣北有高阜,東西橫亙者是也。豐水出鄠縣南山豐谷。霸水出藍田谷。《三秦記》曰:"龍首山六十里,頭入渭水,尾達樊川。"在傍曰挾,在上曰據也。

〔一一〕肇,始也。始自高祖,終於平帝,為十二代也。

〔一二〕金城言堅固也。張良曰:"金城千里。"杜預注《左傳》云:"方丈為堵,三堵為雉。"《字林》曰:"呀,大空也。"音火加反。《周禮》:"國方九里,旁三門。"每門有大路,故曰三條。鄭玄注《周禮》云"天子城十二門,通十二子"〔二四〕也。

〔一三〕《字林》曰:"閭,里門也。閻,里中門也。"且千,言多也。《漢宮閣疏》曰〔二五〕:"長安九市,其六在道西,三在道東。"隧,列肆道也。鄭玄注《禮記》曰："廛，市物邸舍也。"

〔14〕《論語》："子適衞，冉有僕。子曰：'庶矣哉！'冉有曰：'既庶矣，又何加焉？'曰：'富之。'"《詩·周頌》云："惠我無疆。"疆，境也。《詩·小雅》曰："彼都人士。"毛萇注云："城郭之域曰都。"五方謂四方及中央也。《前書》曰："秦地五方雜錯。"鄭玄注《周禮》曰："肆，市中陳物處也。"杜元凱注《左傳》云"姬、姜大國之女"也。

〔15〕豪俊游俠謂朱家、郭解、原涉之類也。原、嘗［謂］平原君趙勝、孟嘗君田文也，〔二六〕春、陵謂春申君黃歇、信陵君無忌也，並招致賓客，名高天下也。

若乃觀其四郊，浮遊近縣，則南望杜、霸，北眺五陵，名都對郭，邑居相承，英俊之域，黻冕所興，冠蓋如雲，七相五公。〔1〕與乎州郡之豪桀，五都之貨殖，三選七遷，充奉陵邑，蓋以彊幹弱枝，隆上都而觀萬國。〔2〕封畿之內，厥土千里，逴犖諸夏，〔二七〕兼其所有。〔3〕其陽則崇山隱天，幽林穹谷，陸海珍藏，藍田美玉，商、洛緣其隈，鄠、杜濱其足，〔4〕源泉灌注，陂池交屬，竹林果園，芳草甘木，郊野之富，號曰近蜀。〔5〕其陰則冠以九嵕，陪以甘泉，乃有靈宮起乎其中。秦、漢之所極觀，淵、雲之所頌歎，於是乎存焉。〔6〕下有鄭、白之沃，衣食之源，隄封五萬，疆埸綺分，溝塍刻鏤，原隰龍鱗，決渠降雨，荷臿成雲，五穀垂穎，桑麻敷棻。〔7〕東郊則有通溝大漕，潰渭洞河，泛舟山東，控引淮、湖，與海通波。〔8〕西郊則有上囿禁苑，林麓藪澤，陂池連乎蜀、漢，繚以周牆，四百餘里，離宮別館，三十六所，神池靈沼，往往而在。〔9〕其中乃有九真之麟，大宛之馬，黃支之犀，條枝之鳥，踰崑崙，越巨海，殊方異類，至三萬里。〔10〕

【注】

〔1〕浮遊謂周流也。杜、霸謂杜陵、霸陵，在城南，故南望也。五陵謂長

陵、安陵、陽陵、茂陵、平陵，在渭北，故北眺也。並徙人以置縣邑，故云名都對郭。《蒼頡篇》曰：“黻，綬也。冕，冠也。”其所徙者皆豪右、富贊、吏二千石，故多英俊冠蓋之人。如雲，言多也。《詩》曰：“出其東門，有女如雲。”七相謂丞相車千秋，長陵人，黃霸、王商，並杜陵人也，韋賢、平當、魏相、王嘉，並平陵人也。五公謂田蚡為太尉，長陵人，張安世為大司馬，朱博為司空，並杜陵人，平晏為司徒，韋賞為大司馬，並平陵人也。

〔2〕《前書音義》曰：“五都謂洛陽、邯鄲、臨淄、宛、成都也。”三選，選三等之人，謂徙吏二千石及高貲富人及豪桀并兼之家於諸陵，蓋以彊幹弱枝，非獨為奉山園也。見《前書》。自元帝已後不遷，故唯七焉。《爾雅》曰：“觀，指示也。”“選”或為“徙”，義亦通。

〔3〕《前書》曰：“秦地沃野千里，人以富饒。”逴犖猶超絕也。逴音卓。犖音呂角反。諸夏謂中國也。

〔4〕穹谷，深谷。東方朔曰：“漢興，去三河之地，止灞、滻之西，都涇、渭之南，此謂天下陸海之地也。”《范子計然》曰：“玉出藍田。”商及上洛皆縣名。隈，山曲也。濱猶近也。鄠、杜，二縣名，近南山之足。《爾雅》云：“麓，山足也。”

〔5〕孔安國注《尚書》曰：“澤障曰陂，停水曰池。”《前書》曰：“巴、蜀土地肥美，有山林竹樹蔬食果實之饒。”今南山亦有之，與巴、蜀相類，故曰近蜀。《爾雅》曰：“邑外曰郊，郊外曰野。”

〔6〕陰謂北也。九嵕山尤高峻，故稱冠云。甘泉山在雲陽北，秦始皇於上置林光宮，漢又起甘泉宮、益壽、延壽館、通天臺，故云“秦、漢之所極觀”。王襃字子泉，〔二八〕作《甘泉頌》，楊子雲作《甘泉賦》，故云“泉、雲頌歎”。

〔7〕《史記》曰：“韓使水工鄭國說秦，令引涇水為渠，傍北山，東注洛，溉田四萬餘頃，名曰鄭國渠。”武帝時，趙中大夫白公奏穿渠引涇水，首起谷口，尾入櫟陽，溉田四千餘頃，因名白渠。時人歌之曰：“田於何所？池陽谷口。鄭國在前，白渠起後。舉臿為雲，決渠為雨。涇水一石，其泥數斗。且溉且糞，長我禾黍。衣食京師，億萬之口。”《前書》曰：“天子畿方千里，隄封百萬井。”《音義》曰：“隄謂積土為封限也，音丁奚反。”《廣雅》曰：“場，

界也。"音亦。《周禮》曰:"夫閒有遂,十夫有溝。"《說文》曰:"塍,田畦也。"塍音繩。刻鏤謂交錯如鏤也。《爾雅》曰:"高平曰原,下溼曰隰。"言如龍鱗之五色也。五穀,黍、稷、菽、麥、稻也。《[小]爾雅》曰:"禾穗謂之穎。"〔二九〕《[小]爾雅》曰:"敷,布也。"〔三○〕菜,茂盛也,音芬。

〔8〕漕,水運也。《蒼頡篇》曰:"潰,傍決也。"《前書》武帝穿漕渠通渭。《史記》曰:"滎陽下引河東南為鴻溝,以與淮、泗會。"

〔9〕上囿謂林苑也。《穀梁傳》曰:"林屬於山為麓。"鄭玄注《周禮》曰:"澤無水曰藪。"繚猶繞也,音了。《三輔黃圖》曰:"上林有建章、承光等一十一宮,平樂、繭觀等二十五,凡三十六所。"《三秦記》曰:"昆明池中有神池,通白鹿原。"《詩》曰:"王在靈沼。"

〔10〕宣帝詔曰:"九真郡獻奇獸。"晉灼《漢書》注云:"駒形,麟色,牛角。"武帝時,李廣利斬大宛王首,獲汗血馬來。又黃支國自三萬里貢生犀。條支國臨西海,有大鳥,卵如甕。條支與安息接,武帝時,安息國發使來獻之。又曰:"崐崙山高二千五百里。"並見《前書》。

其宮室也,體象乎天地,經緯乎陰陽,據坤靈之正位,放(泰)[太]、紫之圓方。[1]〔三一〕樹中天之華闕,豐冠山之朱堂,因瑰材而究奇,抗應龍之虹梁,列棼橑以布翼,荷棟桴而高驤。[2]雕玉瑱以居楹,裁金璧以飾璫,發五色之渥采,光爛朗以景彰。[3]於是左(珹)〔三二〕[城]右平,重軒三階,閨房周通,門闥洞開,列鍾虡於中庭,立金人於端闈,仍增崖而衡閾,臨峻路而啓扉。[4]徇以離殿別寢,〔三三〕承以崇臺閒館,煥若列星,紫宮是環。[5]清涼宣溫,神仙長年,金華玉堂,白虎麒麟,區宇若茲,不可殫論。[6]增槃業峨,〔三四〕登降炤爛,殊形詭制,每各異觀,乘茵步輦,唯所息宴。[7]後宮則有掖庭椒房,后妃之室,合歡增成,安處常寧,茝若椒風,披香發越,蘭林蕙草,鴛鸞飛翔之列。[8]昭陽特盛,隆乎孝成,屋不呈材,牆不露形,裹以藻繡,絡以綸連,隨侯明月,錯落其閒,金釭銜壁,是為列錢,翡翠火齊,流燿含英,懸黎垂棘,夜光在焉。[9]於是玄墀釦切,〔三五〕玉階彤庭,硨磩采緻,琳珉青熒,珊瑚碧樹,周阿而生。[10]紅羅颯纚,綺組繽紛,精曜華燭,俯仰如神。[11]後宮之號,十有四位,窈窕繁華,更盛迭貴,處乎斯列者,蓋以百數。[12]左右廷中,朝堂百僚之位,蕭曹魏邴,謀謨乎其上。[13]佐命則垂統,輔翼則成化,流大漢之愷悌,蕩亡秦之毒螫。[14]故令斯人揚樂和之聲,作畫一之歌,功德著於祖宗,膏澤洽于黎庶。[15]又有天祿石渠,典籍之府,命夫諄誨故老,名儒師傅,講論乎六蓺,稽合乎同異。[16]又有承明金馬,著作之庭,大雅宏達,於茲為群,元元本本,周見洽聞,〔三六〕啟發篇章,校理祕文。[17]周以鉤陳之位,衛以嚴更之署,總禮官之甲科,群百郡之廉孝。[18]虎賁贅衣,闇尹閽寺,陛戟百重,各有攸司。[19]周廬千列,徼道綺錯。[20]輦路經營,脩涂飛閣。[21]〔三七〕自未央而連桂宮,北彌明光而亙長樂,陵墱道而超西墉,混建章而外屬,〔三八〕設璧門之鳳闕,上柧棱而棲金雀。[22]內則別風之嶕嶢,眇麗巧而竦擢,張千門而立萬戶,順陰陽以開闔。[23]爾乃正殿崔巍,層構厥高,臨乎未央,經駘盪而出馺娑,洞枍詣與天梁,上反宇以蓋戴,激日景而納光。[24]神明鬱其特起,遂偃蹇而上躋,軼雲雨於太半,虹蜺回帶於棼楣,雖輕迅與僄狡,猶愕眙而不敢階。[25]攀井幹而未半,目眴轉而意迷,舍櫺檻而卻倚,若顛墜而復稽,魂怳怳以失度,巡迴塗而下低。[26]既懲懼於登望,降周流以彷徨,步甬道以縈紆,又杳窱而不見陽。[27]排飛闥而上出,若游目於天表,似無依(之)[而]洋洋。[28]〔三九〕前唐中而後太液,攬滄海之湯湯,揚波濤於碣石,激神嶽之嶈嶈,濫瀛洲與方壺,蓬萊起乎中央。[29]於是靈草冬榮,神木叢生,巖峻崔崒,金石峥嶸。[30]抗仙掌(與)[以]承露,〔四〇〕擢雙立之金莖,軼埃壒之混濁,鮮顥氣之清英。[31]騁文成之丕誕,馳五利之所刑,庶松喬之群類,時游從乎斯庭,實列仙之攸館,匪吾人之所寧。[32]

【注】

〔1〕圓象天,方象地。南北為經,東西為緯。楊雄《司空箴》曰:"普彼坤靈,侔天作合。"放,象也。太、紫謂太微、紫宮也。劉向《七略》曰:"明堂之制,内有太室,象紫宮;南出明堂,象太微。"《春秋合誠圖》曰:"太微,其星十二,四方。"《史記·天官書》曰:"環之匡衛十二星,藩臣,皆曰紫宮。"是太微方而紫宮圓也。

〔2〕《列子》曰:"周穆王作中天之臺。"《說文》曰:"闕,門觀也。"《前書》蕭何作東闕、北闕。豐,大也。冠山謂在山之上也。《埤蒼》曰:"瑰瑋,珍奇也。"《廣雅》曰:"有翼曰應龍。"梁作應龍之形,而又曲如虹也。《說文》曰:"棼,複屋之棟。"橑,椽也。翼,屋之四阿也。荷,負也。驤,舉也。《爾雅》曰:"棟謂之桴。"音浮。

〔3〕《廣雅》曰:"磌,礩也。"音田。"瑱"與"磌"通。楹,柱也。雕玉為磌以承柱也。《上林賦》曰:"華榱璧璫。"韋昭注曰:"璫,榱頭也。"渥,光潤也。爛音豔。

〔4〕摯虞《決疑要注》曰:"堿者為階級,平者以文塼相亞次也。""堿"亦作"墄"。〔四一〕言階級勒堿然,音七則反。王逸《楚辭》注曰:"軒,樓板也。"《周禮》夏后氏"世室九階",鄭玄注云"南面三階,三面各二"也。《爾雅》曰:"宮中之門謂之闈,小者謂之閨。"簨以懸鍾也。《史記》:"秦始皇收天下兵器,聚之咸陽,銷以為金人十二,置宮中。"端闈,宮正門也。《三輔黃圖》曰:"秦宮殿端門四達,以則紫宮。"仍,因也。衡,橫也。閾,門限。

〔5〕徇猶繞也。崇,高也。閒音閑。煥,明也。言周回宮館,明若列星之環繞紫宮也。環,協韻音宦。

〔6〕《三輔黃圖》曰:"未央宮有清涼殿、宣室殿、中溫室殿、金華殿、大玉堂殿、中白虎殿、麒麟殿,長樂宮有神仙殿。"殫,盡也。

〔7〕增,重也。槃,屈也。業峨,高也。業音五臘反。峨音我。詭,異也。茵,褥也。駕人曰輦。

〔8〕《漢官儀》曰:"婕妤以下皆居掖庭。"《三輔黃圖》曰:"長樂宮有

椒房殿。"《前書》曰:"班婕妤居增成舍。"桓譚《新論》曰:"董賢女弟為昭儀,居舍號曰椒風。"《漢宮閣名》長安有披香殿、鴛鸞殿、飛翔殿。餘未詳。

〔9〕昭陽殿,成帝趙昭儀所居也。《說文》曰:"裛,纏也。"音於業反。綸,糾,青絲綬也。"綸"或作"編"。《淮南子》曰:"隨侯之珠,和氏之璧。"高誘注云:"隨侯行見大蛇傷,以藥傅之。後蛇銜珠以報之,因曰隨侯珠。"《說文》曰:"釭,𠁥鐵也。"音江,又音工。謂以黃金為釭,其中銜璧,納之於(璧)[壁]帶,〔四二〕為行列歷歷如錢也。《前書》曰:"昭陽殿壁帶,往往為黃金釭,函藍田玉璧,明珠翠羽飾之。"《異物志》曰:"翠鳥形如燕,赤而雄曰翡,青而雌曰翠,其羽可以飾幃帳。"《韻集》曰:"火齊,珠也。"《戰國策》曰:"應侯謂秦王曰'梁有縣黎'。"《左傳》曰:"晉荀息請以垂棘之璧假道於虞。"言縣黎、垂棘之玉,並夜有光輝也。

〔10〕《前書》曰:"昭陽殿中庭彤朱,而殿上髹漆。"髹音休。漆黑故曰玄。墀,殿上地也。又曰:"切皆銅沓,黃金塗,白玉階。"釦音口。碝、磩,琳、珉,並石次玉者。碝音而兗反,磩音戚。緑緻,其文理密也。青熒,其光色也。〔四三〕《漢武故事》曰:"武帝起神堂,植玉樹,葺珊瑚為枝,以碧玉為葉。"《淮南子》曰:"崑崙山有碧樹在其北。"高誘注云:"碧,青石也。"謂以珠玉假為樹而植之於殿曲。阿,曲也。

〔11〕薛綜注《西京賦》曰:"颯纚,長袖貌。颯音素合反,纚音山綺反。"綺,文繒也。組,綬也。繽紛,盛兒。燭,照也。言精彩華飾照燿也。《戰國策》張儀謂秦王曰:"彼周、鄭之女,粉白黛黑立於衢,非知而見之者以為神也。"

〔12〕《前書》曰:"漢興,因秦之稱號,正嫡稱皇后,妾皆稱夫人。凡十四等,有昭儀、婕妤、娙娥、傛華、美人、八子、充衣、七子、良人、長使、少使、五官、順常,〔四四〕是為十三等;又有無涓、共和、娛靈、保林、良使、夜者,秩祿同,共為一等,合十四位也。"窈窕,幽閒也。繁華,美麗也。百數謂以百而數之也。

〔13〕蕭何、曹參並沛人,魏相字弱翁,濟陰人,邴吉字少卿,魯國人,

並為丞相。

〔14〕李陵書曰:"其餘佐命立功之士。"司馬相如曰:"垂統理順易繼也。"統,業也。《禮記》曰:"保者慎其身以輔翼之。"愷,樂也。悌,易也。楊雄《長楊賦》曰:"今朝廷出愷悌,行簡易。"王襃《四子講德論》曰:"秦之處位任政者,並施毒螫。"《前書》曰:"孝惠、高后之時,海內得離戰國之苦,君臣俱欲無為,而天下晏然,衣食滋殖。"又曰:"近觀漢相,高祖開基,蕭、曹為冠。孝宣中興,丙、魏有聲。"是時黜陟有序,衆職修理,公卿多稱其位,海內興於禮讓也。

〔15〕《孔叢子》曰:"古之帝王,功成作樂,其功善者其樂和。"《前書》曰,蕭何薨,曹參代之,百姓歌之曰:"蕭何為法,較若畫一,曹參代之,守而勿失。"祖宗謂高祖、中宗也。

〔16〕《三輔故事》曰:"天祿、石渠並閣名,在未央宮北,以閣祕書。"諄誨謂殷勤教告也。《詩·大雅》曰:"誨爾諄諄。"鄭玄《注》云:"我教告王,口語諄諄然。"諄音之純反。六蓺謂《詩》、《書》、《禮》、《樂》、《易》、《春秋》也。稽,考也。《前書》,甘露中詔諸儒講五經同異,令蕭望之平奏其議。

〔17〕承明,殿前之廬也。金馬,署名也。門有銅馬,故名金馬門,待詔者皆居之。宏亦大也。元其元,本其本。祕文,祕書也。《孝經鉤命決》曰"丘掇祕文"也。

〔18〕周,環也。《前書音義》曰:"鉤陳,紫宮外星也,宮衛之位亦象之。"嚴更之署,行夜之司也。禮官,奉常也,有博士掌試策,考其優劣,為甲乙之科,即《前書》曰"太常以公孫弘為下第"是也。言百郡,舉全數。《前書》又曰:"興廉舉孝。"

〔19〕虎賁,宿衛之臣。贅衣,主衣之官。贅,綴也,音之銳反。《尚書》曰:"綴衣虎賁。"閽尹、閽寺並宦官,《周禮》有閽人、寺人。陛戟,執戟於陛也。百重,言多也。攸,所也。司,主也,協韻音伺。

〔20〕廬謂宿衛之廬,周於宮也。千列,言多也。《史記》:"衛令曰周廬,設卒甚謹。"徼道,徼巡之道。綺錯,交錯也。《前書》曰"中尉掌徼巡京師"

也。

〔21〕《前書音義》曰:"輦道,閣道也。""涂"亦"塗"也,古字通用。

〔22〕未央宮在西,長樂宮在東,桂宮、明光宮在北,言飛閣相連也。墱,陛級也,音丁鄧反。墉,城也。混,同也。建章宮在城西。屬,連也。《前書》曰:"建章宮,其東則鳳闕,(門)高二十餘丈,〔四五〕其南有璧門之屬。"《說文》曰:"柣棱,殿堂上最高之處也。"柣音孤,棱音力登反。其上樓金雀焉。《三輔故事》曰"建章宮闕上有銅鳳皇",即金雀也。

〔23〕《三輔故事》曰:"建章宮東有折風闕。"《關中記》曰:"折風一名別風。"嶕嶢,高也。嶕音焦,嶢音堯。《前書》曰,建章宮度為千門萬戶。合謂之陰,開謂之陽。《易》曰:"闔戶謂之坤,闢戶謂之乾。"

〔24〕正殿即前殿也。層,重也。臨乎未央,言高之極也。《關中記》建章宮有駘盪、馺娑、枍詣殿。天梁亦宮名也。駘音殆,盪音蕩。馺音素合反,娑音素可反。枍音烏計反。《小雅》曰〔四六〕:"蓋戴,覆也。"反宇謂飛檐上反也。激日謂日影激入於殿內也。

〔25〕神明,臺名也。躋,升也。偃蹇,高貌也。軼,過也。《前書音義》曰:"凡數三分有二為太半。"《說文》曰:"㮰,棟也。"《爾雅》曰:"楣謂之梁。"郭璞云:"門戶上橫梁也。"《方言》曰:"僄,輕也。"音匹妙反。鄭玄注《禮記》曰:"狡,疾也。"《字書》曰:"愕,驚也。"音五各反。《字林》曰:"眙,驚貌也。"音丑吏反。

〔26〕井幹,樓名也。《前書》曰:"武帝作井幹樓,高五十丈,輦道相屬焉。"《蒼頡篇》曰:"眴,視不明也。"音眩。檽檻,樓上欄楯也。檽音零。稽,留也。

〔27〕《淮南子》曰:"甬道相連。"高誘注云:"甬道,飛閣複道也。"《廣雅》曰:"窈窱,深也。""杳"與"窈"通。窱音它鳥反。陽,明也。既創前之登望,乃下巡於複道,宮宇深邃,又不見明者。

〔28〕飛闥,閣上門也。王逸注《楚辭》曰:"洋洋,無所歸兒。"

〔29〕《前書》曰:"建章宮,其西唐中數十里。"《音義》曰:"唐,庭也。"其北太液池中有蓬萊、方丈、瀛洲、壺梁,象海中神山。湯湯,流貌也。

《蒼頡篇》曰："濤,大波也。"碣石,海畔山也。《説文》曰："濫,泛也。"《列子》曰："海中有神山,一曰岱輿,二曰員嶠,三曰方壺,四曰瀛洲,五曰蓬萊。"

〔30〕靈草、神木謂不死藥也。《史記》曰："海中神山,仙人不死藥在焉。"崝嶸,高峻也。崔音徂回反,崒音才律反。崝音仕耕反,嶸音宏。

〔31〕《前書》曰,武帝時作銅柱承露僊人掌之屬。《三輔故事》云："建章宮承露槃,高二十丈,大七圍,以銅為之。上有仙人掌承露,和玉屑飲之。"金莖即銅柱也。軼,過也。埃壒,塵也。鮮,絜也。《説文》曰："顥,白皃。"音皓。

〔32〕丕,大也。誕,欺也。《前書》曰："齊人李少翁以方士見上,上拜為文成將軍,言於上曰:'即欲與神通,宮室被服非象神,神物不至。'乃作甘泉宮,中為臺,畫天、地、泰一諸鬼神,而置祭具以致天神。"又曰："膠東人欒大多方略而敢為大言,言曰:'臣常往東海中,見安期、羨門之屬。'乃拜為五利將軍。"刑,法也。《列仙傳》曰："赤松子者,神農時雨師也,服水玉以教神農。"又曰："王子喬者,周靈王太子晉,道士浮丘公接以上嵩山。"

爾乃盛娛游之壯觀,奮大武乎上囿,因茲以威戎夸狄,燿威而講事。[1]〔四七〕命荊州使起鳥,詔梁野而驅獸,毛群内闃,飛羽上覆,接翼側足,集禁林而屯聚。[2]水衡虞人,理其營表,種別群分,部曲有署。[3]罘罔連紘,籠山絡野,列卒周帀,星羅雲布。[4]於是乘(鑾)輿備法駕,〔四八〕帥群臣,披飛廉,入苑門。[5]遂繞酆鎬,歷上蘭,六師發逐,〔四九〕百獸駭殫,震震爚爚,雷奔電激,草木塗地,山淵反覆,蹂躪其十二三,乃拗怒而少息。[6]爾乃期門佽飛,列刃鑽鍭,要趹追蹤,鳥驚觸絲,獸駭值鋒,機不虛掎,弦不再控,矢無單殺,中必疊雙,颮颮紛紛,矰繳相纏,風毛雨血,灑野蔽天。[7]平原赤,勇士厲,猨狖失木,豺狼懾竄。[8]爾乃移師趨險,並蹈潛穢,窮虎奔突,狂兕觸蹷。[9]許少施巧,秦成力折,掎僄狡,扤猛噬,脫角挫脰,徒搏獨殺。[10]挾師豹,拖熊螭,頓犀聲，曳豪羆，超迥壑，越峻崖，歷巉巖，鉅石隤，松柏仆，叢林摧，草木無餘，禽獸殄夷。[11]於是天子乃登屬玉之館，歷長楊之榭，[五〇]覽山川之體埶，觀三軍之殺獲，原野蕭條，目極四裔，禽相鎮厭，[12]獸相枕藉。然後收禽會眾，論功賜胙，陳輕騎以行炰，騰酒車而斟酌，割鮮野食，舉燧命爵。[13][五一]饗賜畢，勞逸齊，大輅鳴鸞，容與裵回，集乎豫章之宇，臨乎昆明之池。[14]左牽牛而右織女，似雲漢之無崖，茂樹蔭蔚，芳草被堤，蘭茝發色，曄曄猗猗，若摛錦布繡，爥燿乎其陂。[15]玄鶴白鷺，[五二]黃鵠鴚鵝，鴐鵞鴰鶬，[五三]鳧鷖鴻鴈，朝發河海，夕宿江漢，沈浮往來，雲集霧散。[16]於是後宮乘輚路，登龍舟，張鳳蓋，建華旗，祛黼帷，鏡清流，靡微風，澹淡浮。[17]櫂女謳，鼓吹震，聲激越，謷厲天，鳥群翔，魚闞淵。[18]招白鷳，下雙鵠，揄文竿，出比目。[19]撫鴻幢，御矰繳，方舟並鶩，俛仰極樂。[20]遂風舉雲搖，浮遊普覽，前乘秦領，後越九嵕，[21]東薄河華，西涉岐雍，宮館所歷，百有餘區，行所朝夕，儲不改供。[22]禮上下而接山川，究休祐之所用，採遊童之歡謠，第從臣之嘉頌。[23]于斯之時，都都相望，邑邑相屬，國藉十世之基，家承百年之業，士食舊德之名氏，農服先疇之畎畝，商修族世之所鬻，工用高曾之規矩，粲乎隱隱，各得其所。[24]

【注】

[1]大武謂大陳武事也。《月令》"孟冬之月，天子乃命將帥講武，習射御"也。

[2]荊州，江、湘之地，其俗習於捕鳥，故使起之。梁野，巴、漢之人，其俗習於逐獸，故使其人驅之。闐音田。聚音才諭反。

[3]《前書》曰："上林苑屬水衡都尉。虞人，掌山澤之官。"《周禮》曰："虞人萊所田之野為表。"鄭司農曰："表，所以識正行列也。"《續漢書》"將軍領軍皆有部，大將軍營五部，部校尉一人，部下有曲，曲有軍候一人"也。

[4]鄭玄注《禮記》曰："獸罟曰罦。"音浮。紘，罦之綱。

〔5〕蔡邕《獨斷》曰："天子至尊，不敢褻瀆言之，故託於乘輿。天子車駕有大駕、法駕、小駕。大駕則公卿奉引，備千乘萬騎。法駕，公〔卿〕不在鹵簿中，[五四]唯執金吾奉引，侍中驂乘。"飛廉，館名也，武帝所作。《前書音義》曰："飛廉，神禽，能致風氣，身似鹿，頭如雀，有角而蛇尾，文如豹文。於館上作之，因以名焉。"

〔6〕酆，文王所都，在鄠縣東。鎬，武王所都，在上林苑中。《三輔黃圖》云，上林苑有上蘭觀。《尚書》曰："司馬掌邦政，統六師。"又曰："百獸率舞。"駭殫，言驚懼也。震震爚爚，奔走之貌。爚音躍。塗，污也。反覆猶傾動也。車騎既多，視之眩亂，有似傾動。蹂，踐也，音汝九反。躪，轢也，音力刃反。抝猶抑也，音於六反。言且抑六師之怒而少停也。

〔7〕《前書》曰，武帝與北地良家子期於殿門，故號"期門"。又曰："募佽飛射士"。《音義》："佽飛，本秦左弋官也，武帝改為佽飛官，有一令九丞，在上林中。紡矰繳，弋鳧鴈，歲萬頭，以供宗廟。"《蒼頡篇》曰："攢，聚也。""鑽"與"攢"通。《爾雅》曰："金鏃翦羽謂之鍭。"音侯。《廣雅》曰："趹，奔也。"音決。機，弩牙也。《說文》曰："掎，偏引也。"音居綺反。飆飆紛紛，眾多也。《說文》曰："飆，古飆字。"鄭玄注《周禮》曰："結繳於矢謂之矰。"矰，高也。

〔8〕郭璞注《山海經》曰："猨似猴而大，臂長，便捷，色黑。"《蒼頡書》曰："狖似狸。"音以救反。《淮南子》曰："猨狖顛蹶而失木枝。"懾，懼也，音之葉反。竄，走也，協韻音七外反。

〔9〕潛，深也。穢謂榛蕪之林，虎兕之所居也。《爾雅》曰："兕似牛。"郭璞曰："一角，青色，重千斤。"《廣雅》曰："蹶，跳也。"音居衛反。

〔10〕許少、秦成，並未詳。僄狡，獸之輕捷者。《說文》曰："搤，捉也。"音厄。"搤"與"扼"通。噬，嚙也。挫，折也。脰，頸也。徒，空也。謂空手搏殺之也。《爾雅》曰："暴虎，徒搏也。"殺音所界反。

〔11〕師，師子也。《說文》曰："拖，曳也。"音徒可反。杜預注《左傳》云："螭，山神，獸形。"郭璞注《山海經》曰："犀似牛而豬頭，黑色，有三角，一在頂上，一在額上，一在鼻上。犛牛黑色，出西南徼外。"犛音力之反。

《爾雅》曰："羆似熊而黃。"巉巖,山石高峻之貌也。殄,盡也。夷猶殺也。

〔12〕《前書》,宣帝幸萯陽宮屬玉觀。《音義》曰："屬玉,水鳥也,似鵁鶄,於觀上作之,因以名焉。"《三輔黃圖》曰："上林有長揚宮。"鄭玄注《禮記》曰："土高曰臺,有木曰榭。"獲,協韻音胡卦反。《楚詞》曰："山蕭條而無獸。"

〔13〕胙,餘肉也。《左傳》曰："歸胙于公。"《詩·小雅》曰："炰之燔之。"毛萇注曰："以毛曰炰。"音步交反。《子虛賦》曰："割鮮染輪。"孔安國注《尚書》曰："鳥獸新殺曰鮮。"

〔14〕大輅,玉輅也。《周禮》曰："凡馭輅儀以鑾和為節。"鄭玄注曰："鑾在衡,和在軾,皆金鈴也。"《三輔黃圖》曰："上林苑有豫章觀。"

〔15〕《漢宮閣疏》曰："昆明池有二石人,牽牛、織女之象也。"雲漢,天河也。郭璞注《爾雅》云："苣,香草。"音昌改反。曄曄猗猗,美茂之貌。《說文》曰："摛,舒也。"

〔16〕郭璞注《爾雅》云："鵁似鳧,腳近尾,略不能地行,江東謂之魚鵁。"音火交反。《說文》曰："鸛,鸛雀也。"《爾雅》曰："鴰,麋鴰。"音括。郭璞注曰："即鶬鴰也,今關西呼為鴰鹿。"鴇似鴈而大,無指。音保。鶂即,水鳥也。《莊子》曰："白鶂之相視,眸子不運而風化。"李巡注《爾雅》曰："在野曰鳧,在家曰鶩。"並鴨也。鄭玄注《詩》云："鷖,鳧屬也。"音一兮反。周處《風土記》曰："鷖,鷖鴟也,以名自呼,大如雞,生卵於荷葉上。"毛萇注《詩》云："大曰鴻,小曰鴈。"

〔17〕《埤蒼》曰："轏,臥車也。"音仕板反。《淮南子》曰："龍舟鷁首,浮吹以虞。"桓譚《新論》曰："乘車,玉爪、華芝及鳳皇三蓋。"《上林賦》曰："乘法駕,建華旗。"高誘注《淮南子》曰："袪,舉也。"澹,隨風之貌也。澹音徒濫反。淡音徒敢反。

〔18〕櫂,楫也。謳,歌也。震,協韻音真。礐,聲也,音火宏反。

〔19〕招猶舉也。弩有黃閒之名,此言白閒,蓋弓弩之屬。本或作"白鵰",謂鳥也。《西京雜記》曰："越王獻高帝白鵰、黑鵰各一雙。"《說文》曰："揄,引也。"音投。文竿,以翠羽為文飾也。(闕)《[闕]子》曰[五五]:

"魯人有好釣者，以桂為餌，鍛黃金之鈎，錯以銀碧，垂翡翠之綸。"《爾雅》曰："東方有比目魚，不比不行。"

〔20〕《廣雅》曰："艟謂之䑽。"艟音直江反，即舟中之艟蓋也。本或作"罿"。罿，鳥網也，音衝。矰，弋矢也。繳，以繫箭也。方舟，並兩舟也。

〔21〕協韻音綜。

〔22〕薄，迫也。岐，山；雍，縣。在扶風。儲，積也。供，協韻音九用反。

〔23〕上下謂天地也。接亦祭也。究，盡也。用謂犧牷玉帛之物也。《列子》曰："堯理天下五十年，不知天下理歟？亂歟？堯乃微服遊於康衢，聞兒童謠曰：'立我蒸人，莫匪爾極，不識不知，順帝之則。'"言今同於堯也。《前書》曰："宣帝頗好神仙，〔五六〕王襃、張子僑等並待詔，所幸宮館，輒為歌頌，第其高下，以差賜帛焉。"

〔24〕十代、百年，並舉全數也。《易》曰："食舊德，貞厲終吉。"《穀梁傳》曰："古者有士人、商人、農人、工人。"《淮南子》曰"古者至德之時，賈便其肆，農安其業，大夫安其職，而處士修其道"也。

若臣者，徒觀迹乎舊墟，聞之乎故老，什分而未得其一端，故不能徧舉也。

【校勘記】

〔一〕今洺州永（平）〔年〕縣也　《集解》引沈欽韓說，謂"永平縣"當作"永年縣"，今據改。按："洺"原作"洛"，形近而譌，逕據殿本改正。

〔二〕漢承秦制改立郡縣　按：張森楷《校勘記》謂"改"當依《前書》作"並"，既承秦制，則非漢所改也。

〔三〕劉季逐而羈之　按：《集解》引王補說，謂"羈"《前書·敘傳》作"掎"，《通鑑》亦作"掎"，用《左傳》"晉人角之，諸戎掎之。"

〔四〕見趙岐孟子注　"岐"原譌"歧"，逕改正。按：紹興本趙岐之"岐"皆譌"歧"，後如此，不悉出校記。

〔五〕豈若卑論齊俗　按：“齊”當依《史記》作“儕”。

〔六〕彪復辟司徒玉況府　汲本、殿本“玉”作“王”。按：玉字本有肅音，不必改為“王”，參閱前《虞延傳》校記。又按：《集解》引沈欽韓説，謂是時“司徒”上有“大”字。

〔七〕不能無〔為〕惡　據《集解》本補。按：此所引賈誼上疏之辭與《前書》不同，《前書》作“習與正人居之，不能毋正，猶生長於齊，不能不齊言也。習與不正人居之，不能毋不正，猶生長於楚之地，不能不楚言也”。

〔八〕出則周公邵公太（公）史佚　據汲本刪。按：《史記》云“召公為師，周公為保”，無太公輔成王事，“公”字衍。太史佚即史佚也。

〔九〕使僕中允　按：沈家本謂“允”《續志》作“盾”。

〔一〇〕故令誼傅之　按：“令”原譌“今”，逕改正。

〔一一〕誦詩賦　按：汲本“賦”作“書”。

〔一二〕負薪之諾　按：汲本、殿本“諾”作“語”。

〔一三〕執文之德　按：《集解》引周壽昌説，謂《周頌》作“秉文之德”，此“秉”字作“執”，乃唐諱昞，秉與昞同音，嫌名也，故避“秉”為“執”，義同字異。

〔一四〕舟人吉桑對曰　按：“吉桑”《新序》作“固桑”，《説苑·尊賢篇》作“古乘”，《人表》作“固來”，《循吏傳》注作“古桑”。沈欽韓謂“乘”“來”皆“桑”之誤，“吉”又為“古”之誤。

〔一五〕召詣校書部　按：“校書部”疑當作“校書郎”。《御覽》五一五引正作“校書郎”，又《班超傳》云“兄固，被召詣校書郎”。

〔一六〕司隸從事孟異　按：《集解》引惠棟説，謂“異”當作“冀”，見馬援、杜林等傳。又引沈欽韓説，謂《史通·正史篇》作“孟冀”。

〔一七〕六代謂武帝史臣謂司馬遷也　按：此注原誤置於“史臣”之下，今移正。蓋正文“六世”句絶，“史臣”屬下為句，若注於“史臣”之下，則“史臣”二字當連“六世”為句矣。

〔一八〕劉敬説上都關中　殿本“劉”作“婁”。按：婁敬説高祖都關中，封奉春君，賜姓劉氏，故亦作“劉敬”，然下文“奉春建策”注又作“婁敬”，前後亦不一致也。

〔一九〕表以（泰）［太］華終南之山　張森楷《校勘記》謂"太華"字本不作"泰"，後人誤以為范曄避其父諱，改"泰"為"太"，遂並非諱改者而亦回改為"泰"。今據改。

〔二〇〕帶以洪河涇渭之川　按：《校補》謂《文選》此下有"衆流之隈，汧涌其西"語。

〔二一〕度宏規而大起　惠棟謂李善曰"度"或為"慶"，慶與羌古字通，《小爾雅》云羌，發聲也。按：王念孫謂李善本度字本作"慶"，今本作"度"者，後人據五臣本及《班固傳》改之耳。善注原文當云《小雅》曰羌，發聲也，'慶'與'羌'古字通，'慶'或為'庋'。"又謂作"慶"是。慶，語詞。"宏規"與"大起"相對為文，言肇建都邑，先宏規之而後大起之也。

〔二二〕故窮奢而極侈　按：王先謙謂《固集》及《文選》"奢"並作"泰"，此亦范氏避其父諱而改。

〔二三〕鄉曲豪俊游俠之雄　按：《文選》"俊"作"舉"，李注引《史記》魏公子無忌曰"平原之游，徒豪舉耳"。蓋以"鄉曲豪舉"為句。此以"鄉曲豪俊"與"游俠之雄"連讀為句，故注云"豪俊游俠謂朱家、郭解、原涉之類也"。

〔二四〕天子城十二門通十二子　按：此《周禮》"匠人營國方九里旁三門"鄭玄注文，章懷引之以釋"立十二之通門"也。《文選》注同。各本誤引《周禮‧地官》"司門"鄭注，作"司門若今城門校尉，主王城十二門"。

〔二五〕漢宮閣疏曰　汲本、殿本"閣"作"闕"。按：後文"披香"注引"漢宮閣名"，殿本"閣"作"闕"，《文選》注亦作"闕"。又後文"左牽牛而右織女"注引"漢宮閣疏"，殿本亦作"閣"，而《文選》注則作"闕"。又按："漢宮閣疏"或"漢宮闕疏"與"漢宮閣名"或"漢宮闕名"，《隋志》俱不著錄，《唐志》有《漢宮闕簿》，《史記‧高祖紀索隱》、《初學記‧居處部》、《御覽‧居處部》十二引"漢宮殿疏"，《北堂書鈔‧舟部》上引"漢宮室疏"，殆即一書也。

〔二六〕原嘗［謂］平原君趙勝孟嘗君田文也　據汲本、殿本補。

〔二七〕逴犖諸夏　按：李慈銘謂"犖"《文選》作"躒"。

〔二八〕王襃字子泉　汲本、殿本"泉"作"淵"，下"泉雲頌歎"之"泉"亦作"淵"。按："淵"作"泉"，當是章懷避唐諱改。

〔二九〕〔小〕爾雅曰禾穗謂之穎　按：《校補》謂此見《小爾雅·廣物篇》，《文選》李善注引作《小雅》曰"，《文選》注於《小爾雅》皆省稱"小雅"，此則脫去"小"字也。今據補。

〔三〇〕〔小〕爾雅曰敷布也　按：《爾雅》無"敷布也"之訓，此見《小爾雅·廣詁篇》。今據補。

〔三一〕放（泰）〔太〕紫之圓方　按："泰"當作"太"，今改，參閱上"表以（泰）〔太〕華終南之山"條。

〔三二〕於是左（珹）〔城〕右平　據殿本改。按：《集解》引柳從辰說，謂字書玉部無珹字，應從土。

〔三三〕徇以離殿別寢　按：《校補》謂《文選》"殿"作"宮"。

〔三四〕增槃業峨　按：《文選》作"增盤崔嵬"。

〔三五〕玄墀釦切　按：《文選》"切"作"砌"。

〔三六〕周見洽聞　按：《校補》謂《文選》"周"作"殫"。

〔三七〕脩涂飛閣　按：《校補》謂《文選》"涂"作"除"，注"除，樓陛也"。

〔三八〕混建章而外屬　按：《校補》謂《文選》"而"下有"連"字。

〔三九〕似無依（之）〔而〕洋洋　《文選》"之"作"而"，王先謙謂作"而"是。今據改。

〔四〇〕抗仙掌（與）〔以〕承露　據汲本、殿本改。

〔四一〕城亦作域　按：《刊誤》謂案文當作"域亦作城"，言"城"字有作"域"者也。

〔四二〕納之於（璧）〔壁〕帶　按：《校補》云《前書音義》"壁帶謂壁中之帶也"，此"壁"字當從土，各本皆從玉，涉上"銜璧"而誤。今據改。

〔四三〕其光色也　按：張森楷《校勘記》謂"色"下當有脫文一字，據上文"其文理密也"知之。

〔四四〕順常　按："順"原譌"須"，逕據汲本、殿本改正。

〔四五〕(門) 高二十餘丈　據《刊誤》删。

〔四六〕小雅曰　按：《小雅》即《小爾雅》之省稱，下所引乃《小爾雅·廣詁》文。

〔四七〕燿威而講事　按：王先謙謂《文選》作"耀威靈而講武事"。

〔四八〕於是乘(鑾)輿備法駕　《刊誤》謂案注所解乘輿之義，則此多"鑾"字。今據删。按：《上林賦》"於是乘輿弭節徘徊"，《甘泉賦》"於是乘輿乃登夫鳳皇兮"，句例相似，《班賦》之所出也。

〔四九〕六師發胄　按：《文選》"胄"作"逐"，近人高步瀛《文選李注義疏》引胡紹瑛説，謂逐胄音同，《文選》作"逐"，《後漢書》作"胄"，並"馳"之假，《玉篇》"馳，徐救切，競馳也"。

〔五〇〕歷長楊之榭　按："楊"原作"揚"，逕據汲本、殿本改，注同。

〔五一〕舉燧命爵　按：《校補》謂《文選》作"舉烽命釂"。

〔五二〕玄鶴白鷺　按：《校補》謂《文選》句上有"鳥則"二字。

〔五三〕鶬鴰鴇鴰　按："鴇"原作"鴠"，逕據《文選》改，注同。

〔五四〕法駕公〔卿〕不在鹵簿中　據汲本、殿本補。

〔五五〕(關)〔闞〕子曰　據殿本改。

〔五六〕宣帝頗好神仙　按："仙"原譌"伯"，逕改正。

後漢書卷四十下

班彪列傳第三十下 子固

主人喟然而歎曰〔一〕："痛乎風俗之移人也！子實秦人，矜夸館室，保界河山，信識昭襄而知始皇矣，惡睹大漢之云為乎？〔1〕夫大漢之開原也，奮布衣以登皇極，〔二〕繇數朞而創萬世，蓋六籍所不能談，前聖靡得而言焉。〔2〕〔三〕當此之時，功有橫而當天，討有逆而順人，〔四〕故婁敬度埶而獻其說，蕭公權宜以拓其制。時豈泰而安之哉？計不得以已也。〔3〕吾子曾不是睹，顧燿後嗣之末造，不亦闇乎？〔4〕今將語子以建武之理，永平之事，監乎（泰）〔太〕清，〔五〕以變子之或志。〔5〕〔六〕

【注】

〔1〕喟，歎貌也。《前書》曰："人有剛柔緩急，音聲不同，繫水土之風氣，謂之風；好惡取舍，動靜無常，隨君上之情欲，謂之俗。"保，守也，謂守河山之險以為界。昭、襄，昭王、襄王也。〔七〕惡，安也，音烏。

〔2〕漢高祖曰："吾以布衣，提三尺劍取天下。"高祖起兵五年而即帝位，故云由數朞。繇即由也。孔安國注《尚書》云："匝四時曰朞。"萬代，盛言之也。六籍，六經也。

〔3〕橫音胡孟反。高祖入關，秦王子嬰降，而五星聚于東井，此功有橫而當天也。逆謂以臣伐君。《前書》陸賈曰："湯武逆取而以順守之。"及高祖入

關,秦人爭獻牛酒,此為討有逆而順人也。婁敬已見上。又曰:"蕭何修未央宮,上見壯麗,甚怒。何對曰:'天下未定,故可因遂就宮室。且天子以四海為家,非令壯麗,無以重威,且無令後代有以加也。'"時豈奢泰而安之哉?〔八〕言天下初定,計不得止而都西京也。

〔4〕顧,反也。燿,眩燿也。言吾子曾不睹度執權宜之由,而反眩燿後嗣子孫末代之所造,非其盛稱武帝、成帝神仙、昭陽之事也。

〔5〕《淮南子》曰:"太清之化也,和順以寂漠,質直以素樸。"高誘注曰:"太清,無為之化也。"

　　往者王莽作逆,漢祚中缺,天人致誅,六合相滅。[1]于時之亂,生民幾亡,鬼神泯絕,壑無完柩,郛罔遺室,原野猒人之肉,川谷流人之血,秦、項之災猶不克半,書契已來未之或紀也。[2]故下民號而上愬,上帝懷而降鑒,致命于聖皇。[3]於是聖皇乃握乾符,闡坤珍,披皇圖,稽帝文,赫爾發憤,應若興雲,霆發昆陽,憑怒雷震。[4]遂超大河,跨北嶽,立號高邑,建都河洛。[5]紹百王之荒屯,因造化之盪滌,體元立制,繼天而作。[6]系唐統,接漢緒,茂育群生,恢復疆宇,勳兼乎在昔,事勤乎三五。[7]豈特方軌並迹,紛綸后辟,理近古之所務,蹈一聖之險易云爾哉?[8]且夫建武之元,天地革命,四海之內,更造夫婦,肇有父子,君臣初建,人倫寔始,斯乃庖義氏之所以基皇德也。[9]分州土,立市朝,作舟車,〔九〕造器械,斯軒轅氏之所以開帝功也。[10]〔一〇〕龔行天罰,應天順(民)〔人〕,〔一一〕斯乃湯武之所以昭王業也。[11]遷都改邑,有殷宗中興之則焉;〔一二〕即土之中,有周成隆平之制焉。[12]不階尺土一人之柄,同符乎高祖。[13]克己復禮,以奉終始,允恭乎孝文。[14]憲章稽古,封岱勒成,儀炳乎世宗。[15]案六經而校德,妙古昔而論功,〔一三〕仁聖之事既該,帝王之道備矣。[16]

【注】

〔1〕天人謂天意人事共相誅也。

〔2〕人者神之主。生人既亡，故鬼神亦絕也。《揚子法言》曰"秦將白起長平之戰，阬四十萬人，原野獸人之肉，川谷流人之血"也。

〔3〕上帝，天也。聖皇，光武也。懷猶愍念也。降，下也。鑒，視也。言上天愍念下人之上懇，故下視四海可以為君者，而致命於光武也。

〔4〕乾符、坤珍謂天地符瑞也。皇圖、帝文謂圖緯之文也。霆，疾雷也。發於昆陽謂破王尋、王邑。憑，盛也。言盛怒如雷之震。協韻音真。

〔5〕跨，據也。言光武度河據北嶽，遂即位於鄗，而改鄗為高邑也。

〔6〕紹，繼也。屯，難也。高誘注《淮南子》云："造化，天地也。"滌，除也。作，起也。杜預注《左傳》云："凡人君即位，欲體元以居正。"《穀梁傳》曰："為天下主者，天也；繼天者，君也。"

〔7〕《爾雅》曰："系，繼也。緒，業也。"《前書》曰："漢帝本系出唐帝。"言光武能繼唐堯之統業也。恢，大也。三五，三皇五帝也。

〔8〕軌，轍也。紛綸猶雜蹂也。《爾雅》曰："后、辟，君也。"險易猶理亂也。言光武功德勤勞，兼於前代百王，非直一聖帝也。

〔9〕《易》曰："天地革而四時成。"又曰："湯武革命。"《爾雅》曰："九夷、八狄、七戎、六蠻，謂之四海。"基，始也。《帝王紀》曰："庖犧氏，風姓也。制嫁娶之禮，取犧牲以充庖廚，以食天下，故號庖犧。後或謂之伏犧。"言光武更造夫婦如伏犧時也。

〔10〕黃帝號軒轅氏。《前書》曰："昔在黃帝，畫野分州。"《易·繫辭》曰："神農氏日中為市。黃帝、堯、舜垂衣裳而天下理。刳木為舟，剡木為楫，服牛乘馬，引重致遠，以利天下；弦木為弧，剡木為矢，弧矢之利，以威天下。"言光武利人如軒轅也。

〔11〕《尚書》武王曰："今予惟龔行天之罰。"《易》曰："湯武革命，順乎天而應乎人。"言光武征伐如湯武者也。

〔12〕《尚書》曰："盤庚遷于殷。"《史記》曰："帝陽甲之時，殷衰，諸侯莫朝。陽甲崩，弟盤庚立，自河北度河南，居湯之故地，行湯之政，殷道復

興。"《尚書》曰:"王來紹上帝,自服于土中。"孔安國曰:"洛邑,地埶之中也。"〔一四〕《春秋命歷序》曰:"成康之隆,醴泉湧出。"言都洛陽如殷宗、周成之制也。

〔13〕《孟子》曰:"紂去武丁未久也,尺地莫非其有也,一人莫非其臣也。"又曰:"舜文王相去千有餘歲,若合符契。"

〔14〕《左傳》仲尼曰:"古有志,克己復禮,仁也。"《孫卿子》曰:"生,人之始也;死,人之終也。終始俱善,人道畢矣。"《尚書》:"允恭克讓。"謂躬自儉約,同於文帝也。

〔15〕憲章猶法則也。《禮記》曰:"仲尼憲章文武。"《尚書》曰:"若稽古帝堯。"言法乎考古而封太山,勒石以記成功也。炳,明也,其禮儀明乎武帝也。

〔16〕六經謂《詩》、《書》、《禮》、《樂》、《易》、《春秋》。妙猶美也。或作"眇",眇,遠也。該,備也。

　　至于永平之際,重熙而累洽,盛三雍之上儀,脩袞龍之法服,敷洪藻,信景鑠,揚世廟,正予樂。人神之和允洽,君臣之序既肅。[1]乃動大路,遵皇衢,省方巡狩,窮覽萬國之有無,考聲教之所被,散皇明以燭幽。[2]然後增周舊,修洛邑,翩翩巍巍,顯顯翼翼,〔一五〕光漢京于諸夏,總八方而為之極。[3]是以皇城之內,宮室光明,闕庭神麗,奢不可踰,儉不能侈。[4]外則因原野以作苑,順流泉而為沼,〔一六〕發蘋藻以潛魚,豐圃草以毓獸,制同乎梁騶,義合乎靈囿。[5]若乃順時節而蒐狩,簡車徒以講武,則必臨之以《王制》,考之以《風》《雅》。[6]歷《騶虞》,覽《四臷》,嘉《車攻》,采《吉日》,禮官正儀,乘輿乃出。[7]於是發鯨魚,鏗華鍾,登玉輅,乘時龍,鳳蓋颯灑,〔一七〕和鸞玲瓏,天官景從,祲威盛容。[8]〔一八〕山靈護野,屬御方神,雨師汎灑,風伯清塵,千乘雷起,萬騎紛紜,元戎竟野,戈鋋彗雲,羽旄掃霓,旌旗拂天。[9]焱焱炎炎,揚光飛文,吐燄生風,〔一九〕吹野燎山,〔二〇〕日月為之奪明,丘陵為之搖震。[10]遂集乎中囿,陳師案屯,駢部曲,列校隊,勒三軍，誓將帥。[11]然後舉烽伐鼓，以命三驅，〔二一〕輕車霆發，〔二二〕驍騎電鶩，游基發射，〔二三〕范氏施御，弦不失禽，轡不詭〔二四〕遇，飛者未及翔，走者未及去。[12]指顧倏忽，獲車已實，樂不極盤，殺不盡物，馬踠餘足，士怒未泄，先驅復路，屬車案節。[13]於是薦三犧，效五牲，禮神祇，懷百靈，（御）[覿]明堂，〔二五〕臨辟雍，揚緝熙，宣皇風，登靈臺，考休徵。[14]俯仰乎乾坤，參象乎聖躬，目中夏而布德，瞰四裔而抗棱。[15]〔二六〕西盪河源，東澹海漘，北動幽崖，南趯朱垠。[16]〔二七〕殊方別區，界絕而不鄰，自孝武所不能征，孝宣所不能臣，〔二八〕莫不陸讋水慄，奔走而來賓。[17]遂綏哀牢，開永昌，[18]春王三朝，會同漢京。是日也，天子受四海之圖籍，膺萬國之貢珍，內撫諸夏，外接百蠻。[19]〔二九〕乃盛禮樂供帳，置乎雲龍之庭，〔三〇〕陳百僚而贊群后，究皇儀而展帝容。[20]於是庭實千品，旨酒萬鍾，列金罍，班玉觴，嘉珍御，大牢饗。[21]爾乃食舉《雍》徹，太師奏樂，〔三一〕陳金石，布絲竹，鐘鼓鏗鏘，管絃曄煜。[22]抗五聲，極六律，歌九功，舞八佾，《韶》《武》備，太古畢。[23]四夷閒奏，德廣所及，《佮》《佅》《兜離》，〔三二〕罔不具集。[24]萬樂備，百禮暨，皇歡浹，群臣醉，降煙熅，調元氣，然後撞鍾告罷，百僚遂退。[25]

【注】

〔1〕熙，光也。浹，洽也。三雍謂明堂、辟雍、靈臺也。永平二年正月，宗祀光武皇帝於明堂，禮畢，登靈臺。三月，臨辟雍，行大射禮。《周禮》："王之吉服，享先王即袞冕。"鄭玄注曰："袞，卷龍衣也。"永平二年，帝及公卿列侯始服（冕）冠[冕]衣裳。〔三三〕敷，布也。〔三四〕鴻，大也。藻，文藻也。謂明堂禮畢，登靈臺之後，布詔於天下曰："建明堂，立辟雍，起靈臺，恢弘大道，被之八極。"此為布鴻藻也。信讀曰申。景，大也。鑠，美也。揚代廟謂上尊號光武廟曰代祖。正予樂謂依讖文改大樂為大予樂也。

〔2〕大路，玉路也。皇衢，馳道也。《易》曰："先王以省方觀人設教。"《尚書》曰："歲二月東巡狩。"又曰："朔南暨聲教。"皇，大也。燭，照

也。

〔3〕周成王都洛邑,漢又增而修之,故曰增焉。翩翩巍巍,顯顯翼翼,並宮闕顯盛之貌。《論語》曰:"不如諸夏之亡。"《詩·商頌》曰:"商邑翼翼,四方之極。"極,中也。洛陽,土之中也。

〔4〕言奢儉合禮也。

〔5〕蘋、藻,並水草也。《詩·小雅》曰:"魚在在藻。"《韓詩》曰:"東有圃草,駕言行狩。"《薛君傳》曰:"圃,博也,有博大之茂草也。"毓亦育也。《魯詩傳》曰:"古有梁鄒者,天子之田也。"《詩·大雅》曰:"王在靈囿,麀鹿攸伏。"毛萇注云:"囿所以域養禽獸也。"此言魚獸各得其所,如文王之靈囿也。

〔6〕《左傳》臧僖伯曰:"春蒐夏苗,秋獮冬狩,皆於農隙以講事也。"杜預注云:"各隨時之閑也。"《禮記·王制》曰"天子諸侯,無事則歲三田。田不以禮曰暴天物"也。

〔7〕《詩·國風序》曰:"《騶虞》,蒐田以時,仁如騶虞。"毛萇注曰:"騶虞,義獸,白虎黑文,不食生物。"又曰:"《四驖》,美襄公也,始命有田狩之事。"其詩曰:"駟驖孔阜。"注曰:"驖,驪也。阜,大也。"又《小雅序》曰:"《車攻》,宣王復古也,修車馬,備器械,復會諸侯於東都,因田獵而選車徒焉。"其詩曰:"我車既攻,我馬既同。"注云:"攻,堅也。"又《吉日》詩曰:"田車既好,四牡孔阜。"宣帝詔曰"禮官具禮儀"也。

〔8〕鯨魚謂刻杵作鯨魚形也。鏗謂擊之也,音苦耕反。《尚書大傳》曰:"天子將出則撞黃鍾,右五鍾皆應。"薛綜注《西京賦》云:"海中有大魚名鯨,又有獸名蒲牢。蒲牢素畏鯨魚,鯨魚擊蒲牢,蒲牢輒大鳴呼。凡鍾欲令其聲大者,故作蒲牢於其上,撞鍾者名為鯨魚。鍾有篆刻之文,故曰華。"《爾雅》曰:"馬高八尺以上曰龍。"《月令》:"春駕蒼龍。"各隨四時之色,故曰時也。玲瓏,聲也。蔡邕《獨斷》曰:"百官小吏曰天官。"祲亦盛也。

〔9〕山靈,山神也。屬,連也,音燭。方,四方也。雨師,畢星也。風伯,箕星也。《韓子》師曠謂晉平公曰:"黃帝合鬼神於太山,風伯進掃,雨師灑道。"蔡邕《獨斷》曰:"天子大駕,備千乘萬騎。"元戎,戎車也。

《詩·小雅》曰:"元戎十乘,以先啓行。"毛萇注曰:"元,大也。夏后氏曰鉤車,先正也;殷曰寅車,先疾也;周曰元戎,先良也。"《説文》曰:"鋋,小矛也。"音市延反。彗,掃也,音似鋭反。

〔10〕焱焱,炎炎,並戈矛車馬之光也。《説文》曰"焱,火華也"。音以贍反。震讀曰真。

〔11〕中囿,囿中也。《續漢志》曰:"大將軍營五部,部校尉一人。部下有曲,曲下有屯長一人。"駢猶陳列也。杜預注《左傳》曰:"百人為隊。"鄭玄《周禮》注云:"天子六軍,三居一偏。"故此言勒三軍也。《周禮》曰:"群吏聽誓于前,斬牲以徇陳,曰不用命者斬之。"鄭玄注云:"群吏,將帥也。"

〔12〕《穀梁傳》曰:"三驅之禮,一為乾豆,二為賓客,三為充君之庖。"霆激,電騖,並言疾也。〔三五〕游基,養由基也。《淮南子》曰:"楚有神白猨,王自射之,則(揮)〔搏〕而嬉,〔三六〕使養由基射之,始調弓矯矢,未發而猨擁木號矣。"范氏,趙之御人也。〔三七〕《孟子》曰:"趙簡子使王良御,終日不獲一禽,反曰:'天下賤工也。'王良曰:'吾為范氏驅馳,〔三八〕終日不獲一,為之詭遇,一朝而獲十。'"趙岐注曰:"范,法也,〔三九〕為法度之御,應禮之射,終日不得一。詭遇,非禮射也,則能獲十。"弦不失禽,謂由基也。轡不詭遇,謂范氏也。

〔13〕《高唐賦》曰:"舉功先得,獲車已實。"《爾雅》曰:"般,樂也。"禮記曰:"樂不可極。"跪猶屈也。《方言》曰:"泄,歇也。"《漢官儀》:"大駕,屬車八十一乘。"《子虛賦》曰:"案節未舒。"謂駐節徐行也。

〔14〕《左傳》鄭子太叔曰:"為五牲三犧。"杜預注云:"五牲,麋、鹿、麇、狼、兔也。三犧,祭天地宗廟之犧也。"郊,祭天也。天神曰神,地神曰祇。百靈,百神也。《詩》曰:"懷柔百神。"覲,朝也。謂朝諸侯於明堂。《詩·大雅》曰:"維清緝熙,文王之典。"鄭玄注云:"緝熙,光明也。"《尚書》曰:"休徵。"孔安國注云:"敍美行之驗。"

〔15〕《易·繫辭》曰:"仰則觀象於天,俯則觀法於地,近取諸身,遠取

諸物。"聖躬謂天子也。中夏,中國也。瞰音苦暫反。四裔,四夷也。棱,威也。《左傳》曰"德以柔中國,刑以威四夷"也。

〔16〕盪,滌也。河源在崑崙山。《前書》曰:"威棱澹乎鄰國。"《音義》曰:"澹猶動也,音徒濫反。"滸,水涯,音㕣。郭璞注《爾雅》曰:"涯上平坦而下水深者為滸。"趯,躍也,音它歷反。《説文》曰:"垠,界也。"音銀。

〔17〕《爾雅》曰:"讋,懼也。"音之涉反。

〔18〕綏,安也。哀牢,西南夷號。永平十二年,其國王柳貌相率內屬,以其地置永昌郡也。

〔19〕春王猶《左傳》云"春王正月"也。三朝,元日也。朝音陟遥反。謂歲之朝,月之朝,日之朝。《前書》谷永曰:"今年正月朔,〔日〕食於三朝之會。"〔四○〕《周禮》曰:"時見曰會,殷覜曰同。"賈逵注《國語》曰:"膺猶受也。"《詩》曰"因時百蠻"也。

〔20〕供帳,供設帷帳也。供音九用反。《前書》曰:"三輔長無供帳之勞。"戴延之記曰:"端門東有崇賢門,次外有雲龍門。"贊,引也。

〔21〕庭實,貢獻之物也。《左傳》孟獻子曰:"臣聞聘而獻物,於是有庭實旅百。"千品,言多也。《説文》曰:"鍾,器也。"《孔叢子》曰:"堯飲千鍾。"罍,酒器也。《詩》曰:"我姑酌彼金罍。"珍,八珍也。太牢,牛羊豕也。饗,協韻音香。

〔22〕食舉(為)〔謂〕當食舉樂也。〔四一〕蔡邕《禮樂志》曰:"大予樂郊祀陵廟殿中諸食舉樂也。"《雍》,《詩》篇名也。謂食訖歌《雍》詩以徹也。《論語》曰:"三家者以《雍》徹。"太師,樂官也,《周禮》,太師掌六律、六吕,〔四二〕以合陰陽之聲也。鏗音苦耕反。鎗音楚庚反。曄煜,盛貌也。煜音育。

〔23〕《左傳》晏子曰:"五聲六律。"杜預注云:"五聲,宮、商、角、徵、羽。六律,黃鍾、太蔟、姑洗、蕤賓、夷則、無射。"《尚書》曰:"九功惟序,九序惟歌。"九功謂金、木、水、火、土、穀、正德、利用、厚生也。佾,舞行也。《穀梁傳》曰:"天子八佾。"《韶》,舜樂名。《武》,武王樂名。

太古,遠古也。〔四三〕

〔24〕闓,迭也,音古莧反。《詩·國風》曰"漢廣",德廣所及也。鄭玄注《周禮》云:"四夷之樂,東方曰《韎》,南方曰《任》,西方曰《株離》,北方曰《禁》。""禁",《字書》作"㑴",音渠禁反。佅音摩葛反。《周禮》"㑴"作"禁","佅"作"韎","兜"作"株"也。

〔25〕萬樂、百禮,盛言之也。暨,至也。《易》曰:"天地絪縕,萬物化醇。"《禮統》曰:"天地者,元氣之所生,萬物之祖。"《尚書大傳》曰:"天子將入,撞蕤賓之鍾,左五鍾皆應。"撞音直江反。

於是聖上(親)〔覩〕萬方之歡娛,〔四四〕久沐浴乎膏澤,〔四五〕懼其侈心之將萌,而怠於東作也,〔1〕乃申舊章,下明詔,命有司,班憲度,昭節儉,示大素。〔2〕去後宮之麗飾,損乘輿之服御,除工商之淫業,興農桑之上務。〔四六〕遂令海内弃末而反本,背僞而歸真,女脩織紝,男務耕耘,器用陶匏,服尚素玄,恥纖靡而不服,賤奇麗而不珍,〔四七〕捐金於山,沈珠於淵。〔3〕於是百姓滌瑕盪穢而鏡至清,形神寂漠,耳目不營,〔四八〕嗜欲之原滅,廉正之心生,莫不優游而自得,玉潤而金聲。〔4〕是以四海之内,學校如林,庠序盈門,獻酬交錯,俎豆莘莘,下舞上歌,蹈德詠仁。〔5〕登降飫宴之禮既畢,因相與嗟歎玄德,讜言弘說,咸含和而吐氣,頌曰"盛哉乎斯世"!〔6〕

【注】

〔1〕《尚書》曰:"平秩東作。"注云:"歲起於春而始就耕。"

〔2〕《詩·大雅》曰:"率由舊章。"鄭玄注云:"舊典文章。"《左傳》臧哀伯曰:"大路越席,大羹不致,昭其儉也。"《列子》曰:"大素者,質之始也。"

〔3〕《前書》文帝詔曰:"農,天下之本也,而人或不務本而事末。"《音義》曰:"本,農也。末,賈也。"背僞,去彫飾也。歸真,尚質素也。杜預注《左傳》曰:"織紝,織繒布也。"《禮記》曰:"器用陶匏。"陶,瓦器也。

匏,瓠也。陸賈《新語》曰:"聖人不用珠玉而寶其身,故舜弃黃金於嶄巖之山,捐珠玉於五湖之川,〔四九〕以杜淫邪之欲也。"

〔4〕瑕穢猶過惡也,《楊雄集》曰:"滌瑕蕩穢。"《淮南子》曰:"形者生之舍,神者生之制也。"又曰:"和順以寂寞。"《尚書》曰:"弗役耳目,百度惟貞。"《淮南子》曰:"吾所謂有天下者,自得而已。"《禮記》孔子曰:"君子比德於玉焉,溫潤而澤,仁也。"《孟子》曰孔子"德如金聲"也。

〔5〕《前書》平帝立(舉)學官。〔五〇〕郡國曰學,縣道邑及侯國曰校,鄉曰庠,聚曰序。《詩》曰:"獻酬交錯。"莘莘,衆多也,音所巾反。《禮記》曰:"歌者在上,貴人聲也。"又"嗟歎之不足,故手之舞之,足之蹈之"。

〔6〕《詩》曰:"飲酒之飫。"毛萇注云:"不脫屨升堂謂之飫。"飫,私也。《尚書》曰:"玄德升聞。"《字林》曰:"讜,美言也,音黨。"

今論者但知誦虞夏之《書》,詠殷周之《詩》,講羲文之《易》,論孔氏之《春秋》,罕能精古今之清濁,究漢德之所由。〔1〕唯子頗識舊典,又徒馳騁乎末流。溫故知新已難,而知德者鮮矣!〔2〕且夫辟界西戎,險阻四塞,脩其防禦,孰與處乎土中,平夷洞達,萬方輻湊?〔3〕秦領九嵕,涇渭之川,曷若四瀆五岳,帶河泝洛,圖書之淵?〔4〕建章甘泉,館御列仙,孰與靈臺明堂,統和天人?〔5〕太液昆明,鳥獸之囿,曷若辟雍海流,道德之富?〔6〕游俠踰侈,犯義侵禮,孰與同履法度,翼翼濟濟也?〔7〕子徒習秦阿房之造天,而不知京洛之有制也;識函谷之可關,而不知王者之無外也。"〔8〕

【注】

〔1〕伏羲畫八卦,文王作卦辭,孔子作《春秋》。清濁猶善惡也。

〔2〕末流猶下流也。謂諸子也。《前書》曰:"不入於道德,放縱於末流。"《論語》孔子曰:"溫故知新,可以為師矣。"又曰:"由,知德者鮮矣。"

〔3〕辟,遠也,音匹亦反。《戰國策》蘇秦説孟嘗君曰:"秦,四塞之國也。"高誘注云:"四面有山關之固,故曰四塞之國。"防禦謂關禁也。輻湊,如輻之湊於轂也。《前書》武帝詔吾丘壽王曰"子在朕前之時,知略輻湊"也。

〔4〕四瀆,江、河、淮、濟也。《河圖》曰:"天有四表,以布精魄,地有四瀆,以出圖書。"《爾雅》曰:"太山為東岳,衡山為南岳,華山為西岳,恒山為北岳,嵩山為中岳。"圖書之泉〔五一〕謂河洛也,《易·繫辭》曰"河出圖,洛出書"也。

〔5〕館御謂設臺以進御神仙也。《禮含文嘉》曰"禮,天子靈臺,以考觀天人之際,法陰陽之會"也。

〔6〕《三輔黃圖》曰"辟雍,水四周於外,象四海"也。

〔7〕游俠,即西賓云"鄉曲豪俊,游俠之雄"。踰侈謂"列肆侈於姬、姜"等也。《爾雅》曰:"翼翼,敬也。"《詩》曰:"濟濟多士。"毛萇注云:"濟濟,多威儀也。"

〔8〕《史記》曰,秦始皇作阿房宫。造,至也。《公羊傳》曰"王者無外"也。

主人之辭未終,西都賓矍然失容,逡巡降階,懾然意下,捧手欲辭。主人曰:"復位,今將喻子五篇之詩。"〔1〕〔五二〕賓既卒業,乃稱曰:"美哉乎此詩!義正乎楊雄,事實乎相如,非唯主人之好學,蓋乃遭遇乎斯時也。〔2〕小子狂簡,不知所裁,既聞正道,請終身誦之。"其詩曰:〔3〕

【注】

〔1〕《説文》曰:"矍,視遽之貌。"音許縛反。《周書》曰:"臨攝以威而懾。"懾者,猶恐懼也,音徒頰反。喻,告也。

〔2〕楊雄作《長楊》、《羽獵賦》,司馬相如作《子虛》、《上林賦》,並文雖藻麗,其事迂誕,不如主人之言義正事實也。

〔3〕《論語》孔子曰:"吾黨之小子狂簡,斐然成章,不知所以裁之。"又

曰："不忮不求，何用不臧，子路終身誦之。"

《明堂詩》：於昭明堂，明堂孔陽；聖皇宗祀，穆穆煌煌。[1]上帝宴饗，五位時序；誰其配之，世祖光武。[2]普天率土，各以其職；猗與緝熙，允懷多福。[3]

【注】

[1]於音烏，歎美之辭也。《詩·周頌》曰："於昭于天。"孔，甚也。陽，明也。《國風》曰："我朱孔陽。"聖皇宗祀謂祭光武於明堂也。《詩》曰："穆穆煌煌，宜君宜王。"穆穆猶敬也。煌煌猶美也。

[2]《前書》曰："天神貴者太一，太一佐曰五帝。"五位，五帝也。《河圖》曰："蒼帝靈威仰，赤帝赤熛怒，黃帝含樞紐，白帝白招矩，黑帝叶光紀。"楊雄《河東賦》曰："靈祇既饗，五位時敍。"謂各依其方而祭之。

[3]《詩·小雅》曰："溥天之下，莫非王土。率土之賓，[五三]莫非王臣。"溥亦普也。《孝經》曰："四海之內，各以其職來助祭。"《詩·商頌》曰："猗歟那歟。"猗，美也。允，信也。懷，來也。《詩·大雅》曰："聿懷多福。"

《辟雍詩》：迺流辟雍，辟雍湯湯；聖皇蒞止，造舟為梁。[1]皤皤國老，迺父迺兄；抑抑威儀，孝友光明。[2]於赫太上，示我漢行；鴻化惟神，永觀厥成。[3]

【注】

[1]湯湯，水流貌。蒞，臨也。《詩·小雅》曰："方叔蒞止。"《大雅》曰："造舟為梁。"毛萇注云："天子造舟。"造，至也，謂連舟為浮梁也。

[2]《說文》曰："皤皤，老人貌也。"音步何反。《孝經援神契》曰："天子尊事三老，兄事五更。"抑抑，美也。《詩》曰："威儀抑抑。"《爾雅》曰："善父母為孝，善兄弟為友。"

〔3〕於赫,歎美也。太上謂太古立德賢聖之人。並著養老之禮,今我漢家遵行之也。鴻,大也。《文子》曰:"執玄德於心,化馳如神。"《詩·周頌》曰:"我客戾止,永觀厥成。"《爾雅》曰:"觀,示也。"

《靈臺詩》:迺經靈臺,靈臺既崇;帝勤時登,爰考休徵。[1]三光宣精,五行布序;習習祥風,祁祁甘雨。[2]百穀溱溱,庶卉蕃蕪;屢惟豐年,於皇樂胥。[3]

【注】

〔1〕《詩·大雅》曰:"經始靈臺。"崇,高也。時登,以時登之。休,美也。徵,驗也。

〔2〕三光,日、月、星也。宣,布也。精,明也。五行,水、火、金、木、土。布序謂各順其性,無謬沴也。習習,和也。《詩·小雅》曰:"習習谷風。"《禮斗威儀》曰:"君政頌平,則祥風至。"宋均注曰:"即景風也。"祁祁,徐也。《詩·小雅》曰:"興雨祁祁。"《尚書考靈燿》曰"熒惑順行,甘雨時"也。

〔3〕百,言非一也,《尚書·洪範》曰:"百穀用成。"溱溱,盛貌。《尚書》曰:"庶草蕃蕪。"《爾雅》曰:"蕃蕪,豐也。"《詩·周頌》曰:"綏萬邦,屢豐年。"又曰:"於皇時周。"於音烏。《詩·小雅》曰:"君子樂胥,受天之祜。"注云:"胥,有才智之名。"

《寶鼎詩》:嶽脩貢兮川效珍,吐金景兮歊浮雲。寶鼎見兮色紛縕,煥其炳兮被龍文。[1]登祖廟兮享聖神,昭靈德兮彌億年。[2]

【注】

〔1〕謂永平六年王雒山得寶鼎,廬江太守獻之。景,光也。《說文》曰:"歊,氣出貌。"音火驕反。《史記》曰:"秦武王與孟悦舉龍文之鼎。"

〔2〕時明帝詔曰:"其以礿祭之日,陳鼎於廟,以備器用。"彌,終也。

萬萬曰億。《尚書》曰："公其以予萬億年敬天之休。"

《白雉詩》：启靈篇兮披瑞圖，獲白雉兮效素烏。[1]發皓羽兮奮翹英，容絜朗兮於淳精。[2]章皇德兮侔周成，永延長兮膺天慶。[3]

【注】
〔1〕靈篇謂河洛之書也。《固集》此題篇云"白雉素烏歌"，故兼言"效素烏"。
〔2〕皓，白也。翹，尾也。《春秋元命包》曰："烏者陽之精。"
〔3〕章，明也。侔，等也。《孝經援神契》曰："周成王時，越裳獻白雉。"慶讀曰卿。

及肅宗雅好文章，固愈得幸，數入讀書禁中，或連日繼夜。每行巡狩，輒獻上賦頌，朝廷有大議，使難問公卿，辯論於前，賞賜恩寵甚渥。固自以二世才術，位不過郎，[1]感東方朔、楊雄自論，以不遭蘇、張、范、蔡之時，作《賓戲》以自通焉。[2]後遷玄武司馬。[3]天子會諸儒講論五經，作《白虎通德論》，令固撰集其事。[4]

【注】
〔1〕二代謂彪及固。
〔2〕東方朔《答客難》曰："使蘇秦、張儀與僕並生，曾不得掌故，安敢望侍郎乎？"楊雄《解嘲》曰："范睢，魏之亡命也。蔡澤，山東之匹夫也。有談范、蔡於許、史之間，則狂矣。"固所作《賓戲》，事見《前書》。
〔3〕《續漢志》曰："宮掖門，每門司馬一人，秩比千石。玄武司馬，主玄武門。"
〔4〕章帝建初四年，詔諸王諸儒會白虎觀講議五經同異。

時北單于遣使貢獻，求欲和親，詔問群僚。議者或以為"匈奴變詐之國，無内向之心，徒以畏漢威靈，逼憚南虜，[1]故希望報命，以安其離叛。今若遣使，恐失南虜親附之歡，而成北狄猜詐之計，不可"。固議曰："竊自惟思，漢興已來，曠世歷年，兵纏夷狄，尤事匈奴。綏御之方，其塗不一，或脩文以和之，或用武以征之，或卑下以就之，[2]或臣服而致之。[3]雖屈申無常，所因時異，然未有拒絕弃放，不與交接者也。故自建武之世，復脩舊典，數出重使，前後相繼，[4]至於其末，始乃暫絕。永平八年，復議通之。而廷争連日，異同紛回，多執其難，少言其易。先帝聖德遠覽，瞻前顧後，遂復出使，事同前世。[5]以此而推，未有一世闕而不修者也。今烏桓就闕，稽首譯官，康居、月氏，自遠而至，匈奴離析，名王來降，三方歸服，不以兵威，此誠國家通於神明自然之徵也。臣愚以為宜依故事，復遣使者，上可繼五鳳、甘露致遠人之會，[6]下不失建武、永平羈縻之義。虜使再來，然後一往，既明中國主在忠信，且知聖朝禮義有常，豈（同）[可]逆詐示猜，[五四]孤其善意乎？絕之未知其利，通之不聞其害。設後北虜稍彊，能為風塵，[7]方復求為交通，將何所及？不若因今施惠，為策近長。"

【注】

〔1〕南匈奴也。

〔2〕文帝與匈奴通關市，妻以漢女，增厚其賂也。

〔3〕宣帝時，匈奴稽首臣服，遣子入侍。

〔4〕建武二年，日逐王遣使詣漁陽請和親，使中郎將李茂報命。二十六年，遣中郎將段郴授南單于印綬。

〔5〕先帝謂明帝也。永平八年，遣越騎司馬鄭衆報使北匈奴。

〔6〕宣帝五鳳三年，單于名王將衆五萬餘人來降，稱臣朝賀。甘露元年，匈奴呼韓邪遣子右賢王入侍。

〔7〕相侵擾則風塵起。

固又作《典引篇》,述敍漢德。[1]以為相如《封禪》,靡而不典,[2]楊雄《美新》,典而不實,[3][五五]蓋自謂得其致焉。其辭曰:

【注】
[1]典謂《堯典》,引猶續也。漢承堯後,故述漢德以續《堯典》。
[2]文雖靡麗,而體無古典。
[3]體雖典則,而其事虛偽,謂王莽事不實。

太極之原,兩儀始分,烟烟熅熅,有沈而奧,有浮而清。[1]沈浮交錯,庶類混成。[2]肇命人主,五德初始,同于草昧,[五六]玄混之中。[3]踰繩越契,寂寥而亡詔者,《系》不得而綴也。[4]厥有氏號,紹天闡繹者,[5][五七]莫不開元於大昊皇初之首,上哉夐乎,其書猶可得而脩也。[6]亞斯之世,通變神化,函光而未曜。[7]

【注】
[1]《易·繫詞》曰:"《易》有太極,是生兩儀。"又曰:"天地絪縕,萬物化醇。"蔡邕曰:"(烟)[絪]縕,[五八]陰陽和一相扶貌也。"奧,濁也。《易乾鑿度》曰:"清輕者為天,濁沈者為地。"
[2]庶類,萬物也。混猶同也。《老子》曰:"有物混成,先天地生。"
[3]人主謂天子也。《尚書》曰,成湯簡代夏作人主。"五德,五行也。初始謂伏犧始以木德王也。木生火,故神農以火德。五行相生,周而復始。草昧謂草創暗昧也。《易》曰:"天地草昧。"幽玄混沌之中謂三皇初起之時也。
[4]《易·繫辭》曰:"上古結繩而化,後代聖人易之以書契。"踰、越,並過也。詔,誥也。言過繩契以上既無文字,故寂寥而無文誥。《系》謂《易》《繫辭》也,故《易》繫而不得綴連也。
[5]氏號謂太昊號庖羲氏,炎帝號神農氏,黃帝號軒轅氏之類。紹,繼也。謂王者繼天而作。闡,開也。繹,陳也。
[6]《易》曰:"帝出於《震》。"始以木德王天下,故曰皇初之首。又曰:

"古者庖犧氏之王天下也,仰則觀象于天,俯則觀法于地。"是其書可得而脩也。

〔7〕亞斯之代謂少昊、顓頊、高辛等。雖通變神化,而《易·繫》不載其事,故曰"函光未曜"。

若夫上稽乾則,降承龍翼,而炳諸《典》《謨》,以冠德卓蹤者,〔五九〕莫崇乎陶唐。[1]陶唐舍胤而禪有虞,虞亦命夏后,〔六〇〕稷契熙載,越成湯武。[2]股肱既周,天乃歸功元首,將授漢劉。[3]俾其承三季之荒末,值亢龍之災孽,懸象暗而恒文乖,彝倫斁而舊章缺。[4]故先命玄聖,使綴學立制,宏亮洪業,表相祖宗,贊揚迪哲,備哉燦爛,真神明之式也。[5]雖前[聖]皋、夔、衡、旦密勿之輔,〔六一〕比茲褊矣。[6]是以高、光二聖,辰居其域,〔六二〕時至氣動,乃龍見淵躍。[7]拊翼而未舉,則威靈紛紜,海內雲蒸,雷動電熛,胡繾莽分,不莅其誅。[8]然後欽若上下,恭揖群后,正位度宗,有于德不台淵穆之讓,麛號師矢敦奮撝之容。[9]蓋以膺當天之正統,受克讓之歸運,蓄炎上之烈精,蘊孔佐之弘陳云爾。[10]

【注】

[1]稽,考;乾,天也。《論語》孔子曰:"唯天為大,唯堯則之。"龍翼謂稷、契等為堯之羽翼。《易·乾》上九曰:"用九,見群龍無首,吉。"鄭玄注云:"六爻皆體龍,群龍象也,謂禹與稷、契、咎陶之屬並在于朝。"炳,明也。《典》、《謨》謂《堯典》、《皋陶謨》也。為道德之冠首,蹤迹之卓異者,莫高於陶唐。《爾雅》曰:"崇,高也。"

[2]舍胤謂堯捨其胤子丹朱而禪于舜,舜亦捨其子商均而禪禹。《書》曰:"熙帝之載。"孔安國注云:"熙,廣也。載,事也。"言稷契並能廣立功事於堯舜之朝。越,於也。於是成其子孫湯、武之業,並得為天子也。湯,契之後。武王,后稷之後。

[3]股肱謂稷、契也。既周謂其子孫並周徧得為天子。元首,堯也。言天

更歸功於堯,又將授漢以帝位。

〔四〕俾,使也。三季,三王之季也。《易·乾·文言》曰:"亢龍有悔,窮之災也。"孽亦災也。《易》曰:"懸象著明,莫大於日月。"乖謂失於常度也。倫,理也。斁,敗也。《尚書》曰:"彝倫攸斁。"舊章缺謂秦燔《詩》、《書》。

〔五〕玄聖謂孔丘也。《春秋演孔圖》曰:"孔子母徵在夢感黑帝而生,故曰玄聖。"《莊子》曰:"恬澹玄聖,素王之道。"綴學立制謂為漢家法制也。宏,洪,並大也。亮,信也。表,明也。相,助也。迪,蹈也。哲,智也。言贊揚蹈履哲智之君,謂高祖等也。《尚書》曰:"茲四人迪哲。"燦爛,盛明也。式,法也。

〔六〕皋,皋陶也。夔,舜之典樂者。衡謂阿衡,即伊尹也。旦,周公也。密勿猶黽勉也。茲謂孔子,言皋、夔等比之為褊小矣。

〔七〕《論語》孔子曰:"譬如北辰,居其所而衆星共之。"時至氣動謂高祖聚彤雲於碭山,〔六三〕光武發佳氣於白水。《易·乾卦》九二曰:"見龍在田。"九四曰:"或躍在淵。"並喻漢初起。

〔八〕拊翼,以雞為喻,言知將旦則鼓其翼而鳴。《前書》曰:"張、陳之交,拊翼俱起。"以喻高祖、光武也。紛紜,盛貌也。如雲之蒸,言天下英傑為漢者多也。熛,光也。胡縊謂胡亥縊死也。莽分謂公賓就斬莽也。莅,臨也。言天下先為漢誅之,高祖、光武不親臨也。

〔九〕《尚書》曰:"欽若昊天。"欽,敬也。若,順也。上下謂天地也,《書》曰"格于上下"。群后,諸侯也。《易》曰:"君子正位凝命"也。《尚書》曰:"延入翼室恤度宗。"度,居也。宗,尊也。《前書》曰:"舜讓于德不台。"《音義》曰:"台讀曰嗣。"言二祖初即位居尊之時,並謙言於德不能嗣成帝功,有此淵深穆敬之讓。高祖初即位,曰:"寡人聞帝者賢者有也,虛言無實之名,非所取也。"光武即位,固辭至於再三。靡,無也。矢,陳也。敦猶迫逼也。《詩》云:"矢於牧野。"又曰:"敷敦淮濆。"言漢取天下,無號令陳師,敦迫奮武撝挓之容。《詩》曰:"奮伐荆楚。"《尚書》曰:"王秉白旄以麾。"撝亦麾也。言並天人所推,不尚威力。

〔10〕正統謂漢承周，為火德。《尚書·堯典》曰："允恭克讓。"謂漢承堯克讓之後。歸運謂堯歸運於漢也。炎上謂火德，烈精言盛也。蘊，藏也。孔佐謂孔丘制作《春秋》及緯書以佐漢也，即《春秋演孔圖》曰"卯金刀，名為劉，中國東南出荊州，赤帝後，次代周"是也，謂大陳漢之期運也。

　　洋洋乎若德，帝者之上儀，誥誓所不及已。〔1〕鋪觀二代洪纖之度，其蹟可探也。〔2〕並開迹於一匱，同受侯甸之所服，〔六四〕奕世勤民，以伯方統牧。〔3〕〔六五〕乘其命賜彤弧黃戚之威，用討韋、顧、黎、崇之不格。〔4〕〔六六〕至乎三五華夏，京遷鎬亳，遂自北面，虎離其師，革滅天邑，〔5〕是故義士偉而不敦，〔六七〕《武》稱未盡，《濩》有慙德，不其然與？〔6〕然猶於穆猗那〔六八〕，翕純皦繹，以崇嚴祖考，殷薦宗祀配帝，發祥流慶，對越天地者，舃奕乎千載。豈不克自神明哉！〔7〕誕略有常，審言行於篇籍，光藻朗而不渝耳。〔8〕

【注】

〔1〕洋洋，美也。若，如也。儀，法也。謂如此美德，可謂五帝之上法也。《穀梁傳》曰："誥誓不及五帝，盟詛不及三王，交質不及二伯。"上下不相信服，方有誥誓。五帝之時，上下和睦，故誓不及。

〔2〕鋪，徧也。二代，殷、周也。洪纖猶大小也。度，法度也。蹟，幽深也。言徧觀殷周大小之法，其幽深可探知之。

〔3〕孔子曰："譬如平地，雖覆一匱。"鄭玄注云："匱，盛土籠也。"侯服、甸服謂諸侯也。湯為桀之諸侯，文王為紂之諸侯。奕猶重也。自契至湯十四代，后稷至文王十五代，並積勤勞於人也。伯方猶方伯也。謂湯為夏伯，文王為殷伯，並統領州牧。

〔4〕《周禮》九命作伯。彤弧，赤弓。黃戚，黃金飾斧也。《禮記》曰："諸侯賜弓矢然後專征伐，賜斧鉞然後殺。"韋，顧，並國名，湯滅之。《詩·殷頌》曰："韋顧既伐。"黎，崇，亦國名。《史記》："文王伐崇。"《尚書》曰："西伯戡黎。"格，來也。

〔5〕三五,未詳。京(師),京都也。〔六九〕武王都鎬,湯都亳。《詩》云:"宅是鎬京,武王成之。"《尚書》曰:"湯始居亳,從先王居。"自,從也。北面謂臣也。湯、武並以臣伐君。《史記》曰:"如虎如羆,如豺如離,於商郊。"《音義》曰:"離與螭同。"革,改也。《易》曰:"湯武革命。"天邑,天子所都也。《尚書》曰:"肆予敢求爾於天邑商。"

〔6〕《左傳》曰:"武王克商,遷九鼎於洛邑,義士猶曰薄德。"杜預注曰:"伯夷之屬也。"《史記》曰,伯夷、叔齊逢武王伐紂,扣馬諫曰:"以臣弑君,可謂仁乎?"偉猶異也。敦,厚也。《武》,周武王樂也。《論語》孔子曰:"謂《武》盡美矣,未盡善也。"《護》,湯樂也。《左傳》,延陵季子聘魯,觀樂,見舞《大護》者,曰:"聖人之弘也,而猶有慙德。"

〔7〕於,歎辭也。穆,美也,歎美周家之德。《詩·周頌》曰"於穆清廟"。猗亦歎(之)辭也。那,多也。歎美湯德之多也。《殷頌》曰:"猗歟那歟。"《論語》子語魯太師樂曰:"樂其可知也。始作翕如也,縱之純如也,皦如也,繹如也,以成。"何晏注曰:"翕,盛也。純,和諧也。皦,其音節明也。"鄭玄注云:"繹,調達之貌。"此言殷周之代,尚有於穆猗那之頌,播之於翕純皦繹之樂,尊祖嚴父,宗祀配天於明堂之中。《詩·商頌》曰:"濬哲惟商,長發其祥。"言發禎祥以流慶於子孫。《周頌》曰:"秉文之德,對越在天。"舄奕猶蟬聯不絕也。

〔8〕誕,大也。言殷周二代政化之迹,大略有常也。篇籍謂《詩》、《書》也。朗,明也。渝,變也。言光彩文藻朗明而不變耳,其餘殊異不能及於漢也。

    矧夫赫赫聖漢,巍巍唐基,泝測其源,乃先孕虞育夏,甄殷陶周,〔1〕然後宣二祖之重光,襲四宗之緝熙。神靈日燭,光被六幽,仁風翔乎海表,威靈行於鬼區,慝亡迥而不泯,〔七〇〕微胡瑣而不頤。〔2〕故夫顯定三才昭登之績,匪堯不興,鋪聞遺策在下之訓,匪漢不弘。〔3〕厥道至乎經緯乾坤,〔七一〕出入三光,外運混元,內浸豪芒,〔七二〕性類循理,品物咸亨,其已久矣。〔4〕

【注】

〔1〕矧，況也。漢承唐（虞）[堯]之基。〔七三〕逆流曰泝。孕，懷也。育，養也。甄、陶謂造成也。《前書音義》曰："陶人作瓦器謂之甄。"言虞、夏、殷、周之先祖，並嘗為堯臣。

〔2〕二祖，高祖、世祖也。《尚書》曰："宣重光。"襲，重也。四宗，文帝為太宗，武帝為代宗，宣帝為中宗，明帝為顯宗。爥，照也，言如日之照。六幽，六合幽遠之地。鬼區，遠方也。《易》曰："高宗伐鬼方。"慝，惡也。迥，遠也。泯，滅也。瑣，小也。頤，養也。言凶惡者無遠而不滅，微細者何小而不養也。

〔3〕三才，天、地、人也。《易》曰："兼三才而兩之。"登，升也。績，功也。言升天之功，非堯不能興也。《尚書》曰："昭升于上。"鋪，布也。遺策，堯之餘策，謂《堯典》也。在下謂後代子孫也。言《堯典》為子孫之訓，非漢不能弘大也。

〔4〕經緯天地，言陰陽交泰也。出入三光，言日、月、星得其度也。渾元，天地之總名也。豪芒，纖微也。《老子》曰："和陰陽，節四時，潤乎草木，浸乎金石，毫毛潤澤。"性，生也。循，順也。含生之類，皆順於理。《尚書》曰："別生分類，品物萬殊。"〔七四〕亨，通也。《易》曰："含弘光大，品物咸亨。"

盛哉！皇家帝世，德臣列辟，功君百王，榮鏡宇宙，尊無與抗。〔1〕乃始虔鞏勞（讓）[謙]，〔七五〕兢兢業業，貶成抑定，不敢論制作。〔2〕至令遷正黜色賓監之事焕揚宇内，而禮官儒林屯朋篤論之士而不傳祖宗之仿佛，〔七六〕雖云優慎，無乃葸歟！〔3〕

【注】

〔1〕皇家帝代謂漢家歷代也。列辟謂古之帝王也。言漢家德可以臣彼列辟，功可以君彼百王。相如《封禪書》曰："歷選列辟。"鏡猶光明也。抗猶敵也，讀曰伉。

〔2〕《爾雅》曰:"虔鞏,固也。"《易》曰:"勞謙君子有終吉。"言帝固為勞謙也。兢兢,戒慎也。業業,危懼也。《禮記》曰:"王者功成作樂,理定制禮。"今不敢論制禮作樂之事,言謙之甚也。

〔3〕遷正,改正朔也。黜色,易服色也。賓謂殷周二王之後,為漢之賓。監,視也。視殷周之事以為監戒。《論語》孔子曰:"周監於二代。"屯,聚也。朋,群也。不傳謂不制作篇籍,以紀功德也。仿佛猶梗概也。《論語》孔子曰:"慎而無禮則葸。"鄭玄注云"葸,質慤貌"也。言雖優游謙慎,無乃太質慤也。

　　於是三事嶽牧之僚,僉爾而進曰:陛下仰監唐典,中述祖則,俯蹈宗軌。〔1〕躬奉天經,惇睦辯章之化洽。〔2〕巡靖黎蒸,懷保鰥寡之惠浹。〔3〕燔瘞縣沈,肅祇群神之禮備。〔4〕是以(鳳皇)來儀集羽族於觀魏,〔七七〕肉角馴毛宗於外囿,擾緇文皓質於郊,升黃暉采鱗於沼,甘露宵零於豐草,三足軒翥於茂樹。〔5〕若乃嘉穀靈草,奇獸神禽,應圖合諜,窮祥極瑞者,朝夕坰牧,日月邦畿,卓犖乎方州,羨溢乎要荒。〔6〕〔七八〕昔姬有素雉、朱烏、玄秬、黃鬐之事耳,君臣動色,左右相趨,濟濟翼翼,峨峨如也。〔7〕蓋用昭明寅畏,承聿懷之福。亦以寵靈文武,貽燕後昆,覆以懿鑠,豈其為身而有顓辭也?〔8〕若然受之,宜亦勤恁旅力,〔七九〕以充厥道,啓恭館之金縢,御東序之祕寶,以流其占。〔9〕

【注】

〔1〕三事,三公也。僉,皆也。

〔2〕天經謂孝也。孔子曰:"夫孝,天之經。"謂章帝初即位,四時禘祫,宗祀於明堂也。《尚書》曰:"惇敘九族。"又曰:"九族既睦,辯章百姓。"鄭玄云:"辯,別也。章,明也。惇,厚也。睦,親也。"章帝性篤愛,不忍與諸王乖離,皆留京師也。

〔3〕巡,撫也。靖,安也。黎、蒸,皆眾也。懷,思也。保,安也。浹,

洽也。《尚書》曰："懷保小人，惠鮮鰥寡。"謂章帝在位凡四巡狩，賜人爵，鰥、寡、孤、獨不能自存者粟。

〔4〕《爾雅》曰："祭天曰燔柴，祭地曰瘞埋，祭山曰庋縣，祭川曰浮沈。"肅祇，恭敬也。《封禪書》曰："湯武至尊，不失肅敬。"元和中詔曰："朕巡狩岱宗，柴望山川。"庋音居毀反。

〔5〕《尚書》曰："鳳皇來儀。"元和二年詔曰："乃者鳳皇鸞鳥比集七郡。"羽族謂群鳥隨之也。觀魏，門闕也。肉角謂麟也。〔八〇〕伏侯《古今注》曰："建初二年，北海得一角獸，大如麃，有角在耳閒，端有肉。又元和二年，麒麟見陳，一角，端如蔥葉，色赤黃。"擾，馴也。緇文皓質謂騶虞也。《說文》曰："騶虞，白虎，黑文，尾長於身。"《古今注》曰："元和三年，白虎見彭城。"黃暉采鱗謂黃龍也。建初五年，有八黃龍見于零陵。《古今注》曰："元和二年，甘露降河南，三足烏集沛國。"軒翥謂飛翔上下。

〔6〕嘉穀，嘉禾。靈草，芝屬。《古今注》曰："元和二年，芝生沛，如人冠大，坐狀。"章和九年詔曰："嘉穀滋生，芝草之類，歲月不絕。"奇獸神禽謂白虎白雉之屬也。建初七年，獲白鹿。元和元年，日南獻生犀、白雉。言應於瑞圖，又合于史諜也。坰牧，郊野也。卓犖，殊絕也。羑音以戰反。

〔7〕《孝經援神契》曰："周成王時，越裳來獻白雉。"朱鳥謂赤鳥也。《尚書中候》曰："太子發度孟津，有火自天止于王屋，流為赤烏。"玄秬，黑黍也。《詩·大雅》曰："誕降嘉種，惟秬惟秠。"黃麰，麥也。謂赤烏銜牟麥而至也。《詩·頌》曰："貽我來牟。"《詩·大雅》曰："濟濟多士。"又曰："惟此文王，小心翼翼。"又曰："奉璋峨峨。"

〔8〕《詩·大雅》曰："昭明有融。"寅，敬也。《尚書》曰："嚴恭寅畏。"聿，述也。懷，思也。《詩·大雅》曰："昭事上帝，聿懷多福。"貽，遺也。燕，安也。後昆，子孫也。言此並以光寵神靈文王、武王之德，遺燕安於子孫也。《詩·大雅》曰："貽厥孫謀，以燕翼子。"覆猶重也。懿、鑠，並美也。《詩·大雅》曰："我求懿德。"又曰："於鑠王師。"言詩人歌頌周之盛德，當成康之時。其成王、康王，豈獨為身而有自專之辭也，並上寵文武之業，下遺子孫之基也。言今章帝既獲符瑞之應，亦宜同成康之事也。

〔9〕受之謂漢受此符瑞也。《說文》曰："恁，念也。"音人甚反。旅，陳也。充，當也。恭肅之館謂廟中也。金縢，以金緘匱，藏符瑞之書於其中也。御猶陳也。東序，東廂也。祕寶謂《河圖》之屬。《尚書》曰："天球《河圖》在東序。"孔安國注曰："《河圖》，八卦是也。"言啓金縢之書及《河圖》之卦以占之也。流猶徧也。

夫圖書亮章，天哲也；孔猷先命，聖孚也；體行德本，正性也；逢吉丁辰，景命也。〔1〕順命以創制，定性以和神，〔八一〕荅三靈之繁祉，展放唐之明文，茲事體大而允，寤寐次于聖心。瞻前顧後，豈蔑清廟憚勑天乎？〔2〕〔八二〕伊考自邃古，〔八三〕乃降戾爰茲，作者七十有四人，有不俾而假素，罔光度而遺章，今其如台而獨闕也！〔3〕

【注】

〔1〕圖書，《河圖》、《洛書》也。亮，信。章，明。哲，智。言天授圖書者，為天子所知也。孔，孔丘也。猷，圖也。孚，信也。言孔丘之圖，先命漢家當須封禪，此聖人之信也。體行猶躬行也。孔子曰："夫孝，德之本也。"《易》曰："乾道變化，各正性命。"丁，當也。辰，時也。景，大也。逢休吉之代，當封禪之時，此為天子之大命也。

〔2〕命謂符瑞也。荅，對也。三靈，天地人之神也。繁，多也。祉，福也。展，陳也。放，效也，音甫往反。效唐堯之文，謂封禪也。《尚書琁璣鈐》曰："平制禮樂，放唐之文。"茲事謂封禪之事，大而且信。次，止也。寤寐常止於聖心，言不可忘也。前謂前代帝王，後謂子孫也。蔑，輕也。憚，難也。勑，正也。言封禪之事，皆述祖宗之德，今乃推讓，豈輕清廟而難正天命乎？《尚書》曰："勑天之命，惟時惟幾。"

〔3〕伊，維也。邃古猶遠古也。《楚詞》曰："邃古之初。"戾，至也。言自遠古以來至於此也。作者，諸封禪者。《史記》管仲曰："自古封禪七十二君。"并武帝及光武為七十四君。俾，使也。有天下不使其封禪，而假為竹素

之文者,無有光揚法度而弃其文章,不封禪者也。台,我也。今其如我何獨闕也。

是時聖上固已垂精游神,包舉藝文,屢訪群儒,諭咨故老,與之乎斟酌道德之淵源,〔八四〕肴覈仁義之林藪,以望元符之臻焉。〔1〕既成群后之讜辭,〔八五〕又悉經五繇之碩慮矣。將絣萬嗣,煬洪暉,奮景炎,〔八六〕扇遺風,播芳烈,久而愈新,用而不竭,汪汪乎丕天之大律,其疇能亘之哉?唐哉皇哉,皇哉唐哉!〔2〕

【注】
〔1〕聖上謂章帝也。諭,告;咨,謀也。道德仁義,人所常行,故以酒食為諭焉。淵源,林藪,諭深邃也。元,天也。符,瑞也。《詩》曰:"肴核惟旅。"覈亦核也,謂果實之屬。

〔2〕讜,直言也。繇,兆辭,音冑。《左傳》曰:"先王卜征五年而歲習其祥,不習則增脩其德而改卜。"碩,大也。慮,思也。《廣雅》曰:"絣,續也,音方萌反。"景,大也。炎謂火德。汪汪猶深也。《今文尚書·太誓篇》曰:"立功立事,可以永年,丕天之大律。"鄭玄注云:"丕,大也。律,法也。"疇,誰也。亘猶竟也。唐哉謂堯也。皇哉謂漢也。言唯唐與漢,唯漢與唐。

固後以母喪去官。永元初,大將軍竇憲出征匈奴,以固為中護軍,與參議。北單于聞漢軍出,遣使款居延塞,欲脩呼韓邪故事,朝見天子,請大使。憲上遣固行中郎將事,將數百騎與虜使俱出居延塞迎之。會南匈奴掩破北庭,〔1〕固至私渠海,聞虜中亂,引還。及竇憲敗,固先坐免官。

【注】
〔1〕永元二年,南單于出雞鹿塞擊北匈奴於河雲,大破之。

固不教學諸子，諸子多不遵法度，吏人苦之。初，洛陽令种兢嘗行，固奴干其車騎，吏椎呼之，奴醉罵，兢大怒，畏憲不敢發，心銜之。及竇氏賓客皆逮考，兢因此捕繫固，遂死獄中。時年六十一。詔以譴責兢，抵主者吏罪。

固所著《典引》、《賓戲》、《應譏》、詩、賦、銘、誄、頌、書、文、記、論、議、六言，在者凡四十一篇。

論曰：司馬遷、班固父子，其言史官載籍之作，大義粲然著矣。議者咸稱二子有良史之才。遷文直而事覈，固文贍而事詳。若固之序事，不激詭，不抑抗，[1] 贍而不穢，詳而有體，使讀之者亹亹而不猒，信哉其能成名也。[2] 彪、固譏遷，以為是非頗謬於聖人。[3] 然其論議常排死節，否正直，而不敍殺身成仁之為美，[4] 則輕仁義，賤守節愈矣。[5] 固傷遷博物洽聞，不能以智免極刑；[6] 然亦身陷大戮，[7] 智及之而不能守之。[8] 嗚呼，古人所以致論於目睫也！[9]

【注】

〔1〕激，揚也。詭，毀也。抑，退也。抗，進也。

〔2〕《爾雅》曰，亹亹猶勉也。

〔3〕言遷所是非皆與聖人乖謬，即崇黃老而薄五經，輕仁義而賤守節是也。

〔4〕固序《游俠傳》曰："劇孟、郭解之徒，馳騖於閭閻，雖其陷於刑辟，自與殺身成名，若季路、仇牧〔死〕而不悔也。[八七] 古之正法：五伯，三王之罪人；六國，五伯之罪人；四豪者，又六國之罪人。況於郭解之倫，以匹夫之細，竊殺生之權，其罪不容於誅也。"

〔5〕愈猶甚也。

〔6〕謂下蠶室。

〔7〕此已上略華嶠之辭。

〔8〕《論語》孔子之言也。言有智而不能自守其身。

〔9〕《史記》齊使者至越，曰："幸也越之不亡也。吾不貴其智之如目，見豪毛而不見其睫也。今越王知晉之失計，不自知越人之過，是目論也。"言班固譏遷被刑，而不知身自遇禍。

贊曰：二班懷文，裁成帝墳。[1]比良遷、董，[2]兼麗卿、雲。[3]彪識皇命，固迷世紛。

【注】

〔1〕沈約《宋書》曰："初，謝儼作此贊，云'裁成典墳'，以示范曄，曄改為'帝墳'。"

〔2〕謂司馬遷、董狐也。《左傳》曰："董狐，古之良史也。"

〔3〕司馬長卿、楊子雲。

【校勘記】

〔一〕主人喟然而歎曰　按：《文選》"主人"上有"東都"二字。張森楷《校勘記》謂案上卷小題下稱"自'東都主人'以下分為下卷"，是本有"東都"字也，不知何故逸去。

〔二〕奮布衣以登皇極　按：《校補》謂《文選》"極"作"位"。

〔三〕前聖靡得而言焉　按：《校補》謂《文選》無"而"字。

〔四〕討有逆而順人　按："討"原譌"計"，逕據汲本、殿本改正，注同。

〔五〕監乎（泰）［太］清　按："泰"當作"太"，此後人回改之誤，《文選》正作"太"，今據改。

〔六〕以變子之或志　按：李慈銘謂《文選》"或"作"惑"。或惑古字通。

〔七〕昭襄昭王襄王也　按：《文選》注引《史記》"秦武王卒，無子，立異母弟，是為昭襄王"。張森楷《校勘記》謂秦有昭襄王、莊襄王，昭襄或祇稱"昭王"，無祇稱"襄王"者，此"昭襄"即昭襄王，《文選》注是，此非。

〔八〕時豈奢泰而安之哉　按：汲本、殿本“泰”作“侈”。

〔九〕作舟車　按：《校補》謂《文選》“車”作“輿”。

〔一〇〕斯軒轅氏之所以開帝功也　按：《校補》謂《文選》“斯”下有“乃”字。

〔一一〕應天順（民）［人］　按：“民”當作“人”，此後人回改之誤。《文選》正作“人”，今據改。

〔一二〕有殷宗中興之則焉　按：“宗”原作“室”，逕據汲本、殿本改正。

〔一三〕妙古昔而論功　按：《文選》“妙”作“眇”。

〔一四〕洛邑地埶之中也　按：陳景雲謂據僞《孔傳》，“之中”當作“正中”。

〔一五〕翩翩巍巍顯顯翼翼　按：王先謙謂《文選》作“扇巍巍，顯翼翼”。

〔一六〕順流泉而為沼　按：《校補》謂《文選》“順”作“填”，注云昭明諱順，故改為“填”。

〔一七〕鳳蓋颯灑　按：“颯灑”《文選》作“棽麗”。

〔一八〕祲威盛容　按：《集解》引沈欽韓説，謂“祲”當從《文選》作“寑”，言寑兵威而盛禮容也。

〔一九〕吐燗生風　按：“燗”原譌“爤”，逕據殿本、《集解》本改正。

〔二〇〕吹野燎山　按：《校補》謂《文選》作“欱野歕山”。

〔二一〕以命三驅　按：王先謙謂《文選》“以命”作“申令”。

〔二二〕輕車霆發　按：《校補》謂《文選》作“輶車霆激”。

〔二三〕游基發射　按：《校補》謂《文選》“游”作“由”，游與由同。

〔二四〕轡不詭遇　汲本、殿本“轡”作“彎”，注同。按：此承上“范氏施御”言，作“轡”是，《文選》亦作“轡”。

〔二五〕（御）［覲］明堂　據殿本改。按：依注當作“覲”，《文選》亦作“覲”。

〔二六〕瞰四裔而抗棱　按：汲本、殿本“棱”作“稜”，《文選》亦作

"稜"。注同。

〔二七〕南趯朱垠　按:《校補》謂《文選》"趯"作"燿"。

〔二八〕自孝武所不能征孝宣所不能臣　按:《校補》謂《文選》作"自孝武之所不征，孝宣之所未臣"。

〔二九〕外接百蠻　按:《校補》謂《文選》"接"作"綏"。

〔三〇〕乃盛禮樂供帳置乎雲龍之庭　按:李慈銘謂《文選》作"爾乃盛禮興樂"，以樂字讀句。

〔三一〕太師奏樂　按:"太"原譌"泰"，逕據殿本改正。

〔三二〕伶侏兜離　按:李慈銘謂《文選》"伶侏"作"僸休"。

〔三三〕始服（冕）冠〔冕〕衣裳　據汲本改，與《明帝紀》合。

〔三四〕敷布也　按:"敷"原譌"鋪"，逕改正。

〔三五〕霆激電鶩並言疾也　汲本、殿本"霆激"作"霆發"。按:正文"輕車霆發"，《文選》作"輶車霆激"，觀此注，似章懷所見本正文亦作"霆激"也。

〔三六〕則（揮）〔搏〕而嬉　據汲本、殿本改。

〔三七〕范氏趙之御人也　按:《集解》引惠棟説，謂《文選》李善注引《括地圖》云，夏德盛，二龍降之，禹使范氏御之以行經南方。章懷以范氏為趙之御人，引《孟子》以證之，誤甚。又按:《校補》謂范氏自當為夏之御人，此"趙"字疑涉下"趙簡子"而誤。

〔三八〕吾為范氏驅馳　汲本、殿本"范氏"作"範我"。《校補》引侯康説，謂"'範我'當作'范氏'，章懷引此，正以注'范氏施御'句也。孫宣公《孟子音義》云'範我'或作'范氏'。孟堅此賦皆用《孟子》，故章懷引《孟子》以證之"。今按:趙岐本《孟子》與今本《孟子》同作"範我"，且下引趙岐注"範，法也"，則章懷注原亦作"範我"。《校補》謂"侯氏謂孟堅實用《孟子》或作本，是也，當時亦並無趙岐本也。至章懷之引《孟子》，並引趙注以釋'範'字，實仍為'範我'，並非'范氏'，特引之專為説下'轡不詭遇'，原別為一義"。

〔三九〕趙岐注曰范法也　按:"范"當作"範"。參閲上條校記。

〔四〇〕[日]食於三朝之會　據汲本、殿本補。

〔四一〕食舉（為）[謂]當食舉樂也　據汲本、殿本改。按：為謂本通，此以作"謂"為是。

〔四二〕太師掌六律六呂　按："呂"原譌"同"，逕據汲本、殿本改正。

〔四三〕太古遠古也　按："太"原譌"泰"，逕據汲本、殿本改正。

〔四四〕於是聖上（親）[覿]萬方之歡娛　按：《文選》"親"作"覿"，王先謙謂作"覿"是。今據改。

〔四五〕久沐浴乎膏澤　按：《校補》謂《文選》"久"作"又"，"乎"作"於"。

〔四六〕除工商之淫業興農桑之上務　按：《校補》謂《文選》"除"作"抑"，"上"作"盛"。

〔四七〕賤奇麗而不珍　按：《校補》謂《文選》"不"作"弗"。

〔四八〕耳目不營　按：《校補》謂《文選》"不"作"弗"。

〔四九〕捐珠玉於五湖之川　按："湖"原譌"胡"，逕改正。

〔五〇〕平帝立（舉）學官　據《刊誤》刪。

〔五一〕圖書之泉　按："泉"本作"淵"，避唐諱改，殿本回改作"淵"。

〔五二〕今將喻子五篇之詩　按：《校補》謂《文選》作"今將授子以五篇之詩"。

〔五三〕率土之賓　按：汲本、殿本"賓"作"濱"。

〔五四〕豈（同）[可]逆詐示猜　殿本"同"作"可"，王先謙謂作"可"是。今據改。

〔五五〕典而不實　按：《校補》謂《文選》"不"作"亡"。

〔五六〕同于草昧　按：汲本、殿本"于"作"乎"，《文選》作"於"。

〔五七〕厥有氏號紹天闡繹者　按：《校補》謂《文選》無"者"字。

〔五八〕蔡邕曰（烟）[絪]縕　據汲本、殿本改。

〔五九〕以冠德卓蹤者　按：《校補》謂《文選》"蹤"作"絕"。

〔六〇〕虞亦命夏后　按：《校補》謂《文選》"虞"上仍有"有"字。

〔六一〕雖前[聖]皋夔衡旦密勿之輔　據汲本、殿本補。按：《文選》無

"前聖"二字。

〔六二〕辰居其域　《文選》"辰"作"宸"。按:《校補》謂"辰居"本《論語》,作"宸"者借通耳,其本字仍當作"辰"。

〔六三〕高祖聚彤雲於碭山　按:"碭"原譌"碭",逕改正。

〔六四〕同受侯甸之所服　按:《校補》謂《文選》無"所"字。

〔六五〕以伯方統牧　按:《校補》謂《文選》"伯方"作"方伯"。

〔六六〕乘其命賜彤弧黃戚之威用討韋顧黎崇之不格　按:《校補》謂《文選》"戚"作"鉞","格"作"恪"。

〔六七〕是故義士偉而不敦　按:《校補》謂《文選》"偉"作"華"。

〔六八〕然猶於穆猗那　按:《校補》謂《文選》"然"作"亦"。

〔六九〕京(師)京都也　據《刊誤》刪。

〔七〇〕慝亡迥而不泯　按:《校補》謂《文選》"慝"作"匿","迥"作"回"。

〔七一〕厥道至乎經緯乾坤　按:《校補》謂《文選》"厥道"二字連上為句,"乎"作"於"。

〔七二〕内浸豪芒　按:《校補》謂《文選》"浸"作"沾"。

〔七三〕漢承唐(虞)〔堯〕之基　按:《刊誤》謂注解"唐基"耳,何故輒出"虞"字,明當作"堯"。今據改。

〔七四〕品物萬殊　按:"殊"原譌"物",逕改正。

〔七五〕乃始虔鞏勞(讓)〔謙〕　據汲本、殿本改。

〔七六〕而禮官儒林屯朋篤論之士而不傳祖宗之仿佛　按:《校補》謂《文選》"朋"作"用","論"作"誨"。又毛刻《文選》蔡邕注本"屯"作"純","不傳"上無"而"字。又按:"仿佛"汲本、殿本作"彷彿",注同,《文選》作"髣髴"。

〔七七〕是以(鳳皇)來儀集羽族於觀魏　《文選》無"鳳皇"二字。沈家本謂以下文例之,無者是。今據刪。

〔七八〕羨溢乎要荒　按:《校補》謂《文選》"羨"作"洋"。

〔七九〕宜亦勤恁旅力　按:《校補》謂《文選》"宜亦"作"亦宜"。

〔八〇〕肉角謂麟也　按："麟"原譌"鱗"，逕改正。

〔八一〕定性以和神　按：《校補》謂《文選》作"因定以和神"。

〔八二〕憚勑天乎　按：《校補》謂《文選》"天"下有"命"字。

〔八三〕伊考自邃古　按："邃"原譌"遂"，逕據汲本、殿本改正。注同。

〔八四〕與之乎斟酌道德之淵源　按：《校補》謂《文選》無"乎"字。

〔八五〕既成群后之讜辭　按：《校補》謂《文選》"成"作"感"。

〔八六〕奮景炎　汲本、殿本"景炎"作"炎景"。按：《文選》作"景炎"。

〔八七〕若季路仇牧〔死〕而不悔也　《校補》謂《前書》"仇牧"下原有"死"字，各本皆脱。今據補。

後漢書卷四十一

第五鍾離宋寒列傳第三十一 第五倫曾孫種　宋均族子意

第五倫字伯魚，京兆長陵人也。其先齊諸田，[1]諸田徙園陵者多，故以次第為氏。

【注】

〔1〕《史記》曰："陳公子完奔齊，以陳字為田氏。"應劭注云："始食采於田，改姓田氏。"

倫少介然有義行。王莽末，盜賊起，宗族閭里爭往附之。倫乃依險固築營壁，有賊，輒奮厲其眾，引彊持滿以拒之，銅馬、赤眉之屬前後數十輩，皆不能下。[2]倫始以營長詣郡尹鮮于褒，[3][一]褒見而異之，署為吏。後褒坐事左轉高唐令，[4]臨去，握倫臂訣曰："恨相知晚。"[5]

【注】

〔1〕引彊謂弓弩之多力者控引之。持滿，不發也。

〔2〕《東觀記》曰："時米石萬錢，人相食，倫獨收養孤兄子、外孫，分糧共食，死生相守，鄉里以此賢之。"

〔3〕《風俗通》曰："武王封箕子于朝鮮，其子食采於朝鮮，因氏焉。"

〔4〕高唐，縣，屬平原郡，故城在今齊州祝阿縣西。

〔5〕訣，別也。《東觀記》曰："倫步擔往候之，留十餘日，將倫上堂，令妻子出相對，以屬託焉。"

倫後為鄉嗇夫，平傜賦，理怨結，得人歡心。自以為久宦不達，遂將家屬客河東，變名姓，自稱王伯齊，〔二〕載鹽往來太原、上黨，所過輒為糞除而去，〔1〕陌上號為道士，親友故人莫知其處。

【注】
〔1〕糞除猶埽除也。

數年，鮮于褒薦之於京兆尹閻興，興即召倫為主簿。時長安鑄錢多姦巧，乃署倫為督鑄錢掾，領長安市。〔1〕倫平銓衡，正斗斛，市無阿枉，百姓悦服。每讀詔書，常歎息曰："此聖主也，一見決矣。"等輩笑之曰："爾説將尚不下，安能動萬乘乎？"〔2〕倫曰："未遇知己，道不同故耳。"

【注】
〔1〕《東觀記》曰："時長安市未有秩，又鑄錢官姦（輕）[軌]所集，〔三〕無能整齊理之者。興署倫督鑄錢掾，領長安市，其後小人爭訟，皆云'第五掾所平，市無姦枉'。"
〔2〕華嶠《書》曰："蓋延代鮮于褒為馮翊，多非法。倫數切諫，延恨之，故滯不得舉。"將謂州將。

建武二十七年，舉孝廉，補淮陽國醫工長，隨王之國。光武召見，甚異之。二十九年，從王朝京師，隨官屬得會見，帝問以政事，倫因此酬對政道，帝大悦。明日，復特召入，與語至夕。帝戲謂倫曰："聞卿為吏篣婦公，不過從兄飯，〔四〕寧有之邪？"倫對曰："臣三娶妻皆無父。少遭飢亂，實不敢妄過人食。"〔1〕帝大笑。倫出，有詔以為扶夷長，〔2〕

未到官，追拜會稽太守。雖為二千石，躬自斬芻養馬，妻執炊爨。受俸裁留一月糧，餘皆賤貿與民之貧羸者。會稽俗多淫祀，好卜筮。民常以牛祭神，百姓財產以之困匱，其自食牛肉而不以薦祠者，發病且死先為牛鳴，前後郡將莫敢禁。倫到官，移書屬縣，曉告百姓。其巫祝有依託鬼神詐怖愚民，皆案論之。有妄屠牛者，吏輒行罰。民初頗恐懼，或祝詛妄言，倫案之愈急，後遂斷絕，百姓以安。永平五年，坐法徵，老小攀車叩馬，號呼相隨，日裁行數里，不得前。倫乃偽止亭舍，陰乘船去。眾知，復追之。及詣廷尉，吏民上書守闕者千餘人。是時顯宗方案梁松事，亦多為松訟者。帝患之，詔公車諸為梁氏及會稽太守上書者勿復受。會帝幸廷尉錄囚徒，得免歸田里。身自耕種，不交通人物。

【注】

〔1〕華嶠《書》曰：﹁上復曰：'聞卿為市掾，人有遺母一笥餅者。卿從外來見之，奪母笥，探口中餅，信乎？'倫對曰：'實無此。眾人以臣愚蔽，故為生是語也。'﹂

〔2〕扶夷，縣，屬零陵郡，故城在今邵州武岡縣東北。〔五〕

數歲，拜為宕渠令，[1]顯拔鄉佐玄賀，賀後為九江、沛二郡守，以清絜稱，所在化行，終於大司農。

【注】

〔1〕宕渠，縣，故城在今渠州流江縣東北。

倫在職四年，遷蜀郡太守。蜀地肥饒，人吏富實，掾史家貲多至千萬，皆鮮車怒馬，以財貨自達。[1]倫悉簡其豐贍者遣還之，更選孤貧志行之人以處曹任，於是爭賕抑絕，[2]文職修理。所舉吏多至九卿、二千石，時以為知人。

【注】
〔1〕怒馬謂馬之肥壯，其氣憤怒也。
〔2〕以財相貨曰賕，音其又反，又音求。

視事七歲，肅宗初立，擢自遠郡，代牟融為司空。帝以明德太后故，尊崇舅氏馬廖，兄弟並居職任。廖等傾身交結，冠蓋之士爭赴趣之。倫以后族過盛，欲令朝廷抑損其權，上疏曰："臣聞忠不隱諱，直不避害。不勝愚狷，昧死自表。〔1〕《書》曰：'臣無作威作福，其害于而家，凶于而國。'〔2〕傳曰：'大夫無境外之交，束脩之饋。'〔3〕近代光烈皇后，雖友愛天至，而卒使陰就歸國，徙廢陰興賓客；其後梁、竇之家，互有非法，明帝即位，竟多誅之。自是洛中無復權戚，書記請託一皆斷絕。又譬諸外戚曰：〔4〕'苦身待士，不如為國，戴盆望天，事不兩施。'〔5〕臣常刻著五臟，書諸紳帶。〔6〕而今之議者，復以馬氏為言。竊聞衛尉廖以布三千匹，城門校尉防以錢三百萬，〔六〕私贍三輔衣冠，知與不知，莫不畢給。又聞臘日亦遺其在洛中者錢各五千，越騎校尉光，臘用羊三百頭，米四百斛，肉五千斤。臣愚以為不應經義，惶恐不敢不以聞。陛下情欲厚之，亦宜所以安之。〔7〕臣今言此，誠欲上忠陛下，下全后家，裁蒙省察。"〔7〕及馬防為車騎將軍，當出征西羌，倫又上疏曰："臣愚以為貴戚可封侯以富之，不當職事以任之。何者？繩以法則傷恩，私以親則違憲。伏聞馬防今當西征，臣以太后恩仁，陛下至孝，恐卒有纖介，難為意愛。〔8〕聞防請杜篤為從事中郎，多賜財帛。篤為鄉里所廢，客居美陽，女弟為馬氏妻，恃此交通，在所縣令苦其不法，收繫論之。今來防所，議者咸致疑怪，況乃以為從事，將恐議及朝廷。今宜為選賢能以輔助之，不可復令防自請人，有損事望。〔9〕苟有所懷，敢不自聞。"〔八〕並不見省用。

【注】
〔1〕狷，狂狷也。

〔2〕《尚書·洪範》之言。

〔3〕《穀梁傳》之文也。束,帛也。脩,脯也。饋,遺也。

〔4〕譬,曉諭也。

〔5〕司馬遷書曰"僕以為戴盆何以望天"也。

〔6〕刻著五臧,謂銘之於心也。紳謂大帶,垂之三尺。《論語》曰"子張書諸紳"也。

〔7〕"裁"與"纔"同。

〔8〕恐卒然有小過,愛而不罰,則廢法也。

〔9〕望,物望也。

倫雖峭直,〔1〕然常疾俗吏苛刻。及為三公,值帝長者,屢有善政,乃上疏襃稱盛美,因以勸成風德,曰:"陛下即位,躬天然之德,體晏晏之姿,以寬弘臨下,〔2〕出入四年,前歲誅刺史、二千石貪殘者六人。〔3〕斯皆明聖所鑒,非群下所及。然詔書每下寬和而政急不解,務存節儉而奢侈不止者,咎在俗敝,群下不稱故也。光武承王莽之餘,頗以嚴猛為政,後代因之,遂成風化。郡國所舉,類多辨職俗吏,殊未有寬博之選以應上求者也。陳留令劉豫,冠軍令駟協,並以刻薄之姿,臨人宰邑,專念掠殺,務為嚴苦,吏民愁怨,莫不疾之,而今之議者反以為能,違天心,失經義,誠不可不慎也。非徒應坐豫、協,亦當宜譴舉者。〔4〕〔九〕務進仁賢以任時政,不過數人,則風俗自化矣。臣嘗讀書記,知秦以酷急亡國,又目見王莽亦以苛法自滅,故勤勤懇懇,實在於此。又聞諸王主貴戚,驕奢踰制,京師尚然,何以示遠?故曰:'其身不正,雖令不(行)[從]。'〔5〕〔一〇〕以身教者從,以言教者訟。夫陰陽和歲乃豐,君臣同心化乃成也。其刺史、太守以下,拜除京師及道出洛陽者,宜皆召見,可因博問四方,兼以觀察其人。諸上書言事有不合者,可但報歸田里,不宜過加喜怒,以明在寬。臣愚不足採。"及諸馬得罪歸國,而竇氏始貴,倫復上疏曰:"臣得以空虛之質,當輔弼之任。素性駑怯,位尊爵重,拘迫大義,思自策厲,雖遭百死,不敢擇地,又況親遇危言之世哉！[6]今承百王之敝，人尚文巧，咸趨邪路，莫能守正。伏見虎賁中郎將竇憲，椒房之親，[7]典司禁兵，出入省闥，年盛志美，卑謙樂善，此誠其好士交結之方。然諸出入貴戚者，類多瑕釁禁錮之人，尤少守約安貧之節，士大夫無志之徒更相販賣，雲集其門。衆煦飄山，聚蚊成雷，[8]蓋驕佚所從生也。三輔論議者，至云以貴戚廢錮，當復以貴戚浣濯之，猶解醒當以酒也。[9]詖險趣埶之徒，誠不可親近。[10]臣愚願陛下中宮嚴勑憲等閉門自守，無妄交通士大夫，防其未萌，慮於無形，令憲永保福祿，君臣交歡，無纖介之隙。此臣之至所願也。"

【注】

[1]峭，峻也。

[2]《尚書考靈耀》曰："堯文塞晏晏。"《爾雅》曰："晏晏，溫和也。"

[3]《東觀漢記》曰："去年伏誅者，刺史一人，太守三人，減死罪二人，凡六人。"

[4]譴，責也。

[5]《論語》孔子之言。

[6]《論語》曰："邦有道，危言危行，邦無道，危行言遜。"鄭玄云："危猶高也。"據時高言高行必見危，故以為諭也。

[7]后妃以椒塗壁，取其繁衍多子，故曰椒房。

[8]《前書》中山靖王之言。

[9]病酒曰醒。

[10]《蒼頡篇》曰："詖，佞諂也。"

倫奉公盡節，言事無所依違。諸子或時諫止，輒叱遣之，吏人奏記及便宜者，亦并封上，其無私若此。性質慤，少文采，在位以貞白稱，時人方之前朝貢禹。[1]然少蘊藉，不修威儀，[2]亦以此見輕。或問倫曰："公有私乎？"對曰："昔人有與吾千里馬者，吾雖不受，每三公有所選舉，心不能忘，而亦終不用也。吾兄子常病，一夜十往，〔一〕退而安寢；吾子有疾，雖不省視而竟夕不眠。若是者，豈可謂無私乎？"連以老病上疏乞身。元和三年，賜策罷，以二千石奉終其身，加賜錢五十萬，公宅一區。後數年卒，時年八十餘，詔賜秘器、衣衾、錢布。

【注】
〔1〕《前書》曰："貢禹字少翁，琅邪人也，以明經潔行著聞。"
〔2〕蘊藉猶寬博也。

少子頡嗣，〔一二〕歷桂陽、廬江、南陽太守，所在見稱。順帝之為太子廢也，〔1〕頡為太中大夫，與太僕來歷等共守闕固爭。帝即位，擢為將作大匠，卒官。〔2〕倫曾孫種。

【注】
〔1〕樊豐等譖之，廢為濟陰王。
〔2〕《三輔決錄注》曰："頡字子陵，為郡功曹，州從事，公府辟舉高第，為侍御史，南頓令，桂陽、南陽、廬江三郡太守，諫議大夫。洛陽無主人，鄉里無田宅，客止靈臺中，或十日不炊。司隸校尉南陽左雄、太史令張衡、尚書廬江朱建、孟興皆與頡故舊，各致禮餉，頡終不受。"

論曰：第五倫峭覈為方，〔1〕非夫愷悌之士，省其奏議，惇惇歸諸寬厚，〔2〕將懲苛切之敝使其然乎？昔人以弦韋為佩，蓋猶此矣。〔3〕然而君子侈不僭上，儉不偪下，〔4〕豈尊臨千里而與牧圉等庸乎？詎非矯激，則未可以中和言也。

【注】
〔1〕峭覈謂其性峻急，好窮覈事情。
〔2〕惇惇，純厚之皃也，音敦。

〔3〕《韓子》曰"西門豹性急,佩韋以自緩;董安于性緩,佩弦以自急"也。

〔4〕《禮記》曰:"管仲鏤簋而朱紘,旅樹而反坫,山節藻梲,賢大夫也,而難為上也。晏平仲祀其先人,豚肩不掩豆,賢大夫也,而難為下也。君子上不僭上,下不偪下。"

種字興先,少厲志義,為吏,冠名州郡。永壽中,以司徒掾清詔使冀州,廉察災害,〔1〕舉奏刺史、二千石以下,所刑免甚衆,弃官奔走者數十人。還,以奉使稱職,拜高密侯相。是時徐兗二州盜賊群輩,〔一三〕高密在二州之郊,種乃大儲糧稸,勤厲吏士,賊聞皆憚之,桴鼓不鳴,流民歸者,歲中至數千家。〔2〕〔一四〕以能換為衛相。〔3〕

【注】
〔1〕《風俗通》曰"汝南周勃辟太尉清詔,使荊州",又此言以司徒清詔使冀州,蓋三公府有清詔員以承詔使也。廉,察也。
〔2〕桴,擊鼓杖也,音浮。
〔3〕周後衛公也。

遷兗州刺史。中常侍單超兄子匡〔一五〕為濟陰太守,負埶貪放,種欲收舉,未知所使。會聞從事衛羽素抗厲,乃召羽具告之。謂曰:"聞公不畏彊禦,今欲相委以重事,若何?"對曰:"願庶幾於一割。"〔1〕羽出,遂馳至定陶,閉門收匡賓客親吏四十餘人,六七日中,糾發其臧五六千萬。種即奏匡,并以劾超。匡窘迫,遣刺客刺羽,羽覺其姦,乃收繫客,具得情狀。州內震慄,朝廷嗟歎之。

【注】
〔1〕以鉛刀諭。

是時太山賊叔孫無忌等暴橫一境，州郡不能討。羽説種曰："中國安寧，忘戰日久，而太山險阻，寇猾不制。今雖有精兵，難以赴敵，羽請往譬降之。"種敬諾。羽乃往，備説禍福，無忌即帥其黨與三千餘人降。單超積懷忿恨，遂以事陷種，竟坐徙朔方。超外孫董援為朔方太守，稸怒以待之。初，種為衛相，以門下掾孫斌賢，善遇之。及當徙斥，斌具聞超謀，乃謂其友人同縣閭子直及高密甄子然曰："蓋盜憎其主，從來舊矣。第五使君當投裔土，而單超外屬為彼郡守。夫危者易仆，可為寒心。吾今方追使君，庶免其難。若奉使君以還，將以付子。"二人曰："子其行矣，是吾心也。"於是斌將俠客晨夜追種，及之於太原，遮險格殺送吏，因下馬與種，斌自步從。一日一夜行四百餘里，遂得脱歸。

種匿於閭、甄氏數年，徐州從事臧旻上書訟之曰："臣聞士有忍死之辱，必有就事之計，故季布屈節於朱家，[1]管仲錯行於召忽。[2]此二臣以可死而不死者，[一六]非愛身於須臾，貪命於苟活，隱其智力，顧其權略，庶幸逢時有所為耳。卒遭高帝之成業，齊桓之興伯，遺其亡逃之行，赦其射鉤之讎，拔於囚虜之中，信其佐國之謀，[3]勳效傳於百世，君臣載於篇籍。假令二主紀過於纖介，則此二臣同死於犬馬，沈名於溝壑，當何由得申其補過之功，建其奇奧之術乎？伏見故兗州刺史第五種，傑然自建，在鄉曲無苞苴之嫌，[4]步朝堂無擇言之闕，[5]天性疾惡，公方不曲，故論者説清高以種為上，序直士以種為首。《春秋》之義，選人所長，弃其所短，録其小善，除其大過。種所坐以盜賊公負，筋力未就，[6]罪至徵徙，非有大惡。昔虞舜事親，大杖則走。[7]故種逃亡，苟全性命，冀有朱家之路，以顯季布之會。願陛下無遺須臾之恩，令種有持忠入地之恨。"會赦出，卒於家。

【注】

〔1〕《前書》曰，季布，楚人，為任俠有名，數窘漢王，高祖購求布千金。布匿濮陽周氏，周氏曰："漢求將軍急，敢進計。"布許之，乃髡鉗布，衣褐，

并其家僮之魯朱家所賣之。朱家買置田舍，言之高祖，赦之，後為河東守。

〔2〕《說苑》子路問於孔子曰："昔者管（子）[仲]欲立公子糾而不能，〔一七〕召忽死之，管仲不死，是無仁也。"孔子曰："召忽者，人臣之材。不死則三軍之虜也，死之則名聞於天下矣，何為不死哉？管子者，天子之佐，諸侯之相也。死之則不免於溝瀆之中，不死則功復用於天下，夫何為死之哉？"錯猶乖也。

〔3〕信音申。

〔4〕苞苴，饋遺也。

〔5〕口無可擇之言也。

〔6〕太山之賊，種不能討，是力不足以禁之，法當公坐，故云公負也。

〔7〕《家語》孔子謂曾子之言也。

鍾離意字子阿，會稽山陰人也。少為郡督郵。時部縣亭長有受人酒禮者，〔一八〕府下記案考之。〔1〕意封還記，入言於太守曰："《春秋》先內後外，〔2〕《詩》云'刑於寡妻，以御于家邦'，〔3〕明政化之本，由近及遠。今宜先清府內，且闊略遠縣細微之愆。"太守甚賢之，遂任以縣事。建武十四年，會稽大疫，死者萬數，〔4〕意獨身自隱親，〔一九〕經給醫藥，〔5〕所部多蒙全濟。

【注】

〔1〕記，文符也。案，察之[也]。〔二〇〕

〔2〕《公羊傳》曰："《春秋》內其國而外諸夏，內諸夏而外夷狄。"

〔3〕《詩·大雅》之文。刑，見也。御，治[也]。〔二一〕

〔4〕疫，癘氣也。

〔5〕隱親謂親自隱恤之。經給謂經營濟給之。

舉孝廉，再遷，辟大司徒侯霸府。詔部送徒詣河內，時冬寒，徒病不能行。路過弘農,意輒移屬縣使作徒衣,縣不得已與之,而上書言狀,意亦具以聞。光武得奏,以(見)[視]霸,〔二二〕曰:"君所使掾何乃仁於用心?誠良吏也!"意遂於道解徒桎梏,〔1〕恣所欲過,與剋期俱至,無或違者。還,以病免。

【注】
〔1〕在手曰梏,在足曰桎。

後除瑕丘令。〔1〕吏有檀建者,盜竊縣內,意屏人問狀,建叩頭服罪,不忍加刑,遣令長休。建父聞之,為建設酒,謂曰:"吾聞無道之君以刃殘人,有道之君以義行誅。子罪,命也。"遂令建進藥而死。二十五年,遷堂邑令。〔2〕[縣]人防廣為父報讎,〔二三〕繫獄,其母病死,廣哭泣不食。意憐傷之,乃聽廣歸家,使得殯斂。丞掾皆爭,意曰:"罪自我歸,義不累下。"遂遣之。〔3〕廣斂母訖,果還入獄。意密以狀聞,廣竟得以減死論。

【注】
〔1〕瑕丘,今兗州縣也。
〔2〕堂邑故城在今博州堂邑縣西北。
〔3〕言罪歸於我,不累於丞掾。

顯宗即位,徵為尚書。時交阯太守張恢,坐臧千金,徵還伏法,以資物簿入大司農,〔1〕詔班賜群臣。意得珠璣,悉以委地而不拜賜。帝怪而問其故。對曰:"臣聞孔子忍渴於盜泉之水,曾參回車於勝母之閭,惡其名也。〔2〕此臧穢之寶,誠不敢拜。"帝嗟歎曰:"清乎尚書之言!"乃更以庫錢三十萬賜意。轉為尚書僕射。車駕數幸廣成苑,意以為從禽廢政,常當車陳諫般樂遊田之事,天子即時還宮。永平三年夏旱,而大起北宮,意詣闕免冠上疏曰:"伏見陛下以天時小旱,憂念元元,降避正殿，躬自克責，而比日密雲，遂無大潤，[3]豈政有未得應天心者邪？昔成湯遭旱，以六事自責曰：'政不節邪？使人疾邪？宮室榮邪？女謁盛邪？苞苴行邪？讒夫昌邪？'[4]竊見北宮大作，人失農時，此所謂宮室榮也。自古非苦宮室小狹，但患人不安寧。宜且罷止，以應天心。臣意以匹夫之才，無有行能，久食重祿，擢備近臣，比受厚賜，喜懼相并，[二四]不勝愚戇征營，罪當萬死。"[5]帝策詔報曰："湯引六事，咎在一人。其冠履，勿謝。比上天降旱，密雲數會，朕戚然慙懼，思獲嘉應，故分布禱請，闚候風雲，北祈明堂，南設雩塲。[6]今又勑大匠止作諸宮，減省不急，庶消災譴。"詔因謝公卿百僚，遂應時澍雨焉。[7]

【注】
[1] 簿，文記也。
[2]《說苑》曰："邑名勝母，曾子不入，水名盜泉，仲尼不飲，醜其名也。"《尸子》又載其言也。
[3]《易》曰："密雲不雨，自我西郊。"
[4]《帝王紀》曰："成湯大旱七年，齋戒翦髮斷爪，以己為犧牲，禱於桑林之社，以六事自責。"
[5] 征營，不自安也。
[6] 明堂在洛陽城南，言北祈者，蓋時修雩塲在明堂之南。
[7]《說文》云"雨所以澍生萬物"，故曰澍。音注。

時詔賜降胡子縑，尚書案事，誤以十為百。帝見司農上簿，大怒，召郎將笞之。意因入叩頭曰："過誤之失，常人所容。若以懈慢為愆，則臣位大，罪重，郎位小，罪輕，咎皆在臣，臣當先坐。"乃解衣就格。[1]帝意解，使復冠而貰郎。

【注】
[1] 格，拘執也。

帝性褊察，好以耳目隱發為明，〔1〕故公卿大臣數被詆毀，近臣尚書以下至見提拽。(常)〔嘗〕以事怒郎藥崧，〔二五〕以杖撞之。崧走入牀下，帝怒甚，疾言曰："郎出！郎出！"崧曰："天子穆穆，諸侯煌煌。〔2〕未聞人君自起撞郎。"帝赦之。朝廷莫不悚慄，爭為嚴切，以避誅責；唯意獨敢諫爭，數封還詔書，臣下過失輒救解之。會連有變異，意復上疏曰："伏惟陛下躬行孝道，修明經術，郊祀天地，畏敬鬼神，憂恤黎元，勞心不怠。而天氣未和，日月不明，〔3〕水泉涌溢，寒暑違節者，咎在群臣不能宣化理職，而以苛刻為俗。吏殺良人，繼踵不絕。百官無相親之心，吏人無雍雍之志。〔4〕至於骨肉相殘，毒害彌深，感逆和氣，以致天災。百姓可以德勝，難以力服。先王要道，民用和睦，故能致天下和平，災害不生，禍亂不作。《鹿鳴》之詩必言宴樂者，〔5〕以人神之心洽，然後天氣和也。願陛下垂聖德，揆萬機，詔有司，慎人命，緩刑罰，順時氣，以調陰陽，垂之無極。"帝雖不能用，然知其至誠。亦以此故不得久留，出為魯相。〔6〕後德陽殿成，〔7〕百官大會。帝思意言，謂公卿曰："鍾離尚書若在，此殿不立。"

【注】

〔1〕隱猶私也。

〔2〕《曲禮》之文也。穆穆，美也。煌煌，盛也。

〔3〕《易通卦驗》曰："愚智同位，則日月無光。"

〔4〕《爾雅》曰："雍雍，和也。"

〔5〕《鹿鳴》，《詩·小雅》，宴群臣也。其詩曰："呦呦鹿鳴，食野之苹，我有嘉賓，鼓瑟吹笙。"

〔6〕意別傳曰："意為魯相，到官，出私錢萬三千文，〔二六〕付戶曹孔訢修夫子車，身入廟，拭几席劍履。男子張伯除堂下草，土中得玉璧七枚，伯懷其一，以六枚白意。意令主簿安置几前。孔子教授堂下牀首有懸甕，意召孔訢問：'此何甕也？'對曰：'夫子甕也，背有丹書，人莫敢發也。'意曰：'夫子聖人，所以遺甕，欲以懸示後賢。'因發之，中得素書，文曰'後世修吾書，董

仲舒。護吾車，拭吾履，發吾笥，會稽鍾離意。璧有七，張伯藏其一。'意即召問伯，果服焉。"

〔7〕《漢宮殿名》曰北宮中有德陽殿。

意視事五年，以愛利為化，〔1〕人多殷富。以久病卒官。遺言上書陳升平之世，難以急化，宜少寬假。帝感傷其意，下詔嗟歎，賜錢二十萬。

【注】
〔1〕《東觀記》曰："意在堂邑，為政愛利，輕刑慎罰，撫循百姓如赤子。初到縣，市無屋，意出奉錢帥人作屋。人齎茅竹或持材木，爭起趨作，（決）〔浹〕日而成。〔二七〕功作既畢，為解土，祝曰：'興功役者令，百姓無事。如有禍祟，令自當之。'人皆大悅。"

藥崧者，河內人，天性朴忠。家貧為郎，常獨直臺上，無被，枕杜，〔1〕食糟糠。帝每夜入臺，輒見崧，問其故，甚嘉之，自此詔太官賜尚書以下朝夕餐，給帷被皁袍，及侍史二人。〔2〕崧官至南陽太守。

【注】
〔1〕杜音思漬反，謂俎几也。《方言》云："蜀、漢之郊曰杜。"
〔2〕蔡質《漢官儀》曰"尚書郎入直臺中，官供新青縑白綾被，或錦被，晝夜更宿，帷帳畫，通中枕，臥旃蓐，冬夏隨時改易。太官供食，五日一美食，下天子一等。尚書郎伯使一人，〔二八〕女侍史二人，皆選端正者。伯使從至止車門還，女侍史絜被服，執香鑪燒燻，從入臺中，給使護衣服"也。

宋均字叔庠，南陽安眾人也。〔二九〕父伯，建武初為五官中郎將。均以父任為郎，時年十五，好經書，每休沐日，輒受業博士，通《詩》、

《禮》，善論難。至二十餘，調補辰陽長。[1]其俗少學者而信巫鬼，均為立學校，禁絕淫祀，人皆安之。以祖母喪去官，客授潁川。〔三〇〕

【注】
〔1〕辰陽，今辰州辰溪縣。

後為謁者。會武陵蠻反，圍武威將軍劉尚，詔使均乘傳發江夏奔命三千人往救之。[1]既至而尚已沒。會伏波將軍馬援至，詔因令均監軍，與諸將俱進，賊拒陿不得前。及馬援卒於師，軍士多溫溼疾病，死者太半。均慮軍遂不反，乃與諸將議曰："今道遠士病，不可以戰，欲權承制降之何如？"諸將皆伏地莫敢應。均曰："夫忠臣出竟，有可以安國家，專之可也。"[2]乃矯制調伏波司馬呂种守沅陵長，命种奉詔書入虜營，告以恩信，因勒兵隨其後。蠻夷震怖，即共斬其大帥而降，於是入賊營，散其衆，遣歸本郡，為置長吏而還。均未至，先自劾矯制之罪。光武嘉其功，迎賜以金帛，令過家上冢。其後每有四方異議，數訪問焉。

【注】
〔1〕《前書音義》曰"擢選精勇，聞命奔走，謂之奔命"也。
〔2〕《公羊傳》曰："聘禮，大夫受命不受辭，出境有以安社稷全國家者，則專之可也。"

遷上蔡令。時府下記，禁人喪葬不得侈長。[1]均曰："夫送終踰制，失之輕者。今有不義之民，尚未循化，而遽罰過禮，非政之先。"竟不肯施行。

【注】
〔1〕長音直亮反。禁之不得奢侈有餘。

遷九江太守。郡多虎暴，數為民患，常募設檻穽而猶多傷害。[1]均到，下記屬縣曰："夫虎豹在山，黿鼉在水，各有所託。且江淮之有猛獸，猶北土之有雞豚也。今為民害，咎在殘吏，而勞勤張捕，非憂恤之本也。其務退姦貪，思進忠善，可一去檻穽，除削課制。"其後傳言虎相與東游度江。中元元年，山陽、楚、沛多蝗，其飛至九江界者，輒東西散去，由是名稱遠近。浚遒縣有唐、后二山，民共祠之，[2]衆巫遂取百姓男女以為公嫗，[3]歲歲改易，既而不敢嫁娶，前後守令莫敢禁。均乃下書曰："自今以後，為山娶者皆娶巫家，勿擾良民。"於是遂絶。

【注】
〔1〕檻，為機以捕獸。穽謂穿地陷之。
〔2〕浚遒縣屬廬江郡，[三一]故城在今廬州慎縣南。
〔3〕以男為山公，以女為山嫗，猶祭之有尸主也。

永平元年，遷東海相，在郡五年，坐法免官，客授潁川。而東海吏民思均恩化，為之作歌，詣闕乞還者數千人。顯宗以其能，七年，徵拜尚書令。每有駁議，多合上旨。均嘗刪翦疑事，帝以為有姦，大怒，收郎縛格之。諸尚書惶恐，皆叩頭謝罪。均顧厲色曰："蓋忠臣執義，無有二心。若畏威失正，均雖死，不易志。"小黃門在傍，入具以聞。帝善其不撓，即令貰郎，遷均司隸校尉。數月，出為河內太守，政化大行。
均（常）[嘗]寢病，[三二]百姓耆老為禱請，旦夕問起居，其為民愛若此。以疾上書乞免，詔除子條為太子舍人。均自扶輿詣闕謝恩，帝使中黃門慰問，因留養疾。司徒缺，帝以均才任宰相，召入視其疾，令兩騶扶之。[1]均拜謝曰："天罰有罪，所苦浸篤，不復奉望帷幄！"因流涕而辭。帝甚傷之，召條扶侍均出，賜錢三十萬。

【注】
〔1〕騶，養馬者，亦曰騶騎。

均性寬和，不喜文法，常以為吏能弘厚，雖貪汙放縱，猶無所害；至於苛察之人，身或廉法，而巧黠刻削，毒加百姓，災害流亡所由而作。及在尚書，恒欲叩頭爭之，以時方嚴切，故遂不敢陳。帝後聞其言而追悲之。建初元年，卒於家。族子意。

　　意字伯志。父京，以大夏侯《尚書》教授，[1]至遼東太守。意少傳父業，顯宗時舉孝廉，以召對合旨，擢拜阿陽侯相。[2]〔三三〕建初中，徵為尚書。

【注】
〔1〕夏侯勝也。
〔2〕阿陽，縣，屬天水郡，故城在今秦州隴城縣西北。

　　肅宗性寬仁，而親親之恩篤，故叔父濟南、中山二王每數入朝，特加恩寵，及諸昆弟並留京師，不遣就國。意以為人臣有節，不宜踰禮過恩，乃上疏諫曰："陛下至孝烝烝，恩愛隆深，以濟南王康、中山王焉先帝昆弟，特蒙禮寵，聖情戀戀，不忍遠離，比年朝見，久留京師，崇以叔父之尊，同之家人之禮，車入殿門，即席不拜，分甘損膳，賞賜優渥。昔周公懷聖人之德，有致太平之功，然後王曰叔父，加以錫幣。[1]今康、焉幸以支庶享食大國，陛下即位，蠲除前過，還所削黜，衍食它縣，[2]男女少長，並受爵邑，恩寵踰制，禮敬過度。《春秋》之義，諸父昆弟無所不臣，所以尊尊卑卑，彊幹弱枝者也。陛下德業隆盛，當為萬世典法，不宜以私恩損上下之序，失君臣之正。又西平王羨等六王，皆妻子成家，官屬備具，當早就蕃國，為子孫基阯。而室第相望，久磐京邑，[3]婚姻之盛，過於本朝，僕馬之衆，充塞城郭，驕奢僭擬，寵祿隆過。今諸國之封，並皆膏腴，風氣平調，道路夷近，朝聘有期，行來不難。宜割情不忍，以義斷恩，[4]發遣康、焉各歸蕃國，令羨等速就便時,〔5〕以塞衆望。"帝納之。

【注】

〔1〕《詩·魯頌》曰:"王曰叔父,建爾元子,俾侯于魯。"《尚書》曰,周公既成洛邑,成王命召公出取幣錫周公也。

〔2〕衍謂流衍,傍食它縣。

〔3〕磐謂磐桓不去。

〔4〕《禮記》曰:"門内之政恩掩義,門外之政義斷恩。"

〔5〕行日,取便利之時也。

章和二年,鮮卑擊破北匈奴,〔三四〕而南單于乘此請兵北伐,因欲還歸舊庭。時竇太后臨朝,議欲從之。意上疏曰:"夫戎狄之隔遠中國,幽處北極,〔1〕界以沙漠,簡賤禮義,無有上下,彊者為雄,弱即屈服。自漢興以來,征伐數矣,其所剋獲,曾不補害。光武皇帝躬服金革之難,深昭天地之明,故因其來降,羈縻畜養,邊人得生,勞役休息,於茲四十餘年矣。今鮮卑奉順,斬獲萬數,中國坐享大功,〔2〕而百姓不知其勞,漢興功烈,於斯為盛。所以然者,夷虜相攻,無損漢兵者也。臣察鮮卑侵伐匈奴,正是利其抄掠,及歸功聖朝,實由貪得重賞。今若聽南虜還都北庭,則不得不禁制鮮卑。鮮卑外失暴掠之願,内無功勞之賞,豺狼貪婪,必為邊患。今北虜西遁,請求和親,宜因其歸附,以為外扞,巍巍之業,無以過此。若引兵費賦,以順南虜,則坐失上略,去安即危矣。誠不可許。"會南單于竟不北徙。

【注】

〔1〕《爾雅》曰"東至於泰遠,西至於邠國,南至於濮鈆,北至於祝栗,謂之四極"也。

〔2〕享,受也。

遷司隸校尉。永元初,大將軍竇憲兄弟貴盛,步兵校尉鄧疊、河南尹王調、故蜀郡太守廉范等群黨,出入憲門,負埶放縱。意隨違舉奏,無所回避,由是與竇氏有隙。二年,病卒。

孫俱,靈帝時為司空。〔1〕

【注】
〔1〕《漢官儀》曰"俱字伯儷"也。

寒朗字伯奇,魯國薛人也。生三日,遭天下亂,弃之荆棘;數日兵解,母往視,猶尚氣息,遂收養之。及長,好經學,博通書傳,以《尚書》教授。舉孝廉。

永平中,以謁者守侍御史,與三府掾屬共考案楚獄顏忠、王平等,辭連及隧鄉侯耿建、〔三五〕朗陵侯臧信、護澤侯鄧鯉、曲成侯劉建。建等辭未嘗與忠、平相見。是時顯宗怒甚,吏皆惶恐,諸所連及,率一切陷入,無敢以情恕者。朗心傷其冤,試以建等物色獨問忠、平,〔1〕而二人錯愕不能對。〔2〕朗知其詐,乃上言建等無姦,專為忠、平所誣,疑天下無辜類多如此。帝乃召朗入,問曰:"建等即如是,忠、平何故引之?"朗對曰:"忠、平自知所犯不道,故多有虛引,冀以自明。"帝曰:"即如是,四侯無事,何不早奏,獄竟而久繫至今邪?"朗對曰:"臣雖考之無事,然恐海內別有發其姦者,故未敢時上。"〔3〕帝怒罵曰:"吏持兩端,促提下。"左右方引去,朗曰:"願一言而死。小臣不敢欺,欲助國耳。"帝問曰:"誰與共為章?"對曰:"臣自知當必族滅,不敢多污染人,誠冀陛下一覺悟而已。臣見考囚在事者,咸共言妖惡大故,〔三六〕臣子所宜同疾,今出之不如入之,可無後責。是以考一連十,考十連百。又公卿朝會,陛下問以得失,皆長跪言,舊制大罪禍及九族,陛下大恩,裁止於身,天下幸甚。及其歸舍,口雖不言,而仰屋竊歎,莫不知其多冤,無敢悟陛下者。臣今所陳,誠死無悔。"帝意解,詔遣朗出。後二日，車駕自幸洛陽獄錄囚徒，理出千餘人。後平、忠死獄中，朗乃自繫。會赦，免官。復舉孝廉。

【注】
〔1〕物色謂形狀也。
〔2〕錯愕猶倉卒也。錯音七故反。愕音五故反。
〔3〕時上猶即上也。上音時掌反。

建初中，肅宗大會群臣，朗前謝恩，詔以朗納忠先帝，拜為易長。[1]歲餘，遷濟陽令，以母喪去官，百姓追思之。章和元年，上行東巡狩，過濟陽，三老吏人上書陳朗前政治狀。帝至梁，召見朗，詔三府為辟首，由是辟司徒府。永元中，再遷清河太守，坐法免。

【注】
〔1〕易，今易州縣也。

永初三年，太尉張禹薦朗為博士，徵詣公車，會卒，時年八十四。

論曰：左丘明有言："仁人之言，其利博哉！"晏子一言，齊侯省刑。[1]若鍾離意之就格請過，寒朗之廷爭冤獄，篤矣乎，仁者之情也！夫正直本於忠誠則不詭，[2]本於諫爭則絞切。[3]彼二子之所本得乎天，故言信而志行也。[4]

【注】
〔1〕《左氏傳》曰，齊景公謂晏子曰："子之宅近市，識貴賤乎？"於是景公繁於刑，有鬻踊者，故對曰："踊貴而屨賤。"景公為是省於刑。君子曰："仁人之言，其利博哉！"踊謂刖足者屨。
〔2〕詭，詐也。

〔3〕《論語》孔子曰："直而無禮則絞。"絞，急也。
〔4〕言而見信，諫而必從，故曰志行。

贊曰：伯魚、子阿，矯急去苛。臨官以絜，匡帝以奢。宋均達政，禁此妖祭。[1]禽蟲畏德，子民請病。[2]意明尊尊，割恩蕃屏。[3]愓愓楚黎，寒君為命。[4]

【注】
〔1〕祭，祭也，于命反。
〔2〕謂人為之請禱也。
〔3〕《穀梁傳》曰："為尊者諱敵，為親者諱敗，尊尊親親之義也。"意諫令諸王歸藩，故云割恩藩屏。音協韻必政反。
〔4〕愓愓，懼也。黎，衆也。

【校勘記】
〔一〕鮮于褒　按：《陰興傳》作"鮮于裒"，裒即褒字。
〔二〕自稱王伯齊　按：《集解》引惠棟說，謂袁《紀》作"王伯春"。
〔三〕姦（輕）〔軌〕所集　據汲本改。按：今聚珍本《東觀記》作"姦宄"。
〔四〕不過從兄飯　按：王先謙謂《御覽》四二五引《續漢書》作"不過從弟兄飯"。
〔五〕邵州武岡縣　按："岡"原譌"剛"，逕據汲本、殿本改正。
〔六〕以錢三百萬　按：汲本、殿本"三"作"二"。
〔七〕亦宜所以安之　按：王先謙謂"宜"下奪一"思"字。
〔八〕敢不自聞　《集解》引蘇輿說，謂"自"疑"以"之誤。今按："以"字本作"㠯"，與"自"形近而譌。
〔九〕亦當宜譴舉者　按：《集解》引惠棟說，謂"宜"當作"並"。
〔一〇〕雖令不（行）〔從〕　據汲本、殿本改，與今《論語》合。

〔一一〕吾兄子常病一夜十往　按："常"當作"嘗",《御覽》四七八引正作"嘗"。"往"當作"起"。《刊誤》謂麻延年云,唐睿宗下詔,用十起作元子事,本出於此,明當作"起"也。

〔一二〕少子頡嗣　按:《刊誤》謂倫未嘗有爵,無緣言"嗣",明多此一字。

〔一三〕盜賊群輩　按:《御覽》三三二引"輩"作"聚"。

〔一四〕歲中至數千家　按:汲本"中"作"終"。

〔一五〕中常侍單超兄子匡　按:《集解》引沈欽韓説,謂《考異》云《楊秉傳》作"超弟",《宦者傳》作"超弟子"。

〔一六〕此二臣以可死而不死者　按:王先謙謂"以可死"當為"可以死"。

〔一七〕昔者管(子)〔仲〕欲立公子糾而不能　據汲本改。按:《説苑》作"子",《校補》謂傳文既作"管仲",在子路之問,亦不應一口兩稱,作"子"者,蓋踵今本《説苑》之誤。

〔一八〕有受人酒禮者　按:王先謙謂《御覽》二五三引《續漢書》,"酒禮"作"雞酒"。

〔一九〕意獨身自隱親　按:《校補》引柳從辰説,謂袁《紀》"隱親"作"隱視",親視形近而譌。黃山謂柳説是,古隱與䚈同,隱視猶言審視也。

〔二〇〕案察之〔也〕　據汲本補。

〔二一〕御治〔也〕　據汲本、殿本補。

〔二二〕光武得奏以(見)〔視〕霸　《集解》引顧炎武説,謂"見"當作"視",古"示"字作"視",謂以意奏示霸也。王先謙謂顧説是。今據改。

〔二三〕〔縣〕人防廣為父報讎　據汲本、殿本補。

〔二四〕喜懼相并　按:汲本、殿本"并"作"半"。

〔二五〕(常)〔嘗〕以事怒郎藥崧　《校補》謂"常"當作"嘗",各本皆失正。今據改。

〔二六〕出私錢萬三千文　按:《刊誤》謂古人言錢不曰文,世俗乃有此文,明多一"文"字。

〔二七〕(決)〔浹〕日而成　據汲本、殿本改。

〔二八〕尚書郎伯使一人　按：汲本、殿本作"二人"。

〔二九〕宋均字叔庠南陽安衆人也　殿本《考證》引何焯説及王先謙《集解》引《通鑑》胡注，俱謂宋均本姓宗，作"宋"乃傳寫之誤。今按：《通鑑》胡注引張説《宋璟遺愛頌》，證明"宗均"之譌為"宋均"，自唐已然。

〔三〇〕客授潁川　汲本、殿本"授"作"游"。按：下又云"客授潁川"，明作"游"者非也。

〔三一〕浚遒縣屬廬江郡　按："廬江"當作"九江"。《集解》引洪頤煊説，謂《郡國志》浚遒縣屬九江郡，注云屬廬江，誤。

〔三二〕均(常)〔嘗〕寢病　據汲本改。

〔三三〕擢拜阿陽侯相　按：《集解》引錢大昕説，謂阿陽縣屬漢陽郡，不云侯國，而上黨之陽阿為侯國，此"阿陽"或"陽阿"之誤。

〔三四〕章和二年鮮卑擊破北匈奴　按：《集解》引惠棟説，謂袁宏《紀》為章和元年事。

〔三五〕辭連及隧鄉侯耿建　按：《集解》引惠棟説，謂《耿純傳》宿封隧鄉侯，非建也。坐楚事為耿阜，以東光侯徙封莒鄉侯。"隧"當作"莒"，建當作"阜"。

〔三六〕咸共言妖惡大故　按：汲本"故"作"過"。

後漢書卷四十二

光武十王列傳第三十二

光武皇帝十一子：郭皇后生東海恭王彊、沛獻王輔、濟南安王康、阜陵質王延、中山簡王焉，許美人生楚王英，光烈皇后生顯宗、東平憲王蒼、廣陵思王荊、臨淮懷公衡、琅邪孝王京。

東海恭王彊。建武二年，立母郭氏為[皇]后，〔一〕彊為皇太子。十七年而郭后廢，彊常慼慼不自安，數因左右及諸王陳其懇誠，願備蕃國。光武不忍，遲回者數歲，乃許焉。十九年，封為東海王，二十八年，就國。帝以彊廢不以過，去就有禮，故優以大封，兼食魯郡，合二十九縣。賜虎賁旄頭，宮殿設鍾虡之縣，擬於乘輿。〔1〕彊臨之國，數上書讓還東海，又因皇太子固辭。帝不許，深嘉歎之，以彊章宣示公卿。初，魯恭王好宮室，起靈光殿，甚壯麗，是時猶存，〔2〕故詔彊都魯。中元元年入朝，從封岱山，因留京師。明年春，帝崩。冬，歸國。

【注】
〔1〕虎賁、旄頭、鍾虡解見《光武紀》。縣音玄。
〔2〕恭王名餘，景帝之子。殿在今兗州曲阜城中，故基東西二十丈，南北十二丈，高丈餘也。

永平元年，彊病，顯宗遣中常侍鉤盾令將太醫乘驛視疾，詔沛王輔、濟南王康、淮陽王延詣魯。及薨，臨命上疏謝曰："臣蒙恩得備蕃輔，特受二國，宮室禮樂，事事殊異，巍巍無量，訖無報稱。而自脩不謹，連年被疾，為朝廷憂念。皇太后、陛下哀憐臣彊，感動發中，數遣使者太醫令丞方伎道術，絡驛不絕。臣伏惟厚恩，不知所言。臣內自省視，氣力羸劣，日夜浸困，[1]終不復望見闕庭，奉承帷幄，孤負重恩，銜恨黃泉。[2]身既夭命孤弱，復為皇太后、陛下憂慮，誠悲誠慙。息政，小人也，猥當襲臣後，必非所以全利之也。誠願還東海郡。天恩愍哀，以臣無男之故，[3]處臣三女小國侯，[4]此臣宿昔常計。[5]今天下新罹大憂，[6]惟陛下加供養皇太后，數進御餐。臣彊困劣，言不能盡意。願並謝諸王，不意永不復相見也。"天子覽書悲慟，從太后出幸津門亭發哀。[7]使（大）司空持節護喪事，[二]大鴻臚副，宗正、將作大匠視喪事，贈以殊禮，升龍、旄頭、鸞輅、龍旂、虎賁百人。[8]詔楚王英、趙王栩、北海王興、館陶公主、比陽公主[三]及京師親戚四姓夫人、小侯皆會葬。[9]帝追惟彊深執謙儉，不欲厚葬以違其意，於是特詔中常侍杜岑及東海傅相曰："王恭謙好禮，以德自終，遣送之物，務從約省，衣足斂形，茅車瓦器，物減於制，以彰王卓爾獨行之志。[10]將作大匠留起陵廟。"

【注】

〔1〕浸，漸也。

〔2〕杜預注《左傳》云："地中之泉，故曰黃泉。"

〔3〕無男，無多男也。

〔4〕即婦人封侯也，若呂后之妹呂須封為臨光侯，蕭何夫人封為酇侯之類。

〔5〕私計天恩，不敢忘也。

〔6〕光武崩也。

〔7〕津門，洛陽南面西頭門也，一名津陽門。每門皆有亭。

〔8〕解並見《光武》及《明帝紀》。

〔9〕四姓小侯，解見《明帝紀》。夫人，蓋小侯之母也。
〔10〕《前書》曰："卓尔不群者，河間獻王近之矣。"

彊立十八年，〔四〕年三十四。子靖王政嗣。政淫欲薄行。後中山簡王薨，政詣中山會葬，私取簡王姬徐妃，又盜迎掖庭出女。豫州刺史、魯相奏請誅政，有詔削薛縣。

立四十四年薨，子頃王肅嗣。永元十六年，封肅弟二十一人皆為列侯。肅性謙儉，循恭王法度。永初中，以西羌未平，上錢二千萬。元初中，復上縑萬匹，以助國費，鄧太后下詔褒納焉。

立二十三年薨，子孝王臻嗣。永建二年，封臻二弟敏、儉為鄉侯。臻及弟蒸鄉侯儉並有篤行，母卒，皆吐血毀眥。〔1〕至服練紅，兄弟追念初喪父，幼小，哀禮有闕，因復重行喪制。〔2〕臻性敦厚有恩，常分租秩賑給諸父昆弟。國相籍襃具以狀聞，順帝美之，制詔大將軍、三公、大鴻臚曰："東海王臻以近蕃之尊，少襲王爵，膺受多福，未知艱難，而能克己率禮，孝敬自然，事親盡愛，送終竭哀，降儀從士，寢苫三年。〔3〕和睦兄弟，恤養孤弱，至孝純備，仁義兼弘，朕甚嘉焉。夫勸善厲俗，為國所先。曩者東平孝王敞兄弟行孝，喪母如禮，有增戶之封。《詩》云：'永世克孝，念茲皇祖。'〔4〕今增臻封五千户，儉五百户，光啓土宇，以酬厥德。"

【注】
〔1〕眥或為瘠。
〔2〕既祥之後而服練也。《禮記》曰："練衣黄裏纁緣。"纁即紅也。纁音七絹反。鄭玄注《周禮》曰："淺絳也。"
〔3〕《左氏傳》曰："晏桓子卒，晏嬰麤衰斬，苴絰帶，杖，菅屨，食粥，居倚廬，寢苫枕草。其家老曰：'非大夫之禮也。'"杜預注云："時士及大夫衰服各有不同。"
〔4〕《詩·周頌》之文。克，能也。

立三十一年薨，子懿王祇嗣。初平四年，遣子琬至長安奉章，獻帝封琬汶陽侯，拜為平原相。

祇立四十四年薨，子羨嗣。二十年，魏受禪，以為崇德侯。

沛獻王輔，建武十五年封右（馮）翊公。〔五〕十七年，郭后廢為中山太后，故徙輔為中山王，并食常山郡。二十年，復徙封沛王。

時禁網尚疏，諸王皆在京師，競脩名譽，爭禮四方賓客。壽光侯劉鯉，更始子也，得幸於輔。鯉怨劉盆子害其父，因輔結客，報殺盆子兄故式侯恭，輔坐繫詔獄，三日乃得出。自是後，諸王賓客多坐刑罰，各循法度。二十八年，就國。中元二年，封輔子寶為沛侯。〔六〕永平元年，封寶弟嘉為僮侯。〔1〕

【注】
〔1〕僮，縣，屬臨淮郡，故城在今泗州宿預縣西南。

輔矜嚴有法度，好經書，善説《京氏易》、《孝經》、《論語》傳及圖讖，作《五經論》，時號之曰《沛王通論》。在國謹節，終始如一，稱為賢王。顯宗敬重，數加賞賜。

立四十六年薨，子釐王定嗣。〔1〕元和二年，封定弟十二人為鄉侯。

【注】
〔1〕釐音僖，下皆同。

定立十一年薨，子節王正嗣。元興元年，封正弟二人為縣侯。

正立十四年薨，子孝王廣嗣。有固疾。安帝詔廣祖母周領王家事。周明正有法禮，漢安中薨，順帝下詔曰："沛王祖母太夫人周，秉心淑慎，導王以仁，使光禄大夫贈以妃印綬。"

廣立三十五年薨，子幽王榮嗣。立二十年薨，子孝王琮嗣。薨，子恭王曜嗣。薨，子契嗣；魏受禪，以為崇德侯。

楚王英，以建武十五年封為楚公，十七年進爵為王，二十八年就國。母許氏無寵，故英國最貧小。三十年，以臨淮之取慮、須昌二縣益楚國。[1]自顯宗為太子時，英常獨歸附太子，太子特親愛之。及即位，數受賞賜。永平元年，特封英舅子許昌為龍舒侯。[2]

【注】
[1]取慮，縣，故城在今泗州下邳縣西南。案：臨淮無須昌，有昌陽縣，蓋誤也。取慮音秋閭。
[2]龍舒，縣，屬廬江郡，故城在今廬州廬江縣西也。

英少時好游俠，交通賓客，晚節更喜黃老，學為浮屠齋戒祭祀。[1]八年，詔令天下死罪皆入縑贖。英遣郎中令奉黃縑白紈三十匹詣國相曰："託在蕃輔，過惡累積，歡喜大恩，[七]奉送縑帛，以贖愆罪。"國相以聞。詔報曰："楚王誦黃老之微言，尚浮屠之仁祠，[八]絜齋三月，與神為誓，何嫌何疑，當有悔吝？其還贖，以助伊蒲塞桑門之盛饌。"[2]因以班示諸國中傅。英後遂大交通方士，作金龜玉鶴，刻文字以為符瑞。

【注】
[1]袁宏《漢紀》："浮屠，佛也，西域天竺國有佛道焉。佛者，漢言覺也，將以覺悟群生也。其教以脩善慈心為主，不殺生，專務清靜。其精者為沙門。沙門，漢言息也，蓋息意去欲而歸于無為。又以為人死精神不滅，隨復受形，生時善惡皆有報應，故貴行善修道，以鍊精神，以至無生而得為佛也。佛長丈六尺，黃金色，項中佩日月光，變化無方，無所不入，而大濟群生。初，明帝夢見金人長大，項有日月光，以問群臣。或曰：'西方有神，其名曰佛。陛

下所夢，得無是乎？'於是遣使天竺，問其道術而圖其形像焉。"

〔2〕伊蒲塞即優婆塞也，中華翻為近住，言受戒行堪近僧住也。桑門即沙門。

十三年，男子燕廣告英與漁陽王平、顏忠等造作圖書，有逆謀，事下案驗。有司奏英招聚姦猾，造作圖讖，擅相官秩，置諸侯王公將軍二千石，大逆不道，請誅之。帝以親親不忍，乃廢英，徙丹陽涇縣，〔1〕賜湯沐邑五百戶。〔2〕遣大鴻臚持節護送，使伎人奴婢（妓士）[工技]〔九〕鼓吹悉從，得乘輜軿，〔3〕持兵弩，行道射獵，極意自娛。男女為侯主者，食邑如故。楚太后勿上璽綬，留住楚宮。

【注】
〔1〕今宣州縣也。
〔2〕湯沐，解見《皇后紀》也。
〔3〕軿猶屏也，自隱蔽之車。《蒼頡篇》曰："衣車也。"

明年，英至丹陽，自殺。立三十三年，國除。詔遣光祿大夫持節弔祠，贈賵如法，加賜列侯印綬，以諸侯禮葬於涇。遣中黃門占護其妻子。〔1〕悉出楚官屬無辭語者。制詔許太后曰："國家始聞楚事，幸其不然。既知審實，懷用悼灼，庶欲有全王身，令保卒天年，而王不念顧太后，竟不自免。此天命也，無可奈何！太后其保養幼弱，勉強飲食。諸許願王富貴，人情也。已詔有司，出其有謀者，令安田宅。"於是封燕廣為折姦侯。楚獄遂至累年，其辭語相連，自京師親戚諸侯州郡豪桀及考案吏，阿附相陷，坐死徙者以千數。

【注】
〔1〕占護猶守護也。

十五年，帝幸彭城，見許太后及英妻子於內殿，悲泣，感動左右。建初二年，肅宗封英子［种］楚侯（种），〔一〇〕五弟皆為列侯，並不得置相臣吏人。元和三年，許太后薨，復遣光禄大夫持節弔祠，因留護喪事，賻錢五百萬。又遣謁者備王官屬迎英喪，改葬彭城，加王赤綬羽蓋華藻，如嗣王儀，〔1〕追爵，諡曰楚厲侯。章和元年，帝幸彭城，見英夫人及六子，厚加贈賜。

【注】
〔1〕《續漢·輿服志》曰："諸侯王赤綬四采，長二丈一尺。皇子安車，青蓋金華藻。"〔一一〕

种後徙封六侯。〔1〕卒，子度嗣。度卒，子拘嗣，傳國于後。

【注】
〔1〕六，縣名，屬廬江郡。

濟南安王康，建武十五年封濟南公，十七年進爵為王，二十八年就國。三十年，以平原之祝阿、安德、朝陽、平昌、隰陰、〔一二〕重丘六縣益濟南國。中元二年，封康子德為東武城侯。〔1〕

【注】
〔1〕東武城屬清河郡，今貝州武城縣是。

康在國不循法度，交通賓客。其後，人上書告康招來州郡姦猾漁陽顏忠、劉子產等，又多遺其繒帛，案圖書，謀議不軌。事下考，有司舉奏之，顯宗以親親故，不忍窮竟其事，但削祝阿、隰陰、東朝陽、安德、西平昌五縣。〔1〕

【注】

〔1〕東朝陽在今齊州臨濟縣東。西平昌,今德州般縣也。般音補滿反。

建初八年,肅宗復還所削地,康遂多殖財貨,大修宮室,奴婢至千四百人,廄馬千二百匹,私田八百頃,奢侈恣欲,游觀無節。永元初,國傅何敞上疏諫康曰:"蓋聞諸侯之義,制節謹度,然後能保其社稷,和其民人。〔1〕大王以骨肉之親,享食茅土,當施張政令,明其典法,出入進止,宜有期度,輿馬臺隸,應為科品。〔2〕而今奴婢廄馬皆有千餘,增無用之口,以自蠶食。〔3〕宮婢閉隔,失其天性,惑亂和氣,〔一三〕又多起內第,觸犯防禁,費以巨萬,〔4〕而功猶未半。夫文繁者質荒,木勝者人亡,〔5〕皆非所以奉禮承上,傳福無窮者也。故楚作章華以凶,〔6〕吳興姑蘇而滅,〔7〕景公千駟,民無稱焉。〔8〕今數游諸第,晨夜無節,又非所以遠防未然,臨深履薄之法也。願大王修恭儉,遵古制,省奴婢之口,減乘馬之數,斥私田之富,節游觀之宴,以禮起居,則敞乃敢安心自保。惟大王深慮愚言。"康素敬重敞,雖無所嫌悟,然終不能改。

【注】

〔1〕《孝經·諸侯章》之義也。

〔2〕臺、隸,賤職也,《左氏傳》曰:"人有十等,王臣公,公臣卿,卿臣大夫,大夫臣士,士臣皁,皁臣輿,輿臣隸,隸臣僚,僚臣僕,僕臣臺"也。

〔3〕言如蠶之食,漸至衰盡也。

〔4〕巨,大也。大萬謂萬萬。

〔5〕荒,廢也。文彩繁多,則質以之廢,土木增構,則人殫其力,故云人亡。

〔6〕《左氏傳》,楚靈王成章華之臺,後卒被殺。杜預注云"臺在今南郡華容縣"也。

〔7〕姑蘇臺一名姑胥臺。《越絕書》曰:"胥門外有九曲路,闔廬以遊姑蘇之臺,以望湖中。"顧夷(吾)《[吳]》《地記》云〔一四〕:"橫山北有小山,俗

謂姑蘇臺。"在今蘇州吳縣西。闔廬後被越殺之。

〔8〕《論語》:"齊景公有馬千駟,死之日,人無德而稱焉。"千駟,四千匹。

立五十九年薨,子簡王錯嗣。[1]錯為太子時,愛康鼓吹妓女宋閏,〔一五〕使醫張尊招之不得,錯怒,自以劍刺殺尊。國相舉奏,有詔勿案。永元十一年,封錯弟七人為列侯。〔一六〕

【注】
〔1〕錯音七故反。

錯立六年薨,子孝王香嗣。永初二年,封香弟四人為列侯。香篤行,好經書。初,叔父篤有罪不得封,西平昌侯昱坐法失侯,香乃上書分爵土封篤子丸、昱子嵩,皆為列侯。

香立二十年薨,無子,國絕。

永建元年,順帝立錯子阜陽侯顯為嗣,是為鼇王。立三年薨,子悼王廣嗣。永建五年,封廣弟文為樂城亭侯。

廣立二十五年,永興元年薨,無子,國除。

東平憲王蒼,建武十五年封東平公,十七年進爵為王。

蒼少好經書,雅有智思,為人美須顏,要帶八圍,〔一七〕顯宗甚愛重之。及即位,拜為驃騎將軍,置長史掾史員四十人,位在三公上。[1]

【注】
〔1〕四府掾史皆無四十人,今特置以優之也。

永平元年,封蒼子二人為縣侯。二年,以東郡之壽張、須昌,山陽之南平陽、(橐)〔橐〕、湖陵五縣〔一八〕益東平國。〔1〕是時中興三十餘年，四方無虞，蒼以天下化平，宜修禮樂，乃與公卿共議定南北郊冠冕車服制度，及光武廟登歌八佾舞數，語在《禮樂》、《輿服志》。〔2〕帝每巡狩，蒼常留鎮，侍衛皇太后。

【注】
〔1〕南平陽，縣，故城今兗州鄒縣也。(橐)〔橐〕，縣，一名高平，故城在鄒縣西南。湖陵故城在今兗州防輿縣東南。
〔2〕其志今亡。

四年春，車駕近出，觀覽城第，〔1〕尋聞當遂校獵河內，蒼即上書諫曰：＂臣聞時令，盛春農事，不聚眾興功。〔2〕傳曰：'田獵不宿，食飲不享，出入不節，則木不曲直。'此失春令者也。〔3〕臣知車駕今出，事從約省，所過吏人諷誦《甘棠》之德。雖然，動不以禮，非所以示四方也。惟陛下因行田野，循視稼穡，消搖仿佯，弭節而旋。〔4〕至秋冬，乃振威靈，整法駕，備周衛，設羽旄。〔5〕《詩》云：'抑抑威儀，惟德之隅。'〔6〕臣不勝憤懣，伏自手書，乞詣行在所，極陳至誠。＂帝覽奏，即還宮。

【注】
〔1〕第，宅也。有甲乙之次，故曰第。
〔2〕《禮記・月令》曰＂孟春之月，無聚大眾，無置城郭。仲春之月，無作大事，以妨農事＂也。
〔3〕《尚書・五行傳》曰：＂田獵不宿，飲食不享，出入不節，奪人農時，及有姦謀，則木不曲直。＂鄭玄注云：＂木性或曲或直，人所用為器者也。無故生不暢茂，多有折槁，是為不曲直也。＂《前書音義》曰：＂不宿，不預戒日也。＂
〔4〕皆遊散之意。《詩》曰：＂於焉消搖。＂《左氏傳》曰：＂橫流而仿

佯。"《前書音義》曰："弭節猶按節也，言不盡意馳驅也。"

〔5〕旄謂注旄於竿首。

〔6〕《詩·大雅》之文也。抑抑，密也。隅，廉也。言人審密於威儀抑抑然者，其德必嚴正，如宮室之制，內繩直則外有廉隅。

蒼在朝數載，多所隆益，而自以至親輔政，聲望日重，意不自安，上疏歸職曰："臣蒼疲駑，特為陛下慈恩覆護，在家備教導之仁，升朝蒙爵命之首，制書褒美，班之四海，舉負薪之才，升君子之器。〔1〕凡匹夫一介，尚不忘簞食之惠，〔2〕況臣居宰相之位，同氣之親哉！宜當暴骸膏野，為百僚先，而愚頑之質，加以固病，誠羞負乘，辱汙輔將之位，將被詩人'三百赤芾'之刺。〔3〕今方域晏然，要荒無儆，〔4〕將遵上德無為之時也，文官猶可并省，武職尤不宜建。昔象封有鼻，不任以政，〔5〕誠由愛深，不忍揚其過惡。前事之不忘，來事之師也。自漢興以來，宗室子弟無得在公卿位者。惟陛下審覽虞帝優養母弟，遵承舊典，終卒厚恩。乞上驃騎將軍印綬，退就蕃國，願蒙哀憐。"帝優詔不聽。其後數陳乞，辭甚懇切。五年，乃許還國，而不聽上將軍印綬。以驃騎長史為東平太傅，掾為中大夫，令史為王家郎。〔6〕加賜錢五千萬，布十萬匹。

【注】

〔1〕負薪，喻小人也。《易》曰："負且乘，致寇至。"負也者小人之事，乘也者君子之器，以小人而乘君子之器，則盜思奪之矣。

〔2〕簞，竹器也，圓曰簞，方曰笥。《左氏傳》曰："晉宣子田於首山，舍於翳桑，見靈輒餓，曰：'不食三日矣。'食之，舍其半。問之，曰：'宦三年矣，〔一九〕未知母之存否，請遺之。'使盡之，而為簞食［與肉以］與之。〔二○〕既而（與）［輒］為公介［士］，〔二一〕倒戟以禦公徒而免之。問何故，曰：'翳桑之餓人也。'"

〔3〕赤芾，大夫之服也。《詩·曹風》曰："彼己之子，三百赤芾。"刺其無德居位者多也。

〔4〕去王畿五百里曰甸服，又五百里曰侯服，又五百里曰綏服，又五百里要服，又五百里荒服。儆，備也，音警。

〔5〕有鼻，國名，其地在今永州營道縣北。《史記》曰舜弟象封於有鼻也。

〔6〕《漢官儀》"將軍掾屬二十九人，中大夫無員，令史四十一人"也。

六年冬，帝幸魯，徵蒼從還京師。明年，皇太后崩。既葬，蒼乃歸國，特賜宮人奴婢五百人，布二十五萬匹，及珍寶服御器物。

十一年，蒼與諸王朝京師。月餘，還國。帝臨送歸宮，悽然懷思，乃遣使手詔國中傅曰："辭別之後，獨坐不樂，因就車歸，伏軾而吟，瞻望永懷，實勞我心，誦及《采菽》，以增歎息。〔1〕日者問東平王處家何等最樂，王言為善最樂，其言甚大，副是要腹矣。今送列侯印十九枚，諸王子年五歲已上能趨拜者，皆令帶之。"

【注】

〔1〕《采菽》，《詩·小雅》之章也。其詩曰："采菽采菽，筐之筥之，君子來朝，何錫與之？"毛萇注云："菽所以芼大牢而待君子也。"

十五年春，行幸東平，賜蒼錢千五百萬，布四萬匹。帝以所作《光武本紀》示蒼，蒼因上《光武受命中興頌》。帝甚善之，以其文典雅，特令校書郎賈逵為之訓詁。

肅宗即位，尊重恩禮踰於前世，諸王莫與為比。建初元年，地震，蒼上便宜，其事留中。〔1〕帝報書曰："丙寅所上便宜三事，朕親自覽讀，反覆數周，心開目明，曠然發矇。〔2〕閒吏人奏事，亦有此言，但明智淺短，或謂儻是，復慮為非。何者？災異之降，緣政而見。今改元之後，年飢人流，此朕之不德感應所致。又冬春旱甚，所被尤廣，雖內用克責，而不知所定。得王深策，快然意解。〔二〕《詩》不云乎：'未見君子，憂心忡忡；既見君子，我心則降。'〔3〕思惟嘉謀，以次奉行，冀蒙福應。彰報至德,特賜王錢五百萬。"

【注】

〔1〕留禁中也。

〔2〕韋昭注《國語》曰:"有眸子而無見曰矇。"

〔3〕《詩·國風》也。忡忡猶衝衝。降,下也。

後帝欲為原陵、顯節陵起縣邑,蒼聞之,遽上疏諫曰:"伏聞當為二陵起立郭邑,臣前頗謂道路之言,疑不審實,近令從官古霸問涅陽主疾,[1]使還,乃知詔書已下。竊見光武皇帝躬履儉約之行,深覩始終之分,勤勤懇懇,以葬制為言,故營建陵地,具稱古典,詔曰'無為山陵,陂池裁令流水而已'。孝明皇帝大孝無違,奉承貫行。[2]至於自所營創,尤為儉省,謙德之美,於斯為盛。[3]臣愚以園邑之興,始自彊秦。古者丘隴且不欲其著明,[4]豈況築郭邑,建都郛哉![5]上違先帝聖心,下造無益之功,虛費國用,動搖百姓,非所以致和氣,祈豐年也。又以吉凶俗數言之,亦不欲無故繕修丘墓,有所興起。考之古法則不合,稽之時宜則違人,求之吉凶復未見其福。陛下履有虞之至性,追祖禰之深思,然懼左右過議,以累聖心。臣蒼誠傷二帝純德之美,不暢於無窮也。惟蒙哀覽。"帝從而止。自是朝廷每有疑政,輒驛使諮問。蒼悉心以對,皆見納用。

【注】

〔1〕《風俗通》曰:"古姓,周有古公亶父,其後氏焉。"涅陽主,光武女,竇固之妻也。

〔2〕貫行謂一皆遵奉也。谷永曰"一以貫行,固執無違"也。

〔3〕《易》曰:"謙德之柄。"

〔4〕《禮記》曰:"古者墓而不墳。"故言不欲其著明。

〔5〕《穀梁傳》曰:"人之所聚曰都。"杜預注《左傳》曰:"郛,郭

也。"

三年，帝饗衛士於南宮，因從皇太后周行掖庭池閣，乃閱陰太后舊時器服，愴然動容，乃命留五時衣各一襲，[1]及常所御衣合五十篋，餘悉分布諸王主及子孫在京師者各有差。特賜蒼及琅邪王京書曰："中大夫奉使，親聞動靜，嘉之何已！歲月驚過，山陵浸遠，孤心悽愴，如何如何！聞饗衛士於南宮，因閱視舊時衣物，聞於師曰：'其物存，其人亡，不言哀而哀自至。'信矣。惟王孝友之德，亦豈不然！今送光烈皇后假紒帛巾各一，[2]及衣一篋，可時奉瞻，以慰《凱風》寒泉之思，[3]又欲令後生子孫得見先后衣服之製。今魯國孔氏，尚有仲尼車輿冠履，明德盛者光靈遠也。[4]其光武皇帝器服，中元二年已賦諸國，故不復送。并遺宛馬一匹，血從前髆上小孔中出。常聞武帝歌天馬，霑赤汗，今親見其然也。[5]頃反虜尚屯，將帥在外，憂念遑遑，未有閒寧。[6]願王寶精神，加供養。苦言至戒，望之如渴。"

【注】

[1]五時衣謂春青，夏朱，季夏黃，秋白，冬黑也。衣單複具曰襲。

[2]《周禮》："追師掌王后之首服為副編。"鄭玄云："副，婦人首服，三輔謂之假紒。"《續漢書》"帛"字作"皁"。

[3]《詩·國風》曰："《凱風》，美孝子也。""凱風自南，吹彼棘心，棘心夭夭，母氏劬勞。爰有寒泉，在浚之下，有子七人，母氏勞苦。"寒泉在今濮州濮陽縣。

[4]孔子廟在魯曲阜城中。伍緝之《從征記》曰："魯人藏孔子所乘車於廟中，是顏路所請者也。獻帝時，廟遇火，燒之。"冠履解見《鍾離意傳》。

[5]《前書·天馬歌》曰"太一況，天馬下，霑赤汗，沬流赭"也。

[6]閒音閑。

六年冬，蒼上疏求朝。明年正月，帝許之。特賜裝錢千五百萬，其餘諸王各千萬。帝以蒼冒涉寒露，遣謁者賜貂裘，[1]及太官食物珍果，使大鴻臚竇固持節郊迎。帝乃親自循行邸第，豫設帷牀，其錢帛器物無不充備。下詔曰："[《禮》云]伯父歸寧乃國，[2][二三]《詩》云叔父建爾元子，[3]敬之至也。昔蕭相國加以不名，優忠賢也。[4]況兼親尊者乎！其沛、濟南、東平、中山四王，贊皆勿名。"[5]蒼既至，升殿乃拜，天子親荅之。其後諸王入宮，輒以輦迎，至省閣乃下。蒼以受恩過禮，情不自寧，上疏辭曰："臣聞貴有常尊，賤有等威，[6]卑高列序，上下以理。陛下至德廣施，慈愛骨肉，既賜奉朝請，咫尺天儀，而親屈至尊，降禮下臣，每賜讌見，輒興席改容，中宮親拜，事過典故。臣惶怖戰慄，誠不自安，每會見，踧踖無所措置。[7]此非所以章示群下，安臣子也。"帝省奏歎息，愈褒貴焉。舊典，諸王女皆封鄉主，乃獨封蒼五女為縣公主。[二四]

【注】

[1]《說文》曰："貂，鼠屬也，大而黃黑，出丁零國。"

[2]《儀禮》曰"覲禮，諸侯至于郊，王使皮弁用璧勞，侯氏亦皮弁迎于帷門之外，再拜。天子賜舍，曰：'賜伯父舍。'同姓西面，北上；異姓東面，北上。侯氏裨冕，釋幣于禰，乘墨車，載龍旂、弧韣，乃朝以瑞玉，有繅。天子負斧扆，曰：'伯父實來，余一人嘉之。'奉束帛匹馬，卓上九馬隨之，奠幣再拜。侯氏降，天子辭於侯氏曰：'伯父無事，歸寧乃邦。'侯氏再拜稽首而出"也。

[3]《詩·魯頌》之文也。叔父謂周公也。建元子謂封伯禽也。

[4]見《前書·王莽傳》。

[5]贊謂贊者不唱其名。

[6]《左傳》隨武子之辭也。等威，威儀有等差也。

[7]踧踖，謙讓貌也。

三月，大鴻臚奏遣諸王歸國，帝特留蒼，賜以祕書、列僊圖、道術祕方。至八月飲酎畢,〔1〕有司復奏遣蒼,乃許之。手詔賜蒼曰:"骨肉天性,誠不以遠近為親疏,然數見顏色,情重昔時。念王久勞,思得還休,欲署大鴻臚奏,不忍下筆,顧授小黃門,中心戀戀,惻然不能言。"〔2〕於是車駕祖送,流涕而訣。復賜乘輿服御,珍寶輿馬,〔二五〕錢布以億萬計。

【注】
〔1〕飲酎,解見《章紀》。
〔2〕大鴻臚奏王歸國,小黃門受詔者。

蒼還國,疾病,帝馳遣名醫,小黃門侍疾,使者冠蓋不絕於道。又置驛馬千里,傳問起居。明年正月薨,詔告中傅,封上蒼自建武以來章奏及所作書、記、賦、頌、七言、別字、歌詩,並集覽焉。遣大鴻臚持節,五官中郎將副監喪,及將作使者凡六人,令四姓小侯諸國王主悉會詣東平奔喪,賜錢前後一億,布九萬匹。及葬,策曰:"惟建初八年三月己卯,〔二六〕皇帝曰:咨王丕顯,勤勞王室,親受策命,昭于前世。出作蕃輔,克慎明德,率禮不越,〔1〕傅聞在下。〔2〕昊天不弔,不報上仁,俾屏余一人,夙夜煢煢,靡有所終。〔3〕今詔有司加賜鸞輅乘馬,龍旂九旒,虎賁百人,奉送王行。匪我憲王,其孰離之!〔4〕魂而有靈,保茲寵榮。嗚呼哀哉!"

【注】
〔1〕率,循也。越,違也。
〔2〕傅音敷。敷,布也。《書》曰:"克慎明德,敷聞在下。"
〔3〕俾,使也。屏,蔽也。《左氏傳》曰"昊天不弔,不憖遺一老,俾屏余一人,煢煢余在疚"也。
〔4〕離,被也。言非憲王誰更被蒙此恩也。

立四十五年，子懷王忠嗣。明年，帝乃分東平國封忠弟尚為任城王，餘五人為列侯。忠立（十）一年薨，〔二七〕子孝王敞嗣。元和三年，行東巡守，幸東平宮，帝追感念蒼，謂其諸子曰："思其人，至其鄉；其處在，其人亡。"因泣下沾襟，遂幸蒼陵，為陳虎賁、鸞輅、龍旂，以章顯之，祠以太牢，親拜祠坐，哭泣盡哀，賜御劍于陵前。〔1〕初，蒼歸國，驃騎時吏〔二八〕丁牧、周栩以蒼敬賢下士，不忍去之，遂為王家大夫，數十年事祖及孫。帝聞，皆引見於前，既愍其淹滯，且欲揚蒼德美，即皆擢拜議郎。牧至齊相，栩上蔡令。永元十年，封蒼孫梁為矜陽亭侯，敞弟六人為列侯。敞喪母至孝，國相陳珍上其行狀。永寧元年，鄧太后增邑五千戶，又封蒼孫二人為亭侯。

【注】
〔1〕陵在今鄆州東峗山南。峗音魚委反。

敞立四十八年薨，子頃王端嗣。立四十七年薨，子凱嗣；立四十一年，魏受禪，以為崇德侯。

論曰：孔子稱"貧而無諂，富而無驕，未若貧而樂，富而好禮者也"。若東平憲王，可謂好禮者也。若其辭至戚，去母后，豈欲苟立名行而忘親遺義哉！蓋位疑則隙生，累近則喪大，〔1〕斯蓋明哲之所為歎息。嗚呼！遠隙以全忠，釋累以成孝，夫豈憲王之志哉！〔2〕東海恭王遜而知廢，〔3〕"為吳太伯，不亦可乎"！〔4〕

【注】
〔1〕憂累既近，所喪必大。
〔2〕言其本志然也。
〔3〕遜，讓也。
〔4〕《左傳》（曰）晉大夫士蔿之辭也。〔二九〕吳太伯，周太王之長子，讓其

弟季歷，因適吳、越采藥，大王没而不反，事見《史記》也。

任城孝王尚，元和元年封，食任城、亢父、樊三縣。[1]

【注】
[1]亢父、樊並屬東平國。亢父故城在今兖州任城縣南。樊故城在今瑕丘縣西南也。

立十八年薨，子貞王安嗣。永元十四年，封母弟福為桃鄉侯。永初四年，封福弟亢為當塗鄉侯。安性輕易貪吝，數微服出入，游觀國中，取官屬車馬刀劍，下至衛士米肉，皆不與直。元初六年，國相行弘奏請廢之。安帝不忍，以一歲租五分之一贖罪。

安立十九年薨，子節王崇嗣。順帝時，羌虜數反，崇輒上錢帛佐邊費。及帝崩，復上錢三百萬助山陵用度，朝廷嘉而不受。立三十一年薨，無子，國絕。

延熹四年，桓帝立河閒孝王子（恭為）参户亭侯博為任城王，[二〇]以奉其祀。[1]博有孝行，喪母服制如禮，增封三千户。立十三年薨，無子，國絕。

【注】
[1]杜預注《左傳》曰：“今丹水縣北有三户亭。”故城在今鄧州內鄉縣西南也。

熹平四年，靈帝復立河閒貞王（遜）[建][子]新昌侯（子）佗為任城王，[二一]奉孝王後。立四十六年，魏受禪，以為崇德侯。

阜陵質王延，建武十五年封淮陽公，十七年進爵為王，二十八年就國。三十年，以汝南之長平、西華、新陽、扶樂四縣益淮陽國。[1]

【注】
[1]長平故城在今陳州宛丘縣西北，西華故城在今溵水縣西北，新陽故城在今豫州真陽西南，扶樂故城在今陳州太康縣北也。

延性驕奢而遇下嚴烈。永平中，有上書告延與姬兄謝弇及姊館陶主婿駙馬都尉韓光招姦猾，作圖讖，祠祭祝詛。事下案驗，光、弇被殺，辭所連及，死徙者甚衆。有司奏請誅延，顯宗以延罪薄於楚王英，故特加恩，徙為阜陵王，食二縣。

延既徙封，數懷怨望。建初中，復有告延與子男魴造逆謀者，有司奏請檻車徵詣廷尉詔獄。肅宗下詔曰：“王前犯大逆，罪惡尤深，有同周之管、蔡，漢之淮南。[1]經有正義，律有明刑。[2]先帝不忍親親之恩，枉屈大法，為王受愆，[3]群下莫不惑焉。今王曾莫悔悟，悖心不移，逆謀內潰，自子魴發，誠非本朝之所樂聞。朕惻然傷心，不忍致王于理，今貶爵為阜陵侯，食一縣。獲斯辜者，侯自取焉。於戲誡哉！”赦魴等罪勿驗，使謁者一人監護延國，不得與吏人通。

【注】
[1]淮南厲王長，高帝子，文帝時反，被遷於蜀而死也。
[2]《公羊傳》曰：“君親無將，將而必誅。”《前書》曰：“大逆無道，父母、妻子、同產無少長皆棄市。”
[3]愆，過也。反而不誅，先帝之過，故言為王受過也。

章和元年，行幸九江，賜延書與車駕會壽春。帝見延及妻子，愍然傷之，乃下詔曰：“昔周之爵封千有八百，而姬姓居半者，所以楨幹王室也。朕南巡，望淮、海，意在阜陵，遂與侯相見。侯志意衰落，形體非故,瞻省懷感,以喜以悲。今復侯為阜陵王,增封四縣,并前為五縣。"以阜陵下溼,徙都壽春,加賜錢千萬,布萬匹,安車一乘,夫人諸子賞賜各有差。明年入朝。

立五十一年薨,子殤王沖嗣。永元二年,下詔盡削除前班下延事。

沖立二年薨,無嗣。和帝復封沖兄魴,是為頃王。永元八年,封魴弟十二人為鄉、亭侯。

魴立三十年薨,子懷王恢嗣。延光三年,封恢兄弟五人為鄉、亭侯。

恢立十年薨,子節王代嗣。陽嘉二年,封代兄便親為勃迺亭侯。

代立十四年薨,無子,國絶。

建和元年,桓帝立勃迺亭侯便親為恢嗣,是為恭王。立十三年薨,子孝王統嗣。立八年薨,子王赦立;建安中薨,無子,國除。

廣陵思王荊,建武十五年封山陽公,十七年進爵為王。

荊性刻急隱害,[1]有才能而喜文法。光武崩,大行在前殿,荊哭不哀,而作飛書,封以方底,[2]令蒼頭詐稱東海王彊舅大鴻臚郭況書與彊曰:"君王無罪,猥被斥廢,而兄弟至有束縛入牢獄者。太后失職,別守北宮,[3]及至年老,遠斥居邊,[4]海內深痛,觀者鼻酸。及太后尸柩在堂,洛陽吏以次捕斬賓客,至有一家三尸伏堂者,痛甚矣!今天下有喪,弓弩張設甚備。閒梁松勑虎賁史曰:'吏以便宜見非,勿有所拘,[5]封侯難再得也。'郎官竊悲之,為王寒心累息。[6]今天下爭欲思刻賊王以求功,寧有量邪!若歸并二國之衆,可聚百萬,君王為之主,鼓行無前,功易於太山破雞子,輕於四馬載鴻毛,此湯、武兵也。今年軒轅星有白氣,星家及喜事者,[7]皆云白氣者喪,軒轅女主之位。又太白前出西方,至午兵當起,[8]又太子星色黑,至辰日輒變赤。[9]夫黑為病,赤為兵,王努力卒事。高祖起亭長,陛下興白水,何況於王陛下長子,故副主哉!上以求天下事必舉,下以雪除沈没之恥,報死母之讎。精誠所加,金石為開。[10]當為秋霜,無為檻羊。雖欲為檻羊,[11]又可得乎!

竊見諸相工言王貴，天子法也。人主崩亡，閭閻之伍尚為盜賊，欲有所望，何況王邪！夫受命之君，天之所立，不可謀也。今新帝人之所置，彊者為右。願君王為高祖、陛下所志，〔12〕無為扶蘇、將閭叫呼天也。"〔13〕彊得書惶怖，即執其使，封書上之。

【注】

〔1〕隱害謂陰害於人也。

〔2〕方底囊，所以盛書也。《前書》曰："緑綈方底。"

〔3〕太后，郭后也。職，常也。失其常位，別遷北宮。

〔4〕封之於魯。

〔5〕以便宜之事而有非者，當即行之，勿拘常制也。

〔6〕累息猶疊息也。

〔7〕喜事猶好事也。喜音許氣反。

〔8〕(鴻)〔洪〕範五行傳》〔三二〕曰："太白，少陰之星，以己未為界，不得經天而行。太白經天而行為不臣。"今至午，是為經天也。

〔9〕《天官書》曰"心前星，太子之位"也。

〔10〕《韓詩外傳》曰："昔者楚熊渠子夜行，見寢石，以為伏虎，彎弓而射之，没金飲羽。下視，知其石也，因復射之，矢摧無跡。熊渠子見其誠心而金石為之開，而況人乎。"

〔11〕秋霜，肅殺於物。檻羊，受制於人。

〔12〕陛下即光武也。

〔13〕扶蘇，秦始皇之太子。將閭，庶子也。扶蘇以數諫始皇，使與蒙恬守北邊。始皇死於沙丘，少子胡亥詐立，賜扶蘇死。將閭昆弟三人囚於内宮。胡亥使謂將閭曰："公子不臣，罪當死。"將閭乃仰天而大呼天者三，曰："天乎！吾無罪。"昆弟三人皆流涕，伏劍自殺。事見《史記》。

顯宗以荆母弟，祕其事，遣荆出止河南宮。時西羌反，荆不得志，冀天下因羌驚動有變，私迎能為星者與謀議。帝聞之，乃徙封荆廣陵王,遣之國。其後荆復呼相工謂曰:"我貌類先帝。先帝三十得天下,我今亦三十,可起兵未?"相者詣吏告之,荆惶恐,自繫獄。帝復加恩,不考極其事,下詔不得臣屬吏人,唯食租如故,使相、中尉謹宿衛之。荆猶不改。其後使巫祭祀祝詛,有司舉奏,請誅之,荆自殺。立二十九年死。帝憐傷之,賜謚曰思王。

十四年,封荆子元壽為廣陵侯,服王璽綬,食荆故國六縣;又封元壽弟三人為鄉侯。明年,帝東巡狩,徵元壽兄弟會東平宮,班賜御服器物,又取皇子輿馬,悉以與之。建初七年,肅宗詔元壽兄弟與諸王俱朝京師。

元壽卒,子商嗣。商卒,子條嗣,傳國于後。

臨淮懷公衡,建武十五年立,未及進爵為王而薨,無子,國除。

中山簡王焉,建武十五年封左(馮)翊公,〔三三〕十七年進爵為王。焉以郭太后少子故,獨留京師。三十年,徙封中山王。永平二年冬,諸王來會辟雍,〔三四〕事畢歸蕃,詔焉與俱就國,從以虎賁官騎。[1]焉上疏辭讓,顯宗報曰:"凡諸侯出境,必備左右,故夾谷之會,司馬以從。[2]今五國各官騎百人,稱妷前行,[3]皆北軍胡騎,便兵善射,弓不空發,中必決眥。[4]夫有文事必有武備,所以重蕃職也。王其勿辭。"帝以焉郭太后偏愛,特加恩寵,獨得往來京師。十五年,焉姬韓序有過,焉縊殺之,國相舉奏,坐削安險縣。[5]元和中,肅宗復以安險還中山。

【注】

〔1〕《漢官儀》:"騶騎,王家名官騎。"

〔2〕《穀梁傳》曰,公會齊侯于頰谷,齊人鼓譟,欲以執魯君。孔子歷階而上,命司馬止之。《左氏傳》"頰谷"作"夾谷"。

〔3〕娖音楚角反。稱娖猶齊整也。行音胡郎反。
〔4〕司馬相如《子虛》之文。
〔5〕安險屬中山郡。

立五十二年，永元二年薨。自中興至和帝時，皇子始封薨者，皆賻錢三千萬，布三萬匹；嗣王薨，賻錢千萬、布萬匹。是時竇太后臨朝，竇憲兄弟擅權，太后及憲等，東海出也，〔1〕故睦於焉而重於禮，加賻錢一億。詔濟南、東海二王皆會。大為修冢塋，開神道，〔2〕平夷吏人冢墓以千數，作者萬餘人。發常山、鉅鹿、涿郡柏黃腸雜木，〔3〕三郡不能備，復調餘州郡工徒及送致者數千人。凡徵發搖動六州十八郡，制度餘國莫及。

【注】
〔1〕《爾雅》曰"女子之子為出"也。〔三五〕
〔2〕墓前開道，建石柱以為標，謂之神道。
〔3〕黃腸，柏木黃心。

子夷王憲嗣。永元四年，封憲弟十一人為列侯。
憲立二十二年薨，子孝王弘嗣。永寧元年，封弘二弟為亭侯。
弘立二十八年薨，子穆王暢嗣。永和六年，封暢弟荊為南鄉侯。
暢立三十四年薨，子節王稚嗣，無子，國除。

琅邪孝王京，建武十五年封琅邪公，十七年進爵為王。
京性恭孝，好經學，顯宗尤愛幸，賞賜恩寵殊異，莫與為比。永平二年，以太山之蓋、南武陽、華，〔1〕東萊之昌陽、盧鄉、東牟六縣益琅邪。〔2〕五年，乃就國。光烈皇后崩，帝悉以太后遺金寶財物賜京。京都莒，好修宮室，窮極伎巧，殿館壁帶皆飾以金銀。〔3〕數上詩賦頌德，帝嘉美，下之史官。京國中有城陽景王祠，吏人奉祠。神數下言宮中多不便利，京上書願徙宮開陽，以華、蓋、南武陽、厚丘、贛榆五縣〔4〕易東海之開陽、臨沂，肅宗許之。立三十一年薨，葬東海即丘廣平亭，有詔割亭屬開陽。〔5〕

【注】
〔1〕蓋縣故城在今沂州沂水縣西北。南武陽縣故城在今沂州費縣西，又華縣故城在費縣東北也。
〔2〕昌陽，今萊州縣也，故城在今聞登縣西南。盧鄉故城在今昌陽縣西北。東牟故城在聞登縣西北也。
〔3〕壁帶，壁中之橫木也，以金銀為釭，飾其上。
〔4〕華縣、蓋縣、南武陽屬泰山郡，厚丘屬東海郡，贛榆屬琅邪郡。
〔5〕開陽，縣，屬東海郡，故城在今沂州臨沂縣北。

子夷王宇嗣。建初七年，封宇弟十三人為列侯。元和元年，封孝王孫二人為列侯。
宇立二十年薨，子恭王壽嗣。永初元年，封壽弟八人為列侯。
立十七年薨，子貞王尊嗣。〔三六〕延光二年，封尊弟四人為鄉侯。
尊立十八年薨，子安王據嗣。永和五年，封據弟三人為鄉侯。
據立四十七年薨，子順王容嗣。初平元年，遣弟邈至長安奉章貢獻，帝以邈為九江太守，封陽都侯。〔1〕

【注】
〔1〕陽都，縣，屬城陽國，故城在今沂州承縣南。承音常證反。

容立八年薨，國絕。
初，邈至長安，盛稱東郡太守曹操忠誠於帝，操以此德於邈。建安十一年，復立容子熙為王。在位十一年，坐謀欲過江，被誅，國除。

贊曰：光武十子，胙土分王。沛獻尊節，楚英流放。[1]延既怨詛，荆亦觖望。濟南陰謀，琅邪驕宕。中山、臨淮，無聞夭喪。[2]東平好善，辭中委相。謙謙恭王，寔惟三讓。

【注】

〔1〕尊音祖本反。《禮記》曰："恭敬撙節。"鄭玄注云："撙，趨也。"

〔2〕二王早終，名聞未著也。

【校勘記】

〔一〕立母郭氏為［皇］后　《集解》引沈欽韓説，謂案文少一"皇"字。今據補。

〔二〕使（大）司空持節護喪事　據《集解》引錢大昕説删。按：袁《紀》作"司空魴"，無"大"字。

〔三〕比陽公主　按：《校補》引柳從辰説，謂"比"讀為"沘"。

〔四〕彊立十八年　按：《校補》引柳從辰説，謂"八"疑"六"之譌。黃山謂此從郭后十七年被廢追數之，乃史之誤。

〔五〕封右（馮）翊公　《刊誤》謂衍"馮"字。《集解》引錢大昕説，謂《中山王焉傳》"封左馮翊公"，與此傳同，皆衍文也。左翊、右翊蓋取嘉名，非分馮翊地為左右。今據删。

〔六〕封輔子寶為沛侯　按：《集解》引錢大昕説，謂沛為王國之名，不應更有"沛侯"，疑字有譌。

〔七〕歡喜大恩　按：汲本、《集解》本"大"作"天"。

〔八〕尚浮屠之仁祠　按：《通鑑》"祠"作"慈"。

〔九〕使伎人奴婢（妓士）［工技］鼓吹悉從　據汲本改。按：《刊誤》謂"妓士"當作"工技"，《梁節王傳》中亦有工技也。

〔一〇〕肅宗封英子［种］楚侯（种）　《集解》引錢大昕説，謂當云"封英子种楚侯"，傳寫顛倒耳。今據改。

〔一一〕青蓋金華藻　按：《校補》謂《續志》"藻"作"蚤"，蚤通爪，爪又通瑤,本謂車蓋上琱飾綵藻,故又可作"藻"也。

〔一二〕隰陰　按:《集解》引惠棟説,謂本志及《宗俱碑》作"濕陰",《前書》志作"漯陰"。又引錢大昕説,謂"隰"蓋"漯"之譌。

〔一三〕惑亂和氣　按:汲本、殿本"惑"作"感"。

〔一四〕顧夷(吾)〔吳〕地記云　《集解》引惠棟説,謂此顧夷所撰《吳地記》也,"吳"訛"吾"。今據改。

〔一五〕鼓吹妓女宋閏　按:"妓"字當作"伎",各本皆未正。參閲《梁冀傳》校記。

〔一六〕永元十一年封錯弟七人為列侯　按:汲本作"十二年"。

〔一七〕要帶八圍　汲本、殿本作"十圍"。今按《御覽》三七一、三七八引,並作"八圍",疑作"十圍"者誤也。

〔一八〕山陽之南平陽(橐)〔橐〕湖陵五縣　據殿本《考證》及《集解》引沈欽韓説改。注同。

〔一九〕宦三年矣　按:"三"原譌"二",逕改正。

〔二〇〕而為簞食〔與肉以〕與之　據汲本、殿本補。

〔二一〕既而(與)〔輒〕為公介〔士〕　據汲本、殿本刪補。

〔二二〕快然意解　按:《校補》引錢大昭説,謂"快"《通鑑》作"恢",注云恢然猶廓然也。

〔二三〕〔禮云〕伯父歸寧乃國　據汲本補。按:殿本作"禮伯父歸寧乃國"。《刊誤》謂此語本出《儀禮》,既下文有"詩云",即此亦當有"禮云"字。

〔二四〕乃獨封蒼五女為縣公主　按:袁《紀》云封女三人皆為公主。

〔二五〕輿馬　按:《校補》引柳從辰説,謂《東觀記》作"窜馬"。

〔二六〕惟建初八年三月己卯　按:《校補》引錢大昭説,謂紀作"辛卯"。

〔二七〕忠立(十)一年薨　《集解》引洪頤煊説,謂憲王建初八年薨,忠即以是年嗣,《章帝紀》元和元年九月乙未東平王忠薨,忠立僅一年,"十"字衍。今據删。

〔二八〕驃騎時吏　殿本《考證》謂"時"字應從《通鑑》作"府"。今按：此謂蒼為驃騎將軍時之掾屬，"時"字亦非譌，特《通鑑》改云"府吏"，較為明確耳。

〔二九〕左傳（曰）晉大夫士蒍之辭也　"曰"字衍，各本皆未正，今刪。

〔三〇〕桓帝立河閒孝王子（恭為）參戶亭侯博為任城王　《刊誤》謂當作"桓帝立河閒孝王恭子參戶亭侯博為任城王"。《校補》謂河閒孝王名開，不名恭，且謚以易名，諸王既稱謚，即不必定著其名，"恭為"二字皆屬誤衍。今據《校補》說刪。

〔三一〕靈帝復立河閒貞王（遜）〔建〕〔子〕新昌侯（子）佗為任城王　《校補》謂貞王名建，《靈帝紀》及《河閒·孝王傳》皆同，此作"遜"，誤。又汲本、殿本"子"字在"新昌侯"上。今據改。

〔三二〕（鴻）〔洪〕範五行傳　據汲本、殿本改。

〔三三〕封左（馮）翊公　《刊誤》謂案《光武紀》封焉左翊公，與右翊相配。今按：此衍"馮"字，今刪，參閱前"封右翊公"條校記。

〔三四〕諸王來會辟雍　按："辟"原譌"璧"，逕據汲本、殿本改正。

〔三五〕爾雅曰女子之子為出也　汲本、殿本"為"作"謂"。按：《爾雅》云"男子謂姊妹之子為出"。

〔三六〕子貞王尊嗣　按：《集解》引錢大昭說，謂紀"尊"作"遵"。

後漢書卷四十三

朱樂何列傳第三十三 朱暉 孫穆

　　朱暉字文季,〔一〕南陽宛人也。〔1〕家世衣冠。暉早孤,有氣決。年十三,王莽敗,天下亂,與外氏家屬從田間奔入宛城。〔2〕道遇群賊,白刃劫諸婦女,略奪衣物。昆弟賓客皆惶迫,伏地莫敢動。暉拔劍前曰:"財物皆可取耳,諸母衣不可得。今日朱暉死日也!"賊見其小,壯其志,笑曰:"童子內刀。"遂捨之而去。

【注】
〔1〕《東觀記》曰"其先宋微子之後也,以國氏姓。周衰,諸侯滅宋,犇碭,易姓為朱,後徙于宛"也。
〔2〕《東觀記》曰"暉外祖父孔休,以德行稱於代"也。

　　初,光武與暉父岑俱學長安,有舊故。及即位,求問岑,時已卒,乃召暉拜為郎。暉尋以病去,卒業於太學。性矜嚴,進止必以禮,諸儒稱其高。
　　永平初,顯宗舅新陽侯陰就慕暉賢,自往候之,暉避不見。復遣家丞致禮,〔1〕暉遂閉門不受。就聞,歎曰:"志士也,勿奪其節。"後為郡吏,太守阮況嘗欲市暉(牛)[婢],〔二〕暉不從。〔2〕及況卒,暉乃厚贈送其家。人或譏焉,暉曰:"前阮府君有求於我,所以不敢聞命,誠恐以財貨污君。今而相送，明吾非有愛也。"驃騎將軍東平王蒼聞而辟之，甚禮敬焉。正月朔旦，蒼當入賀。故事，少府給璧。是時陰就為府卿，[三]貴驕，吏憚不奉法。蒼坐朝堂，漏且盡，而求璧不可得，顧謂掾屬曰："若之何？"暉望見少府主簿持璧，即往紿之曰：[3]"我數聞璧而未嘗見，試請觀之。"主簿以授暉，暉顧召令史奉之。[4]主簿大驚，遽以白就。就曰："朱掾義士，勿復求。"更以它璧朝。蒼既罷，召暉謂曰："屬者掾自視孰與藺相如？"[5]帝聞壯之。及當幸長安，欲嚴宿衞，故以暉為衞士令。再遷臨淮太守。

【注】

〔1〕《續漢志》曰："諸侯家丞，秩三百石。"

〔2〕《東觀記》曰："暉為（掾）督郵，[四]況當歸女，欲買暉婢，暉不敢與。後況卒，暉送其家金三斤。"

〔3〕紿，欺也。

〔4〕奉之於蒼。

〔5〕屬，向也。與猶如也。《史記》曰，藺相如，趙人也。趙惠文王時得楚和氏璧，秦昭王欲以十五城易之，趙王使相如奉璧入秦。秦王大喜，無意償趙城。相如乃前曰："璧有瑕，願指示王。"相如因持璧卻立倚柱，怒髮上衝冠，曰："臣觀大王無償趙城色，[五]故臣復取璧。大王必欲急臣，臣今頭與璧俱碎於柱矣。"相如持其璧睨柱，欲以擊柱。秦王恐其璧破，乃謝之。

暉好節槩，有所拔用，皆厲行士。其諸報怨，以義犯率，皆為求其理，多得生濟。其不義之囚，即時僵仆。[1]吏人畏愛，為之歌曰："彊直自遂，南陽朱季。吏畏其威，人懷其惠。"[2]數年，坐法免。[3]

【注】

〔1〕僵，偃；仆，踣也。

〔2〕《東觀記》曰："建武十六年，四方牛大疫，臨淮獨不，鄰郡人多牽牛

入界。"

〔3〕《東觀記》曰:"坐考長吏囚死獄中,州奏免官。"

暉剛於為吏,見忌於上,所在多被劾。自去臨淮,屏居野澤,布衣蔬食,不與邑里通,鄉黨譏其介。〔1〕建初中,南陽大饑,米石千餘,暉盡散其家資,以分宗里故舊之貧羸者,鄉族皆歸焉。初,暉同縣張堪素有名稱,嘗於太學見暉,甚重之,接以友道,乃把暉臂曰:"欲以妻子託朱生。"暉以堪先達,舉手未敢對,自後不復相見。堪卒,暉聞其妻子貧困,乃自往候視,厚賑贍之。暉少子頡怪而問曰:"大人不與堪為友,平生未曾相聞,子孫竊怪之。"暉曰:"堪嘗有知己之言,吾以信於心也。"〔2〕暉又與同郡陳揖交善,揖早卒,有遺腹子友,暉常哀之。及司徒桓虞為南陽太守,召暉子駢為吏,暉辭駢而薦友。虞嘆息,遂召之。其義烈若此。

【注】

〔1〕介,特也。言不與衆同。
〔2〕以堪先託妻子,心已許之,故言信於心也。

元和中,肅宗巡狩,告南陽太守問暉起居,召拜為尚書僕射。歲中遷太山太守。暉上疏乞留中,詔許之。因上便宜,陳密事,深見嘉納。詔報曰:"補公家之闕,〔1〕不累清白之素,斯善美之士也。俗吏苟合,阿意面從,進無謇謇之志,卻無退思之念,〔2〕患之甚久。惟今所言,適我願也。生其勉之!"

【注】

〔1〕《詩》曰:"袞職有闕,仲山甫補之。"
〔2〕《易·蹇卦》艮下坎上,艮為山,坎為水,山上有水,蹇難之象也。六二爻上應於五,五為君位,二宜為臣也。居儉難之時,〔六〕履當其位,

不以五在難私身遠害，故曰"王臣蹇蹇，匪躬之故"。《孝經》曰："退思補過。""謇"與"蹇"通。

是時穀貴，縣官經用不足，[1]朝廷憂之。尚書張林上言："穀所以貴，由錢賤故也。可盡封錢，一取布帛為租，以通天下之用。又鹽，食之急者，雖貴，人不得不須，官可自鬻。[2]又宜因交阯、益州上計吏往來，市珍寶，收采其利，武帝時所謂均輸者也。"[3]於是詔諸尚書通議。暉奏據林言不可施行，事遂寢。後陳事者復重述林前議，以為於國誠便，帝然之，有詔施行。暉復獨奏曰："王制，天子不言有無，諸侯不言多少，祿食之家不與百姓爭利。今均輸之法與賈販無異，鹽利歸官，則下人窮怨，布帛為租，則吏多姦盜，誠非明主所當宜行。"帝卒以林等言為然，得暉重議，因發怒，切責諸尚書。暉等皆自繫獄。三日，詔敕出之。曰："國家樂聞駁議，黃髮無愆，詔書過耳，[4]何故自繫？"暉因稱病篤，不肯復署議。尚書令以下惶怖，謂暉曰："今臨得譴讓，奈何稱病，其禍不細！"暉曰："行年八十，蒙恩得在機密，當以死報。若心知不可而順旨雷同，負臣子之義。今耳目無所聞見，伏待死命。"遂閉口不復言。諸尚書不知所為，乃共劾奏暉。帝意解，寢其事。後數日，詔使直事郎問暉起居，[5]太醫視疾，太官賜食。暉乃起謝，復賜錢十萬，布百匹，衣十領。

【注】
〔1〕經，常也。
〔2〕《前書》曰："因官器作鬻鹽。"《音義》曰："鬻，古'煮'字。"
〔3〕武帝作均輸法，謂州郡所出租賦，并雇運之直，官總取之，市其土地所出之物，官自轉輸於京，謂之均輸。
〔4〕黃髮，老稱。謂朱暉也。
〔5〕直事郎謂署郎當次直者。

後遷為尚書令，以老病乞身，拜騎都尉，賜錢二十萬。和帝即位，竇憲北征匈奴，暉復上疏諫。頃之，病卒。[1]

【注】
[1] 華嶠《書》曰"暉年五十失妻，昆弟欲為繼室，暉歎曰：'時俗希不以後妻敗家者！'遂不復娶"也。

子頡，修儒術，安帝時至陳相。頡子穆。

穆字公叔。年五歲，便有孝稱。父母有病，輒不飲食，差乃復常。及壯耽學，銳意講誦，或時思至，不自知亡失衣冠，顛隊阬岸。其父常以為專愚，幾不知數馬足。[1]穆愈更精篤。

【注】
[1] 幾音近衣反。《前書》曰："石慶為太僕，上問車中幾馬？慶以策數馬畢，舉手曰：'六馬。'"言穆用心專愚更甚也。

初舉孝廉。[1]順帝末，江淮盜賊群起，州郡不能禁。或說大將軍梁冀曰："朱公叔兼資文武，海內奇士，若以為謀主，賊不足平也。"冀亦素聞穆名，乃辟之，使典兵事，甚見親任。及桓帝即位，順烈太后臨朝，穆以冀執地親重，望有以扶持王室，因推災異，奏記以勸戒冀曰："穆伏念明年丁亥之歲，刑德合於乾位，[2]《易》經龍戰之會。其文曰：'龍戰于野，其道窮也。'[3]謂陽道將勝而陰道負也。今年九月天氣鬱冒，五位四候連失正氣，此互相明也。夫善道屬陽，惡道屬陰，若修正守陽，摧折惡類，則福從之矣。穆每事不逮，所好唯學，傳受於師，時有可試。願將軍少察愚言，申納諸儒，[4]而親其忠正，絕其姑息，[5]專心公朝，割除私欲，廣求賢能，斥遠佞惡。夫人君不可不學，當以天地順道漸漬其心。宜為皇帝選置師傅及侍講者，得小心忠篤敦禮之士，將軍與之俱入，參勸講授，師賢法古，此猶倚南山坐平原也，誰能傾之！今年夏，月暈房星，明年當有小戹。宜急誅姦臣為天下所怨毒者，以塞災咎。議郎、大夫之位，本以式序儒術高行之士，今多非其人；九卿之中，亦有乖其任者。惟將軍察焉。"又薦种暠、欒巴等。而明年嚴鮪謀立清河王蒜，[七]又黃龍二見沛國。冀無術學，遂以穆"龍戰"之言為應，於是請暠為從事中郎，薦巴為議郎，舉穆高第，為侍御史。[6]

【注】

[1] 謝承《書》曰"穆少有英才，學明五經。性矜嚴疾惡，不交非類。年二十為郡督郵，迎新太守，見穆曰：'君年少為督郵，因族勢？為有令德？'穆答曰：'郡中瞻望明府謂如仲尼，非顏回不敢以迎孔子。'[八]更問風俗人物。太守甚奇之，曰：'僕非仲尼，督郵可謂顏回也。'遂歷職股肱，舉孝廉"也。

[2] 歷法，太歲在丁、壬，歲德在北宮，太歲在亥、卯、未，歲刑亦在北宮，故合於乾位也。

[3]《易·坤卦》上六象詞也。以爻居上六，故云其道窮也。王弼注云："陰之為道，卑順不逆，乃全其美，盛而不已。固陽之地，陽所不堪，故戰于野。"

[4] 申，重也。

[5] 姑，且也。息，安也。小人之道，苟且取安也。《禮記》曰"君子之愛人也以德，細人之愛人也以姑息"也。

[6]《續漢書》曰："穆舉高第，拜侍御史。桓帝臨辟雍，行禮畢，公卿出，虎賁置弓階上，公卿下階皆避弓。穆過，呵虎賁曰：'執天子器，何故投於地！'虎賁怖，即攝弓。穆劾奏虎賁抵罪，公卿皆慙，曰'朱御史可謂臨事不惑者也'。"

時同郡趙康叔盛者，隱于武當山，清靜不仕，以經傳教授。穆時年五十，乃奉書稱弟子。及康歿，喪之如師。其尊德重道，為當時所服。

常感時澆薄，慕尚敦篤，乃作《崇厚論》。其辭曰：

夫俗之薄也，有自來矣。故仲尼歎曰："大道之行也，而丘不與焉。"[1]蓋傷之也。夫道者，以天下為一，在彼猶在己也。故行違於道則愧生於心，非畏義也；事違於理則負結于意，非憚禮也。故率性而行謂之道，[2]得其天性謂之德。[3]德性失然後貴仁義，[4]是以仁義起而道德遷，[5]禮法興而淳樸散。故道德以仁義為薄，淳樸以禮法為賊也。[6]夫中世之所敦，已為上世之所薄，[7]況又薄於此乎！

【注】

[1]《禮記》仲尼歎曰："大道之行，三代之英，丘未之逮也，而有志焉。"鄭玄注曰："大道，謂三皇、五帝時也。"

[2]率，循也。子思曰"天命之謂性，率性之謂道，修道之謂教"也。

[3]天之所命之謂性，不失天性是為德。

[4]道德之性失，仁義之迹彰。

[5]遷，徙也。

[6]《老子》曰："失道而後德，失德而後仁，失仁而後義，失義而後禮。夫禮者，忠信之薄而亂之首也。"

[7]中世謂五帝時。

故夫天不崇大則覆幬不廣，地不深厚則載物不博，[1]人不敦厖則道數不遠。[2]昔在仲尼不失舊於原壤，[3]楚嚴不忍章於絕纓。[4]由此觀之，聖賢之德敦矣。老氏之經曰："大丈夫處其厚不處其薄，居其實不居其華，故去彼取此。"[5]夫時有薄而厚施，行有失而惠用。[6]故覆人之過者，敦之道也；救人之失者，厚之行也。往者，馬援深昭此道，可以為德，誡其兄子曰："吾欲汝曹聞人之過如聞父母之名。耳可得聞，口不得言。"斯言要矣。遠則聖賢履之上世，[7]近則丙吉、張子孺行之漢廷。[8]故能振英聲於百世，播不滅之遺風，不亦美哉！

【注】

〔1〕幬亦覆。《左傳》曰："如天之無不幬，如地之無不載。""幬"與"燾"同。

〔2〕敦厖，厚大也。《左傳》曰："人生敦厖。"數猶理也。言人不敦厚，不能入道之精理也。

〔3〕原壤，孔子之舊也。《禮記》曰："原壤之母死，孔子助之沐椁。原壤登木而歌曰：'貍首之班然，執女手之卷然。'從者曰：'子未可以已乎？'夫子曰：'親者無失其為親，故者無失其為故。'"

〔4〕《說苑》曰："楚莊王賜群臣酒，日暮燭滅，乃有人引美人之衣者。美人援絕其冠纓，告王趣火來上，視絕纓者。王曰：'賜人酒，使醉失禮，柰何欲顯婦人之節而辱士乎？'乃命左右曰：'與寡人飲，不絕冠纓者不懽。'群臣百餘人皆絕去其冠纓，乃上火"也。

〔5〕此老子《[道]德經》之詞也。〔九〕顧歡注曰："道德為厚，禮法為薄，清虛為實，聲色為華。去彼華薄，取此厚實。"

〔6〕俗之凋薄，以厚御之；行[之]有失，〔一〇〕以惠待之。即上孔子、楚莊是也。

〔7〕履，踐也。言敦厚之道，孔子、楚莊已踐履之。

〔8〕宣帝時丙吉為丞相，不案吏，曰："夫以三公府案吏，吾竊陋之。"子孺為車騎將軍，匿名遠權，隱人過失。

然而時俗或異，風化不敦，而尚相誹謗，謂之臧否。記短則兼折其長，貶惡則并伐其善。悠悠者皆是，其可稱乎！〔1〕凡此之類，豈徒乖為君子之道哉，將有危身累家之禍焉。悲夫！行之者不知憂其然，故害興而莫之及也。斯既然矣，又有異焉。人皆見之而不能自遷。何則？務進者趨前而不顧後，榮貴者矜己而不待人，智不接愚，富不賑貧，貞士孤而不恤，賢者厄而不存。故田蚡以尊顯致安國之金,〔2〕淳于以貴埶引方進之言。〔3〕夫以韓、翟之操,為漢之名宰,〔4〕然猶不能振一貧賢,薦一孤士,又況其下者乎!此禽息、史魚所以專名於前,而莫繼於後者也。〔5〕故時敦俗美,則小人守正,利不能誘也;時否俗薄,雖君子為邪,義不能止也。〔6〕何則?先進者既往而不反,後來者復習俗而追之,是以虛華盛而忠信微,刻薄稠而純篤稀。斯蓋《谷風》有"棄予"之歎,〔7〕《伐木》有"鳥鳴"之悲矣!〔8〕

【注】

〔1〕悠悠,多也。稱,舉也。

〔2〕田蚡,(武)[景]帝王皇后〔一〕同產弟,為太尉,親貴用事。韓安國為梁王太傅,坐法失官,安國以五百金遺蚡,蚡為言太后,即召以為北地都尉也。

〔3〕翟方進,成帝時為丞相。淳于長,元后姊子,封定陵侯,以能謀議為九卿,用事。方進獨與長交,稱薦之也。

〔4〕《前書》曰:"天子以韓安國為國器,拜御史大夫。"又曰:"翟方進智能有餘,天子甚重之。"故言名宰也。

〔5〕《韓詩外傳》曰:"禽息,秦大夫,薦百里奚不見納。繆公出,當車以頭擊闌,腦乃精出,曰:'臣生無補於國,不如死也。'繆公感寤而用百里奚,秦以大化。"禮,大夫殯於正室,士於適室。《韓子》曰,史魚,衛大夫。卒,委柩後寢。衛君弔而問之。曰:"不能進蘧伯玉,退彌子瑕。"以屍諫也。

〔6〕皆牽於時也。

〔7〕《詩·小雅》曰:"習習谷風,維風及雨。將恐將懼,維予與汝。將安將樂,汝轉棄予。"

〔8〕《詩·小雅》曰"伐木丁丁,鳥鳴嚶嚶。出自幽谷,遷于喬木。嚶其鳴矣,求其友聲"也。

嗟乎!世士誠躬師孔聖之崇則,嘉楚嚴之美行,希李老之雅誨，思馬援之所尚，鄙二宰之失度，美韓稜之抗正，[1]貴丙、張之弘裕，賤時俗之誹謗，則道豐績盛，名顯身榮，載不刊之德，[2]播不滅之聲。然[後]知薄者之不足，[一二]厚者之有餘也。彼與草木俱朽，[3]此與金石相傾，[4]豈得同年而語，並日而談哉？"

【注】
[1] 事具《韓稜傳》也。
[2] 刊，削也。
[3] 彼謂薄也。
[4] 此謂厚也。《老子》曰："高下之相傾。"

穆又著《絕交論》，亦矯時之作。[1]

【注】
[1]《穆集》載論，其略曰："或曰：'子絕存問，不見客，亦不荅也，何故？'曰：'古者，進退趨業，無私游之交，相見以公朝，享會以禮紀，否則朋徒受習而已。'曰：'人將疾子，如何？'曰：'寧受疾。'曰：'受疾可乎？'曰：'世之務交游也久矣，敦千乘不忌于君，[一三]犯禮以追之，背公以從之。其愈者，則孺子之愛也；其甚者，則求蔽過竊譽，以贍其私。事替義退，公輕私重，居勞於聽也。或於道而求其私，贍矣。是故遂往不反，而莫敢止焉。是川瀆並決，而莫之敢塞；游獵蹂稼，而莫之禁也。《詩》云："威儀棣棣，不可算也。"後生將復何述？而吾不才，焉能規此？實悼無行，子道多闕，臣事多尤，思復白圭，重考古言，以補往過。時無孔堂，思兼則滯，匪有廢也，則亦焉興？是以敢受疾也，不亦可乎！'"《文士傳》曰："世無絕交。"又與劉伯宗絕交書及詩曰："昔我為豐令，足下不遭母憂乎？親解縗絰，來入豐寺。及我為持書御史，足下親來入臺。足下今為二千石，我下為郎，乃反因計吏以謁相與。足下豈丞尉之徒，我豈足下部[民]，[一四]欲以此謁為榮寵乎？咄！劉伯宗於仁義道何其薄哉！"其詩曰："北山有鴟，不絜其翼。飛不正向，寢不定息。

飢則木攬，飽則泥伏。饕餮貪汙，臭腐是食。填腸滿嗉，嗜欲無極。長鳴呼鳳，謂鳳無德。鳳之所趣，與子異域。永從此訣，各自努力！"蓋因此而著論也。

梁冀驕暴不悛，朝野嗟毒，穆以故吏，懼其釁積招禍，復奏記諫曰："古之明君，必有輔德之臣，規諫之官，下至器物，銘書成敗，以防遺失。[1]故君有正道，臣有正路，[2]從之如升堂，違之如赴壑。今明將軍地有申伯之尊，[3]位為群公之首，[4]一日行善，天下歸仁，[5]終朝為惡，四海傾覆。頃者，官人俱匱，加以水蟲為害。[6]京師諸官費用增多，詔書發調或至十倍。各言官無見財，皆當出民，搒掠割剝，彊令充足。公賦既重，私斂又深。牧守長吏，多非德選，貪聚無猒，遇人如虜，或絕命於箠楚之下，或自賊於迫切之求。[7]又掠奪百姓，皆託之尊府。遂令將軍結怨天下，吏人酸毒，道路欷嗟。昔秦政煩苛，百姓土崩，陳勝奮臂一呼，天下鼎沸，[8]而面諛之臣，猶言安耳。[9]諱惡不悛，卒至亡滅。昔永和之末，綱紀少弛，頗失人望。四五歲耳，而財空戶散，下有離心。馬免之徒[一五]乘敝而起，荊揚之閒幾成大患。[10]幸賴順烈皇后初政清靜，內外同力，僅乃討定。今百姓戚戚，困於永和，內非仁愛之心可得容忍，外非守國之計所宜久安也。夫將相大臣，均體元首，共輿而馳，同舟而濟，輿傾舟覆，患實共之。豈可以去明即昧，履危自安，[11]主孤時困，而莫之卹乎！宜時易宰守非其人者，減省第宅園池之費，拒絕郡國諸所奉送。內以自明，外解人惑，使挾姦之吏無所依託，司察之臣得盡耳目。憲度既張，遠邇清壹，則將軍身尊事顯，德燿無窮。天道明察，無言不信，惟垂省覽。"冀不納，而縱放日滋，遂復賂遺左右，交通宦者，任其子弟、賓客以為州郡要職。穆又奏記極諫，冀終不悟。報書云："如此，僕亦無一可邪？"穆言雖切，然亦不甚罪也。

【注】

〔1〕黃帝作巾机之法，孔甲有盤盂之誡。《太公陰謀》曰，武王衣之銘曰：

"桑蠶苦,女工難,得新捐故後必寒。"鏡銘曰:"以鏡自照者見形容,以人自照者見吉凶。"觴銘曰"樂極則悲,沈湎致非,社稷為危"也。

〔2〕《説苑・君道篇》曰:"人君之道,清浄無為,務在博愛,趨在任賢,廣開耳目,以察萬方,不固溺於流俗,不拘繫於左右。"《臣術篇》曰"人臣之術,順從復命,無所敢專,義不苟合,位不苟尊,必有益於國,必有補於君"也。

〔3〕申國之伯,周宣王之元舅。

〔4〕冀絶席於三公。

〔5〕《論語》曰:"一日克己復禮,天下歸仁焉。"

〔6〕水災及蝗蟲也。

〔7〕賊,殺也。

〔8〕《前書》淮南王謂伍被曰"陳勝、吳廣起于大澤,奮臂大呼,天下響應"也。

〔9〕秦胡亥時,山東兵大起,叔孫通謂胡亥曰:"鼠竊狗盜,郡縣逐捕之,不足憂。"諸生曰:"何先生言之諛也!"

〔10〕質帝時,九江賊馬免稱"黃帝",歷陽賊華孟稱"黑帝",並九江都尉滕撫討斬之。九江、歷陽是荆揚之間也。

〔11〕即,就也。

永興元年,河溢,漂害人庶數十萬户,〔一六〕百姓荒饉,流移道路。冀州盜賊尤多,故擢穆為冀州刺史。州人有宦者三人為中常侍,並以檄謁穆。穆疾之,辭不相見。冀部令長聞穆濟河,解印綬去者四十餘人。及到,奏劾諸郡,〔一七〕至有自殺者。以威略權宜,盡誅賊渠帥。舉劾權貴,或乃死獄中。有宦者趙忠喪父,歸葬安平,〔1〕僭為璵璠、玉匣、偶人。〔2〕穆聞之,下郡案驗。吏畏其嚴明,遂發墓剖棺,陳尸出之,而收其家屬。帝聞大怒,徵穆詣廷尉,〔3〕輸作左校。〔4〕太學書生劉陶等數千人詣闕上書訟穆曰:"伏見施刑徒朱穆,處公憂國,拜州之日,志清姦惡。誠以常侍貴寵,父兄子弟布在州郡,競為虎狼,噬食小人,故穆張理天網，補綴漏目，羅取殘禍，以塞天意。由是內官咸共恚疾，謗讟煩興，讒隙仍作，極其刑謫，輸作左校。天下有識，皆以穆同勤禹、稷而被共、鯀之戾，若死者有知，則唐帝怒於崇山，重華忿於蒼墓矣。〔5〕當今中官近習，〔6〕竊持國柄，〔7〕手握王爵，口含天憲，運賞則使餓隸富於季孫，〔8〕呼噏則令伊、顏化為桀、跖，〔9〕而穆獨亢然不顧身害。非惡榮而好辱，惡生而好死也，徒感王綱之不攝，〔10〕懼天網之久失，故竭心懷憂，為上深計。臣願黥首繫趾，〔11〕代穆校作。"帝覽其奏，乃赦之。

【注】

〔1〕安平，郡，冀州所部。

〔2〕玉匣長尺，廣二寸半，衣死者自臂以下至足，連以金縷，天子之制也。《左傳》曰："陽虎將以璵璠斂。"杜預注云："美玉名，君所佩也。"偶人，明器之屬也。

〔3〕謝承《書》曰："穆臨當就道，冀州從事欲為畫像置聽事上，穆留板書曰：'勿畫吾形，以為重負。忠義之未顯，何形象之足紀也！'"

〔4〕左校，署名，屬將作，掌左工徒。

〔5〕《尚書》曰："放驩兜於崇山。"孔安國注曰："崇山，南裔也。"《山海經》曰："有讙頭之國，帝堯葬焉。"郭璞注云："讙頭，驩兜也。"《禮記》曰："舜葬蒼梧之野。"

〔6〕鄭玄注《禮記》云："近習，天子所親幸者。"

〔7〕《周禮》以八柄詔王馭群臣，謂爵、祿、予、置、生、奪、廢、誅也。

〔8〕運，行也。《論語》曰："季氏富於周公。"

〔9〕呼噏，吐納也。伊尹、顏回、夏桀、盜跖也。

〔10〕攝，持也。

〔11〕黥首謂鑿額涅墨也。繫趾謂釱其足也，以鐵著足曰釱也。〔一八〕

穆居家數年，在朝諸公多有相推薦者，於是徵拜尚書。穆既深疾宦官,及在臺閣,旦夕共事,志欲除之。乃上疏曰:"案漢故事,中常侍參選士人。建武以後,乃悉用宦者。自延平以來,浸益貴盛,假貂璫之飾,處常伯之任,[1]天朝政事,一更其手,權傾海內,寵貴無極,子弟親戚,並荷榮任,故放濫驕溢,莫能禁禦。凶狡無行之徒,媚以求官,恃埶怙寵之輩,漁食百姓,窮破天下,空竭小人。愚臣以為可悉罷省,遵復往初,率由舊章,更選海內清淳之士,明達國體者,以補其處。即陛下可為堯舜之君,眾僚皆為稷契之臣,兆庶黎萌蒙被聖化矣。"帝不納。後穆因進見,口復陳曰:"臣聞漢家舊典,置侍中、中常侍各一人,省尚書事,[2]黃門侍郎一人,傳發書奏,[3]皆用姓族。[4]自和熹太后以女主稱制,不接公卿,乃以閹人為常侍,小黃門通命兩宮。自此以來,權傾人主,窮困天下。宜皆罷遣,博選耆儒宿德,與參政事。"帝怒,不應。穆伏不肯起。左右傳出,[5]良久乃趨而去。自此中官數因事稱詔詆毀之。

【注】

〔1〕璫以金為之,當冠前,附以金蟬也。《漢官儀》曰:"中常侍,秦官也。漢興,或用士人,銀璫左貂。光武已後,專任宦者,右貂金璫。"常伯,侍中。

〔2〕省,覽也。

〔3〕傳,通也。

〔4〕引用士人有族望者。

〔5〕傳聲令出。

穆素剛,不得意,居無幾,憤懣發疽。[1]延熹六年,卒,時年六十四。祿仕數十年,蔬食布衣,家無餘財。公卿共表穆立節忠清,虔恭機密,守死善道,宜蒙旌寵。策詔襃述,追贈益州太守。[一九]所著論、策、奏、教、書、詩、記、嘲,凡二十篇。[2]

【注】

〔1〕疽,癰也。
〔2〕袁山松《書》曰:"穆著論甚美,蔡邕嘗至其家自寫之。"

穆前在冀州,所辟用皆清德長者,多至公卿、州郡。子野,少有名節,仕至河南尹。[1]初,穆父卒,穆與諸儒考依古義,諡曰貞宣先生。[2]及穆卒,蔡邕復與門人共述其體行,諡為文忠先生。[3]

【注】

〔1〕野字子遼,見荀爽薦文。
〔2〕《諡法》曰:"清白守節曰貞,善聞周達曰宣。"
〔3〕袁山松《書》曰:"蔡邕議曰:'魯季文子,君子以為忠,而諡曰文子。又傳曰:"忠,文之實也。"忠以為實,文以彰之。'遂共諡穆。荀爽聞而非之。故張璠論曰:'夫諡者,上之所贈,非下之所造,故顏、閔至德,不聞有諡。朱、蔡各以衰世臧否不立,故私議之。'"

論曰:朱穆見比周傷義,偏黨毀俗,[1]志抑朋游之私,遂著《絶交》之論。蔡邕以為穆貞而孤,又作《正交》而廣其致焉。[2]蓋孔子稱"上交不諂,下交不瀆",[3]又曰"晏平仲善與人交",子夏之門人亦問交於子張。[4]故《易》明"斷金"之義,[5]《詩》載"謔朋"之謠。[6]若夫文會輔仁,直諒多聞之友,時濟其益,[7]紵衣傾蓋,彈冠結綬之夫,遂隆其好,[8]斯固交者之方焉。[9]至乃田、竇、衛、霍之游客,[10]廉頗、翟公之門賓,[11]進由執合,退因衰異。又專諸、荊卿之感激,[12]侯生、豫子之投身,[13]情為恩使,命緣義輕。皆以利害移心,懷德成節,非夫交照之本,未可語失得之原也。穆徒以友分少全,因絕同志之求;黨俠生敝,而忘得朋之義。[14]蔡氏貞孤之言,其為然也! 古之善交者詳矣。漢興稱王陽、貢禹、陳遵、張竦,[15]中世有廉范、慶鴻、陳重、雷義云。

【注】

〔1〕《左傳》曰："頑嚚不友，是與比周。"杜預注云："比，近也。周，密也。"

〔2〕邕論略曰："聞之前訓曰：'君子以朋友講習，而正人無有淫朋。'是以古之交者，其義敦以正，其誓信以固。逮至周德始衰，《頌》聲既寢，《伐木》有'鳥鳴'之刺，《谷風》有'棄予'之怨，其所由來，政之缺也。自此已降，彌以陵遲，或闕其始終，或彊其比周。是以搢紳患其然，而論者諄諄如也。疾淺薄而攜貳者有之，惡朋黨而絕交游者有之。其論交也，曰富貴則人爭趣之，貧賤則人爭去之。是以君子慎人所以交己，審己所以交人，富貴則無暴集之客，貧賤則無棄舊之賓矣。故原其所以來，則知其所以去；見其所以始，則覩其所以終。彼貞士者，貧賤不待夫富貴，富貴不驕乎貧賤，故可貴也。蓋朋友之道，有義則合，無義則離。善則久要不忘平生之言，惡則忠告善誨之，否則止，〔二○〕無自辱焉。故君子不為可棄之行，不患人之遺己也。信有可歸之德，不病人之遠己也。不幸或然，則躬自厚而薄責於人，怨其遠矣；求諸己而不求諸人，咎其稀矣。夫遠怨稀咎之機，咸在乎躬，莫之能改也。〔二一〕子夏之門人問交於子張，而二子各有聞乎夫子，然則以交誨也。商也寬，故告之以距人，師也褊，故訓之以容衆，各從其行而矯之。至於仲尼之正教，則汎愛衆而親仁，故非善不喜，非仁不親，交游以方，會友以文，可無貶也。穀梁子亦曰：'心志既通，名譽不聞，友之罪也。'今將患其流而塞其源，病其末而刈其本，無乃未若擇其正而黜其邪，與其彼農皆黍而獨稷焉。夫稷亦神農之嘉穀，與稷並為粢盛也，使交而可廢，則黍其愆矣。括二論而言之，則刺薄者博而洽，斷交者貞而孤。孤有羔羊之節，與其不獲已而矯時也，走將從夫孤焉。"〔二二〕

〔3〕《易·繫辭》之言也。

〔4〕並見《論語》。

〔5〕《易·繫辭》曰："二人同心，其利斷金。"

〔6〕《詩·小雅·伐木》序云："讌朋友故舊也。"其《詩》曰："伐木滸滸，釃酒有藇。"釃音所宜反。藇音序。

〔7〕《論語》曰："君子以文會友，以友輔仁。"又曰："益者三友，友

直,友諒,友多聞,益矣。"

〔8〕《左傳》曰,吳季札以縞帶贈子產,子產獻紵衣焉。《孔叢子》曰:"孔子與程子相遇於塗,傾蓋而語。"傾蓋謂駐車交蓋也。《前書》曰,王陽、貢禹相與為友,朱博與蕭育為友,時稱"蕭朱結綬,王貢彈冠",言其趣舍同,相薦達。

〔9〕方,道也。

〔10〕竇嬰,孝文皇后從兄子,封魏其侯,游士賓客爭歸之。武帝時為丞相。田蚡,(武)〔景〕帝王皇后〔二三〕同產弟,為太尉。蚡以太后故親幸,數言事多效,士吏趨執利者皆去嬰而歸蚡。衛青拜大將軍,青姊子霍去病為驃騎將軍,皆為大司馬。去病秩祿與大將軍等,自是後青日衰而去病益貴,青故人門下多去事去病,輒得官爵也。

〔11〕《史記》曰,廉頗趙人,封為信平君,假相國。長平之免歸也,故客盡去;及復用為將,客又至。廉頗曰:"客退矣。"客曰:"吁!君何見之晚也?夫以市道交,君有執我即從君,無執即去,此其理也,又何怨焉?"下邽翟公為廷尉,賓客亦填門;及廢,門外可設爵羅。後復為廷尉,賓客欲往,翟公大署其門曰"一死一生,乃知交情。一貧一富,乃知交態。一貴一賤,交情乃見"也。

〔12〕《史記》曰,專諸,堂邑人。吳公子光以嫡嗣未得立,請專諸刺吳王僚。諸曰:"王僚可殺也,母老子弱,是其無如我何?"光乃置酒請王僚。酒酣,專諸置匕首魚炙之中,以刺王僚,立死。又曰,荊軻,衛人也。燕太子丹質於秦,秦王政遇之不善,丹怨亡歸,與軻交結,乃尊為上卿,故謂之荊卿。軻入秦,刺始皇不遂而死也。

〔13〕《史記》曰,侯嬴,魏隱士,為大梁夷門門者,〔二四〕魏公子無忌請為上客。秦圍邯鄲,嬴教公子竊兵符北救趙,乃自剄。又曰,豫讓,晉人。趙襄子滅智伯,讓曰:"士為知己者死。"乃變名姓,欲刺襄子,襄子令執之,遂伏劍而死。

〔14〕《易》曰:"西南得朋。"

〔15〕《前書》曰,陳遵字孟公,杜陵人也。張竦字伯松。竦博學通達,以

廉儉自守，而遵放縱不拘。操行雖異，然相親友也。

　　樂恢字伯奇，京兆長陵人也。父親，為縣吏，得罪於令，收將殺之。恢年十一，〔二五〕常俯伏寺門，晝夜號泣。令聞而矜之，即解出親。
　　恢長好經學，事博士焦永。〔二六〕永為河東太守，恢隨之官，閉廬精誦，不交人物。後永以事被考，諸弟子皆以通關被繫，[1]恢獨（皦）[曒]然不污於法，[2]〔二七〕遂篤志為名儒。性廉直介立，[3]行不合己者，雖貴不與交。信陽侯陰就數致禮請恢，恢絕不荅。

【注】
[1]為交通關涉也。
[2]（皦）[曒]，明也，音公鳥反。或從"白"作"皎"，音亦同。
[3]介，特也。

　　後仕本郡吏，太守坐法誅，[1]故人莫敢往，恢獨奔喪行服，坐以抵罪。歸，復為功曹，選舉不阿，請託無所容。同郡楊政〔二八〕數眾毀恢，後舉政子為孝廉，由是鄉里歸之。辟司空牟融府。會蜀郡太守第五倫代融為司空，恢以與倫同郡，不肯留，薦潁川杜安而退。諸公多其行，連辟之，遂皆不應。[2]

【注】
[1]《東觀記》京兆尹張恂召恢，署戶曹史。
[2]華嶠《書》曰："安擢為宛令，以病去。章帝行過潁川，安上書，召拜御史，遷至巴郡太守。而恢在家，安與恢書通問，恢告吏口謝，且讓之曰：'為宛令不合志，病去可也。干人主以闚覦，〔二九〕非也。違平生操，故不報。'安亦節士也，年十三入太學，〔三〇〕號奇童。洛陽令周紆自往候安，安謝不見。京師貴戚慕其行，或遺之書，安不發，悉壁藏之。及後捕案貴戚賓客，安開壁

出書，印封如故。"

後徵拜議郎。會車騎將軍竇憲出征匈奴，恢數上書諫爭，朝廷稱其忠。[1]入為尚書僕射。是時河南尹王調、洛陽令李阜與竇憲厚善，縱舍自由。恢劾奏調、阜，并及司隸校尉。諸所刺舉，無所回避，貴戚惡之。[2]憲弟夏陽侯瓌欲往候恢，恢謝不與通。憲兄弟放縱，而忿其不附己。妻每諫恢曰："昔人有容身避害，何必以言取怨？"恢歎曰："吾何忍素餐立人之朝乎！"遂上疏諫曰："臣聞百王之失，皆由權移於下。大臣持國，常以執盛為咎。伏念先帝，聖德未永，早棄萬國。陛下富於春秋，纂承大業，[3]諸舅不宜幹正王室，以示天下之私。經曰：'天地乖互，衆物夭傷。[三一]君臣失序，萬人受殃。'政失不救，其極不測。方今之宜，上以義自割，下以謙自引。四舅可長保爵土之榮，[4]皇太后永無慙負宗廟之憂，誠策之上者也。"書奏不省。時竇太后臨朝，和帝未親萬機，恢以意不得行，乃稱疾乞骸骨。詔賜錢，太醫視疾。恢薦任城郭均、成陽高鳳，[三二]而遂稱篤。拜騎都尉，上書辭謝曰："仍受厚恩，無以報效。夫政在大夫，孔子所疾；[5]世卿持權，《春秋》以戒。[6]聖人懇惻，不虛言也。近世外戚富貴，必有驕溢之敗。今陛下思慕山陵，未遑政事；諸舅寵盛，權行四方。若不能自損，誅罰必加。臣壽命垂盡，臨死竭愚，惟蒙留神。"詔聽上印綬，乃歸鄉里。竇憲因是風厲州郡迫脅，恢遂飲藥死。弟子縗絰輓者數百人，[7]衆庶痛傷之。

【注】
　[1]《東觀記》載恢所上書諫曰："《春秋》之義，王者不理夷狄。得其地不可墾發，得其人無益於政，故明王之於夷狄，羈縻而已。孔子曰：'遠人不服，則修文德以來之。'以漢之盛，不務修舜、禹、周公之（術）[德]，[三三]而無故興干戈，動兵革，以求無用之物，臣誠惑之！"
　[2]《決録注》曰："調字叔和，為河南尹。永和二年，坐買洛陽令同郡任稜竹田及上罷城東漕渠免官。"

〔3〕春秋謂年也。言年少，春秋尚多，故稱富。
〔4〕四舅謂竇憲、弟篤、景、瓌也。
〔5〕《論語》孔子曰："天下有道，政不在大夫。"
〔6〕《左傳》曰："齊崔氏出奔衛。"〔三四〕《公羊傳》曰："崔氏者何？齊大夫。稱崔氏者何？貶。曷為貶？譏世卿也。"
〔7〕輓，引柩也。

後竇氏誅，帝始親事，恢門生何融等上書陳恢忠節，除子已為郎中。〔1〕

【注】
〔1〕《三輔決錄注》曰："己字伯文，為郎非其好也，去官。"

何敞字文高，扶風平陵人也。其先家于汝陰。六世祖比干，學《尚書》於朝錯，〔1〕武帝時為廷尉正，與張湯同時。湯持法深而比干務仁恕，數與湯爭，雖不能盡得，然所濟活者以千數。後遷丹（楊）[陽]都尉，〔三五〕因徙居平陵。敞父寵，建武中為千乘都尉，以病免，遂隱居不仕。

【注】
〔1〕《何氏家傳》："(云並)[六世]祖父比干，〔三六〕字少卿，經明行修，兼通法律。為汝陰縣獄吏決曹掾，平活數千人。後為丹陽都尉，獄無冤囚，淮汝號曰'何公'。征和三年三月辛亥，天大陰雨，比干在家，日中夢貴客車騎滿門，覺以語妻。語未已，而門有老嫗可八十餘，頭白，求寄避雨，雨甚而衣履不霑漬。雨止，送至門，乃謂比干曰：'公有陰德，今天錫君策，以廣公之子孫。'因出懷中符策，狀如簡，長九寸，凡九百九十枚，以授比干，子孫佩印綬者當如此筭。比干年五十八，有六男，又生三子。本始元年，自汝陰徙平陵，

代為名族。"

敞性公正。自以趣舍不合時務,每請召,常稱疾不應。元和中,辟太尉宋由府,由待以殊禮。敞論議高,常引大體,多所匡正。司徒袁安亦深敬重之。是時京師及四方累有奇異鳥獸草木,言事者以為祥瑞。敞通經傳,能為天官,意甚惡之。乃言於二公曰:"夫瑞應依德而至,災異緣政而生。故鸜鵒來巢,昭公有乾侯之厄;〔1〕西狩獲麟,孔子有兩楹之殯。〔2〕海鳥避風,臧文祀之,君子譏焉。〔3〕今異鳥翔於殿屋,怪草生於庭際,不可不察。"由、安懼然不敢荅。〔4〕居無何而肅宗崩。

【注】
〔1〕《春秋》:"有鸜鵒來巢。"《左氏傳》魯大夫師已曰:"文、成之世,〔三七〕童謠有之曰:'鸜鵒之羽,公在外野,往饋之馬。鸜鵒跦跦,公在乾侯。'"季平子逐昭公,公遜于乾侯。杜預注:"乾侯在魏郡斥丘縣,晉境內邑也。"
〔2〕《公羊傳》曰:"西狩獲麟,有以告孔子者曰:'有麇而角者何?'孔子曰:'孰為來哉!孰為來哉!'反袂拭面,涕下沾袍,曰:'吾道窮矣!'"何氏注曰:"麟者,太平之符,聖人之類。時得麟而死,此亦天告夫子將沒之徵也。"《禮記》孔子謂子貢曰:"予疇昔夜夢坐奠於兩楹之閒焉。殷人殯於兩楹之閒,丘即殷人也,予殆將死也。"遂寢疾,七日而死。
〔3〕《國語》曰,海鳥爰居,止於魯東門之外三日,臧文仲使國人祭之。展禽譏焉,因曰:"今茲海其有風乎?廣川之鳥恆知避風。"是歲海多大風,冬煖。文仲聞之,曰:"吾過矣!"
〔4〕懼音紀具反。

時竇氏專政,外戚奢侈,賞賜過制,倉帑為虛。〔1〕敞奏記由曰:"敞聞事君之義,進思盡忠,退思補過。歷觀世主時臣,無不各欲為化,垂之無窮,然而平和之政萬無一者,蓋以聖主賢臣不能相遭故也。今國家秉聰明之弘道，明公履晏晏之純德，〔2〕君臣相合，天下翕然，治平之化，〔三八〕有望於今。孔子曰：'如有用我者，三年有成。'今明公視事，出入再朞，宜當克己，以醻四海之心。《禮》，一穀不升，則損服徹膳。〔3〕天下不足，若己使然。而比年水旱，人不收穫，涼州緣邊，家被凶害，〔4〕男子疲於戰陳，妻女勞於轉運，老幼孤寡，歎息相依，又中州内郡，公私屈竭，此實損膳節用之時。國恩覆載，賞資過度，但聞臘賜，自郎官以上，公卿王侯以下，至於空竭帑藏，損耗國資。尋公家之用，皆百姓之力。明君賜資，宜有品制，忠臣受賞，亦應有度，〔5〕是以夏禹玄圭，周公束帛。〔6〕今明公位尊任重，責深負大，上當匡正綱紀，下當濟安元元，豈但空空無違而已哉！〔三九〕宜先正己以率群下，還所得賜，因陳得失，奏王侯就國，除苑囿之禁，節省浮費，賑卹窮孤，則恩澤下暢，黎庶悅豫，上天聰明，必有立應。使百姓歌誦，史官紀德，豈但子文逃禄，〔7〕公儀退食之比哉！"〔8〕由不能用。

【注】

〔1〕帑音它朗反。

〔2〕晏晏，溫和也。

〔3〕《禮記》曰："歲凶，年穀不登，君膳不祭肺。"損服，減損服御。

〔4〕時西羌犯邊為害也。

〔5〕臘賜大將軍、三公錢各二十萬，牛肉二百斤，粳米二百斛，特進、侯十五萬，卿十萬，校尉五萬，尚書三萬，侍中、將、大夫各二萬，千石、六百石各七千，虎賁、羽林郎二人共三千，以為祀門戶直。見《漢官儀》也。

〔6〕《尚書》曰："召公出取幣，入錫周公。"

〔7〕《國語》："昔楚鬭子文三登令尹，無一日之積。成王聞子文朝不及夕也，於是乎每朝設脯七束，糗一筐，以羞子文。成王每出子文之祿，必逃，王止而後復。人謂子文曰：'人生求富，子逃之，何也？'對曰：'從政者，以庇人也。人多曠者而我取富焉，是勤人以自封也，死無日矣。我逃死，非逃富也。'"

〔8〕《史記》:"公儀休相魯,食茹而美,拔園葵而棄之,見布好而逐出其家婦,燔其機,云'欲令農士女工安得奪其貨乎'?"〔四〇〕比音庇。

時齊殤王〔四一〕子都鄉侯暢奔弔國憂,上書未報,〔1〕侍中竇憲遂令人刺殺暢於城門屯衞之中,〔2〕而主名不立。敞又説由曰:"劉暢宗室肺府,茅土藩臣,來弔大憂,上書須報,〔3〕親在武衞,致此殘酷。奉憲之吏,莫適討捕,〔4〕蹤迹不顯,主名不立。敞備數股肱,職典賊曹,〔5〕故欲親至發所,以糾其變,而二府以為故事三公不與賊盜。〔6〕昔陳平生於征戰之世,猶知宰相之分,云'外鎮四夷,內撫諸侯,使卿大夫各得其宜'。〔7〕今二府執事不深惟大義,惑於所聞,公縱姦慝,莫以為咎。惟明公運獨見之明,昭然勿疑,敞不勝所見,請獨奏案。"由乃許焉。二府聞敞行,皆遣主者隨之,〔8〕於是推舉具得事實,京師稱其正。

【注】
〔1〕時章帝崩也。殤王名石,齊武王縯之孫也。
〔2〕暢得幸竇太后,故刺殺之。
〔3〕須,待也。
〔4〕適音的。謂無指的討捕也。
〔5〕股肱謂手臂也。公府有賊曹,主知盜賊也。
〔6〕敞在太尉府,二府謂司徒、司空。丙吉為丞相不案事,遂為故事,見《馬防傳》也。
〔7〕陳平為左丞相,對文帝曰:"宰相者,佐天子理陰陽,順四時,下育萬物之宜,外鎮撫四夷、諸侯,內親附百姓,使卿大夫各得任其職焉。"
〔8〕主者謂主知盜賊之曹也。

以高第拜侍御史。時遂以竇憲為車騎將軍,大發軍擊匈奴,而詔使者為憲弟篤、景並起邸第,興造勞役,百姓愁苦。敞上疏諫曰:"臣聞匈奴之為桀逆久矣。平城之圍,嫚書之恥,〔1〕〔四二〕此二辱者,臣子所為捐軀而必死,高祖、呂后忍怒還忿,舍而不誅。伏惟皇太后秉文母之操,[2]陛下履晏晏之姿,匈奴無逆節之罪,漢朝無可慙之恥,而盛春東作,[3]興動大役,元元怨恨,咸懷不悅。而猥復為衛尉篤、奉車都尉景繕修館第,彌街絕里。臣雖斗筲之人,[4]誠竊懷怪,以為篤、景親近貴臣,當為百僚表儀。今眾軍在道,朝廷焦脣,百姓愁苦,縣官無用,而遽起大第,崇飾玩好,非所以垂令德,示無窮也。宜且罷工匠,專憂北邊,恤人之困。”書奏不省。

【注】
〔1〕匈奴冒頓以精兵三十萬騎,圍高帝於白登七日。案:白登在平城東南十餘里。高后時,冒頓遺高后書曰:“陛下獨立,孤僨獨居,兩主不樂,無以自娛,願以所有,易其所無。”孤僨,冒頓自謂。
〔2〕文母,文王之妻大姒也。《詩》曰“既有烈考,亦有文母”也。
〔3〕歲起於東,人始就耕,故曰東作。
〔4〕鄭玄注《論語》:“筲,竹器,容斗二升。”

後拜為尚書,復上封事曰:“夫忠臣憂世,犯主嚴顏,譏刺貴臣,至以殺身滅家而猶為之者,何邪?君臣義重,有不得已也。臣伏見往事,國之危亂,家之將凶,皆有所由,較然易知。[1]昔鄭武姜之幸叔段,[2]衛莊公之寵州吁,[3]愛而不教,終至凶戾。由是觀之,愛子若此,猶飢而食之以毒,適所以害之也。[4]伏見大將軍憲,[四三]始遭大憂,公卿比奏,欲令典幹國事。[5]憲深執謙退,固辭盛位,懇懇勤勤,言之深至,天下聞之,莫不悅喜。今踰年無幾,大禮未終,卒然中改,兄弟專朝。憲秉三軍之重,篤、景總宮衛之權,而虐用百姓,奢侈僭偪,誅戮無罪,肆心自快。今者論議凶凶,咸謂叔段、州吁復生於漢。臣觀公卿懷持兩端,不肯極言者,以為憲等若有匡懈之志,則已受吉甫襃申伯之功,[6]如憲等陷於罪辜,則自取陳平、周勃順呂后之權,[7]終不以憲等吉凶為憂也。臣敝區區,誠欲計策兩安,絕其綿綿,塞其涓涓,[8]上不欲令皇太后損文母之號,陛下有誓泉之譏,[9]下使憲等得長保其福祐。然臧獲之謀,上安主父,下存主母,猶不免於嚴怒。[10]臣伏惟累祖蒙恩,至臣八世,[11]復以愚陋,旬年之間,歷顯位,備機近,每念厚德,忽然忘生。雖知言必夷滅,而冒死自盡者,誠不忍目見其禍而懷默苟全。駙馬都尉瓌,雖在弱冠,有不隱之忠,比請退身,願抑家權。可與參謀,聽順其意,誠宗廟至計,竇氏之福。"

【注】

〔1〕較,明。

〔2〕《左傳》,鄭武姜愛少子叔段,[四四]莊公立,武姜請以京封叔段,謂之京城大叔,後武姜引以襲鄭。

〔3〕《左傳》,衛莊公寵庶子州吁,州吁好兵,公不禁。大夫石碏諫曰:"臣聞愛子教之以義方,弗納於邪。"莊公不從。及卒,適子桓公立,州吁乃殺桓公而篡其位。

〔4〕《史記》蘇秦曰:"飢人之所以飢而不食烏喙,為其愈充腹而與餓死同患也。"

〔5〕比,頻也。幹,主也。

〔6〕申伯,周宣王元舅也,有令德,故尹吉甫作頌以美之。其《詩》曰:"維嶽降神,生甫及申。申伯之德,柔惠且直。揉此萬邦,聞于四國。"

〔7〕呂后欲封呂祿、呂產為王,王陵諫不許,陳平、周勃順旨而封之。呂后崩,平、勃合謀,卒誅產、祿也。

〔8〕《周金人銘》曰"涓涓不壅,終為江河;綿綿不絕,或成網羅"也。

〔9〕《左傳》,鄭武姜引大叔段襲莊公,莊公寘姜氏於城潁,誓之曰:"不及黃泉,無相見也。"

〔10〕《方言》:"臧獲,奴婢賤稱也。"《史記》曰:"蘇秦謂燕王曰:'客有遠為吏,其妻私人。其夫將來,私者憂之,妻曰:"勿憂,吾已為作藥酒待之矣。"居三日,其夫果至,妻使妾舉藥酒而進之。妾欲言酒之藥乎,則恐逐其主母也;欲勿言邪,則恐殺其主父。於是佯僵而棄酒。主父怒,笞之。故

妾僵而覆酒,上存主父,下存主母,然猶不免於笞。'"

〔11〕《東觀記》曰,何脩生成,為漢膠東相;成生果,為太中大夫;果生比干,為丹陽都尉;比干生壽,〔四五〕蜀郡太守;壽生顯,〔四六〕京輔都尉;顯生鄢,光禄大夫;鄢生寵,濟南都尉;寵生敞:八世也。

敞數切諫,言諸竇罪過,憲等深怨之。時濟南王康尊貴驕甚,〔1〕憲乃白出敞為濟南太傅。敞至國,輔康以道義,數引法度諫正之,康敬禮焉。

【注】
〔1〕康,光武少子也。

歲餘,遷汝南太守。敞疾文俗吏以苛刻求當時名譽,故在職以寬和為政。立春日,常召督郵還府,〔1〕分遣儒術大吏案行屬縣,顯孝悌有義行者。及舉冤獄,以《春秋》義斷之。是以郡中無怨聲,百姓化其恩禮。其出居者,皆歸養其父母,追行喪服,〔2〕推財相讓者二百許人。〔3〕置立禮官,不任文吏。又修理鮦陽舊渠,百姓賴其利,〔4〕墾田增三萬餘頃。吏人共刻石,頌敞功德。

【注】
〔1〕督郵主司察愆過,立春陽氣發生,故召歸。
〔2〕出居謂與父母別居者。其親先亡者自恨喪禮不足,追行喪制也。
〔3〕《東觀記》曰:"高譚等百八十五人推財相讓。"
〔4〕鮦陽,縣,屬汝南郡,故城在今豫州新蔡縣北。《水經注》云:"葛陂東出為鮦水,俗謂之三丈陂。"

及竇氏敗,有司奏敞子與夏陽侯瓌厚善,坐免官。永元十二年復徵,三遷五官中郎將。〔四七〕常忿疾中常侍蔡倫,倫深憾之。元興元年,敞以祠廟嚴肅，微疾不齋，後鄧皇后上太傅禹冢，敞起隨百官會，倫因奏敞詐病，坐抵罪。卒于家。

論曰：永元之際，天子幼弱，太后臨朝，竇氏憑盛戚之權，將有呂、霍之變。〔1〕幸漢德未衰，大臣方忠，袁、任二公正色立朝，〔2〕樂、何之徒抗議柱下，〔3〕故能挾幼主［之］斷，〔四八〕勠姦回之佪。〔4〕不然，國家危矣。夫竇氏之閒，唯何敞可以免，而特以子失交之故廢黜，不顯大位。惜乎，過矣哉！

【注】
〔1〕呂祿、呂產也。霍光之子禹。
〔2〕袁安、任隗也。
〔3〕《漢官儀》曰：「侍御史，周官也，為柱下史，冠法冠。」案《禮圖注》云：「法冠，執法者服之。」樂恢為司隸，何敞為御史，並彈射糾察之官也。
〔4〕勠，絕也。

贊曰：朱生受寄，誠不愆義。公叔辟梁，允納明刺。絕交面朋，崇厚浮偽。〔1〕恢舉謗己，敞非祥瑞。永言國偪，甘心彊詖。〔2〕

【注】
〔1〕楊雄《法言》曰：「朋而不心，面朋也。友而不心，面友也。」浮偽者，勸之以崇厚也。
〔2〕詖，佞諂也。竇憲兄弟奢僭上偪，敞冒死切諫，〔四九〕是甘心於彊詖之人也。

【校勘記】
〔一〕朱暉字文季袁宏《紀》作「文秀」。按：下云「強直自遂，南陽朱季」，則作「文季」是。

〔二〕太守阮况嘗欲市暉（牛）〔婢〕　據汲本、殿本改。按：注引《東觀記》"欲買暉婢"，則作"婢"是。

〔三〕是時陰就為府卿　按：《御覽》八〇六引"府卿"作"少府卿"。

〔四〕暉為（掾）督郵　據汲本、殿本刪。按：聚珍本《東觀記》作"暉為郡督郵"。

〔五〕臣觀大王無償趙城色　汲本、殿本"無"下有"意"字，"色"作"邑"。今按：《史記》作"臣觀大王無意償趙王城邑"。

〔六〕居儉難之時　汲本、殿本"儉"作"險"。按：《易·否卦》"君子以儉德辟難"，為此語所本。儉與險通。

〔七〕嚴鮪謀立清河王蒜　按：《集解》引沈宇說，謂清河王、李固、杜喬傳皆作"劉鮪"。

〔八〕郡中瞻望明府謂如仲尼非顏回不敢以迎孔子　按：汲本、殿本"謂"字在"非顏回"上。

〔九〕此老子〔道〕德經之詞也　據汲本、殿本補。

〔一〇〕行〔之〕有失　據汲本、殿本補。

〔一一〕（武）〔景〕帝王皇后　據陳景雲說改。

〔一二〕然〔後〕知薄者之不足　《刊誤》謂案文"然"字下不可少"後"字，明脫之。今據補。

〔一三〕世之務交游也久矣敦千乘不忌于君　按《御覽》四一〇引作"世之務交遊也甚矣，不惇于業，不忌于君"。

〔一四〕我豈足下部〔民〕　據汲本補。按：《刊誤》謂"部"下應有"民"字。

〔一五〕馬兔之徒　按：《集解》引惠棟說，謂蔣杲云帝紀"兔"作"勉"。

〔一六〕漂害人庶數十萬戶　按：《校補》引錢大昭說，謂《續漢·五行志》注引此傳作"數千萬戶"。

〔一七〕奏劾諸郡　按：汲本、殿本"郡"作"部"。

〔一八〕繫趾謂釱其足也以鐵著足曰釱也　按：兩"釱"字原並譌"鈦"，逕改正。

〔一九〕追贈益州太守　《集解》引沈欽韓説，謂袁《紀》作"益州刺史"為是。按：《校補》謂蔡邕《朱公叔碑》首云"忠文公益州太守朱君"，則固可為贈太守之一證。漢制刺史雖巡行所部各郡，以六條問事，而秩僅六百石，遠不逮太守，故太守轉為刺史遷途，贈官亦例以太守為重也。

〔二〇〕否則止　按：《刊誤》謂"否"當作"不可"。

〔二一〕莫之能改也　按：殿本無"能"字，王先謙謂無"能"字是。

〔二二〕走將從夫孤焉　按："夫"原譌"失"，逕改正。

〔二三〕(武)〔景〕帝王皇后　據陳景雲説改。

〔二四〕為大梁夷門門者　按：汲本、殿本下"門"字作"監"。

〔二五〕恢年十一　按：《校補》引柳從辰説，謂袁宏《紀》"一"作"二"。

〔二六〕事博士焦永　按《集解》引惠棟説，謂袁宏《紀》作"焦貺"。案《鄭宏傳》，宏師河東太守焦貺，袁《紀》稱貺嘗為博士，後為河東太守，則"永"當為"貺"也。

〔二七〕恢獨(曒)〔皦〕然不污於法　據殿本改，注同。

〔二八〕同郡楊政　按：《校補》引柳從辰説，謂袁《紀》作"杜陵人楊正"。

〔二九〕干人主以闚覦　按："覦"原譌"踰"，逕據汲本、殿本改正。

〔三〇〕年十三入太學　按：《集解》引沈欽韓説，謂《書鈔》引《先賢行狀》作"年十五"。

〔三一〕衆物夭傷　按：汲本"夭"作"大"。

〔三二〕成陽高鳳　《集解》引錢大昕説，謂案《逸民傳》，高鳳南陽葉人，此"成陽"恐是"南陽"之譌，或別有同姓名者。按：張森楷《校勘記》謂南陽高鳳以建初元年為任隗所薦，尋卒，此在永元之時，則卒已久矣，蓋非一人。錢説疑尚未審。

〔三三〕不務修舜禹周公之(術)〔德〕　據汲本、殿本改。按：今《東觀記》亦作"德"。

〔三四〕左傳曰齊崔氏出奔衞　按：《校補》謂此《春秋》宣公十年經文，"左傳"二字乃"春秋"之誤，各本皆未正。

〔三五〕後遷丹（楊）〔陽〕都尉　據汲本、殿本改。

〔三六〕何氏家傳（云並）〔六世〕祖父比干　據汲本改。按："云並"與"六世"形近而譌。

〔三七〕文成之世　汲本、殿本"成"作"武"。按：今本《左傳》亦作"文武之世"，汲本、殿本殆據今本《左傳》改也。然阮元《校勘記》謂石經、宋本、岳本"武"作"成"，謂文公、成公也，則作"文成之世"是。

〔三八〕治平之化　按："治"原譌"洽"，逕據汲本、殿本改正。

〔三九〕豈但空空無違而已哉　按：《集解》引《通鑑》胡注，謂"空"當作"悾"，悾悾，謹愨也。

〔四〇〕欲令農士女工安得奪其貨乎　汲本"奪"作"售"。《刊誤》謂案文"奪"當作"售"，"得"當作"所"。按：《史記·循吏傳》作"欲令農士女工安所讎其貨乎"。

〔四一〕齊殤王　按：《刊誤》謂"殤"當作"煬"。

〔四二〕嫚書之恥　按："嫚"原譌"慢"，逕據汲本、殿本改正。

〔四三〕伏見大將軍憲　按：汲本、殿本"憲"上有"竇"字。

〔四四〕鄭武姜愛少子叔段　按："少"原譌"小"，逕改正。

〔四五〕比干生壽　按：張森楷《校勘記》謂案《漢書·百官表》及《何武傳》，壽是盧江人，與比干居郡絕遠，《東觀記》乃以為比干生壽，恐非也。

〔四六〕壽生顯　按：張森楷《校勘記》謂案《前書·何武傳》，壽子不見名字，名顯者乃武弟，非壽子也。

〔四七〕三遷五官中郎將　按：《校補》引錢大昭說，謂《張酺傳》作"左中郎將"。

〔四八〕故能挾幼主〔之〕斷　據《刊誤》補。

〔四九〕敞冒死切諫　按：陳景雲謂"永言"二句乃直指恢、敞言之，非獨謂敞也，注"敞"上脫"恢"字。

後漢書卷四十四

鄧張徐張胡列傳第三十四

　　鄧彪字智伯,南陽新野人,[1]太傅禹之宗也。父邯,中興初以功封鄜侯,[2]仕至勃海太守。彪少勵志,修孝行。父卒,讓國於異母弟荊鳳,[3]顯宗高其節,下詔許焉。

【注】
〔1〕《續漢書》曰:"其先楚人,鄧況始居新野,子孫以農桑為業。"
〔2〕鄜音莫庚反。
〔3〕本或無"荊"。

　　後仕州郡,辟公府,[1]五遷桂陽太守。永平十七年,徵入為太僕。數年,喪後母,辭疾乞身,詔以光祿大夫行服。服竟,拜奉車都尉,遷大司農。數月,代鮑昱為太尉。彪在位清白,為百僚式。視事四年,以疾乞骸骨。元和元年,賜策罷,贈錢三十萬,在所以二千石奉終其身。[一]又詔太常四時致宗廟之胙,[2]河南尹遣丞存問,常以八月旦奉羊、酒。[3]

【注】
〔1〕《東觀記》曰:"彪與同郡宗武伯、翟敬伯、陳綏伯、張弟伯同志好,

齊名，南陽號曰'五伯'。"

〔2〕胙，祭廟肉也。禮，凡預祭，異姓則歸之胙，同姓則留之宴。彪不預祭而賜胙，重之。

〔3〕《東觀記》曰"賜羊一頭，酒二石"也。

和帝即位，以彪為太傅，錄尚書事，賜爵關（中）[內]侯。〔二〕永元初，竇氏專權驕縱，朝廷多有諫爭，而彪在位修身而已，不能有所匡正。又嘗奏免御史中丞周紆，紆前失竇氏旨，故頗以此致譏，然當時宗其禮讓。及竇氏誅，以老病上還樞機職，詔賜養牛酒而許焉。五年春，薨于位，天子親臨弔臨。〔三〕

張禹字伯達，趙國襄國人也。祖父況族姊為皇祖考夫人，〔1〕數往來南頓，見光武。光武為大司馬，過邯鄲，況為郡吏，謁見光武。光武大喜，曰："乃今得我大舅乎！"因與俱北，到高邑，以為元氏令。遷涿郡太守。後為常山關長。會赤眉攻關城，況戰歿。〔2〕父歆，初以報仇逃亡，〔3〕後仕為淮陽相，終於汲令。〔4〕

【注】

〔1〕皇祖考，鉅鹿都尉回。

〔2〕關，縣，屬常山郡，今定州行唐縣西北有故關邑城。《東觀記》曰："況遷涿郡太守，時年八十，不任兵馬，上疏乞身，詔許之。後詔問起居何如，子歆對曰'如故'。詔曰：'家人居不足贍，且以一縣自養。'復以況為常山關長。會赤眉攻關城，況出戰死，上甚哀之。"

〔3〕《東觀記》曰："歆守皋長，有報父仇賊自出，歆召囚詣閤，曰：'欲自受其辭。'既入，解械飲食，便發遣，遂棄官亡命，逢赦出，由是鄉里服其高義。"與此不同。

〔4〕《東觀記》曰:"歆為相時,王新歸國,賓客放縱,干亂法禁,歆將令尉入宮搜捕,王(自)〔白〕上,〔四〕歆坐左遷為汲令,卒官。"

禹性篤厚節儉。〔1〕父卒,汲吏人賻送前後數百萬,悉無所受。又以田宅推與伯父,身自寄止。

【注】
〔1〕《東觀記》曰:"禹好學,習《歐陽尚書》,事太常桓榮,惡衣食。"

永平八年,舉孝廉,稍遷;建初中,拜楊州刺史。當過江行部,中土(民)〔人〕皆以江有子胥之神,〔五〕難於濟涉。〔1〕禹將度,吏固請不聽。禹厲言曰:"子胥如有靈,知吾志在理察枉訟,豈危我哉?"遂鼓楫而過。歷行郡邑,深幽之處莫不畢到,親錄囚徒,多所明舉。吏民希見使者,(民)〔人〕懷喜悅,〔六〕怨德美惡,莫不自歸焉。

【注】
〔1〕酈元《水經注》曰,吳王賜子胥死,浮尸於江。夫差悔,與群臣臨江設祭,修塘道及壇,吳人因為立廟而祭焉。

元和二年,轉兗州刺史,亦有清平稱。三年,遷下邳相。徐縣北界有蒲陽坡,〔1〕傍多良田,而堙廢莫修。禹為開水門,通引灌溉,遂成孰田數百頃。勸率吏民,假與種糧,親自勉勞,遂大收穀實。鄰郡貧者歸之千餘戶,室廬相屬,其下成市。後歲至墾千餘頃,民用溫給。〔2〕功曹史戴閏,故太尉掾也,權動郡內。有小譴,禹令自致徐獄,然後正其法。〔3〕自長史以下,莫不震肅。

【注】
〔1〕《東觀記》曰:"坡水廣二十里,徑且百里,在道西,其東有田可萬

頃。""坡"與"陂"同。

〔2〕《東觀記》曰："禹巡行守舍，止大樹下，食糒飲水而已。〔七〕後年，鄰國貧人來歸之者，茅屋草廬千戶，屠酤成市。墾田千餘頃，得穀百萬餘斛。"

〔3〕徐，縣名也。《東觀記》曰"閎當從行縣，從書佐假車馬什物。禹聞知，令直符責問，閎具以實對。禹以宰士惶恐首實，令自致徐獄"也。

永元六年，入為大司農，拜太尉，和帝甚禮之。十五年，南巡祠園廟，禹以太尉兼衛尉留守。〔1〕聞車駕當進幸江陵，以為不宜冒險遠，〔八〕驛馬上諫。詔報曰："祠謁既訖，當南禮大江，會得君奏，臨漢回輿而旋。"及行還，禹特蒙賞賜。

【注】

〔1〕《東觀記》曰："禹留守北宮，太官朝夕送食，賜閽登具物，除子男盛為郎"也。

延平元年，遷為太傅，錄尚書事。鄧太后以殤帝初育，〔1〕欲令重臣居禁內，乃詔禹舍宮中，給帷帳牀褥，太官朝夕進食，五日一歸府。每朝見，特贊，與三公絕席。禹上言："方諒闇密靜之時，不宜依常有事於苑囿。"〔2〕其廣成、上林空地，宜且以假貧民。"太后從之。及安帝即位，數上疾乞身。詔遣小黃門問疾，賜牛一頭，酒十斛，勸令就第。其錢布、刀劍、衣物，前後累至。

【注】

〔1〕育，生也。

〔2〕鄭玄注《論語》曰："諒闇謂凶廬也。"《尚書》曰"帝乃徂落，四海遏密八音"也。

永初元年，以定策功封安鄉侯，食邑千二百户，與太尉徐防、司空尹勤同日俱封。其秋，以寇賊水雨策免防、勤，而禹不自安，上書乞骸骨，更拜太尉。四年，新野君病，[1]皇太后車駕幸其第。禹與司徒夏勤、司空張敏俱上表言："新野君不安，車駕連日宿止，臣等誠竊惶懼。臣聞王者動設先置，止則交戟，清道而後行，清室而後御，[2]離宮不宿，所以重宿衛也。陛下體烝烝之至孝，親省方藥，恩情發中，久處單外，百官露止，議者所不安。宜且還宮，上為宗廟社稷，下為萬國子民。"比三上，固爭，乃還宮。後連歲災荒，府臧空虛，禹上疏求入三歲租稅，以助郡國稟假。[3]詔許之。五年，以陰陽不和策免。七年，卒于家。使者弔祭。除小子曜為郎中。長子盛嗣。

【注】
〔1〕鄧太后母陰氏。
〔2〕《前書》曰："舊典，天子行幸，所至必遣静室令先案行，清静殿中，以虞非常。"
〔3〕稟，給也。假，貸也。

徐防字謁卿，沛國銍人也。[1]祖父宣，為講學大夫，以《易》教授王莽。[2]父憲，亦傳宣業。

【注】
〔1〕銍故城，今亳州臨渙縣也。
〔2〕王莽置六經祭酒各一人，秩上卿。長安國由為講《易》祭酒，宣為講學大夫，蓋當屬於祭酒也。

防少習父祖學，永平中，舉孝廉，除為郎。防體貌矜嚴，占對可觀，顯宗異之，特補尚書郎。職典樞機，周密畏慎，奉事二帝，未嘗有過。和帝時，稍遷司隸校尉，出為魏郡太守。永元十年，遷少府、大司農。防勤曉政事，所在有迹。十四年，拜司空。

防以五經久遠，聖意難明，宜為章句，以悟後學。上疏曰："臣聞《詩》、《書》、《禮》、《樂》，定自孔子；發明章句，始於子夏。〔1〕其後諸家分析，各有異說。〔2〕漢承亂秦，經典廢絕，本文略存，或無章句。收拾缺遺，建立明經，博徵儒術，開置太學。〔3〕孔聖既遠，微旨將絕，故立博士十有四家，〔4〕設甲乙之科，〔5〕以勉勸學者，所以示人好惡，改敝就善者也。伏見太學試博士弟子，皆以意說，不修家法，〔6〕私相容隱，開生姦路。每有策試，輒興諍訟，論議紛錯，互相是非。孔子稱'述而不作'，〔7〕又曰'吾猶及史之闕文'，〔8〕疾史有所不知而不肯闕也。今不依章句，妄生穿鑿，以遵師為非義，意說為得理，輕侮道術，寖以成俗，誠非詔書實選本意。改薄從忠，三（世）〔代〕常道，〔9〕〔九〕專精務本，儒學所先。臣以為博士及甲乙策試，宜從其家章句，開五十難以試之。解釋多者為上第，引文明者為高說；若不依先師，義有相伐，〔10〕皆正以為非。五經各取上第六人，《論語》不宜射策。雖所失或久，差可矯革。"〔11〕詔書下公卿，皆從防言。

【注】

〔1〕《史記》，孔子没，子夏居西河，教弟子三百人，為魏文侯師。

〔2〕《前書》："仲尼没而微言絕，七十子喪而大義乖，故《春秋》為五，《詩》分為四，《易》有數家之傳。"

〔3〕武帝時開學官，置博士弟子員也。

〔4〕《漢官》曰："光武中興，恢弘稽古，《易》有施、孟、梁丘賀、京房，《書》有歐陽和伯、夏侯勝、建，《詩》有申公、轅固、韓嬰，《春秋》有嚴彭祖、顏安樂，《禮》有戴德、戴聖。凡十四博士。太常差選有聰明威重一人為祭酒，總領綱紀也。"

〔5〕《前書》曰："歲課甲科四十人為郎中，乙科二十人為太子舍人，丙科四十人補文學掌故。"

〔6〕諸經為業，各自名家。

〔7〕但述先聖之言，不自制作。

〔8〕古者史官於書事，有不知則闕，以待能者。孔子言"吾少時猶及見古史官之闕文，今則無之"，疾時多穿鑿也。見《論語》也。

〔9〕太史公曰："夏之政忠。忠之敝，小人以野，故殷人承之以敬。敬之敝，小人以鬼，故周人承之以文。文之敝，小人以僿，故救僿莫若以忠。三王之道若循環，周而復始。"僿音西志反，《史記》"僿"或作"薄"。

〔10〕伐謂自相攻伐也。

〔11〕《東觀記》防上疏曰："試《論語》本文章句，但通度，勿以射策。冀令學者務本，有所一心，專精師門，思核經意，事得其實，道得其真。於此弘廣經術，尊重聖業，有益於化。雖從來久，六經衰微，〔一〇〕學問寖淺，誠宜反本，改矯其失。"

十六年，拜為司徒。延平元年，遷太尉，與太傅張禹參錄尚書事，數受賞賜，甚見優寵。

安帝即位，以定策封龍鄉侯。食邑千一百戶。其年以災異寇賊策免，〔一一〕就國。凡三公以災異策免，始自防也。[1]

【注】

[1]《東觀記》曰："郡國被水災，比州湮沒，死者以千數。災異數降。西羌反畔，殺略人吏。京師淫雨，蟊賊傷稼穡。防比上書自陳過咎，遂策免。"

防卒，子衡當嗣，讓封於其弟崇。數歲，不得已，乃出就爵云。

張敏字伯達，河閒鄭人也。[1]建初二年，舉孝廉，四遷，五年，為尚書。

【注】
〔1〕鄭，今瀛州縣也。音莫。

建初中，有人侮辱人父者，而其子殺之，肅宗貰其死刑而降宥之，〔1〕自後因以為比。是時遂定其議，以為《輕侮法》。敏駮議曰："夫《輕侮》之法，先帝一切之恩，不有成科班之律令也。夫死生之決，宜從上下，猶天之四時，有生有殺。若開相容恕，著為定法者，則是故設姦萌，生長罪隙。孔子曰：'民可使由之，不可使知之。'〔2〕《春秋》之義，子不報讎，非子也。〔3〕而法令不為之減者，以相殺之路不可開故也。今託義者得減，妄殺者有差，使執憲之吏得設巧詐，非所以導'在醜不爭'之義。〔4〕又《輕侮》之比，寖以繁滋，至有四五百科，轉相顧望，彌復增甚，難以垂之萬載。臣聞師言：'救文莫如質。'故高帝去煩苛之法，為三章之約。建初詔書，有改於古者，可下三公、廷尉蠲除其敝。"議寢不省。敏復上疏曰："臣敏蒙恩，特見拔擢，愚心所不曉，迷意所不解，誠不敢苟隨眾議。臣伏見孔子垂經典，皋陶造法律，〔5〕原其本意，皆欲禁民為非也。未曉《輕侮》之法將以何禁？必不能使不相輕侮，而更開相殺之路，執憲之吏復容其姦枉。議者或曰：'平法當先論生。'臣愚以為天地之性，唯人為貴，殺人者死，三代通制。今欲趣生，反開殺路，一人不死，天下受敝。記曰：'利一害百，人去城郭。'夫春生秋殺，天道之常。春一物枯即為災，〔6〕秋一物華即為異。〔7〕王者承天地，順四時，法聖人，從經律。願陛下留意下民，考尋利害，廣令平議，天下幸甚。"和帝從之。

【注】
〔1〕貰，寬也，音示夜反。
〔2〕由，從也。言設政教，可但使人從之，若知其本末，愚者或輕而不行。事見《論語》也。
〔3〕《公羊傳》曰："父不受誅，子復讎可也。"注云："不受誅，罪不當

誅也。"

〔4〕導，教也。醜，類也。

〔5〕史游《急就篇》曰"皋陶造獄法律存"也。

〔6〕《禮記·月令》曰"孟春行夏令，則風雨不時，草木早落"也。

〔7〕《月令》曰"仲秋行春令，則秋雨不降，草木生榮，國乃有恐"也。

九年，拜司隸校尉。視事二歲，遷汝南太守。清約不煩，用刑平正，有理能名。坐事免。延平元年，拜議郎，再遷潁川太守。[永初元年]，徵拜司空，〔一二〕在位奉法而已。視事三歲，以病乞身，不聽。六年春，行大射禮，陪位頓仆，乃策罷之。〔1〕因病篤，卒于家。

【注】

〔1〕《東觀記》載策曰："今君所苦未瘳，有司奏君年體衰羸，郊廟禮儀仍有曠廢。鼎足之任不可以缺，重以職事留君。其上司空印綬。"

胡廣字伯始，南郡華容人也。〔1〕六世祖剛，〔一三〕清高有志節。平帝時，大司徒馬宮辟之。值王莽居攝，剛解其衣冠，縣府門而去，遂亡命交阯，隱於屠肆之閒。後莽敗，乃歸鄉里。父貢，交阯都尉。

【注】

〔1〕華容，縣，故城在今荊州東。

廣少孤貧，親執家苦。〔1〕長大，隨輩入郡為散吏。太守法雄之子真，從家來省其父。真頗知人。會歲終應舉，雄勅真助[其]求(其)才。〔一四〕雄因大會諸吏，真自於牖閒密占察之，乃指廣以白雄，遂察孝廉。既到京師，試以章奏，安帝以廣為天下第一。〔2〕旬月拜尚書郎，五遷尚書僕射。

【注】

〔1〕《襄陽耆舊記》，廣父名寵，寵妻生廣，早卒，寵更娶江陵黃氏，生康，字仲始。

〔2〕謝承《書》曰："廣有雅才，學究五經，古今術藝皆畢覽之。年二十七，舉孝廉。"《續漢書》曰"故事，孝廉高第，三公尚書輒優（文）[之]，特勞來其舉將，〔一五〕於是公府下詔書勞來雄焉。及拜郎，恪勤職事，所掌（辯）[辨]護"也。〔一六〕

順帝欲立皇后，而貴人有寵者四人，莫知所建，議欲探籌，以神定選。廣與尚書郭虔、史敞上疏諫曰："竊見詔書以立后事大，謙不自專，欲假之籌策，決疑靈神。篇籍所記，祖宗典故，未嘗有也。恃神任筮，既不必當賢；就值其人，猶非德選。夫岐嶷形於自然，〔1〕倪天必有異表。〔2〕宜參良家，簡求有德，德同以年，年鈞以貌，稽之典經，斷之聖慮。〔3〕政令猶汗，往而不反，〔4〕詔文一下，形之四方。〔5〕臣職在拾遺，憂深責重，是以焦心，冒昧陳聞。"帝從之，以梁貴人良家子，定立為皇后。

【注】

〔1〕《詩》云："克岐克嶷。"鄭玄注云："岐岐然意有所知也。其貌嶷然，有所識別也。"

〔2〕倪音苦見反。《說文》曰："倪，譬諭也。"《詩》云："文王嘉止，倪天之妹。"文王聞太姒之賢則美之。言大邦有子女，譬天之有女弟，故求為配焉。

〔3〕《左傳》曰"昔先王之命曰：'王后無適，則擇立長，年鈞以德，〔一七〕德鈞以卜'"也。

〔4〕《易》曰："渙汗其大號，王居無咎。"劉向曰"汗出而不反"者也。

〔5〕形，見也。

時尚書令左雄議改察舉之制，限年四十以上，儒者試經學，文吏試章奏。廣復與敞、虔上書駁之，曰："臣聞君以兼覽博照為德，[1]臣以獻可替否為忠。[2]《書》載稽疑，謀及卿士；[3]《詩》美先人，詢于芻蕘。[4]國有大政，必議之於前訓，諮之於故老，[5]是以慮無失策，舉無過事。竊見尚書令左雄議郡舉孝廉，皆限年四十以上，諸生試章句，文吏試牋奏。[6]明詔既許，復令臣等得與相參。竊惟王命之重，載在篇典，[7]當令縣於日月，固於金石，遺則百王，施之萬世。《詩》云：'天難諶斯，不易惟王。'可不慎與！[8]蓋選舉因才，無拘定制。六奇之策，不出經學；[9]鄭、阿之政，非必章奏。[10]甘、奇顯用，年乖彊仕；[11]終、賈揚聲，亦在弱冠。[12]漢承周、秦，兼覽殷、夏，祖德師經，參雜霸軌，[13]聖主賢臣，世以致理，貢舉之制，莫或回革。今以一臣之言，剗戾舊章，[14]便利未明，衆心不猒。[15]矯枉變常，政之所重，而不訪台司，不謀卿士。[一八]若事下之後，議者剝異，異之則朝失其便，同之則王言已行。臣愚以為可宣下百官，參其同異，然後覽擇勝否，詳採厥衷。敢以瞽言，冒干天禁，[16]惟陛下納焉。"帝不從。

【注】

〔1〕即明四目，達四聰也。

〔2〕《左傳》曰，齊晏子曰："君所謂可而有否焉，臣獻其否，以成其可。君所謂否而有可焉，臣獻其可，以去其否。"

〔3〕稽，考也。考正疑事，謀及卿士。見《尚書》。

〔4〕《詩·大雅》曰："先人有言，詢于芻蕘。"注云："詢，謀也。芻蕘，薪采者也。言有疑事，當與薪采者謀之也。"

〔5〕《國語》叔向曰："國有大事，必順於典刑，而訪於耇老，而後行之。"

〔6〕周成《雜字》曰："牋，表也。"《漢雜事》曰："凡羣臣之書，通於天子者四品：一曰章，二曰奏，三曰表，四曰駁議。章者需頭，稱'稽首上以聞'，謝恩陳事，詣闕通者也。奏者亦需頭，其京師官但言'稽首言'，下'稽

首以聞'，其中有所請，若罪法劾案，公府送御史臺，卿校送謁者臺也。表者不需頭，上言'臣某言'，下言'誠惶誠恐，頓首頓首，死罪死罪'，左方下附曰'某官臣甲乙上'。"

〔7〕《禮記》曰："動則左史書之，言則右史書之。"《尚書》曰："王言惟作命，弗言，臣下罔由稟令。"〔一九〕又曰："令出惟行，不惟反。"

〔8〕《詩·大雅》也。諶，信也。斯，詞也。天之意難信矣，不可改易者天子也。

〔9〕《前書》陳平設六奇策以佐高祖。

〔10〕《說苑》曰："子產相鄭，內無國中之亂，外無諸侯之患也。子產從政也，擇能而使之。晏子化東阿，三年，景公召而數之，晏子請改道易行。明年上計，景公迎而賀之，晏子對曰：'臣前之化東阿也，屬託不行，貨賂不至，君反以罪臣。今則反是，而更蒙賀。'景公下席而謝。"

〔11〕《史記》曰，秦欲與燕共伐趙，以廣河閒之地。甘羅年十二，使於趙，說趙王立割五城，以廣河閒，秦乃封羅為上卿。《說苑》曰，子奇年十八，齊君使主東阿，東阿大化。《禮記》曰："四十彊而仕。"

〔12〕《前書》，終軍年十八，為博士弟子，自請願以長纓必羈南越王而致之闕下。上奇其對，擢為諫大夫，往說越。越聽命，天子大悅。賈誼年十八，以誦《詩》屬文稱於郡中，文帝召為博士。

〔13〕宣帝曰："漢家自有制度，本以霸王道雜理之。"

〔14〕劖，削也。戾，乖也。

〔15〕猒，服也。

〔16〕瞽，無目者也。不察人君顏色而言，如無目之人也。孔子曰："未見顏色而言謂之瞽。"干，犯也。

時陳留郡缺職，尚書史敞等薦廣。曰："臣聞德以旌賢，[1]〔二〇〕爵以建事，[2] '明試以功'，《典》《謨》所美，[3] '五服五章'，天秩所作，[4]〔二一〕是以臣竭其忠，君豐其寵，[5] 舉不失德，下忘其死。竊見尚書僕射胡廣，體真履規，謙虛溫雅，博物洽聞，探賾窮理，[二二] 六經典奧,舊章憲式,無所不覽。柔而不犯,文而有禮,[6]忠貞之性,憂公如家。不矜其能,不伐其勞,翼翼周慎,行靡玷漏。密勿夙夜,[7]十有餘年,心不外顧,志不苟進。臣等竊以為廣在尚書,劬勞日久,後母年老,既蒙簡照,宜試職千里,匡寧方國。[8]陳留近郡,今太守任缺。廣才略深茂,堪能撥煩,願以參選,紀綱頹俗,使束脩守善,有所勸仰。"

【注】

〔1〕旌,明也。《書》曰"德懋懋官"也。

〔2〕能建立事則與之爵。

〔3〕明白考試之,有功者則授之以官。《舜典》《咎繇謨》皆有此言,故云"《典》《謨》所美"也。

〔4〕五服謂天子、諸侯、卿、大夫、士之服也。五者之服必須章明。《尚書·咎繇謨》曰:"天秩有禮,自我五禮有庸哉。天命有德,五服五章哉。"秩,序也。

〔5〕豐,厚也。

〔6〕柔而不犯謂性和柔而不可犯以非義也。

〔7〕密勿,僶勉。

〔8〕《詩》云:"厥德不回,以受方國。"

廣典機事十年,出為濟陰太守,以舉吏不實免。復為汝南太守,入拜大司農。漢安元年,遷司徒。質帝崩,代李固為太尉,錄尚書事。以定策立桓帝,封育陽安樂鄉侯。以病遜位。又拜司空,告老致仕。尋以特進徵拜太常,遷太尉,以日食免。復為太常,拜太尉。

延熹二年,大將軍梁冀誅,廣與司徒韓縯、司空孫朗坐不衛宮,皆減死一等,奪爵土,免為庶人。後拜太中大夫、太常。九年,復拜司徒。

靈帝立,與太傅陳蕃參錄尚書事,復封故國。以病自乞。會蕃被誅，代為太傅，總錄如故。

時年已八十，而心力克壯。[1]繼母在堂，朝夕瞻省，傍無几杖，言不稱老。[2]及母卒，居喪盡哀，率禮無愆。性溫柔謹素，常遜言恭色。[3]達練事體，明解朝章。雖無謇直之風，屢有補闕之益。故京師諺曰："萬事不理問伯始，天下中庸有胡公。"[4]及共李固定策，大議不全，[5]〔二三〕又與中常侍丁肅婚姻，以此譏毀於時。

【注】
〔1〕盛弘之《荊州記》曰"菊水出穰縣。芳菊被涯，水極甘香。谷中皆飲此水，上壽百二十，七八十者猶以為夭。太尉胡廣所患風疾，休沐南歸，恒飲此水，後疾遂瘳，年八十二薨"也。
〔2〕《禮記》曰："夫為人子者，恒言不稱老。"
〔3〕遜，順也。
〔4〕庸，常也。中和可常行之德也。孔子曰："中庸之為德，其至矣乎！"
〔5〕質帝崩，固為太尉，與廣及司空趙戒議欲立清河王蒜。梁冀以蒜年長有德，恐為後患，盛意立蠡吾侯志。廣、戒等懾憚不能與爭，而固與杜喬堅守本議。

自在公台三十餘年，歷事六帝，[1]禮任甚優，每遜位辭病，及免退田里，未嘗滿歲，輒復升進。凡一履司空，再作司徒，三登太尉，又為太傅。其所辟命，皆天下名士。與故吏陳蕃、李咸並為三司。[2]蕃等每朝會，輒稱疾避廣，時人榮之。年八十二，熹平元年薨。使五官中郎將持節奉策贈太傅、安樂鄉侯印綬，給東園梓器，謁者護喪事，賜冢塋于原陵，諡文恭侯，拜家一人為郎中。故吏自公、卿、大夫、博士、議郎以下數百人，皆縗絰殯位，自終及葬。漢興以來，人臣之盛，未嘗有也。

【注】
〔1〕廣以順帝漢安元年為司空，至靈帝熹平元年薨，三十一年也。六帝謂安、順、沖、質、桓、靈也。
〔2〕謝承《書》曰："咸字元卓，汝南西平人。孤特自立。家貧母老，常躬耕稼以奉養。學《魯詩》、《春秋公羊傳》、《三禮》。三府並辟，司徒胡廣舉茂才，除高密令，政多奇異，青州表其狀。建寧三年，自大鴻臚拜太尉。自在相位，約身率下，常食脫粟飯、醬菜而已。不與州郡交通。刺史、二千石牋記，非公事不發省。以老乞骸骨，見許，悉還所賜物，乘敝牛車，使子男御。晨發京師，百僚追送盈塗，不能得見。家舊貧狹，庇蔭草廬。"

初，楊雄依《虞箴》作《十二州二十五官箴》，〔1〕其九箴亡闕，後涿郡崔駰及子瑗又臨邑侯劉騊駼增補十六篇，廣復繼作四篇，文甚典美。乃悉撰次首目，為之解釋，名曰《百官箴》，凡四十八篇。其餘所著詩、賦、銘、頌、箴、弔及諸解詁，凡二十二篇。

【注】
〔1〕《楊雄傳》曰："箴莫大於《虞箴》，故遂作《九州箴》。"《左傳》曰，昔周辛甲之為太史也，命百官官箴王闕，於《虞人之箴》曰："芒芒禹迹，畫為九州。經啟九道，人有寢廟，獸有茂草，各有攸處，德用不擾。在帝夷羿，冒于原獸，忘其國恤，而思其麀牡。武不可重，用不恢于夏家，獸臣司原，敢告僕夫。"

熹平六年，靈帝思感舊德，乃圖畫廣及太尉黃瓊於省內，詔議郎蔡邕為其頌云。〔1〕

【注】
〔1〕謝承《書》載其頌曰："巖巖山岳，配天作輔。降神有周，生申及甫。允茲漢室，誕育二后。曰胡曰黃，方軌齊武。惟道之淵，惟德之藪。股肱元首，

代作心膂。天之烝人,有則有類。我胡我黃,鍾厥純懿。〔二四〕巍巍特進,仍踐其位。赫赫三事,七佩其紱。奕奕四牡,沃若六轡。袞職龍章,其文有蔚。參曜乾台,窮寵極貴。功加八荒,群生以遂。超哉邈乎,莫與為二!"

論曰:爵任之於人重矣,全喪之於生大矣。懷祿以圖存者,仕子之恒情;審能而就列者,出身之常體。〔1〕夫紆於物則非己,直於志則犯俗,〔2〕辭其艱則乖義,徇其節則失身。〔3〕統之,方軌易因,險塗難御。〔4〕故昔人明慎於所受之分,遲遲於岐路之閒也。〔5〕如令志行無牽於物,臨生不先其存,後世何貶焉?〔6〕古人以宴安為戒,豈數公之謂乎?〔7〕

【注】
〔1〕列,位也。
〔2〕紆,曲也。
〔3〕徇,營也。
〔4〕統者,總論上事也。方軌謂平路也。若履平路,易可因循;如踐險塗,則難免顛覆也。
〔5〕呈材效職,則受之分明矣。遲遲,疑不前之貌也。明其分,則不可妄進。
〔6〕守志直道,視死如歸,則後之人何從而貶責矣。
〔7〕《左傳》曰:"宴安酖毒,不可懷也。"

贊曰:鄧、張作傅,無咎無譽。敏正疑律,防議章句。胡公庸庸,飾情恭貌。朝章雖理,據正或橈。〔1〕

【注】
〔1〕橈,曲也,《易》曰"棟橈凶"也。

【校勘記】

〔一〕在所以二千石奉終其身　按：王先謙謂《東觀記》"在所"作"所在"。

〔二〕賜爵關（中）〔內〕侯　據汲本改。按：《刊誤》謂案漢無關中侯，"中"當作"內"。

〔三〕天子親臨弔臨　殿本《考證》王會汾云上"臨"字疑衍。今按：上"臨"字訓蒞，下"臨"字讀如"臨于大宮"之"臨"，同字異訓，非衍文也。

〔四〕王（自）〔白〕上　據汲本、殿本改。

〔五〕當過江行部中土（民）〔人〕皆以江有子胥之神　李慈銘謂"中土民"及下文"民懷喜悅"兩"民"字皆本當作"人"，此類皆宋以後校者妄以為章懷諱避而誤改之。今據改。

〔六〕（民）〔人〕懷喜悅　據殿本改。

〔七〕食糒飲水而已　按：汲本、殿本"食糒"下有"音僃糗也乾飯屑"七字，當原為小注而混入注中也。聚珍本《東觀記》亦衍"乾飯屑"三字。

〔八〕以為不宜冒險遠　按：李慈銘謂"冒險遠"不成句，"遠"下當有"行"字。

〔九〕三（世）〔代〕常道　據汲本改。按：《刊誤》謂"世"與"代"全別，緣太宗諱，遂更"世"為"代"。此合作"代"字，乃誤為"世"，蓋後人知此書中"世"字率皆換"代"，乃欲稍還正之，遂誤為此字也。

〔一〇〕六經衰微　按："六"原譌"大"，逕據汲本、殿本改正。

〔一一〕其年以災異寇賊策免　按：沈家本謂按防之免在永初元年秋，此傳上言延平元年，又言安帝即位，而不著永初元年，則"其年"云者似即延平元年，未免稍疏。

〔一二〕〔永初元年〕徵拜司空　錢大昭謂敏代周章為司空，本紀在永初元年，"徵拜"上當有"永初元年"四字，下文"六年"二字乃有根，否則下六年竟似延平六年矣，南監本不誤。今據補。

〔十三〕六世祖剛　按：《集解》引惠棟說，謂《渚宮故事》"剛"作"綱"。

〔一四〕雄勑真助〔其〕求（其）才　據汲本、殿本改。

〔一五〕輒優（文）〔之〕特勞來其舉將　據汲本改。按：《校補》謂勞來舉將正所以優此孝廉，其舉將，明謂孝廉舉主也，且勞來由公府下詔書，非三公得自以文勞來之，作"文"誤。

〔一六〕所掌（辯）〔辨〕護也　據汲本、殿本改。

〔一七〕年鈞以德　按："鈞"原譌"均"，逕改正。

〔一八〕不謀卿士　按："謀"原譌"博"，逕據汲本、殿本改正。

〔一九〕臣下罔由稟令　按：《校補》引柳從辰說，謂今《書·說命》"由"作"攸"。

〔二〇〕臣聞德以旌賢　按：《集解》引蘇輿說，謂"德"疑作"官"。

〔二一〕天秩所作　按："作"原譌"祚"，逕據汲本、殿本改正。

〔二二〕探賾窮理　按："賾"原譌"頤"，逕據汲本、殿本改正。

〔二三〕大議不全　按：《刊誤》謂案文"議"當作"義"。

〔二四〕鍾厥純懿　按："鍾"原譌"鐘"，逕據汲本、殿本改正。

後漢書卷四十五

袁張韓周列傳第三十五

　　袁安字邵公,汝南汝陽人也。〔一〕祖父良,習《孟氏易》,〔1〕平帝時舉明經,為太子舍人;〔2〕建武初,至成武令。〔3〕

【注】
〔1〕孟喜字長卿,東海人。明《易》,為丞相掾。見《前書》。
〔2〕《續漢志》曰:"太子舍人,秩二百石,無員。"
〔3〕成武,今曹州縣。

　　安少傳良學。為人嚴重有威,見敬於州里。初為縣功曹,〔1〕奉檄詣從事,從事因安致書於令。〔2〕安曰:"公事自有郵驛,私請則非功曹所持。"辭不肯受,從事懼然而止。〔3〕後舉孝廉,〔4〕除陰平長、任城令,〔5〕所在吏人畏而愛之。

【注】
〔1〕《續漢志》曰:"縣功曹史,主選署功勞。"
〔2〕《續漢志》曰:"每州刺史皆有從事史。"
〔3〕懼音九具反。
〔4〕《汝南先賢傳》曰"時大雪積地丈餘,洛陽令身出案行,〔二〕見人家

皆除雪出，有乞食者。至袁安門，無有行路。謂安已死，令人除雪入戶，見安僵臥。問何以不出。安曰：'大雪人皆餓，不宜干人。'令以為賢，舉為孝廉"也。

〔5〕陰平，縣，故城在今沂州承縣西南。任城，今兗州縣也。

永平十三年，楚王英謀為逆，事下郡覆考。明年，三府舉安能理劇，拜楚郡太守。是時英辭所連及繫者數千人，顯宗怒甚，吏案之急，迫痛自誣，死者甚衆。安到郡，不入府，先往案獄，理其無明驗者，條上出之。府丞掾史皆叩頭爭，以為阿附反虜，法與同罪，不可。安曰："如有不合，太守自當坐之，不以相及也。"遂分別具奏。帝感悟，即報許，得出者四百餘家。歲餘，徵為河南尹。政號嚴明，然未曾以臧罪鞠人。常稱曰："凡學仕者，高則望宰相，下則希牧守。錮人於聖世，尹所不忍為也。"聞之者皆感激自勵。在職十年，京師肅然，名重朝廷。建初八年，遷太僕。

元和二年，武威太守孟雲上書："北虜既已和親，而南部復往抄掠，北單于謂漢欺之，謀欲犯邊。宜還其生口，以安慰之。"詔百官議朝堂。公卿皆言夷狄譎詐，求欲無猒，〔1〕既得生口，當復妄自誇大，不可開許。安獨曰："北虜遣使奉獻和親，有得邊生口者，輒以歸漢，此明其畏威，而非先違約也。雲以大臣典邊，不宜負信於戎狄，還之足示中國優貸，而使邊人得安，誠便。"司徒桓虞改議從安。太尉鄭弘、司空第五倫皆恨之。弘因大言激勵虞曰："諸言當還生口者，皆為不忠。"虞廷叱之，倫及大鴻臚韋彪各作色變容，司隸校尉舉奏，安等皆上印綬謝。肅宗詔報曰："久議沈滯，各有所志。蓋事以議從，策由衆定，閭閻衎衎，得禮之容，〔2〕寢嘿抑心，更非朝廷之福。君何尤而深謝？其各冠履。"帝竟從安議。明年，代第五倫為司空。章和元年，代桓虞為司徒。

【注】

〔1〕譎亦詐也。

〔2〕誾誾,忠正貌。衎衎,和樂貌。

　　和帝即位,竇太后臨朝,后兄車騎將軍憲北擊匈奴,安與太尉宋由、司空任隗及九卿詣朝堂上書諫,以為匈奴不犯邊塞,而無故勞師遠涉,損費國用,徼功萬里,非社稷之計。書連上輒寢。宋由懼,遂不敢復署議,而諸卿稍自引止。唯安獨與任隗守正不移,至免冠朝堂固爭者十上。太后不聽,衆皆為之危懼,安正色自若。竇憲既出,而弟衛尉篤、執金吾景各專威權,公於京師使客遮道奪人財物。景又擅使乘驛施檄緣邊諸郡,發突騎及善騎射有才力者,漁陽、鴈門、上谷三郡各遣吏將送詣景第。有司畏憚,莫敢言者。安乃劾景擅發邊兵,驚惑吏人,二千石不待符信而輒承景檄,當伏顯誅。又奏司隸校尉、河南尹阿附貴威,無盡節之義,〔1〕請免官案罪。並寢不報。憲、景等日益橫,盡樹其親黨賓客於名都大郡,〔2〕皆賦斂吏人,更相賂遺,其餘州郡,亦復望風從之。安與任隗舉奏諸二千石,又它所連及貶秩免官者四十餘人,竇氏大恨。但安、隗素行高,亦未有以害之。

【注】

〔1〕《續漢書》曰,安奏司隸鄭據、河南尹蔡嵩。

〔2〕袁山松《書》曰,河南尹王調,漢陽太守朱敞,南陽太守滿殷、〔三〕高丹等皆其賓客。《前書》曰"十二萬户為大郡"也。

　　時竇憲復出屯武威。明年,北單于為耿夔所破,遁走烏孫,塞北地空,餘部不知所屬。憲日矜己功,欲結恩北虜,乃上立降者左鹿蠡王阿佟〔1〕〔四〕為北單于,置中郎將領護,如南單于故事。事下公卿議,太尉宋由、太常丁鴻、光祿勳耿秉等十人議可許。安與任隗奏,以為"光武招懷南虜,非謂可永安內地,正以權時之筭,可得捍禦北狄故也。今朔漠既定，宜令南單于反其北庭，并領降衆，無緣復更立阿佟，以增國費"。宗正劉方、大司農尹睦同安議。事奏，未以時定。安懼憲計遂行，乃獨上封事曰："臣聞功有難圖，不可豫見；事有易斷，較然不疑。伏惟光武皇帝本所以立南單于者，欲安南定北之策也，恩德甚備，故匈奴遂分，邊境無患。孝明皇帝奉承先意，不敢失墜，赫然命將，爰伐塞北。至乎章和之初，降者十餘萬人，[五]議者欲置之濱塞，東至遼東，[2]太尉宋由、光祿勳耿秉皆以為失南單于心，不可，先帝從之。陛下奉承洪業，大開疆宇，大將軍遠師討伐，席卷北庭，此誠宣明祖宗，崇立弘勳者也。宜審其終，以成厥初。伏念南單于屯，先父舉衆歸德，自蒙恩以來，四十餘年。三帝積累，以遺陛下。陛下深宜遵述先志，成就其業。況屯首唱大謀，空盡北虜，輒而弗圖，更立新降，以一朝之計，違三世之規，失信於所養，建立於無功。由、秉實知舊議，而欲背弃先恩。夫言行君子之樞機，[3]賞罰理國之綱紀。《論語》曰：'言忠信，行篤敬，雖蠻貊行焉。'今若失信於一屯，則百蠻不敢復保誓矣。又烏桓、鮮卑新殺北單于，凡人之情，咸畏仇讎，今立其弟，則二虜懷怨。兵、食可廢，信不可去。[4]且漢故事，供給南單于費直歲一億九十餘萬，西域歲七千四百八十萬。今北庭彌遠，其費過倍，是乃空盡天下，而非建策之要也。"詔下其議。安又與憲更相難折。憲險急負埶，言辭驕訐，[5]至詆毀安，稱光武誅韓歆、戴涉故事，安終不移。[6]憲竟立匈奴降者右鹿蠡王於除鞬為單于，[7]後遂反叛，卒如安策。

【注】

〔1〕徒冬反。

〔2〕濱，邊也。

〔3〕《易》曰："言行者，君子之樞機。樞機之發，榮辱之主也。"

〔4〕《論語》："孔子曰：'足食足兵，人信之矣。''必不得已而去，於斯三者何先？'曰：'去兵。'曰：'必不得已而去，於斯二者何先？'曰：'去食。自古皆有死，人無信不立。'"

〔5〕訐謂發揚人之惡。

〔6〕大司徒歆坐非帝讀隗囂書,自殺。大司徒涉坐殺太倉令,下獄死。

〔7〕齔音九言反。

安以天子幼弱,外戚擅權,每朝會進見,及與公卿言國家事,未嘗不噫嗚流涕。〔1〕自天子及大臣皆恃賴之。四年春,薨,朝廷痛惜焉。

【注】
〔1〕噫音醫,又乙戒反。嗚音一故反。歎傷之貌也。

後數月,竇氏敗,帝始親萬機,追思前議者邪正之節,乃除安子賞為郎。策免宋由,以尹睦為太尉,劉方為司空。睦,河南人,薨於位。方,平原人,後坐事免歸,自殺。

初,安父沒,母使安訪求葬地,道逢三書生,問安何之,安為言其故,生乃指一處,云"葬此地,當世為上公"。須臾不見,安異之。於是遂葬其所占之地,故累世隆盛焉。安子京、敞最知名。

京字仲譽。習《孟氏易》,作《難記》三十萬言。初拜郎中,稍遷侍中,出為蜀郡太守。

子彭,字伯楚。少傳父業,歷廣漢、南陽太守。順帝初,為光祿勳。行至清,為吏麤袍糲食,終於議郎。尚書胡廣等追表其有清絜之美,比前朝貢禹、第五倫。〔1〕未蒙顯贈,〔六〕當時皆嗟歎之。

【注】
〔1〕貢禹,元帝御史大夫。經明行修,清絜憂國也。

彭弟湯,字仲河,少傳家學,諸儒稱其節,多歷顯位。桓帝初為司空,以豫議定策封安國亭侯,食邑五百户。累遷司徒、太尉,以灾異策免。卒,謚曰康侯。[1]

【注】
[1]《風俗通》曰:"湯時年八十六,有子十二人。"

湯長子成,左中郎[將]。[七]早卒,次子逢嗣。
逢字周陽,以累世三公子,寬厚篤信,著稱於時。靈帝立,逢以太僕豫議,增封三百户。後為司空,卒於執金吾。朝廷以逢嘗為三老,特優禮之,賜以珠畫特詔祕器,[1]飯含珠玉二十六品,[2]使五官中郎將持節奉策,贈以車騎將軍印綬,加號特進,謚曰宣文侯。子基嗣,位至太僕。

【注】
[1]《前書》曰,董賢死,以沙畫棺。《音義》云:"以朱沙畫之也。""珠"與"朱"同。祕器,棺也。
[2]《穀梁傳》曰:"貝玉曰含。"

逢弟隗,少歷顯官,[1]先逢為三公。時中常侍袁赦,[八]隗之宗也,用事於中。以逢、隗世宰相家,推崇以為外援。故袁氏貴寵於世,富奢甚,不與它公族同。獻帝初,隗為太傅。

【注】
[1]隗字次陽。

成子紹,逢子術,自有傳。董卓忿紹、術背己,遂誅隗及術兄基等男女二十餘人。[九]

敞字叔平,少傳《易經》教授,以父任為太子舍人。和帝時,歷位將軍、大夫、侍中,出為東郡太守,徵拜太僕、光祿勳。元初三年,代劉愷為司空。明年,坐子與尚書郎張俊交通,漏洩省中語,策免。敞廉勁不阿權貴,失鄧氏旨,遂自殺。

張俊者,蜀郡人,有才能,與兄龕並為尚書郎,年少勵鋒氣。郎朱濟、丁盛立行不脩,俊欲舉奏之,二人聞,恐,因郎陳重、雷義往請俊,俊不聽,因共私賂侍史,使求俊短,得其私書與敞子,遂封上之,皆下獄,當死。俊自獄中占獄吏上書自訟,[1]書奏而俊獄已報。[2]廷尉將出穀門,臨行刑,[3]鄧太后詔馳騎以減死論。俊假名上書謝曰:"臣孤恩負義,自陷重刑,情斷意訖,無所復望。廷尉鞫遣,歐[4]刀在前,棺絮在後,魂魄飛揚,形容已枯。陛下聖澤,以臣嘗在近密,[5]識其狀貌,傷其眼目,[一〇]留心曲慮,特加徧覆。喪車復還,白骨更肉,披棺發槥,起見白日。天地父母能生臣俊,不能使臣俊當死復生。陛下德過天地,恩重父母,誠非臣俊破碎骸骨,舉宗腐爛,所報萬一。臣俊徒也,不得上書;不勝去死就生,驚喜踊躍,觸冒拜章。"當時皆哀其文。

【注】
〔1〕占謂口授也,《前書》曰"陳遵憑几口占書吏"是也。
〔2〕謂奏報論死也。
〔3〕穀門,洛陽城北面中門也。
〔4〕音一口反。
〔5〕謂為尚書郎。

朝廷由此薄敞罪而隱其死,以三公禮葬之,復其官。子盱。[1]

【注】
〔1〕況于反。

盱後至光祿勳。時大將軍梁冀擅朝，內外莫不阿附，唯盱與廷尉邯鄲義正身自守。及桓帝誅冀，使盱持節收其印綬，事已具《梁冀傳》。

閎字夏甫，彭之孫也。少勵操行，苦身脩節。父賀，為彭城相。[1]閎往省謁，變名姓，徒行無旅。既至府門，連日吏不為通，會阿母出，見閎驚，[2]入白夫人，乃密呼見。既而辭去，賀遣車送之，閎稱眩疾不肯乘，反，郡界無知者。及賀卒郡，閎兄弟迎喪，不受賻贈，縗絰扶柩，冒犯寒露，體貌枯毀，手足血流，見者莫不傷之。服闋，累徵聘舉召，皆不應。居處仄陋，以耕學為業。從父逢、隗並貴盛，數餽之，無所受。

【注】

[1]《風俗通》曰："賀字元服。祖父京，為侍中。安帝始加元服，百僚會賀，臨莊垂出而孫適生，喜其嘉會，因名字焉。"

[2]謝承《書》曰："乳母從內出，見在門側，面貌省瘦，為其垂泣。閎厚丁寧：'此間不知吾，慎勿宣露也。'"

閎見時方險亂，而家門富盛，常對兄弟歎曰："吾先公福祚，後世不能以德守之，而競為驕奢，與亂世爭權，此即晉之三郤矣。"[1]延熹末，黨事將作，閎遂散髮絕世，欲投迹深林。以母老不宜遠遁，乃築土室，四周於庭，不為戶，自牖納飲食而已。旦於室中東向拜母。母思閎，時往就視，母去，便自掩閉，兄弟妻子莫得見也。及母歿，不為制服設位，時莫能名，或以為狂生。潛身十八年，黃巾賊起，攻沒郡縣，百姓驚散，閎誦經不移。賊相約語不入其閭，鄉人就閎避難，皆得全免。年五十七，卒於土室。[2]二弟忠、弘，節操皆亞於閎。

【注】

〔1〕三郤謂郤錡、郤犨、郤至,皆晉卿也。各驕奢,為厲公所殺。事見《左傳》。

〔2〕《汝南先賢傳》曰:"閎臨卒,勑其子曰:'勿設殯棺,但著褌衫疏布單衣幅巾,親尸於板牀之上,以五百甓為藏。'"

忠字正甫,與同郡范滂為友,俱證黨事得釋,語在《滂傳》。初平中,為沛相,〔1〕乘葦車到官,以清亮稱。及天下大亂,忠棄官客會稽上虞。〔2〕一見太守王朗徒從整飾,心嫌之,遂稱病自絕。〔3〕後孫策破會稽,忠等浮海南投交阯。獻帝都許,徵為衛尉,未到,卒。

【注】

〔1〕沛王琮相也。琮,光武八代孫也。

〔2〕縣名,城在今越州餘姚縣西。

〔3〕王朗字景興,肅之父也,《魏志》有傳。謝承《書》曰"忠乘船載笠蓋詣朗,見朗左右僮從皆著青絳采衣,非其奢麗,即辭疾發而退"也。

弘字邵甫,恥其門族貴埶,乃變姓名,徒步師門,〔一二〕不應徵辟,終於家。〔1〕

【注】

〔1〕謝承《書》曰:"弘嘗入京師太學,其從父逢為太尉,〔一二〕呼弘與相見。遇逢宴會作樂,弘伏稱頭痛,不聽(呼)[音]聲而退,〔一三〕遂不復往。紹、術兄弟亦不與通。"

忠子祕,為郡門下議生。黃巾起,祕從太守趙謙擊之,軍敗,祕與功曹封觀等七人以身扞刃,皆死於陳,謙以得免。詔祕等門閭號曰"七賢"。〔1〕〔一四〕

【注】
〔1〕謝承《書》曰"祕字永寧。封觀與主簿陳端、門下督范仲禮、賊曹劉偉德、主記史丁子嗣、記室史張仲然、議生袁祕等七人擢刃突陳，與戰並死"也。

封觀者，有志節，當舉孝廉，以兄名位未顯，恥先受之，遂稱風疾，瘖不能言。火起觀屋，徐出避之，忍而不告。後數年，兄得舉，觀乃稱損而仕郡焉。[1]

【注】
〔1〕謝承《書》曰："觀字孝起，南頓人也。"

論曰：陳平多陰謀，而知其後必廢；[1] 邴吉有陰德，夏侯勝識其當封及子孫。[2] 終陳掌不侯，而邴昌紹國，雖有不類，未可致詰，其大致歸然矣。袁公寶氏之間，乃情帝室，[3] 引義雅正，可謂王臣之烈。[4] 及其理楚獄，未嘗鞫人於臧罪，其仁心足以覃乎後昆。[5] 子孫之盛，不亦宜乎？[6]

【注】
〔1〕丞相陳平為高祖謀臣，出六奇，歎曰："我多陰謀，道家之所禁，吾世即廢，以吾多陰謀禍也。"其後曾孫掌以衛氏親戚貴達，願得續封，而終不得也。
〔2〕武帝末，戾太子巫蠱事起，邴吉為廷尉監。時宣帝年二歲，坐太子事繫。望氣者言長安獄中有天子氣，於是上遣使者分條中都官詔獄，繫者亡輕重一切皆殺之。內者令郭穰至郡邸獄，吉閉門扞拒曰："它人無辜猶不可，況親曾孫乎？"穰不得入，還以聞。上曰："天使之也。"因大赦天下。曾孫賴吉得立。[一五] 宣帝立，吉為丞相，未及封而病。上憂吉不起，夏侯勝曰："此未死也。臣聞有陰德者必饗其樂以及子孫。"後吉病愈，封博陽侯。薨，子顯嗣。

甘露中，削爵為關內侯。至孫昌，復封博陽侯。傳子至孫，王莽敗乃絕。

〔3〕乃情猶竭情也。
〔4〕《易》曰："王臣蹇蹇，匪躬之故。"烈，業也。
〔5〕《爾雅》曰："覃，延也。"
〔6〕此論並華嶠之詞也。

張酺字孟侯，汝南細陽人，趙王張敖之後也。[1]敖子壽，封細陽之池陽鄉，後廢，因家焉。

【注】
〔1〕敖父耳，自楚降漢，高祖封為趙王。敖嗣，後有罪，廢為宣平侯。

酺少從祖父充受《尚書》，能傳其業。[1]又事太常桓榮。勤力不怠，聚徒以百數。永平九年，顯宗為四姓小侯開學於南宮，[2]置五經師。酺以《尚書》教授，數講於御前。以論難當意，除為郎，賜車馬衣裳，遂令入授皇太子。

【注】
〔1〕《東觀記》曰："充與光武同門學，光武即位，求問充，充已死。"
〔2〕小侯，解見《明紀》也。

酺為人質直，守經義，每侍講閒隙，數有匡正之辭，以嚴見憚。[1]及肅宗即位，擢酺為侍中、虎賁中郎將。數月，出為東郡太守。酺自以嘗經親近，未悟見出，意不自得，[2]上疏辭曰："臣愚以經術給事左右，少不更職，不曉文法，猥當剖符典郡，班政千里，必有負恩辱位之咎。臣竊私自分，殊不慮出城闕，冀蒙留恩，託備冗官，群僚所不安，耳目所聞見，不敢避好醜。"詔報曰："經云：'身雖在外，乃心不離王室。'〔3〕典城臨民，益所以報效也。好醜必上，不在遠近。〔4〕今賜裝錢三十萬，其亟之官。"酺雖儒者，而性剛斷。下車擢用義勇，搏擊豪彊。長吏有殺盜徒者，酺輒案之，以為令長受臧，猶不至死，盜徒皆飢寒傭保，何足窮其法乎！

【注】

〔1〕《東觀記》曰："太子家時為奢侈物，未嘗不正諫，甚見重焉。"
〔2〕悟，曉也。
〔3〕《尚書·康王之誥》曰"雖爾身在外，乃心罔不在王室"也。
〔4〕好醜謂善惡也。言事之善惡，必以聞上，此即報效，豈拘外內也。

郡吏王青者，〔1〕祖父翁，與前太守翟義起兵攻王莽，及義敗，餘眾悉降，翁獨守節力戰，莽遂燔燒之。父隆，建武初為都尉功曹，青為小史。與父俱從都尉行縣，道遇賊，隆以身衛全都尉，遂死於難；青亦被矢貫咽，音聲流喝。〔2〕前郡守以青身有金夷，竟不能舉。〔3〕酺見之，歎息曰："豈有一門忠義而爵賞不及乎？"遂擢用極右曹，〔4〕乃上疏薦青三世死節，宜蒙顯異。奏下三公，由此為司空所辟。〔5〕

【注】

〔1〕謝承《書》曰："青字公然，東郡聊城人也。"
〔2〕"流"或作"嘶"。喝音一介反。《廣蒼》曰："聲之幽也。"
〔3〕夷，傷也。
〔4〕《漢官儀》曰："督郵、功曹，郡之極位。"
〔5〕《東觀記》曰"青從此除步兵司馬。酺傷青不遂，復舉其子孝廉"也。

自酺出後，帝每見諸王師傅，常言："張酺前入侍講，屢有諫正，闇闇惻惻，出於誠心，可謂有史魚之風矣。"〔1〕元和二年，東巡狩，幸東郡，引酺及門生並郡縣掾史並會庭中。帝先備弟子之儀，使酺講《尚書》一篇，然後脩君臣之禮。[2] 賞賜殊特，莫不沾洽。

【注】
〔1〕闇闇，忠正也。惻惻，懇切也。史魚，衛大夫，名鰌，字子魚。孔子曰"直哉史魚，邦有道如矢，邦無道如矢"也。
〔2〕《東觀記》曰："時使尚書令王鮪與酺相難，上甚欣悅。"

酺視事十五年，和帝初，遷魏郡太守。郡人鄭據時為司隸校尉，奏免執金吾竇景。景後復位，遣掾夏猛私謝酺曰："鄭據小人，為所侵冤。聞其兒為吏，放縱狼藉。取是曹子一人，足以驚百。"[一六] 酺大怒，即收猛繫獄，檄言執金吾府，疑猛與據子不平，矯稱卿意，以報私讎。會有贖罪令，猛乃得出。[1] 頃之，徵入為河南尹。竇景家人復擊傷市卒，吏捕得之，景怒，遣緹騎侯海等五百人毆傷市丞。[2] 酺部吏楊章等窮究，正海罪，徙朔方。景忿怨，乃移書辟章等六人為執金吾吏，欲因報之。章等惶恐，入白酺，願自引臧罪，以辭景命。酺即上言其狀。竇太后詔報："自今執金吾辟吏，皆勿遣。"

【注】
〔1〕《東觀記》曰"據字平卿，黎陽人也。為侍御史，轉司隸校尉"也。
〔2〕《說文》曰："緹，帛丹黃色也。"《漢官儀》曰，執金吾有緹騎。

及竇氏敗，酺乃上疏曰："臣實愚憃，不及大體，[1] 以為竇氏雖伏厥辜，而罪刑未著，後世不見其事，但聞其誅，非所以垂示國典，貽之將來。宜下理官，與天下平之。[2] 方憲等寵貴，群臣阿附唯恐不及，皆言憲受顧命之託，懷伊、呂之忠，[3] 至乃復比鄧夫人於文母。[4] 今嚴威既行，皆言當死，不復顧其前後，考折厥衷。臣伏見夏陽侯瓌，每存忠善，前與臣言，常有盡節之心，檢勑賓客，未嘗犯法。臣聞王政骨肉之刑，有三宥之義，過厚不過薄。[5]今議者為瓌選嚴能相，恐其迫切，必不完免，宜裁加貸宥，以崇厚德。"和帝感酺言，徙瓌封，就國而已。

【注】

〔1〕鄭玄注《周禮》云："憃愚，癡騃也。"憃音陟降反。

〔2〕平之謂平論其罪也。

〔3〕臨終之命曰顧命。

〔4〕臣賢案：鄧夫人即穰侯鄧疊母元也。元出入宮掖，共竇憲女壻郭舉父子同謀殺害，與竇氏同誅，語見《憲傳》，故張酺論憲兼及其黨。稱鄧夫人者，猶如《前書》霍光妻稱霍顯，祁太伯母號祁夫人之類也。文母，文王之妻也。《詩》曰："既有烈考，亦有文母。"

〔5〕《禮記》曰"公族有罪，獄成，有司讞於公曰：'某之罪在大辟。'公曰：'宥之。'有司又曰：'在大辟。'公又曰：'宥之。'有司又曰：'在大辟。'公又曰：'宥之。'及三宥不對，走出，[一七]致刑于甸人。公又使人追之，曰：'雖然，必宥之。'有司曰：'無及也。'反命於公，公素服如其倫之喪"也。

永元五年，遷酺為太僕。數月，代尹睦為太尉。[1]數上疏以疾乞身，薦魏郡太守徐防自代。帝不許，使中黃門問病，加以珍羞，賜錢三十萬。酺遂稱篤。時子蕃以郎侍講，帝因令小黃門勑蕃曰："陰陽不和，萬人失所，朝廷望公思惟得失，與國同心，而託病自絜，求去重任，誰當與吾同憂責者？非有望於斷金也。[2]司徒固疾，司空年老，[3]公其傴僂，勿露所勑。"[4]酺惶恐詣闕謝，還復視事。酺雖在公位，而父常居田里，酺每有遷職，輒一詣京師。嘗來候酺，適會歲節，公卿罷朝，俱詣酺府奉酒上壽，極歡卒日，眾人皆慶羨之。及父卒，既葬，詔遣使齎牛酒為釋服。

【注】

〔1〕《漢官儀》曰："睦字伯師，河南鞏人也。"

〔2〕斷金，解在《皇后紀》。

〔3〕時司徒劉方，司空張奮也。

〔4〕傴僂言恭敬從命也。《左氏傳》曰："一命而僂，再命而傴，三命而俯。"

後以事與司隸校尉晏稱會於朝堂，酺從容謂稱曰："三府辟吏，多非其人。"稱歸，即奏令三府各實其掾史。酺本以私言，不意稱奏之，甚懷恨。會復共謝闕下，酺因責讓於稱。稱辭語不順，酺怒，遂廷叱之，稱乃劾奏酺有怨言。天子以酺先帝師，有詔公卿、博士、朝臣會議。司徒呂蓋奏酺位居三司，知公門有儀，不屏氣鞠躬以須詔命，反作色大言，怨讓使臣，不可以示四遠。[1]於是策免。

【注】

〔1〕司隸校尉督大姦猾，無所不察，故曰使臣也。

酺歸里舍，謝遣諸生，閉門不通賓客。左中郎將何敞及言事者多訟酺公忠，帝亦雅重之。十(五)[六]年，復拜為光祿勳。數月，代魯恭為司徒。[一八]月餘薨。乘輿縞素臨弔，賜冢塋地，賵贈恩寵異於它相。酺病臨危，勅其子曰："顯節陵埽地露祭，欲率天下以儉。[1]吾為三公，既不能宣揚王化，令吏人從制，豈可不務節約乎？其無起祠堂，可作槀蓋廡，施祭其下而已。"[2]

【注】

〔1〕顯節，明帝陵也。明帝遺詔無起寢廟，故言埽地而祭也，故酺遵奉之。

〔2〕廡，屋也。

曾孫濟，好儒學，[1]光和中至司空，病罷。及卒，靈帝以舊恩贈車騎將軍、關內侯印綬。其年，追濟侍講有勞，封子根為蔡陽鄉侯。

【注】
[1]華嶠《書》曰："蕃生磐，磐生濟。濟字元江。靈帝初，楊賜薦濟明習典訓，為侍講。"

濟弟喜，初平中為司空。

韓棱字伯師，潁川舞陽人，弓高侯穨當之後也。[1]世為鄉里著姓。父尋，建武中為隴西太守。

【注】
[1]穨當，韓王信之子。見《前書》。

棱四歲而孤，養母弟以孝友稱。及壯，推先父餘財數百萬與從昆弟，鄉里益高之。初為郡功曹，太守葛興中風，病不能聽政，棱陰代興視事，出入二年，令無違者。興子嘗發教欲署吏，棱拒執不從，因令怨者章之。[1]事下案驗，吏以棱掩蔽興病，專典郡職，遂致禁錮。顯宗知其忠，後詔特原之。由是徵辟，五遷為尚書令，與僕射郅壽、尚書陳寵，同時俱以才能稱。肅宗嘗賜諸尚書劍，唯此三人特以寶劍，自手署其名曰："韓棱楚龍淵，[2]郅壽蜀漢文，陳寵濟南椎成。"[3]時論者為之說：以棱淵深有謀，故得龍淵；壽明達有文章，故得漢文；寵敦朴，善不見外，故得椎成。

【注】
[1]章謂令上章告言之。

〔2〕《晉大康記》曰:"汝南西平縣有龍泉水,可淬刀劒,特堅利。"汝南即楚分野。

〔3〕椎音直追反。《漢官儀》"椎成"作"鍛成"。

和帝即位,侍中竇憲使人刺殺齊殤王子都鄉侯暢於上東門,有司畏憲,咸委疑於暢兄弟。詔遣侍御史之齊案其事。棱上疏以為賊在京師,不宜捨近問遠,恐為姦臣所笑。竇太后怒,以切責棱,棱固執其議。及事發,果如所言。憲惶恐,白太后求出擊北匈奴以贖罪。棱復上疏諫,太后不從。及憲有功,還為大將軍,威震天下,復出屯武威。會帝西祠園陵,詔憲與車駕會長安。及憲至,尚書以下議欲拜之,伏稱萬歲。棱正色曰:"夫上交不諂,下交不黷,〔1〕禮無人臣稱萬歲之制。"議者皆慙而止。尚書左丞王龍私奏記上牛酒於憲,棱舉奏龍,論為城旦。〔2〕棱在朝數薦舉良吏應順、呂章、周紆等,皆有名當時。及竇氏敗,棱典案其事,深竟黨與,數月不休沐。帝以為憂國忘家,賜布三百匹。

【注】

〔1〕《易・下繫》之辭也。

〔2〕《前書音義》曰:"城旦,輕刑之名也。晝日司寇虜,夜暮築長城,故曰城旦。"

遷南陽太守,特聽棱得過家上冢,鄉里以為榮。棱發擿姦盜,郡中震慄,政號嚴平。數歲,徵入為太僕。九年冬,代張奮為司空。明年薨。

子輔,安帝時至趙相。〔1〕

【注】

〔1〕趙王良孫商之相也。

棱孫演,〔一九〕順帝時為丹陽太守,政有能名。桓帝時為司徒。〔1〕大將軍梁冀被誅,演坐阿黨抵罪,以減死論,遣歸本郡。〔2〕後復徵拜司隸校尉。

【注】
〔1〕演字伯南。
〔2〕華嶠《書》曰"梁皇后崩,梁貴人大幸,將立,大將軍冀欲分其寵,謀冒姓為貴人父,演陰許諾,及冀誅事發,演坐抵罪"也。

周榮字平孫,廬江舒人也。肅宗時,舉明經,辟司徒袁安府。安數與論議,甚器之。及安舉奏竇景及與竇憲爭立北單于事,皆榮所具草。竇氏客太尉掾徐齮深惡之,脅榮曰:"子為袁公腹心之謀,排奏竇氏,竇氏悍士刺客滿城中,謹備之矣!"榮曰:"榮江淮孤生,蒙先帝大恩,以歷宰二城。今復得備宰士,〔1〕縱為竇氏所害,誠所甘心。"故常勅妻子,若卒遇飛禍,無得殯斂,〔2〕冀以區區腐身覺悟朝廷。及竇氏敗,榮由此顯名。自郾令擢為尚書令。出為潁川太守,坐法,當下獄,和帝思榮忠節,左轉共令。〔3〕歲餘,復以為山陽太守。所歷郡縣,皆見稱紀。以老病乞身,卒于家,詔特賜錢二十萬,除子男興為郎中。

【注】
〔1〕榮辟司徒府,故稱宰士。
〔2〕飛禍言倉卒而死也。
〔3〕共,縣名,屬河內郡,故城在今衛州共城縣東,即古共國也。

興少有名譽,永寧中,尚書陳忠上疏薦興曰:"臣伏惟古者帝王有所號令,言必弘雅,辭必溫麗,垂於後世,列於典經。故仲尼嘉唐虞之文章,從周室之郁郁。〔1〕臣竊見光祿郎周興,〔2〕孝友之行,著於閨門,清厲之志,聞於州里。蘊匵古今,博物多聞,〔3〕《三墳》之篇,《五典》之策,無所不覽。〔4〕屬文著辭,有可觀採。尚書出納帝命,為王喉舌。〔5〕臣等既愚闇,而諸郎多文俗吏,鮮有雅才,每為詔文,宣示內外,轉相求請,或以不能而專己自由,辭多鄙固。興抱奇懷能,隨輩栖遲,誠可歎惜。”詔乃拜興為尚書郎。卒。興子景。

【注】

〔1〕《論語》孔子曰:"大哉堯之為君也,煥乎其有文章。"又曰:"周監於二代,郁郁乎文哉。吾從周。"

〔2〕光祿主郎,故曰光祿郎。

〔3〕蘊,藏也。匵,匱也。

〔4〕伏羲、神農、黃帝之書曰《三墳》;少昊、顓頊、高辛、唐、虞之書曰《五典》也。

〔5〕尚書為王之喉舌官也。李固對策曰:"今陛下有尚書,猶天之有北斗也。北斗為天之喉舌,尚書亦為陛下之喉舌也。"

景字仲饗。辟大將軍梁冀府,稍遷豫州刺史、河內太守。好賢愛士,其拔才薦善,常恐不及。每至歲時,延請舉吏入上後堂,與共宴會,如此數四,乃遣之。贈送什物,無不充備。既而選其父兄子弟,事相優異。常稱曰:"臣子同貫,若之何不厚!"先是司徒韓演在河內,志在無私,舉吏當行,一辭而已,恩亦不及其家。曰:"我舉若可矣,豈可令偏積一門!"〔二〇〕故當時論者議此二人。

景後徵入為將作大匠。及梁冀誅,景以故吏免官禁錮。朝廷以景素著忠正,頃之,復引拜尚書令。〔1〕遷太僕、衛尉。六年,代劉寵為司空。是時宦官任人及子弟充塞列位。景初視事,與太尉楊秉舉奏諸姦猾,自將軍牧守以下,免者五十餘人。遂連及中常侍防東侯覽、〔二一〕東武陽侯具瑗,皆坐黜。朝廷莫不稱之。視事二年,以地震策免。歲餘,復代陳蕃為太尉。建寧元年薨。以豫議定策立靈帝，追封安陽鄉侯。

【注】
〔1〕蔡質《漢儀》曰："延熹中，京師游俠有盜發順帝陵，賣御物於市，市長追捕不得。周景以尺一詔召司隸校尉左雄詣臺對詰，雄伏於廷答對，景使虎賁左駿頓頭，血出覆面，與三日期，賊便擒也。"

長子崇嗣，至甘陵相。[1]

【注】
〔1〕甘陵王理相也。理即章帝曾孫。

中子忠，少歷列位，累遷大司農。[1]忠子暉，前為洛陽令，去官歸。兄弟好賓客，雄江淮閒，出入從車常百餘乘。及帝崩，暉聞京師不安，來候忠，董卓聞而惡之，使兵劫殺其兄弟。忠後代皇甫嵩為太尉，錄尚書事，以災異免。復為衛尉，從獻帝東歸洛陽。

【注】
〔1〕《吳書》曰，忠字嘉謀，與朱儁共敗李傕於曹陽也。

贊曰：袁公持重，誠單所奉。[1]惟德不忘，延世承寵。孟侯經博，侍言帝幄。棱、榮事君，志同鷢雀。[2]

【注】
〔1〕單，盡也。
〔2〕《左傳》曰："見無禮於其君者誅之，如鷹鷢之逐鳥雀也。"

【校勘記】

〔一〕汝南汝陽人也　按：《集解》引惠棟説，謂袁《紀》作"汝南宛人"。

〔二〕洛陽令身出案行　按：殿本《考證》引孫鑛説，謂"洛陽"當作"汝陽"。又按：汲本、殿本"身"作"自"。

〔三〕南陽太守滿殷　按：汲本"滿"作"蒲"。

〔四〕左鹿蠡王阿佟　按：《集解》引惠棟説，謂袁《紀》"阿佟"作"阿修"。又引錢大昭説，謂疑即於除鞬也。"左"當作"右"。

〔五〕至乎章和之初降者十餘萬人　按：汲本"乎"作"於"。汲本、殿本"十餘萬人"作"十萬餘人"。

〔六〕未蒙顯贈　按："未"原譌"求"，逕據汲本、殿本改正。

〔七〕左中郎〔將〕　《集解》引何焯説，謂"左中郎"下當有"將"字。又《校補》引柳從辰説，謂袁《紀》亦作"左中郎將"，與華嶠《書》同。今據補。

〔八〕中常侍袁赦　按：《集解》引惠棟説，謂袁《紀》作"袁朗"，案《梁冀傳》當作"赦"。

〔九〕遂誅隗及術兄基等男女二十餘人　按：沈家本謂《袁紹傳》注引《獻帝春秋》曰："卓使司隸宣璠盡口收之，母及姊妹嬰孩以上五十餘人下獄死。"《獻紀》注引亦同。此傳云二十餘人，恐"二"字誤也。

〔一〇〕識其狀貌傷其眼目　按：汲本、殿本二"其"字皆作"臣"。

〔一一〕徒步師門　按：汲本"師門"下有"從師"二字。殿本無"從師"二字，《考證》云從宋本刪。

〔一二〕其從父逢為太尉　按：張森楷《校勘記》謂案袁逢以太僕為司空，未嘗為太尉，"尉"字疑誤，否則竟謝承謬也。

〔一三〕不聽（呼）〔音〕聲而退　據汲本、殿本改。

〔一四〕詔祕等門閭號曰七賢　按：《御覽》一五七引作"詔復祕等閭號曰七賢閭"。

〔一五〕曾孫賴吉得立　按：《刊誤》謂案《前書》"立"當作"全"。

〔一六〕足以驚百　按：汲本"驚"作"警"。

〔一七〕公又曰宥之及三宥不對走出　按：《刊誤》謂案今《禮記》文，注多下"公又曰宥之"五字。

〔一八〕十（五）〔六〕年復拜為光禄勳數月代魯恭為司徒　按：《和帝紀》永元十六年秋七月庚午，光禄勳張酺為司徒，八月己酉，司徒張酺薨。今據改。

〔一九〕棱孫演　按：《桓帝紀》"演"作"縯"。沈欽韓謂《胡廣傳》作"縯"。李慈銘謂《吳志·周瑜傳》注引張璠《漢紀》作"縯"，與《桓紀》同。

〔二〇〕豈可令偏積一門　按："偏"原作"偏"，逕據汲本、殿本改。

〔二一〕中常侍防東侯覽　宸翰樓覆宋本《東漢書刊誤》云："案覽本傳，覽　防東人，封高鄉侯。今此載其侯爵，當云高鄉侯，若載其本縣名，則非例也。蓋脱一'侯'字，誤二'高鄉'字。"今按劉氏之意，蓋謂"防東"二字乃"高鄉"之誤，其下又脱一"侯"字。是劉氏所見本，亦作"中常侍防東侯覽"也。殿本正文作"中常侍防東陽侯侯覽"（汲本同），而引劉攽《刊誤》，則删去"脱一侯字"四字，遂使讀者不知劉氏所言謂何，當時校勘之粗疏如是。又《集解》引錢大昕說，謂劉據《覽傳》證此文當為"高鄉"之誤，是矣。予又疑高鄉即防東之鄉，故傳稱防東鄉侯，因下文有"東武陽"字，又誤"鄉"為"陽"也。今按錢氏之意，蓋謂疑當作"中常侍防東鄉侯侯覽"也。

後漢書卷四十六

郭陳列傳第三十六 郭躬弟子鎮　陳寵子忠

郭躬字仲孫，潁川陽翟人也。家世衣冠。父弘，習《小杜律》。[1]太守寇恂以弘為決曹掾，斷獄至三十年，用法平。諸為弘所決者，退無怨情，郡內比之東海于公。年九十五卒。[2]

【注】

〔1〕《前書》，杜周武帝時為廷尉、御史大夫，斷獄深刻。少子延年亦明法律，宣帝時又為御史大夫。對父故言小。

〔2〕于公，東海人，丞相于定國父也。為郡決曹，決獄平，羅文法者，于公所決皆不恨。見《前書》也。

躬少傳父業，講授徒衆常數百人。後為郡吏，辟公府。永平中，奉車都尉竇固出擊匈奴，騎都尉秦彭為副。彭在別屯而輒以法斬人，固奏彭專擅，請誅之。顯宗乃引公卿朝臣平其罪科。躬以明法律，召入議。議者皆然固奏，躬獨曰："於法，彭得斬之。"帝曰："軍征，校尉一統於督。"[1]彭既無斧鉞，可得專殺人乎？"躬對曰："一統於督者，謂在部曲。[2]今彭專軍別將，有異於此。兵事呼吸，不容先關督帥。且漢制棨戟即為斧鉞，於法不合罪。"[3]帝從躬議。又有兄弟共殺人者，而罪未有所歸。帝以兄不訓弟，故報兄重而減弟死。中常侍孫章宣詔，誤言兩報重，尚書奏章矯制，罪當棄斬。帝復召躬問之，躬對"章應罰金"。帝曰："章矯詔殺人，何謂罰金？"躬曰："法令有故、誤，章傳命之謬，於事為誤，誤者其文則輕。"帝曰："章與囚同縣，疑其故也。"躬曰："'周道如砥，其直如矢。'〔4〕'君子不逆詐。'〔5〕君王法天，刑不可以委曲生意。"帝曰："善。"遷躬廷尉正，坐法免。

【注】
〔1〕督謂大將。
〔2〕《前書音義》曰"大將軍行有五部，〔一〕部有曲"也。
〔3〕有衣之戟曰棨。
〔4〕《詩·小雅》也。如砥，貢賦平。如矢，賞罰中。
〔5〕《論語》孔子之言。

後三遷，元和三年，拜為廷尉。躬家世掌法，務在寬平，及典理官，決獄斷刑，多依矜恕，乃條諸重文可從輕者四十一事奏之，事皆施行，著于令。章和元年，赦天下繫囚在四月丙子以前減死罪一等，勿笞，詣金城，而文不及亡命未發覺者。躬上封事曰："聖恩所以減死罪使戍邊者，重人命也。今死罪亡命無慮萬人，〔1〕又自赦以來，捕得甚眾，而詔令不及，皆當重論。伏惟天恩莫不蕩宥，死罪已下並蒙更生，而亡命捕得獨不沾澤。臣以為赦前犯死罪而繫在赦後者，可皆勿笞詣金城，以全人命，有益於邊。"肅宗善之，即下詔赦焉。躬奏讞法科，多所生全。永元六年，卒官。中子晊，亦明法律，〔2〕至南陽太守，政有名迹。弟子鎮。

【注】
〔1〕《廣雅》曰："無慮，都凡也。"
〔2〕晊音質。

鎮字桓鍾，少修家業。辟太尉府，再遷，延光中為尚書。及中黃門孫程誅中常侍江京等而立濟陰王，鎮率羽林士擊殺衛尉閻景，以成大功，事在《宦者傳》。再遷尚書令。太傅、三公奏鎮冒犯白刃，手劍賊臣，姦黨殄滅，宗廟以寧，功比劉章，[1]宜顯爵土，以勵忠貞。乃封鎮為定潁侯，食邑二千戶。拜河南尹，轉廷尉，免。永建四年，卒於家。詔賜冢塋地。

【注】
〔1〕章，齊王肥子也，高帝孫，誅諸呂有功，封朱虛侯也。

長子賀當嗣爵，讓與小弟時而逃去。積數年，詔大鴻臚下州郡追之，賀不得已，乃出受封。累遷，復至廷尉。及賀卒，順帝追思鎮功，下詔賜鎮諡曰昭武侯，賀曰成侯。
賀弟禎，亦以能法律至廷尉。
鎮弟子禧，[1]少明習家業，兼好儒學，有名譽，延熹中亦為廷尉。建寧二年，代劉寵為太尉。禧子鴻，至司隸校尉，封城安鄉侯。

【注】
〔1〕許其反。

郭氏自弘後，數世皆傳法律，子孫至公者一人，廷尉七人，侯者三人，刺史、二千石、侍中、中郎將者二十餘人，侍御史、正、監、平者甚眾。
順帝時，廷尉河南吳雄季高，以明法律，斷獄平，起自孤宦，致位司徒。雄少時家貧，喪母，營人所不封土者，擇葬其中。喪事趣辦，不問時日，（醫）巫皆言當族滅，〔二〕而雄不顧。及子訢孫恭，三世廷尉，為法名家。〔1〕〔三〕

【注】
〔1〕名為明法之家。

初，肅宗時，司隸校尉下邳趙興亦不卹諱忌，[1]每入官舍，輒更繕修館宇，移穿改築，故犯妖禁，而家人爵祿，益用豐熾，官至潁川太守。子峻，太傅，以才器稱。孫安世，魯相。三葉皆為司隸，時稱其盛。

【注】
〔1〕卹，憂也。

桓帝時，汝南有陳伯敬者，行必矩步，坐必端膝，呵叱狗馬，終不言死，目有所見，不食其肉，行路聞凶，便解駕留止，還觸歸忌，則寄宿鄉亭。[1]年老寢滯，不過舉孝廉。後坐女壻亡吏，太守邵夔怒而殺之。時人罔忌禁者，多談為證焉。[2]

【注】
〔1〕《陰陽書·歷法》曰："歸忌日，四孟在丑，四仲在寅，四季在子，其日不可遠行歸家及徙也。"
〔2〕罔，無也。

論曰：曾子云："上失其道，民散久矣。如得其情，則哀矜而勿喜。"[1]夫不喜於得情則恕心用，恕心用則可寄枉直矣。夫賢人君子斷獄，其必主於此乎？郭躬起自佐史，小大之獄必察焉。[2]原其平刑審斷，庶於勿喜者乎？若乃推己以議物，捨狀以貪情，[3]法家之能慶延于世，蓋由此也！

【注】
〔1〕言人離散犯法,乃自上之所為,非下之過,當哀矜之,勿以得情為喜也。見《論語》也。
〔2〕《左傳》曰:"小大之獄,雖不能察,必以情。"
〔3〕秦彭、孫章不死為推己,亡命得減為貪情也。貪與探同也。

陳寵字昭公,沛國洨人也。[1]曾祖父咸,成哀閒以律令為尚書。平帝時,王莽輔政,多改漢制,咸心非之。及莽因呂寬事誅不附己者何武、鮑宣等,[2]咸乃歎曰:"《易》稱'君子見幾而作,不俟終日',吾可以逝矣!"[3]即乞骸骨去職。及莽篡位,召咸以為掌寇大夫,謝病不肯應。時三子參、豐、欽皆在位,乃悉令解官,父子相與歸鄉里,閉門不出入,猶用漢家祖臘。[4]人問其故,咸曰:"我先人豈知王氏臘乎?"其後莽復徵咸,遂稱病篤。於是乃收斂其家律令書文,皆壁藏之。咸性仁恕,常戒子孫曰:"為人議法,當依於輕,雖有百金之利,慎無與人重比。"

【注】
〔1〕洨,縣名,故城在今泗州虹縣西南。洨音戶交反。
〔2〕平帝時,王莽輔政,隔絕平帝外家,不得至京師。莽子宇,恐帝長大後見怨,教帝舅衛寶令帝母上書求入,莽不許。宇與婦兄呂寬謀,以為莽不可說而好鬼神,乃夜以血灑莽第門,以驚懼之,事覺,並誅死。何武為前將軍,王莽先從武求舉,武不敢。鮑宣為司隸,免,徙之上黨。呂寬事起,莽案鞫,並誅不附己者,武與宣在見誣中,皆被誅。並見《前書》。
〔3〕幾者事之微,吉凶之先見者。逝,往也。
〔4〕應劭《風俗通》曰,共工之子好遠遊,死為祖神。漢家火行盛於午,故以午日為祖也。臘者,歲終祭眾神之名。臘,接也,新故交接,故大祭以報功也。漢火行,衰於戌,故臘用戌日也。

建武初，欽子躬為廷尉左監，早卒。

躬生寵，明習家業，少為州郡吏，辟司徒鮑昱府。是時三府掾屬專尚交遊，以不肯視事為高。寵常非之，獨勤心物務，數為昱陳當世便宜。昱高其能，轉為辭曹，掌天下獄訟。[1]其所平決，無不厭服衆心。時司徒辭訟，久者數十年，事類溷錯，易為輕重，不良吏得生因緣。[2]寵為昱撰《辭訟比》七卷，決事科條，皆以事類相從。昱奏上之，其後公府奉以為法。

【注】
〔1〕《續漢志》曰"三公掾屬二十四人，有辭曹，主訟事"也。
〔2〕因緣謂依附以生輕重也。

三遷，肅宗初，為尚書。是時承永平故事，吏政尚嚴切，尚書決事率近於重。寵以帝新即位，宜改前世苛俗。乃上疏曰："臣聞先王之政，賞不僭，刑不濫，與其不得已，寧僭不濫。[1]故唐堯著典，'眚災肆赦'；[2]周公作戒，'勿誤庶獄'；[3]伯夷之典，'惟敬五刑，以成三德'。[4]由此言之，聖賢之政，以刑罰為首。往者斷獄嚴明，所以威懲姦慝，姦慝既平，必宜濟之以寬。[5]陛下即位，率由此義，數詔群僚，弘崇晏晏。[6]而有司執事，未悉奉承，典刑用法，猶尚深刻。斷獄者急於篣格酷烈之痛，[7][四]執憲者煩於詆欺放濫之文，或因公行私，逞縱威福。夫為政猶張琴瑟，大弦急者小弦絕。故子貢非臧孫之猛法，而美鄭喬之仁政。[8]《詩》云：'不剛不柔，布政優優。'[9]方今聖德充塞，假于上下，[10]宜隆先王之道，蕩滌煩苛之法。輕薄箠楚，以濟群生；全廣至德，以奉天心。"帝敬納寵言，每事務於寬厚。其後遂詔有司，絕鉆鑽諸慘酷之科，[11][五]解妖惡之禁，除文致之請讞五十餘事，定著于令。[12]是後人俗和平，屢有嘉瑞。

【注】

〔1〕事見《左傳》蔡大夫聲子辭。

〔2〕《尚書·舜典》之辭也。眚，過也。災，害也。肆，緩也。言過誤有害，當緩赦也。

〔3〕《尚書·立政》之辭也。言文子文孫，從今以往，惟以正道理衆獄勿誤也。

〔4〕三德，剛、柔、正直。《尚書·呂刑》曰："伯夷降典，折民惟刑，惟敬五刑，以成三德。"

〔5〕濟，益也。

〔6〕晏晏，溫和也。《尚書考靈燿》曰："堯聰明文塞晏晏。"

〔7〕笞即榜也，古字通用。《聲類》曰："笞也。"《説文》曰："格，擊也。"

〔8〕臧孫，魯大夫，行猛政。子貢非之曰："夫政猶張琴瑟也，大弦急則小弦絕矣。故曰：'罰得則姦邪止，賞得則下歡悦。'子之賊心見矣。獨不聞子產之相鄭乎？推賢舉能，抑惡揚善，有大略者不問其短，有厚德者不非小疵，家給人足，囹圄空虛。子產卒，國人皆叩心流涕，三月不聞竽琴之音。其生也見愛，死也可悲。故曰：'德莫大於仁，禍莫大於刻。'今子病而人賀，子愈而人相懼，曰：'嗟乎！何命之不善，臧孫子又不死？'"臧孫慙而避位，終身不出。見《新序》。

〔9〕優優，和也。

〔10〕假，至也，音格。上下，天地也。

〔11〕《蒼頡篇》曰："鉆，持也。"《説文》曰："鉆，鐵鉗也。"其炎反。鉗音陟葉反。鑽，臏刑，謂鑽去其髕骨也。鑽音作喚反。

〔12〕文致謂前人無罪，文飾致於法中也。〔六〕

漢舊事斷獄報重，常盡三冬之月，[1]是時帝始改用冬初十月而已。元和二年，旱，長水校尉賈宗等上言，以為斷獄不盡三冬，故陰氣微弱，陽氣發泄，招致灾旱，事在於此。帝以其言下公卿議，寵奏曰：

"夫冬至之節，陽氣始萌，故十一月有蘭、射干、芸、荔之應。[2]《時令》曰：'諸生蕩，安形體。'[3]天以為正，周以為春。[4]十二月陽氣上通，雉雊雞乳，地以為正，殷以為春。[5]十三月陽氣已至，天地已交，萬物皆出，蟄蟲始振，人以為正，夏以為春。[6]三微成著，以通三統。[7]周以天元，殷以地元，夏以人元。若以此時行刑，則殷、周歲首皆當流血，不合人心，不稽天意。《月令》曰：'孟冬之月，趣獄刑，無留罪。'[8]明大刑畢在立冬也。又：'(孟)[仲]冬之月，[七]身欲寧，事欲靜。'[9]若以降威怒，不可謂寧；若以行大刑，不可謂靜。議者咸曰：'旱之所由，咎在改律。'臣以為殷、周斷獄不以三微，而化致康平，無有災害。自元和以前，皆用三冬，而水旱之異，往往為患。由此言之，災害自為它應，不以改律。秦為虐政，四時行刑，聖漢初興，改從簡易。蕭何草律，季秋論囚，俱避立春之月，[10]而不計天地之正，二王之春，實頗有違。[11]陛下探幽析微，允執其中，[12]革百載之失，建永年之功，[13]上有迎承之敬，下有奉微之惠，[14]稽《春秋》之文，當《月令》之意，[15]聖功美業，不宜中疑。"書奏，帝納之，遂不復改。

【注】

〔1〕報，論也。重，死刑也。

〔2〕《易通卦驗》曰："十一月廣莫風至，則蘭、夜干生。"[八]《月令》："仲冬日短至，陰陽爭，諸生蕩，芸始生，荔挺出。"射音夜，即今之烏扇也。芸，香草。荔，馬薤。

〔3〕《時令》，《月令》也。蕩，動也。仲冬一陽爻生，草木皆欲萌動也。《禮記·月令》"仲冬諸生蕩，君子齋戒，安形性"也。

〔4〕正，春，皆始也。十一月萬物微而未著，天以為正，而周以為歲首。

〔5〕十二月二陽爻生，鴈北鄉，陽氣上通，諸生皆動，始萌牙，地以為正，殷以為歲首也。《月令》"季冬，雉雊雞乳"也。

〔6〕十三月今正月也，天子迎春東郊，陰陽交合，萬物皆出於地，人始初見，故曰"人以為正，夏以為歲首"也。《月令》"孟春天氣下降，地氣上騰，

天地和同，草木萌動，東風解凍，蟄蟲始振"也。

〔7〕統者，統一歲之事。王者三正遞用，周環無窮，故曰通三統。《三禮義宗》曰："三微，三正也。言十一月陽氣始施，萬物動於黃泉之下，微而未著，其色皆赤，赤者陽氣。故周以天正為歲，色尚赤，夜半為朔。十二月萬物始牙，色白，白者陰氣。故殷以地正為歲，色尚白，雞鳴為朔。十三月萬物始達，其色皆黑，人得加功以展其業。夏以人正為歲，色尚黑，平旦為朔。故曰三微。王者奉而成之，各法其一以改正朔也。"《易乾鑿度》曰："三微而成著，三著而體成。"當此之時，天地交，萬物通也。

〔8〕臣賢案：《月令》及《淮南子》皆言季秋趣獄刑，無留罪，今言孟冬，未詳其故。

〔9〕《月令》"仲冬，君子齋戒，身欲寧，事欲靜，以待陰陽之所定"也。

〔10〕草謂創造之也。論，決也。

〔11〕言蕭何不論天地之正及殷、周之春，實乖正道。

〔12〕允，信也。中，正也。言信執中正之道。語見《尚書》。

〔13〕《尚書》曰："立功立事，可以永年。"

〔14〕三正之月，不用斷獄，敬承天意，奉順三微也。

〔15〕《春秋》於春每月書王，所以通三統也。何休注云："二月三月皆有王者，二月殷正月，三月夏正月也。"

寵性周密，常稱人臣之義，苦不畏慎。自在樞機，謝遣門人，拒絕知友，唯在公家而已。朝廷器之。[1]

【注】
〔1〕器，重也。

皇后弟侍中竇憲，[1]薦真定令張林為尚書，帝以問寵，寵對"林雖有才能，而素行貪濁"，憲以此深恨寵。林卒被用，而以臧汙抵罪。及帝崩，憲等秉權，常銜寵，乃白太后，令典喪事，欲因過中之。黃門侍郎鮑德素敬寵，說憲弟夏陽侯瓌曰："陳寵奉事先帝，深見納任，故久留臺閣，賞賜有殊。今不蒙忠能之賞，而計幾微之故，[2]誠傷輔政容貸之德。"瓌亦好士，深然之，故得出為太山太守。

【注】
〔1〕臣賢案：《竇后紀》及《憲傳》並云憲竇后兄，今諸本皆言弟，蓋誤也。
〔2〕幾微言微細也。

後轉廣漢太守。西州豪右并兼，吏多姦貪，訴訟日百數。寵到，顯用良吏王渙、鐔顯等，以為腹心，[1]訟者日減，郡中清肅。先是（洛）[雒]縣城南，[2]〔九〕每陰雨，常有哭聲聞於府中，積數十年。寵聞而疑其故，使吏案行。還言："世衰亂時，此下多死亡者，而骸骨不得葬，儻在於是？"寵愴然矜歎，即勑縣盡收斂葬之。自是哭聲遂絕。

【注】
〔1〕鐔音徒南反。
〔2〕（洛）[雒]，縣名，故城在今益州雒縣南也。

及竇憲為大將軍征匈奴，公卿以下及郡國無不遣吏子弟奉獻遺者，而寵與中山相汝南張郴、[1]東平相應順[2]守正不阿。後和帝聞之，擢寵為大司農，郴太僕，順左馮翊。

【注】
〔1〕光武子中山王焉相也。
〔2〕東平王蒼孫敞之相也。

永元六年，寵代郭躬為廷尉。性仁矜。及為理官，數議疑獄，常親自為奏，每附經典，務從寬恕，帝輒從之，濟活者甚衆。其深文刻敝，於此少衰。寵又鉤校律令條法，溢於《甫刑》者除之。[1]曰："臣聞禮經三百，威儀三千，[2]故《甫刑》大辟二百，五刑之屬三千。禮之所去，刑之所取，[3]失禮則入刑，相為表裏者也。今律令死刑六百一十，耐罪千六百九十八，[4]贖罪以下二千六百八十一，溢於《甫刑》者千九百八十九，其四百一十大辟，千五百耐罪，七十九贖罪。《春秋保乾圖》曰：'王者三百年一蠲法。'漢興以來，三百二年，憲令稍增，科條無限。又律有三家，其說各異。宜令三公、廷尉平定律令，應經合義者，可使大辟二百，而耐罪、贖罪二千八百，并為三千，悉刪除其餘令，與禮相應，以易萬人視聽，以致刑措之美，傳之無窮。"未及施行，會坐詔獄吏與囚交通抵罪。詔特免刑，拜為尚書。遷大鴻臚。

【注】

〔1〕鉤猶動也。《前書》曰："鉤校得其姦賊。"鉤音工候反。溢，出也。孔安國注《尚書》曰："呂侯後為甫侯，故或稱《甫刑》也。"

〔2〕《禮記》曰："禮經三百，曲禮三千。"鄭玄注云："《禮篇》多亡，本數未聞，其中事儀有三千也。"

〔3〕去禮之人，刑以加之，故曰取也。

〔4〕耐者，輕刑之名也。

寵歷二郡三卿，所在有迹，見稱當時。十六年，代徐防為司空。寵雖傳法律，而兼通經書，奏議溫粹，號為任職相。在位三年薨。以太常南陽尹勤代為司空。

勤字叔梁，篤性好學，屏居人外，荊棘生門，時人重其節。後以定策立安帝，封福亭侯，五百戶。永初元年，以雨水傷稼，策免就國。病卒，無子，國除。

寵子忠。

忠字伯始，永初中辟司徒府，三遷廷尉正，[1]以才能有聲稱。司徒劉愷舉忠明習法律，宜備機密，於是擢拜尚書，使居三公曹。[2]忠自以世典刑法，用心務在寬詳。初，父寵在廷尉，上除漢法溢於《甫刑》者，未施行，[3]及寵免後遂寢。而苛法稍繁，人不堪之。忠略依寵意，奏上二十三條，[一〇]為《決事比》，[4]以省請讞之敝。又上除蠶室刑；[5]解臧吏三世禁錮；狂易殺人，得減重論；[6]母子兄弟相代死，聽，赦所代者。事皆施行。

【注】

〔1〕正，廷尉屬官也，秩千石也。

〔2〕成帝置五尚書，三公曹尚書主知斷獄也。

〔3〕上音時掌反。

〔4〕比，例也，必寐反。

〔5〕蠶室，宮刑名也，或云犗刑也。音奇敗反。作窨室畜火如蠶室。《說文》曰："犗，騬牛也。"騬音繒。《漢舊儀》注曰"少府若盧獄有蠶室"也。

〔6〕狂易謂狂而易性也。

及鄧太后崩，安帝始親朝事。忠以為臨政之初，宜徵聘賢才，以宣助風化，數上薦隱逸及直道之士馮良、周燮、杜根、成翊世之徒。於是公車禮聘良、燮等。後連有災異，詔舉有道，公卿百僚各上封事。忠以詔書既開諫爭，慮言事者必多激切，或致不能容，乃上疏豫通廣帝意。曰："臣聞仁君廣山藪之大，納切直之謀；[1]忠臣盡謇諤之節，不畏逆耳之害。[2]是以高祖舍周昌桀紂之譬，[3]孝文嘉爰盎人豕之譏，[4]武帝納東方朔宣室之正，[5]元帝容薛廣德自刎之切。[6]昔晉平公問於叔向曰：'國家之患孰為大？'對曰：'大臣重祿不極諫，小臣畏罪不敢言，下情不上通，此患之大者。'公曰：'善。'於是下令曰：'吾欲進善，有謁而不通者，罪至死。'[7]今明詔崇高宗之德，[8]推宋景之誠，[9]引咎克躬，諮訪群吏。言事者見杜根、成翊世等新蒙表錄，顯列二臺，[10]必承風響應，爭為切直。若嘉謀異策，宜輒納用。如其管穴，妄有譏刺，[11]雖苦口逆耳，不得事實，且優遊寬容，以示聖朝無諱之美。若有道之士，對問高者，宜垂省覽，特遷一等，以廣直言之路。"書御，有詔拜有道高第士沛國施延為侍中，延後位至太尉。[12]

【注】

〔1〕《左氏傳》曰："川澤納汙，山藪藏疾，瑾瑜匿瑕，國君含垢，天之道也。"

〔2〕《史記》曰，趙簡子有臣周舍好直諫。周舍死，簡子曰："吾聞千羊之皮，不如一狐之腋；眾人之唯唯，不如周舍之諤諤。"《家語》孔子曰"忠言逆耳而利於行"也。

〔3〕周昌為御史大夫，嘗燕入奏事，高帝方擁戚姬，昌走出，高帝逐得，騎昌項問曰："我何如主也？"昌仰曰："陛下桀紂之主也。"上笑，不之罪也。

〔4〕文帝幸慎夫人，常與皇后同坐。後幸上林，慎夫人從，盎為中郎將，却慎夫人坐。慎夫人怒，不坐，帝亦起。盎前說曰："陛下為慎夫人，適所以禍之也。獨不見人彘乎？"上大悅。人彘，解見《皇后紀》也。

〔5〕武帝為館陶公主私人董偃置酒宣室，東方朔為太中大夫，諫曰："不可。夫宣室者，先帝之正處也，非法度之正不得入焉。"上曰："善。"更置酒北宮也。

〔6〕元帝酎祭宗廟，出便門，欲御樓船。御史大夫薛廣德當車免冠諫曰："宜從橋。"詔曰："大夫冠。"廣德曰："陛下不聽臣，臣自刎，以血汙車輪。"帝乃從橋。

〔7〕此已上皆見《新序》。

〔8〕高宗，殷王武丁也。有雉登鼎耳而雊，懼而脩德，位以永年。

〔9〕《史記》曰，宋景公時熒惑守心星，太史子韋請移之大臣、國人與歲，公皆不聽，天感其誠，熒惑為之退三舍也。

〔10〕謂杜根為侍御史，成翊世為尚書郎也。

〔11〕管穴言小也。《史記》扁鵲曰："若以管窺天，以隙視文。"隙即穴也。

〔12〕謝承《書》曰："延字君子，蘄縣人也。少為諸生，明於五經，星官風角，靡有不綜。家貧母老，周流傭賃。常避地於廬江臨湖縣種瓜，後到吳郡海鹽，取卒月直，賃作半路亭父以養其母。是時吳會未分，山陰馮敷為督郵，到縣，延持箒往，敷知其賢者，下車謝，使入亭，請與飲食，脫衣與之，餉餞不受。〔一〕順帝徵拜太尉，年七十六薨。"

常侍江京、李閏等皆為列侯，共秉權任。帝又愛信阿母王聖，封為野王君。忠內懷懼懣而未敢陳諫，乃作《搢紳先生論》以諷，文多故不載。〔1〕

【注】
〔1〕搢，插也。紳，大帶也。

自帝即位以後，頻遭元二之厄，〔1〕百姓流亡，盜賊並起，郡縣更相飾匿，莫肯糾發。〔2〕忠獨以為憂，上疏曰："臣聞輕者重之端，小者大之源，故隄潰蟻孔，氣洩鍼芒。〔3〕是以明者慎微，智者識幾。《書》曰：'小不可不殺。'〔4〕《詩》云：'無縱詭隨，以謹無良。'〔5〕蓋所以崇本絕末，鉤深之慮也。臣竊見元年以來，盜賊連發，攻亭劫掠，多所傷殺。夫穿窬不禁，則致彊盜；〔6〕彊盜不斷，則為攻盜；攻盜成群，必生大姦。故亡逃之科，憲令所急，至於通行飲食，罪致大辟。〔7〕而頃者以來，莫以為憂。州郡督錄怠慢，長吏防禦不肅，皆欲採獲虛名，諱以盜賊為負。雖有發覺，不務清澄。至有逞威濫怒，無辜僵仆。或有踦蹰比伍，轉相賦斂，〔8〕或隨吏追赴，周章道路。是以盜發之家，不敢申告，鄰舍比里，共相壓迮，〔9〕或出私財，以償所亡。其大章著不可掩者，乃肯發露。陵遲之漸，遂且成俗。寇攘誅咎，皆由於此。〔10〕前年勃海張伯路，可為至戒。覆車之軌，其迹不遠。蓋失之末流，求之本源。宜糾增舊科，以防來事。自今彊盜為上官若它郡縣所糾覺，一發，部吏皆正法，[11]尉貶秩一等，令長三月奉贖罪；二發，尉免官，令長貶秩一等；三發以上，令長免官。便可撰立科條，處為詔文，切勑刺史，嚴加糾罰。冀以猛濟寬，驚懼姦慝。頃季夏大暑，而消息不協，[12]寒氣錯時，水涌為變。天之降異，必有其故。所舉有道之士，可策問國典所務，王事過差，令處煖氣不效之意。庶有讜言，以承天誡。"

【注】

〔1〕元二，解見《鄧騭傳》。

〔2〕更相文飾，隱匿盜賊也。

〔3〕《韓子》曰："千丈之隄，以螻蟻之穴而潰。"《黃帝素問》曰："針頭如芒，氣出如筐"也。

〔4〕《尚書‧康誥》曰："有厥罪，小乃不可不殺。"

〔5〕《詩‧大雅》也。言詭詐委隨之人不可縱，宜即罪之，用謹勑不善之人也。

〔6〕《論語》孔子曰："色厲而內荏，其猶穿窬之盜乎？"

〔7〕通行飲食，猶今《律》云過致資給，與同罪也。飲音蔭。食音寺。

〔8〕《說文》曰："踽，小步也。"言踽身小步，畏吏之甚也。

〔9〕迮，迫也。

〔10〕寇，盜；攘，竊也。《尚書》曰"無敢寇攘"也。

〔11〕上官謂郡府也。若，及也。部吏謂督郵、游徼也。正法，依法也。

〔12〕《前書音義》曰："息卦曰太陽，消卦曰太陰，其餘雜卦曰少陰、少陽"也。

元初三年有詔，大臣得行三年喪，服闋還職。忠因此上言："孝宣皇帝舊令，人從軍屯[一二]及給事縣官者，大父母死未滿三月，皆勿繇，令得葬送。請依此制。"太后從之。至建光中，尚書令祝諷、[1]尚書孟布等奏，[一三]以為"孝文皇帝定約禮之制，[2]光武皇帝絕告寧之典，[3]

貽則萬世，誠不可改。宜復建武故事"。忠上疏曰："臣聞之《孝經》，始於愛親，終於哀戚。上自天子，下至庶人，尊卑貴賤，其義一也。夫父母於子，同氣異息，一體而分，三年乃免於懷抱。先聖緣人情而著其節，制服二十五月，是以《春秋》臣有大喪，君三年不呼其門，閔子雖要絰服事，以赴公難，退而致位，以究私恩，故稱'君使之非也，臣行之禮也'。[4]周室陵遲，禮制不序，《蓼莪》之人作詩自傷曰：'瓶之罄矣，惟罍之恥。'[5]言己不得終竟子道者，亦上之恥也。高祖受命，蕭何創制，大臣有寧告之科，合於致憂之義。[6]建武之初，新承大亂，凡諸國政，多趣簡易，大臣既不得告寧，而群司營祿念私，鮮循三年之喪，以報顧復之恩者。禮義之方，實為彫損。大漢之興，雖承衰敝，而先王之制，稍以施行。故藉田之耕，起於孝文；[7]孝廉之貢，發於孝武；[8]郊祀之禮，定於元、成；[9]三雍之序，備於顯宗；[10]大臣終喪，成乎陛下。[11]聖功美業，靡以尚茲。孟子有言：'老吾老以及人之老，幼吾幼以及人之幼，天下可運於掌。'[12]臣願陛下登高北望，以甘陵之思，揆度臣子之心，則海內咸得其所。"[13]宦豎不便之，竟寢忠奏而從諷、布議，遂著于令。

【注】

〔1〕"祝"或作"役"。

〔2〕約，儉也。孝文帝崩，遺詔薄葬，以日易月，凡三十六日釋服，後以為故事。

〔3〕《前書音義》曰："告寧，休謁之名。吉曰告，凶曰寧。古者名吏休假曰告，吏二千石有予告、賜告。予告，在官有功，法所當得也。賜告，病三月當免，天子優賜其告，使帶印綬，將官屬歸家養疾也。"

〔4〕自此已上至"臣有大喪"，並《公羊傳》之文也。閔子騫，孔子弟子也，遭喪，君使之從軍，騫乃要絰而服，以從軍役，事了退家，致位喪次，極盡私恩。故君使之雖非，臣從君命有禮也。

〔5〕《小雅·蓼莪》之詩也。蓼蓼，長大皃也。莪，蘿也。言孝子憂思，

中心不精，不識莪蘿，誤以為蒿也。其詩曰："蓼蓼者莪，匪莪伊蒿。哀哀父母，生我劬勞。缾之罄矣，惟罍之恥。"注云："缾小而罍大也。罄，盡也。缾小而盡，罍大而盈。言為罍恥者，刺幽王不使富分貧，衆恤寡也。"

〔6〕《論語》曾子曰："吾聞夫子，人未有自致者也，必也親喪乎？"

〔7〕文帝二年，詔曰"農，天下之本也，其開藉田"也。

〔8〕武帝元光元年，初令郡國舉孝廉。

〔9〕元帝、成帝時，匡衡、韋玄成定迭毀郊祀之禮也。

〔10〕三雍，明堂、辟雍、靈臺也。雍，和也。解具《明紀》也。

〔11〕謂安帝詔大臣得行三年喪也。

〔12〕言敬吾老亦敬人之老，愛吾幼亦愛人之幼，有敬愛之心，則天下歸順之也。運掌言易也。

〔13〕甘陵，安帝母陵。陵在清河，故言北望也。

忠以久次，轉為僕射。時帝數遣黃門常侍及中使伯榮往來甘陵，〔1〕而伯榮負寵驕蹇，所經郡國莫不迎為禮謁。又霖雨積時，河水涌溢，百姓騷動。忠上疏曰："臣聞位非其人，則庶事不敍；庶事不敍，則政有得失；政有得失，則感動陰陽，妖變為應。陛下每引災自厚，不責臣司，臣司狃恩，莫以為負。〔2〕故天心未得，隔并屢臻，〔3〕青、冀之域淫雨漏河，〔4〕徐、岱之濱海水盆溢，兗、豫蝗蠓滋生，〔5〕荆、楊稻收儉薄，并涼二州羌戎叛戾。加以百姓不足，府帑虛匱，自西徂東，杼柚將空。〔6〕臣聞《洪範》五事，一曰貌，貌以恭，恭作肅，貌傷則狂，而致常雨。〔7〕春秋大水，皆為君上威儀不穆，臨蒞不嚴，臣下輕慢，貴倖擅權，陰氣盛彊，陽不能禁，故為淫雨。陛下以不得親奉孝德皇園廟，〔8〕比遣中使致敬甘陵，朱軒軿馬，相望道路，可謂孝至矣。〔9〕然臣竊聞使者所過，威權翕赫，震動郡縣，王侯二千石至為伯榮獨拜車下，儀體上僭，侔於人主。長吏惶怖譴責，或邪諂自媚，發人修道，繕理亭傳，多設儲偫，徵役無度，〔10〕老弱相隨，動有萬計，賂遺僕從，人數百匹，頓踣呼嗟，莫不叩心。河閒託叔父之屬，〔11〕清河有陵廟之尊，〔12〕及剖符大臣，皆猥為伯榮屈節車下。陛下不問，必以陛下欲其然也。伯榮之威重於陛下，陛下之柄在於臣妾。水災之發，必起於此。昔韓嫣託副車之乘，受馳視之使；江都誤為一拜，而嫣受歐刀之誅。[13]臣願明主嚴天元之尊，正乾剛之位，[14]職事巨細，皆任賢能，不宜復令女使干錯萬機。重察左右，得無石顯泄漏之姦；[15]尚書納言，得無趙昌譖崇之詐；[16]公卿大臣，得無朱博阿傅之援；[17]外屬近戚，得無王鳳害商之謀。[18]若國政一由帝命，王事每決於己，則下不得偪上，臣不得干君，常雨大水必當霽止，[19]四方衆異不能為害。"書奏不省。

【注】

〔1〕伯榮，帝乳母王聖女也。

〔2〕狃音女九反。《詩》曰："將叔無狃。"注云："狃，習也。"言屢被恩貸，不以災變為憂負也。

〔3〕隔并謂水旱不節也。《尚書》曰："一極備凶，一極亡凶。"并音必姓反。

〔4〕漏，溢也。

〔5〕螽，蟲子也。

〔6〕杼柚謂機也。《小雅·大東》詩曰"小東大東，杼柚其空"也。

〔7〕《洪範五行傳》辭。

〔8〕孝德皇，安帝父清河王慶也。

〔9〕朱軒車，使者所乘。軿，並也。

〔10〕儲，積也。跱，具也。

〔11〕河閒王開，安帝叔也。

〔12〕清河王延平也。陵廟所在，故曰尊。

〔13〕韓嫣，弓高侯之孫也。得幸於武帝。武帝獵上林中，先使嫣乘副車從數十百騎馳視獸，江都王望見以為天子，伏謁道傍。嫣驅不見，王怒，為皇太后泣言，太后銜之。後嫣出入永巷以姦聞，太后賜嫣死也。

〔14〕天元猶乾元也。《易》曰"大哉乾元"也。

〔15〕石顯字君房，少時坐法腐刑，為中書令，元帝委以政事，公卿畏之，重足一迹。顯恐天子一旦納用左右閒己，乃取一言為驗。上嘗使至諸宮徵發，先白上，恐漏盡宮門閉，請詔開門，上許之。顯故投夜還，詔開宮門，後果有上書告顯矯詔開宮門，天子聞之笑。顯泣曰："陛下過私小臣，屬任以事，群下無不嫉妬欲陷害者，唯明主能知之。"上以為然而憐之。

〔16〕鄭崇，哀帝時為尚書僕射，數諫爭，帝不許。尚書令趙昌佞諂，因奏崇與宗族通，疑有姦。上怒，下崇獄，死獄中也。

〔17〕哀帝時博為丞相，承傅太后指，奏免大司馬傅喜，哀帝怒，下博獄，自殺也。

〔18〕成帝舅王鳳為大將軍，專權驕僭，王商為丞相，論議不能平，鳳（鳳）陰求商短，〔一四〕使人上書告商閨門內事，商坐免。王商，宣帝舅樂昌侯王武之子，非成帝舅成都侯也。

〔19〕霽亦止也。

時三府任輕，機事專委尚書，而災眚變咎，輒切免公台。〔1〕忠以為非國舊體，上疏諫曰："臣聞'君使臣以禮，臣事君以忠'。〔2〕故三公稱曰冢宰，王者待以殊敬，在輿為下，御坐為起，〔3〕入則參對而議政事，出則監察而董是非。〔4〕漢典舊事，丞相所請，靡有不聽。今之三公，雖當其名而無其實，選舉誅賞，一由尚書，尚書見任，重於三公，陵遲以來，其漸久矣。臣忠心常獨不安，是故臨事戰懼，不敢穴見有所興造，〔5〕又不敢希意同僚，以謬平典，而謗讟日聞，罪足萬死。近以地震策免司空陳襃，〔6〕今者災異，復欲切讓三公。昔孝成皇帝以妖星守心，移咎丞相，使貴麗納說方進，方進自引，卒不蒙上天之福，〔7〕徒乖宋景之誠。〔8〕故知是非之分，較然有歸矣。又尚書決事，多違故典，罪法無例，詆欺為先，文慘言醜，有乖章憲。宜責求其意，割而勿聽。上順國典，下防威福，置方員於規矩，審輕重於衡石，〔9〕誠國家之典，萬世之法也。"

【注】

〔1〕切,責也。

〔2〕《論語》孔子對魯定公之辭也。

〔3〕《漢舊儀》云:"皇帝見丞相起,謁者贊稱曰'皇帝為丞相起立',乃坐。皇帝在道,丞相迎,謁者贊稱曰'皇帝為丞相下輿立',乃升車。"

〔4〕董,督也。

〔5〕穴見言不廣也。

〔6〕襃字伯仁,廬江人也。

〔7〕成帝時,熒惑守心,議郎李尋奏記丞相翟方進曰:"唯君侯盡節轉凶。"方進憂,不知所出。有郎賁麗善為星,言大臣宜當之。上乃召見方進,賜養牛、上尊酒,令審處焉。方進即日自殺。賁音肥。

〔8〕解見前文。言景公有災,身自引咎,成帝不然,故曰徒也。

〔9〕衡,秤衡也。三十斤為鈞,四鈞為石也。

忠意常在褒崇大臣,待下以禮。其九卿有疾,使者臨問,加賜錢布,皆忠所建奏。頃之,遷尚書令。延光三年,拜司隸校尉。糾正中官外戚賓客,近倖憚之,不欲忠在內。明年,出為江夏太守,復留拜尚書令,會疾卒。

初,太尉張禹、司徒徐防欲與忠父寵共奏追封和熹皇后父護羌校尉鄧訓,寵以先世無奏請故事,爭之連日不能奪,乃從二府議。及訓追加封謚,禹、防復約寵俱遣子奉禮於虎賁中郎將鄧騭,寵不從,騭心不平之,故忠不得志于鄧氏。及騭等敗,衆庶多怨之,〔一五〕而忠數上疏陷成其惡,遂詆劾大司農朱寵。順帝之為太子廢也,諸名臣來歷、祝諷等守闕固爭,時忠為尚書令,與諸尚書復共劾奏之。及帝立,司隸校尉虞詡追奏忠等罪過,當世以此譏焉。

論曰:陳公居理官則議獄緩死,相幼主則正不僭寵,可謂有宰相之器矣。忠能承風,亦庶乎明慎用刑而不留獄。然其聽狂易殺人,開父子兄弟得相代死,斯大謬矣。是則不善人多幸,而善人常代其禍,進退無所措也。

　　贊曰:陳、郭主刑,人賴其平。寵矜枯骴,躬斷以情。忠用詳密,損益有程。〔1〕施于孫子,且公且卿。〔2〕

【注】

〔1〕程,品式也。謂彊盜發,貶黜令長,各有科條,故曰程也。

〔2〕施,延也。音羊豉反。

【校勘記】

〔一〕大將軍行有五部　汲本、殿本"五"作"伍"。按:五伍通。

〔二〕(醫)巫皆言當族滅　據《刊誤》删。

〔三〕為法名家　按:王先謙謂《初學記》十二引華嶠《書》云"以法為名家"。

〔四〕斷獄者急於篣格酷烈之痛　按:張森楷《校勘記》謂今《說文》木部格下云"長木皃",無擊義,惟手部挌下云"擊也",與注引《說文》合,疑此"格"字及注文"格"字並是"挌"字之誤。

〔五〕絕鉆鑽諸慘酷之科　按:"鉆"原譌"鈷",注同,逕改正。

〔六〕文致謂前人無罪文飾致於法中也　按:《校補》引柳從辰說,謂"前"字疑"其"字之誤。

〔七〕(孟)〔仲〕冬之月　《刊誤》謂案文并注意,"孟"當作"仲"。今據改。

〔八〕廣莫風至則蘭夜干生　殿本、《集解》本"夜"作"射"。按:《校補》謂射夜古本通作,故注射即音夜。

〔九〕先是(洛)〔雒〕縣城南　《集解》引錢大昕說,謂"洛"當作"雒",廣漢郡治所。今據改。注同。

〔一〇〕奏上二十三條　錢大昭謂《晉書·刑法志》引作"三十三"。

〔一一〕餉餞不受　按:王先謙謂"餞"當作"錢"。

〔一二〕人從軍屯　《刊誤》謂"屯"當作"役"，説詳下。按：《校補》謂《漢》時有卒更、踐更、過更之律，天下人民皆應戍邊三日，謂之徭戍。既云"未滿三月皆勿徭"，自係言軍役，非言軍屯，且屯墾者，亦不得歸家送葬也。

〔一三〕尚書令祝諷　殿本此下引《刊誤》謂"案文祝當作役"，宸翰樓覆宋本《東漢書刊誤》作"案文祝當作祋"。今按：劉攽此條刊誤，乃刊上文"人從軍屯"之誤，原文當作"案文屯當作役"，覆宋本《東漢書刊誤》譌"屯"為"祝"，譌"役"為"祋"，而殿本引《刊誤》則譌"屯"為"祝"，且皆誤列於"祝諷"之下，遂扞格不可通矣。又按："祝諷"《來歷傳》《鄧騭傳》並作"祋諷"。

〔一四〕鳳（鳳）陰求商短　據汲本、殿本刪。

〔一五〕衆庶多怨之　《集解》引何焯説，謂"怨"當作"冤"。今按：怨冤通。

後漢書卷四十七

班梁列傳第三十七

　　班超字仲升，扶風平陵人，〔一〕徐令彪之少子也。為人有大志，不修細節。然內孝謹，居家常執勤苦，不恥勞辱。有口辯，而涉獵書傳。[1]永平五年，兄固被召詣校書郎，[2]超與母隨至洛陽。家貧，常為官傭書以供養。久勞苦，嘗輟業投筆歎曰："大丈夫無它志略，猶當效傅介子、張騫立功異域，以取封侯，安能久事筆研閒乎？"[3]左右皆笑之。超曰："小子安知壯士志哉！"其後行詣相者，曰："祭酒，布衣諸生耳，[4]而當封侯萬里之外。"超問其狀。相者指曰："生燕頷虎頸，飛而食肉，此萬里侯相也。"久之，顯宗問固"卿弟安在"，固對"為官寫書，受直以養老母"。帝乃除超為蘭臺令史。[5]後坐事免官。

【注】
　　[1] 涉如涉水，獵如獵獸。言不能周悉，粗窺覽之也。《東觀記》曰："超持《公羊春秋》，〔二〕多所窺覽。"
　　[2] 校書郎，解見《班固傳》。
　　[3] 傅介子，北地人。昭帝時使西域，刺殺樓蘭王，封義陽侯。張騫，漢中人，武帝時鑿空開西域，封博望侯。《續漢書》作"久弄筆研乎"。華嶠《書》作"久事筆耕乎"。研音硯。
　　[4] 一坐所尊，則先祭酒。今稱祭酒，相尊敬之詞也。

〔5〕《續漢志》曰:"蘭臺令史六人,秩百石,掌書劾奏及印主文書。"

十六年,奉車都尉竇固出擊匈奴,以超為假司馬,將兵別擊伊吾,戰於蒲類海,多斬首虜而還。[1]固以為能,遣與從事郭恂俱使西域。

【注】
〔1〕伊吾,匈奴中地名,在今伊州納職縣界。《前書音義》曰"蒲類,匈奴中海名,在敦煌北"也。

超到鄯善,[1]鄯善王廣奉超禮敬甚備,後忽更疏懈。超謂其官屬曰:"寧覺廣禮意薄乎?此必有北虜使來,狐疑未知所從故也。明者睹未萌,況已著邪。"乃召侍胡詐之曰:"匈奴使來數日,今安在乎?"侍胡惶恐,具服其狀。超乃閉侍胡,悉會其吏士三十六人,與共飲,酒酣,因激怒之曰:"卿曹與我俱在絕域,[2]欲立大功,以求富貴。今虜使到裁數日,而王廣禮敬即廢;如令鄯善收吾屬送匈奴,骸骨長為豺狼食矣。為之奈何?"官屬皆曰:"今在危亡之地,死生從司馬。"超曰:"不入虎穴,不得虎子。當今之計,獨有因夜以火攻虜,使彼不知我多少,必大震怖,可殄盡也。滅此虜,則鄯善破膽,功成事立矣。"眾曰:"當與從事議之。"超怒曰:"吉凶決於今日。從事文俗吏,聞此必恐而謀泄,死無所名,非壯士也!"眾曰:"善。"初夜,遂將吏士往奔虜營。會天大風,超令十人持鼓藏虜舍後,約曰:"見火然,皆當鳴鼓大呼。"餘人悉持兵弩夾門而伏。超乃順風縱火,前後鼓噪。虜眾驚亂,超手格殺三人,吏兵斬其使及從士三十餘級,餘眾百許人悉燒死。[3]明日乃還告郭恂,恂大驚,既而色動。超知其意,舉手曰:"掾雖不行,班超何心獨擅之乎?"恂乃悅。超於是召鄯善王廣,以虜使首示之,一國震怖。超曉告撫慰,遂納子為質。還奏於竇固,固大喜,具上超功效,并求更選使使西域。帝壯超節,詔固曰:"吏如班超,何故不遣而更選乎?今以超為軍司馬,令遂前功。"超復受使,固欲益其兵，超曰："願將本所從三十餘人足矣。如有不虞，多益為累。"

【注】
〔1〕鄯善本西域樓蘭國也，昭帝元鳳四年改為鄯善。去陽關一千六百里，去長安六千一百里也。
〔2〕曹，輩也。
〔3〕《東觀記》曰"斬得匈奴節使屋賴帶、副使比離支首及節"也。

是時于寘王廣德新攻破莎車，遂雄張南道，〔1〕而匈奴遣使監護其國。超既西，先至于寘。廣德禮意甚疏。且其俗信巫。巫言："神怒何故欲向漢？漢使有騧馬，急求取以祠我。"廣德乃遣使就超請馬。〔2〕超密知其狀，報許之，而令巫自來取馬。有頃，巫至，超即斬其首以送廣德，因辭讓之。廣德素聞超在鄯善誅滅虜使，大惶恐，即攻殺匈奴使者而降超。超重賜其王以下，因鎮撫焉。

【注】
〔1〕于寘國去長安九千六百七十里，南與婼羌，西與姑墨接。〔三〕莎車國去長安九千九百五十里。西域南北有大山，中央有河，東西六千餘里。〔四〕東至玉門、陽關有兩道，從鄯善傍南山北波河西行，〔五〕至莎車，為南道。雄張猶熾盛也。張音丁亮反。波，傍也。波音詖。
〔2〕《續漢》及華嶠《書》"騧"字並作"䭴"。《說文》："馬淺黑色也。"音京媚反。

時龜茲王建為匈奴所立，倚恃虜威，據有北道，攻破疏勒，殺其王，〔1〕而立龜茲人兜題為疏勒王。明年春，超從閒道至疏勒。去兜題所居槃橐城九十里，逆遣吏田慮先往降之。〔六〕勑慮曰："兜題本非疏勒種，國人必不用命。若不即降，便可執之。"慮既到，兜題見慮輕弱，殊無降意。慮因其無備，遂前劫縛兜題。左右出其不意，皆驚懼奔走。慮馳報超,超即赴之,悉召疏勒將吏,說以龜茲無道之狀,因立其故王兄子忠為王,[2]國人大悅。忠及官屬皆請殺兜題,超不聽,欲示以威信,釋而遣之。疏勒由是與龜茲結怨。

【注】

[1]龜茲國居居延城,去長安七千四百八十里,南與精絕,東與且末,北與烏孫,西與姑墨接。《前書音義》龜茲音丘慈。今龜音丘勿反,[七]茲音沮惟反,蓋急言耳。自車師前王庭隨北山波河西行,至疏勒,為北道。疏勒國居疏勒城,去長安九千三百五十里也。

[2]《續漢書》曰"求得故王兄子榆勒立之,更名曰忠"也。

十八年,帝崩。焉耆以中國大喪,[1]遂攻沒都護陳睦。超孤立無援,而龜茲、姑墨數發兵攻疏勒。[2]超守盤橐城,[八]與忠為首尾,士吏單少,拒守歲餘。肅宗初即位,以陳睦新沒,恐超單危不能自立,下詔徵超。超發還,疏勒舉國憂恐。其都尉黎弇曰:"漢使棄我,我必復為龜茲所滅耳。誠不忍見漢使去。"因以刀自刎。超還至于寘,王侯以下皆號泣曰:"依漢使如父母,誠不可去。"互抱超馬腳,不得行。超恐于寘終不聽其東,又欲遂本志,乃更還疏勒。疏勒兩城自超去後,復降龜茲,而與尉頭連兵。[3]超捕斬反者,擊破尉頭,殺六百餘人,疏勒復安。

【注】

[1]焉耆國居員渠城,去長安七千三百里,北與烏孫接。
[2]姑墨國王居南城,去長安八千一百五十里。
[3]尉頭國居尉頭谷,去長安八千六百五十里,南與疏勒接。衣服類烏孫也。

建初三年,超率疏勒、康居、于寘、拘彌兵一萬人攻姑墨石城,破之，[1]斬首七百級。超欲因此叵平諸國，[2]乃上疏請兵。曰："臣竊見先帝欲開西域，故北擊匈奴，西使外國，鄯善、于寘即時向化。今拘彌、莎車、疏勒、月氏、烏孫、康居復願歸附，欲共并力破滅龜茲，平通漢道。若得龜茲，則西域未服者百分之一耳。臣伏自惟念，卒伍小吏，實願從谷吉效命絕域，庶幾張騫弃身曠野。[3]昔魏絳列國大夫，尚能和輯諸戎，[4]況臣奉大漢之威，而無鈆刀一割之用乎？[5]前世議者皆曰取三十六國，號為斷匈奴右臂。[6]今西域諸國，自日之所入，莫不向化，[7]大小欣欣，貢奉不絕，唯焉耆、龜茲獨未服從。臣前與官屬三十六人奉使絕域，備遭艱厄。自孤守疏勒，於今五載，胡夷情數，臣頗識之。問其城郭小大，皆言'倚漢與依天等'。以是效之，則葱領可通，[8]葱領通則龜茲可伐。今宜拜龜茲侍子白霸為其國王，以步騎數百送之，與諸國連兵，歲月之間，龜茲可禽。以夷狄攻夷狄，計之善者也。[9]臣見莎車、疏勒田地肥廣，草牧饒衍，不比敦煌、鄯善間也，[10]兵可不費中國而粮食自足。且姑墨、溫宿二王，特為龜茲所置，[11]既非其種，更相厭苦，其執必有降反。若二國來降，則龜茲自破。願下臣章，參考行事。誠有萬分，死復何恨。臣超區區，特蒙神靈，竊冀未便僵仆，目見西域平定，陛下舉萬年之觴，[12]薦勳祖廟，布大喜於天下。"[13]書奏，帝知其功可成，議欲給兵。平陵人徐幹素與超同志，上疏願奮身佐超。五年，遂以幹為假司馬，將弛刑及義從千人就超。

【注】

〔1〕康居國去長安萬二千三百里，不屬都護。

〔2〕叵猶遂也。

〔3〕谷吉，長安人，永之父也。元帝時為衛司馬，使送郅支單于侍子，為郅支所殺。張騫，武帝時為郎，使月氏，為匈奴所閉，留之十餘歲，乃亡走大宛，窮急即射禽獸給食。

〔4〕魏絳，晉大夫。晉悼公時，山戎使孟樂如晉，因魏絳納虎豹之皮，請和諸戎。公悅，使魏絳盟諸戎。事見《左傳》。輯亦和也。

〔5〕賈誼曰："莫邪為鈍兮，鉛刀為銛。"《楚詞》曰："捐弃太阿，寶鉛刀兮。"

〔6〕《前書》曰，漢遣公主為烏孫夫人，結為昆弟，則是斷匈奴右臂也。哀帝時劉歆上議曰，武帝時立五屬國，起朔方，伐朝鮮，起玄菟、樂浪，以斷匈奴之左臂。西伐大宛，結烏孫，裂匈奴之右臂。南面以西為右也。

〔7〕《西域傳》曰"自條支國乘水西行，可百餘日，近日所入"也。

〔8〕效猶驗也。《西河舊事》曰："葱領山，其上多葱，因以為名。"

〔9〕《前書》朝錯曰："以蠻夷攻蠻夷，中國之利。"

〔10〕敦煌今涼州縣。

〔11〕溫宿國王居溫宿城，去長安八千三百五十里也。

〔12〕《詩》曰："躋彼公堂，稱彼兕觥，萬壽無疆。"《前書·兒寬傳》曰："臣寬再拜上千萬歲壽。"

〔13〕薦，進也。勳，功也。《左氏傳》曰："反行飲至，舍爵策勳焉。"

先是莎車以為漢兵不出，遂降於龜茲，而疏勒都尉番辰〔1〕亦復反叛。會徐幹適至，超遂與幹擊番辰，大破之，斬首千餘級，多獲生口。超既破番辰，欲進攻龜茲。以烏孫兵彊，宜因其力，乃上言："烏孫大國，控弦十萬，故武帝妻以公主，〔2〕至孝宣皇帝，卒得其用。〔3〕今可遣使招慰，與共合力。"帝納之。八年，拜超為將兵長史，假鼓吹幢麾。〔4〕以徐幹為軍司馬，別遣衛候李邑護送烏孫使者，賜大小昆彌以下錦帛。〔5〕

【注】

〔1〕番音潘，下同也。

〔2〕烏孫國居赤谷城，去長安八千九百里。武帝元封中，以江都王建女細君為公主，以妻烏孫，贈送甚盛，烏孫以為右夫人。

〔3〕《西域傳》曰，宣帝即位，烏孫遣使上書，言匈奴連發大兵侵擊烏孫，欲隔絕漢，烏孫願發國半精兵五萬騎，盡力擊匈奴，唯天子出兵以救公主。漢

大發十五萬騎,五將軍分道並出。烏孫以五萬騎從西方入,至右谷蠡王庭,獲四萬餘級,馬牛羊七十餘萬。

〔4〕將兵長史,解見《和帝紀》。平帝元始二年,使謁者大司馬掾持節行邊兵,遣執金吾候陳茂假以鉦鼓。《古今樂錄》曰:"橫吹,胡樂也。張騫入西域,傳其法於長安,唯得《摩訶兜勒》一曲,李延年因之更造新聲二十八解,乘輿以為武樂,後漢以給邊將,萬人將軍得之。在俗用者有《黃鵠》、《隴頭》、《出關》、《入關》、《出塞》、《入塞》、《折楊柳》、《黃覃子》、《赤之楊》、《望行人》十曲。"劉熙《釋名》曰:"幢,童也,其貌童童然。"蔡邕《月令章句》曰:"羽,鳥翼也,以為旌幢麾也。"橫吹、麾幢皆大將所有,超非大將,故言假。

〔5〕《前書》曰,烏孫國王先號昆莫,名獵驕靡,後書昆彌云。後代取"昆"字,靡彌聲相近,音有輕重耳。昆莫既死,子孫爭國,漢令立元貴靡為大昆彌,烏就屠為小昆彌,賜印綬,故有大小昆彌之號焉。

李邑始到于寘,而值龜茲攻疏勒,恐懼不敢前,因上書陳西域之功不可成,又盛毀超擁愛妻,抱愛子,安樂外國,無內顧心。超聞之,歎曰:"身非曾參而有三至之讒,恐見疑於當時矣。"〔1〕遂去其妻。帝知超忠,乃切責邑曰:"縱超擁愛妻,抱愛子,思歸之士千餘人,何能盡與超同心乎?"令邑詣超受節度。詔超:"若邑任在外者,便留與從事。"超即遣邑將烏孫侍子還京師。徐幹謂超曰:"邑前親毀君,欲敗西域,今何不緣詔書留之,更遣它吏送侍子乎?"超曰:"是何言之陋也!以邑毀超,故今遣之。內省不疚,何卹人言!"〔2〕快意留之,非忠臣也。"

【注】

〔1〕三至,解見《寇榮傳》。

〔2〕疚,病也。卹,憂也。《論語》孔子曰:"內省不疚,夫何憂何懼!"《左氏傳》曰:"《詩》云'禮義不愆,何恤乎人之言'!"《詩》謂逸《詩》

也。

明年，復遣假司馬和恭等四人將兵八百詣超，超因發疏勒、于寘兵擊莎車。莎車陰通使疏勒王忠，啗以重利，[1]忠遂反從之，西保烏即城。超乃更立其府丞成大為疏勒王，悉發其不反者以攻忠。積半歲，而康居遣精兵救之，超不能下。是時月氏新與康居婚，相親，超乃使使多齎錦帛遺月氏王，令曉示康居王，康居王乃罷兵，執忠以歸其國，烏即城遂降於超。

【注】
〔1〕謂多以珍寶誘引之。啗音徒濫反。《前書》曰，高祖令陸賈往說秦將，啗以利。啗與啗同。

後三年，忠說康居王借兵，還據損中，[1]密與龜茲謀，遣使詐降於超。超內知其姦而外偽許之。忠大喜，即從輕騎詣超。超密勒兵待之，為供張設樂。[2]酒行，乃叱吏縛忠斬之。因擊破其眾，殺七百餘人，南道於是遂通。

【注】
〔1〕損中，未詳。《東觀記》作"頓中"，《續漢》及華嶠《書》並作"損中"，本或作"植"，[九]未知孰是也。
〔2〕供音居用反，張音竹亮反。

明年，超發于寘諸國兵二萬五千人，復擊莎車。而龜茲王遣左將軍發溫宿、姑墨、尉頭合五萬人救之。超召將校及于寘王議曰："今兵少不敵，其計莫若各散去。于寘從是而東，長史亦於此西歸，可須夜鼓聲而發。"陰緩所得生口。龜茲王聞之大喜，自以萬騎於西界遮超，溫宿王將八千騎於東界徼于寘。超知二虜已出，密召諸部勒兵，雞鳴馳赴莎車營,胡大驚亂奔走,追斬五千餘級,大獲其馬畜財物。莎車遂降,龜茲等因各退散,自是威震西域。

初,月氏嘗助漢擊車師有功,是歲貢奉珍寶、符拔、師子,〔1〕因求漢公主。超拒還其使,由是怨恨。永元二年,月氏遣其副王謝將兵七萬攻超。超衆少,皆大恐。超譬軍士曰:"月氏兵雖多,然數千里踰葱領來,非有運輸,何足憂邪?但當收穀堅守,彼飢窮自降,不過數十日決矣。"謝遂前攻超,不下,又鈔掠無所得。超度其糧將盡,必從龜茲求救,〔一〇〕乃遣兵數百於東界要之。謝果遣騎齎金銀珠玉以賂龜茲。超伏兵遮擊,盡殺之,持其使首以示謝。謝大驚,即遣使請罪,願得生歸。超縱遣之。月氏由是大震,歲奉貢獻。

【注】
〔1〕《續漢書》曰:"符拔,形似麟而無角。"

明年,龜茲、姑墨、溫宿皆降,乃以超為都護,徐幹為長史。拜白霸為龜茲王,遣司馬姚光送之。超與光共脅龜茲廢其王尤利多而立白霸,使光將尤利多還詣京師。超居龜茲它乾城,徐幹屯疏勒。西域唯焉耆、危須、尉犁以前没都護,懷二心,其餘悉定。

六年秋,超遂發龜茲、鄯善等八國兵合七萬人,及吏士賈客千四百人討焉耆。兵到尉犁界,而遣曉說焉耆、尉犁、危須曰:"都護來者,欲鎮撫三國。即欲改過向善,宜遣大人來迎,當賞賜王侯已下,〔1〕事畢即還。今賜王綵五百匹。"焉耆王廣遣其左將北鞬支〔一一〕奉牛酒迎超。〔2〕超詰鞬支曰:"汝雖匈奴侍子,而今秉國之權。都護自來,王不以時迎,皆汝罪也。"或謂超可便殺之。超曰:"非汝所及。此人權重於王,今未入其國而殺之,遂令自疑,設備守險,豈得到其城下哉!"於是賜而遣之。廣乃與大人迎超於尉犁,奉獻珍物。

【注】
〔1〕大人謂其酋豪。
〔2〕鞬音九言反。

焉耆國有葦橋之險，廣乃絕橋，不欲令漢軍入國。超更從它道厲度。〔1〕七月晦，到焉耆，去城二十里，(正)營大澤中。〔一二〕廣出不意，大恐，乃欲悉驅其人共入山保。焉耆左候元孟先嘗質京師，密遣使以事告超，超即斬之，示不信用。乃期大會諸國王，因揚聲當重加賞賜，於是焉耆王廣、尉犁王汎及北鞬支等三十人〔一三〕相率詣超。其國相腹久等十七人懼誅，皆亡入海，〔2〕而危須王亦不至。坐定，超怒詰廣曰："危須王何故不到？腹久等所緣逃亡？"遂叱吏士收廣、汎等於陳睦故城斬之，傳首京師。因縱兵鈔掠，斬首五千餘級，獲生口萬五千人，馬畜牛羊三十餘萬頭，更立元孟為焉耆王。超留焉耆半歲，慰撫之。於是西域五十餘國悉皆納質內屬焉。

【注】
〔1〕由帶以上為厲，由膝以下為揭，見《爾雅》也。
〔2〕"十七"字本或為"七十"。

明年，下詔曰："往者匈奴獨擅西域，寇盜河西，永平之末，城門晝閉。先帝深愍邊萌嬰羅寇害，〔一四〕乃命將帥擊右地，破白山，臨蒲類，〔1〕取車師，城郭諸國震懾響應，遂開西域，置都護。而焉耆王舜、舜子忠獨謀悖逆，恃其險隘，覆沒都護，并及吏士。先帝重元元之命，憚兵役之興，故使軍司馬班超安集于寘以西。超遂踰蔥領，迄縣度，〔2〕出入二十二年，莫不賓從。改立其王，而綏其人。不動中國，不煩戎士，得遠夷之和，同異俗之心，而致天誅，蠲宿恥，以報將士之讎。〔3〕《司馬法》曰：'賞不踰月，欲人速覩為善之利也。'其封超為定遠侯，邑千戶。"〔4〕

【注】

〔1〕《西河舊事》曰:"白山之中有好木,匈奴謂之天山,去蒲類海百里。"郭義恭《廣志》曰:"西域有白山,通歲有雪,亦名雪山。"破白山見《明紀》也。

〔2〕迄,至也。縣度,山名。縣音玄。謂以繩索縣縋而過也。其處在皮山國以西,罽賓國之東也。

〔3〕致猶至也。蠲,除也。

〔4〕《東觀記》曰:"其以漢中郡南鄭之西鄉戶千封超為定遠侯。"故城在今洋州西鄉縣南。

超自以久在絕域,年老思土。十二年,上疏曰:"臣聞太公封齊,五世葬周,狐死首丘,代馬依風。[1]夫周齊同在中土千里之間,況於遠處絕域,小臣能無依風首丘之思哉?蠻夷之俗,畏壯侮老。[2]臣超犬馬齒殲,常恐年衰,奄忽僵仆,孤魂弃捐。昔蘇武留匈奴中尚十九年,今臣幸得奉節帶金銀護西域,[3]如自以壽終屯部,誠無所恨,然恐後世或名臣為沒西域。臣不敢望到酒泉郡,但願生入玉門關。[4]臣老病衰困,冒死瞽言,謹遣子勇隨獻物入塞。[5]及臣生在,令勇目見中土。"而超妹同郡曹壽妻昭亦上書請超曰:

【注】

〔1〕《禮記》曰:"太公封於營丘,比及五世,皆反葬於周。君子曰:'樂樂其所自生,禮不忘其本。古之人有言曰:狐死正丘首,仁也。'"鄭玄注曰:"正丘首,[正首]丘也。"[一五]代,郡名,在趙北。《韓詩外傳》曰"代馬依北風,飛鳥揚故巢"也。

〔2〕案《前書》曰,匈奴,其俗壯者食肥美,老者食其餘。貴壯健,賤老弱也。

〔3〕金銀謂印也。金印紫綬,銀印青綬也。

〔4〕玉門關屬敦煌郡,今沙州也。去長安三千六百里。關在敦煌縣西北。

酒泉,今肅州也。去長安二千八百五十里也。

〔5〕《東觀記》曰"時安息遣使獻大爵、師子,超遣子勇隨入塞"也。

妾同產兄西域都護定遠侯超,幸得以微功特蒙重賞,爵列通侯,位二千石。天恩殊絕,誠非小臣所當被蒙。超之始出,志捐軀命,冀立微功,以自陳效。會陳睦之變,道路隔絕,超以一身轉側絕域,曉譬諸國,因其兵眾,每有攻戰,輒為先登,身被金夷,〔1〕不避死亡。賴蒙陛下神靈,且得延命沙漠,至今積三十年。骨肉生離,不復相識。所與相隨時人士眾,皆已物故。超年最長,今且七十。衰老被病,頭髮無黑,兩手不仁,〔2〕耳目不聰明,扶杖乃能行。雖欲竭盡其力,以報塞天恩,迫於歲暮,犬馬齒索。蠻夷之性,悖逆侮老,而超旦暮入地,久不見代,恐開姦宄之源,生逆亂之心。而卿大夫咸懷一切,莫肯遠慮。如有卒暴,超之氣力不能從心,便為上損國家累世之功,下棄忠臣竭力之用,誠可痛也。故超萬里歸誠,自陳苦急,延頸踰望,三年於今,未蒙省錄。〔3〕

【注】
〔1〕夷,傷也。
〔2〕不仁猶不遂也。
〔3〕踰,遙也。高祖踰謂黥布曰:"何苦而反?"

妾竊聞古者十五受兵,六十還之,〔1〕亦有休息不任職也。緣陛下以至孝理天下,得萬國之歡心,不遺小國之臣,況超得備侯伯之位,故敢觸死為超求哀,匄超餘年。〔2〕一得生還,復見闕庭,使國永無勞遠之慮,西域無倉卒之憂,超得長蒙文王葬骨之恩,子方哀老之惠。〔3〕《詩》云:"民亦勞止,汔可小康,惠此中國,以綏四方。"〔4〕超有書與妾生訣,恐不復相見。〔5〕妾誠傷超以壯年竭忠孝於沙漠,疲老則便捐死於曠野,誠可哀憐。如不蒙救護,超後有一旦之變,冀幸超家得蒙趙母、衛姬先請之貸。妾愚戇不知大義,觸犯忌諱。書奏,帝感其言,乃徵超還。

【注】

〔1〕《周禮》(卿)〔鄉〕大夫職[一六]曰:"國中七尺以及六十,野自六尺以及六十有五,皆征之。"征謂賦税從征役也。《韓詩外傳》曰"二十行役,六十免役",與《周禮》國中同,即知(一)〔二十〕與《周禮》七尺同。[一七]《〔周〕禮》國中六十免役,[一八]野即六十有五,晚於國中五年。國中七尺從役,野六尺,即是野又早於國中五年。七尺謂二十,六尺即十五也。此言十五受兵,謂據野外為言,六十還之,據國中為説也。

〔2〕匄,乞。

〔3〕葬骨,解見《明紀》。田子方,魏文侯之師也。見君之老馬弃之,曰:"少盡其力,老而弃之,非仁也。"於是收而養之。事見《史記》也。

〔4〕《詩·大雅》也。汔,其也。康、綏,皆安也。言先施恩惠於中國,然後乃安四方。

〔5〕趙母謂趙奢之妻,趙括之母也。懼括敗,先請,得不坐。事見《史記》。衛姬者,齊桓公之姬。桓公與管仲謀伐衛,桓公入,姬請衛之罪。事見《列女傳》也。

超在西域三十一歲。十四年八月至洛陽,拜為射聲校尉。超素有匈脅疾,既至,病遂加。帝遣中黄門問疾,賜醫藥。其年九月卒,年七十一。朝廷愍惜焉,使者弔祭,贈賵甚厚。子雄嗣。

初,超被徵,以戊己校尉任尚為都護,[一九]與超交代。尚謂超曰[二〇]:"君侯在外國三十餘年,而小人猥承君後,任重慮淺,宜有以誨之。"超曰[二一]:"年老失智,任君數當大位,豈班超所能及哉!必不得已,願進愚言。塞外吏士,本非孝子順孫,皆以罪過徙補邊屯。而蠻夷懷鳥獸之心,難養易敗。今君性嚴急,水清無大魚,察政不得下和。[1]宜蕩佚簡易,寬小過,總大綱而已。"超去後,尚私謂所親曰:"我以班君當有奇策,今所言平平耳。"尚至數年,而西域反亂,以罪被徵,如超所戒。

【注】
〔1〕《家語》孔子曰："水至清則無魚，人至察則無徒。"

有三子。長子雄，累遷屯騎校尉。會叛羌寇三輔，詔雄將五營兵屯長安，就拜京兆尹。雄卒，子始嗣，尚清河孝王女陰城公主。主順帝之姑，貴驕淫亂，與嬖人居帷中，而召始入，使伏牀下。始積怒，永建五年，遂拔刃殺主。帝大怒，腰斬始，同產皆弃市。超少子勇。

勇字宜僚，少有父風。永初元年，西域反叛，以勇為軍司馬。與兄雄俱出敦煌，迎都護及西域甲卒而還。因罷都護。後西域絕無漢吏十餘年。

元初六年，敦煌太守曹宗遣長史索班將千餘人屯伊吾，車師前王及鄯善王皆來降班。後數月，北單于與車師後部遂共攻沒班，〔二〕進擊走前王，略有北道。鄯善王急，求救於曹宗，宗因此請出兵五千人擊匈奴，報索班之恥，因復取西域。鄧太后召勇詣朝堂會議。先是公卿多以為宜閉玉門關，遂弃西域。勇上議曰："昔孝武皇帝患匈奴彊盛，兼總百蠻，以逼障塞。於是開通西域，離其黨與，論者以為奪匈奴府藏，斷其右臂。遭王莽篡盜，徵求無猒，胡夷忿毒，遂以背叛。光武中興，未遑外事，故匈奴負彊，驅率諸國。及至永平，再攻敦煌，河西諸郡，城門晝閉。孝明皇帝深惟廟策，〔1〕乃命虎臣，出征西域，〔2〕故匈奴遠遁，邊境得安。及至永元，莫不內屬。會間者羌亂，西域復絕，北虜遂遣責諸國，備其逋租，高其價直，嚴以期會。鄯善、車師皆懷憤怨，思樂事漢，其路無從。前所以時有叛者，皆由牧養失宜，還為其害故也。今曹宗徒恥於前負，欲報雪匈奴，而不尋出兵故事，未度當時之宜也。夫要功荒外，萬無一成，若兵連禍結，悔無及已。況今府藏未充，師無後繼，是示弱於遠夷，暴短於海內，臣愚以為不可許也。舊敦煌郡有營兵三百人，今宜復之，復置護西域副校尉，居於敦煌，如永元故事。又宜遣西域長史將五百人屯樓蘭，西當焉耆、龜茲徑路，南彊鄯善、于寘心膽，北扞匈奴，東近敦煌。如此誠便。"

【注】
〔1〕古者謀事必就祖，故言"廟策"也。
〔2〕《毛詩》曰："進厥虎臣，闞如虓虎。"

尚書問勇曰："今立副校尉，何以為便？又置長史屯樓蘭，利害云何？"勇對曰："昔永平之末，始通西域，初遣中郎將居敦煌，後置副校〔尉〕於車師，〔二三〕既為胡虜節度，又禁漢人不得有所侵擾。故外夷歸心，匈奴畏威。今鄯善王尤還，〔1〕漢人外孫，若匈奴得志，則尤還必死。此等雖同鳥獸，亦知避害。若出屯樓蘭，足以招附其心，愚以為便。"長樂衞尉鐔顯、廷尉綦母參、〔二四〕司隸校尉崔據難曰："朝廷前所以弃西域者，以其無益於中國而費難供也。今車師已屬匈奴，鄯善不可保信，一旦反覆，班將能保北虜不為邊害乎？"〔2〕勇對曰："今中國置州牧者，以禁郡縣姦猾盜賊也。若州牧能保盜賊不起者，臣亦願以要斬保匈奴之不為邊害也。今通西域則虜埶必弱，虜埶（必）弱則為患微矣。〔二五〕埶與歸其府藏，續其斷臂哉！今置校尉以扞撫西域，設長史以招懷諸國，若弃而不立，則西域望絕。望絕之後，屈就北虜，緣邊之郡將受困害，恐河西城門必復有晝閉之儆矣。今不廓開朝廷之德，而拘屯戍之費，若北虜遂熾，豈安邊久長之策哉！"太尉屬毛軫難曰："今若置校尉，則西域駱驛遣使，求索無猒，與之則費難供，不與則失其心。一旦為匈奴所迫，當復求救，則為役大矣。"勇對曰："今設以西域歸匈奴，而使其恩德大漢，不為鈔盜則可矣。如其不然，則因西域租入之饒，兵馬之衆，以擾動緣邊，是為富仇讎之財，增暴夷之埶也。置校尉者，宣威布德，以繫諸國內向之心，以疑匈奴覬覦之情，而無財費耗國之慮也。且西域之人無它求索，其來入者；不過稟食而已。今若拒絕，埶歸北屬，夷虜并力以寇并、涼，則中國之費不止千億。置之誠便。"

於是從勇議，復敦煌郡營兵三百人，置西域副校尉居敦煌。雖復羈縻西域，然亦未能出屯。其後匈奴果數與車師共入寇鈔，河西大被其害。

【注】
〔1〕尤還，王名。
〔2〕以勇為軍司馬，故以將言之。將音子亮反。

延光二年夏，復以勇為西域長史，將兵五百人出屯柳中。[1]明年正月，勇至樓蘭，以鄯善歸附，特加三綬。[二六]而龜茲王白英猶自疑未下，勇開以恩信，白英乃率姑墨、溫宿自縛詣勇降。勇因發其兵步騎萬餘人到車師前王庭，擊走匈奴伊蠡王於伊和谷，收得前部五千餘人，於是前部始復開通。還，屯田柳中。

【注】
〔1〕柳中，今西州縣。

四年秋，勇發敦煌、張掖、酒泉六千騎及鄯善、疏勒、車師前部兵擊後部王軍就，大破之。[1]首虜八千餘人，馬畜五萬餘頭。捕得軍就及匈奴持節使者，將至索班沒處斬之，以報其恥，傳首京師。永建元年，更立後部故王子加特奴為王。勇又使別校誅斬東且彌王，亦更立其種人為王，[2]於是車師六國悉平。

【注】
〔1〕軍就，名也。
〔2〕且音子余反。

其冬，勇發諸國兵擊匈奴呼衍王，呼衍王亡走，其眾二萬餘人皆降。捕得單于從兄，勇使加特奴手斬之，以結車師匈奴之隙。北單于自將萬餘騎入後部，至金且谷，勇使假司馬曹俊馳救之。單于引去，俊追斬其貴人骨都侯，於是呼衍王遂徙居枯梧河上。是後車師無復虜跡，城郭皆安。唯焉耆王元孟未降。

二年，勇上請攻元孟，於是遣敦煌太守張朗將河西四郡兵三千人配勇，[1]因發諸國兵四萬餘人，分騎為兩道擊之。勇從南道，朗從北道，約期俱至焉耆。而朗先有罪，欲徼功自贖，遂先期至爵離關，遣司馬將兵前戰，首虜二千餘人。元孟懼誅，逆遣使乞降，張朗徑入焉耆受降而還。元孟竟不肯面縛，唯遣子詣闕貢獻。朗遂得免誅。勇以後期，徵下獄，免。後卒于家。

【注】
〔1〕河西四郡，金城、敦煌、張掖、酒泉。

梁慬字伯威，[1]北地弋居人也。[2]父諷，歷州宰。永元元年，車騎將軍竇憲出征匈奴，除諷為軍司馬，令先齎金帛使北單于，宣國威德，其歸附者萬餘人。後坐失憲意，髡輸武威，武威太守承旨殺之。竇氏既滅，和帝知其為憲所譖，徵慬，除為郎中。

【注】
〔1〕慬音勤。
〔2〕弋居，縣名。《郡國志》曰有鐵官。

慬有勇氣，常慷慨好功名。初為車騎將軍鄧鴻司馬，再遷，延平元年拜西域副校尉。慬行至河西，會西域諸國反叛，攻都護任尚於疏勒。尚上書求救，詔慬將河西四郡羌胡五千騎馳赴之，慬未至而尚已得解。會徵尚還，以騎都尉段禧為都護，西域長史趙博為騎都尉。禧、博守它乾城。它乾城小，慬以為不可固，乃譎說龜茲王白霸，欲入共保其城，白霸許之。吏人固諫，白霸不聽。懂既入，遣將急迎禧、博，合軍八九千人。龜茲吏人並叛其王，而與溫宿、姑墨數萬兵反，共圍城。懂等出戰，大破之。連兵數月，胡衆敗走，乘勝追擊，凡斬首萬餘級，獲生口數千人，駱駝畜產數萬頭，龜茲乃定。而道路尚隔，檄書不通。歲餘，朝廷憂之。公卿議者以為西域阻遠，數有背叛，吏士屯田，其費無已。永初元年，遂罷都護，遣騎都尉王弘發關中兵迎懂、禧、博及伊吾盧、柳中屯田吏士。

二年春，還至敦煌。會衆羌反叛，朝廷大發兵西擊之，逆詔懂留為諸軍援。懂至張掖日勒。[1] 羌諸種萬餘人攻亭候，殺略吏人。懂進兵擊，大破之，乘勝追至昭武，[2] 虜遂散走，其能脫者十二三。及至姑臧，羌大豪三百餘人詣懂降，並慰譬遣還故地，河西四郡復安。

【注】

〔1〕日勒，縣名，屬張掖郡，故城在今甘州删丹縣東南。
〔2〕縣名，屬張掖郡，故城在今甘州張掖縣西北也。

懂受詔當屯金城，聞羌轉寇三輔，迫近園陵，即引兵赴擊之，轉戰武功美陽關。[1] 懂臨陣被創，不顧，連破走之，盡還得所掠生口，獲馬畜財物甚衆，羌遂奔散。朝廷嘉之，數璽書勞勉，委以西方事，令為諸軍節度。

【注】

〔1〕美陽，縣名，故城在武功縣北七里，於其所置關。

三年冬，南單于與烏桓大人俱反。以大司農何熙行車騎將軍事，中郎將龐雄為副，將羽林五校營士，及發緣邊十郡兵二萬餘人，[1] 又遼東太守耿夔率將鮮卑種衆共擊之，詔懂行度遼將軍事。龐雄與耿夔共擊匈奴奧鞬日逐王，破之。單于乃自將圍中郎將耿种於美稷，連戰數月，攻之轉急，种移檄求救。明年正月，懂將八千餘人馳往赴之，至屬國故城，與匈奴左將軍、烏桓大人戰，破斬其渠帥，殺三千餘人，虜其妻子，獲財物甚衆。單于復自將七八千騎迎攻，圍懂。懂被甲奔擊，所向皆破，虜遂引還虎澤。三月，何熙軍到五原曼柏，[2]暴疾，不能進，遣龐雄與懂及耿种步騎萬六千人攻虎澤。連營稍前，單于惶怖，遣左奧鞬日逐王詣懂乞降，懂乃大陳兵受之。單于脫帽徒跣，面縛稽顙，納質。會熙卒于師，即拜懂度遼將軍。龐雄還為大鴻臚。雄，巴郡人，有勇略，稱為名將。

【注】
〔1〕緣邊十郡謂五原、雲中、定襄、鴈門、朔方、代郡、上谷、漁陽、遼西、右北平。
〔2〕曼柏，縣名，屬五原郡。

明年，安定、北地、上郡皆被羌寇，穀貴人流，不能自立。詔懂發邊兵迎三郡太守，使將吏人徙扶風界。懂即遣南單于兄子優孤塗奴將兵迎之。既還，懂以塗奴接其家屬有勞，輒授以羌侯印綬，坐專擅，徵下獄，抵罪。明年，校書郎馬融上書訟懂與護羌校尉龐參，有詔原刑。語在《龐參傳》。

會叛羌寇三輔，關中盜賊起，拜懂謁者，將兵擊之。至湖縣，病卒。

何熙字孟孫，陳國人。少有大志。永元中，為謁者。身長八尺五寸，善為威容，贊拜殿中，音動左右。和帝偉之，擢為御史中丞，歷司隸校尉、大司農。及在軍臨歿，遺言薄葬。三子：臨，瑾，阜。臨、瑾並有政能。阜俊才早沒。臨子衡，為尚書，以正直稱，坐訟李膺等下獄，免官，廢于家。

論曰：時政平則文德用，而武略之士無所奮其力能，故漢世有發憤張膽，爭膏身於夷狄以要功名，多矣。祭肜、耿秉啓匈奴之權，班超、梁慬奮西域之略，卒能成功立名，享受爵位，薦功祖廟，勒勳于後，亦一時之志士也。

　　贊曰：定遠慷慨，專功西遐。坦步蔥、雪，咫尺龍沙。[1]慬亦抗憤，勇乃負荷。[2]

【注】

〔1〕蔥領、雪山，白龍堆沙漠也。八寸曰咫。坦步言不以為艱，咫尺言不以為遠也。

〔2〕《左傳》曰："其父析薪，其子弗克負荷。"言勇能繼超之功業。

【校勘記】

〔一〕扶風平陵人　按：《班彪傳》云扶風安陵人，錢大昕謂當有一誤。《校補》引柳從辰說，謂《東觀記》載班超亦為安陵人，則作"平陵"者誤。

〔二〕超持公羊春秋　按：王先謙謂"持"當為"治"，避唐高宗諱改。

〔三〕西與姑墨接　按：《校補》謂《前書·西域傳》作"北與姑墨接"。

〔四〕東西六千餘里　按："千"原譌"十"，逕改正。

〔五〕傍南山北波河西行　按：《西域傳》"波"作"陂"。下一二行注"隨北山波河西行"同。

〔六〕逆遣吏田慮先往降之　袁宏《紀》"田慮"作"陳憲"。惠棟謂古陳田字通，"憲"當為"慮"，字之誤也。今按：慮憲形近，未知孰譌。

〔七〕今龜音丘勿反　按：龜無入聲，"勿"字疑譌。

〔八〕超守盤橐城　按：汲本、殿本"盤"作"槃"。

〔九〕本或作植　按：《通鑑》胡注引"植"作"楨"，胡氏謂案《西域傳》，靈帝建寧三年，涼州刺史孟佗遣兵討疏勒，攻楨中城，"楨中"是也。

〔一〇〕必從龜茲求救　按：《集解》引惠棟說，謂袁宏《紀》"救"作"食"。

〔一一〕遣其左將北鞬支　按:《集解》引惠棟説,謂"北"一作"比"。《校補》引錢大昭説,謂閩本作"比"。

〔一二〕(正)營大澤中　按:《刊誤》謂案文"正"當作"止"。《集解》引惠棟説,謂案袁宏《紀》,"正"字當衍。今依惠説删"正"字。

〔一三〕尉犂王汎及北鞬支等三十人　按:《集解》引王補説,謂袁宏《紀》"汎"作"沈"。又引惠棟説,謂袁《紀》作"四十一人"。

〔一四〕先帝深愍邊萌嬰羅寇害　"萌"汲本、殿本作"氓"。今按:"氓"亦作"萌",音義並同。又"羅"汲本、殿本作"罹"。今按:羅罹通。

〔一五〕正丘首［正首］丘也　據《集解》本補,與《禮·檀弓》鄭注合。

〔一六〕周禮(卿)［鄉］大夫職　據殿本改。

〔一七〕即知(一)［二十］與周禮七尺同　據《刊誤》改。

〔一八〕［周］禮國中六十免役　據《刊誤》補。

〔一九〕以戊己校尉任尚為都護　按:《刊誤》謂是時但有戊校尉,多"己"字。

〔二〇〕尚謂超曰　按:《集解》引王補説,謂袁宏《紀》作"尚與超書曰"。

〔二一〕超曰　按:《集解》引王補説,謂據袁《紀》尚與超書,則超此語亦荅書,非面論也。

〔二二〕元初六年至遂共攻没班　按:《集解》引《通鑑考異》,謂案本紀及《車師傳》,皆云永寧元年事,蓋班以去年末屯伊吾,今春見殺,或今春奏事方到也。

〔二三〕後置副校［尉］於車師　據汲本、殿本補。

〔二四〕廷尉綦母參　按:《集解》本"母"作"毋",《校補》謂據《通鑑》正。

〔二五〕虜埶(必)弱則為患微矣　據《刊誤》删。

〔二六〕特加三綬　按:《集解》引《通鑑》胡注,謂"三綬"疑當作"王綬"。

後漢書卷四十八

楊李翟應霍爰徐列傳第三十八

楊終字子山，蜀郡成都人也。年十三，為郡小吏，太守奇其才，遣詣京師受業，習《春秋》。〔1〕顯宗時，徵詣蘭臺，拜校書郎。

【注】
〔1〕袁山松《書》曰："時蜀郡有雷震決曹，終上白記，以為斷獄煩苛所致，太守乃令終賦雷電之意，而奇之也。"

建初元年，大旱穀貴，終以為廣陵、楚、淮陽、濟南之獄，徙者萬數，又遠屯絕域，吏民怨曠，乃上疏曰："臣聞'善善及子孫，惡惡止其身'，百王常典，不易之道也。〔1〕秦政酷烈，違悟天心，一人有罪，延及三族。〔2〕高祖平亂，約法三章。太宗至仁，除去收孥。〔3〕萬姓廓然，蒙被更生，澤及昆蟲，功垂萬世。陛下聖明，德被四表。今以比年久旱，灾疫未息，〔4〕躬自菲薄，廣訪失得，三代之隆，無以加焉。臣竊按《春秋》水旱之變，皆應暴急，惠不下流。自永平以來，仍連大獄，有司窮考，轉相牽引，掠考冤濫，家屬徙邊。加以北征匈奴，西開三十六國，頻年服役，轉輸煩費。又遠屯伊吾、樓蘭、車師、戊己，民懷土思，〔一〕怨結邊域。傳曰：'安土重居，謂之眾庶。'〔5〕昔殷民近遷洛邑，且猶怨望，〔6〕何況去中土之肥饒，寄不毛之荒極乎？〔7〕且南方暑濕，障毒互生。愁困之民，足以感動天地，移變陰陽矣。陛下留念省察，以濟元元。"書奏，肅宗下其章。司空第五倫亦同終議。太尉牟融、司徒鮑昱、校書郎班固等難倫，以施行既久，孝子無改父之道，先帝所建，不宜回異。終復上書曰："秦築長城，功役繁興，胡亥不革，卒亡四海。故孝元弃珠崖之郡，光武絕西域之國，不以介鱗易我衣裳。〔8〕魯文公毀泉臺，《春秋》譏之曰'先祖為之而己毀之，不如勿居而已'，以其無妨害於民也。〔9〕襄公作三軍，昭公舍之，君子大其復古，以為不舍則有害於民也。〔10〕今伊吾之役，樓蘭之屯，久而未還，非天意也。"帝從之，聽還徙者，悉罷邊屯。

【注】

〔1〕《春秋》："昭公二十年，曹公孫會自鄸出奔宋。"《公羊傳》曰："畔也。曷為不言畔？為公子喜時之後諱也。《春秋》為賢者諱也。何賢乎公子喜時？讓國也。君子善善也長，惡惡也短，惡惡止其身，善善及子孫。賢者子孫，故君子為之諱。"

〔2〕《前書音義》曰："父族、母族、妻族也。"

〔3〕太宗，文帝也。《史記》曰："文帝德至盛也，豈不仁哉。"除去收孥相坐之律也。

〔4〕"灾"字或作"牛"。疫，病也。

〔5〕元帝詔曰"安土重遷，黎人之性"也。

〔6〕《尚書·盤庚序》曰："盤庚五遷，將治亳，殷人咨胥怨。"亳，今河南偃師，故曰"近遷洛邑"。

〔7〕毛，草也。《爾雅》曰："孤竹、北戶、西王母、日下謂之四荒。"又曰："東至於泰遠，西至於邠國，南至於濮鈆，北至於祝栗，謂之四極。"言不毛、荒極，直論遠耳，非必此地也。

〔8〕元帝初元三年，珠崖郡反，待詔賈捐之以為宜弃珠崖，救人飢餓，乃罷珠崖郡。光武二十一年，鄯善、車師王等十六國皆遣子入侍，請都護。帝以中國初定，未遑外事，還其侍子，厚加賞賜。介鱗喻遠夷，言其人與魚鼈無異

也。衣裳謂中國也。楊雄《法言》曰:"珠崖之絕,捐之之力也,否則鱗介易我衣裳。"

〔9〕《公羊傳》曰"毀泉臺何以書?譏爾。築之譏,毀之譏,先祖為之而己毀之,勿居而已"也。

〔10〕《公羊傳》曰:"襄公十一年作三軍。三軍者何?三卿也。"昭公五年傳曰:"舍中軍。舍中軍者何?復古也。"言舍之與留,量時制宜也。

終又言:"宣帝博徵群儒,論定五經於石渠閣。方今天下少事,學者得成其業,而章句之徒,破壞大體。宜如石渠故事,永為後世則。"於是詔諸儒於白虎觀論考同異焉。會終坐事繫獄,博士趙博、校書郎班固、賈逵等,以終深曉《春秋》,學多異聞,表請之,終又上書自訟,即日貰出,乃得與於白虎觀焉。〔1〕後受詔刪《太史公書》為十餘萬言。

【注】
〔1〕與音預。

時太后兄衛尉馬廖,謹篤自守,不訓諸子。終與廖交善,以書戒之曰:"終聞堯舜之民,可比屋而封;桀紂之民,可比屋而誅。〔1〕何者?堯舜為之隄防,桀紂示之驕奢故也。《詩》曰:'皎皎練絲,在所染之。'〔2〕上智下愚,謂之不移;中庸之流,要在教化。《春秋》殺太子母弟,直稱君甚惡之者,坐失教也。〔3〕《禮》制,人君之子年八歲,為置少傅,教之書計,以開其明;〔4〕十五置太傅,教之經典,以道其志。漢興,諸侯王不力教誨,多觸禁忌,故有亡國之禍,而乏嘉善之稱。今君位地尊重,海內所望,豈可不臨深履薄,以為至戒!〔二〕黃門郎年幼,血氣方盛,〔5〕既無長君退讓之風,〔6〕而要結輕狡無行之客,縱而莫誨,視成任性,〔7〕鑒念前往,〔三〕可為寒心。君侯誠宜以臨深履薄為戒。"廖不納。子豫後坐縣書誹謗,〔8〕廖以就國。

【注】

〔1〕事見陸賈《新語》。

〔2〕逸詩也。皎皎，白貌也。《墨子》曰："墨子見染絲者歎曰：'染於蒼則蒼，染於黃則黃，故染不可不慎也。'"

〔3〕《公羊傳》曰："晉侯殺其太子申生。曷為直稱晉侯？曰以殺其太子母弟，直稱君者甚之也。"〔四〕

〔4〕《大戴禮》曰："古者八歲出就外舍，學小蓺焉，履小節焉。"又曰："為置三少，曰少保、少傅、少師，是與太子宴者也。"《禮記·內則》曰"十年出就外傅，居宿於外學書計"也。

〔5〕廖子防及光俱為黃門郎。〔五〕孔子曰"及其壯也，血氣方剛，戒之在鬪"也。

〔6〕文帝竇后兄長君，弟廣國字少君，此兩人所出微，絳、灌等選長者之有節行者與之居，〔六〕長君、少君由此為退讓君子，不敢以富貴驕人也。

〔7〕《馬防傳》曰"兄弟貴盛，賓客奔湊，四方畢至，數百餘人皆為食客"也。

〔8〕縣音懸。

終兄鳳為郡吏，太守廉范為州所考，遣鳳候終，終為范游說，坐徙北地。〔1〕帝東巡狩，鳳皇黃龍並集，終贊頌嘉瑞，上述祖宗鴻業，凡十五章，奏上，詔貰還故郡。著《春秋外傳》十二篇，改定章句十五萬言。永元十二年，徵拜郎中，以病卒。〔2〕

【注】

〔1〕《益部耆舊傳》曰"終徙於北地望松縣，而母於蜀物故。終自傷被罪充邊，乃作《晨風》之詩以舒其憤"也。

〔2〕袁山松《書》曰"侍中賈逵薦終博達忠直，徵拜郎中。及卒，賜錢二十萬"也。

李法字伯度，漢中南鄭人也。博通群書，性剛而有節。和帝永元九年，應賢良方正對策，除博士，遷侍中、光祿大夫。歲餘，上疏以為朝政苛碎，違永平、建初故事；宦官權重，椒房寵盛；又譏史官記事不實，後世有識，尋功計德，必不明信。坐失旨，下有司，免為庶人。還鄉里，杜門自守。故人儒生時有候之者，言談之次，問其不合上意之由，法未嘗應對。友人固問之，法曰："鄙夫可與事君乎哉？苟患失之，無所不至。〔1〕孟子有言：'夫仁者如射，正己而後發。發而不中，不怨勝己者，反諸身而已矣。'"〔2〕在家八年，徵拜議郎、諫議大夫，正言極辭，無改於舊。出為汝南太守，政有聲迹。後歸鄉里，卒於家。

【注】

〔1〕此以上《論語》孔子之言也。鄭玄注云："無所不至謂諂佞邪媚，無所不為也。"

〔2〕《孟子·公孫丑篇》之言也。反諸身而已，言克己自責，不責人也。

翟酺字子超，廣漢雒人也。〔1〕四世傳《詩》。酺好《老子》，尤善圖緯、天文、歷筭。以報舅讎，當徙日南，亡於長安，為卜相工，後牧羊涼州。遇赦還。仕郡，徵拜議郎，遷侍中。

【注】

〔1〕雒屬廣漢郡，漳山雒水所出，南入湔，故城在今雒縣南。湔音子田反。

時尚書有缺，詔將大夫六百石以上試對政事、天文、道術，以高第者補之。酺自恃能高，而忌故太史令孫懿，恐其先用，乃往候懿。既坐，言無所及，唯涕泣流連。懿怪而問之，酺曰："圖書有漢賊孫登，將以才智為中官所害。觀君表相，似當應之。〔1〕酺受恩接，悽愴君之禍耳！"懿憂懼，移病不試。[2]由是酺對第一，拜尚書。

【注】
〔1〕《春秋保乾圖》曰"漢賊臣，名孫登，大形小口，長七尺九寸，巧用法，多技方，《詩》、《書》不用，賢人杜口"也。
〔2〕移病謂作文移而稱病也。

時安帝始親政事，追感祖母宋貴人，悉封其家。又元舅耿寶及皇后兄弟閻顯等並用威權。酺上疏諫曰：

臣聞微子佯狂而去殷，叔孫通背秦而歸漢，彼非自疏其君，時不可也。臣荷殊絶之恩，蒙值不諱之政，豈敢雷同受寵，而以戴天履地。[1]伏惟陛下應天履祚，歷值中興，當建太平之功，而未聞致化之道。蓋遠者難明，請以近事徵之。昔竇、鄧之寵，傾動四方，兼官重紱，盈金積貨，至使議弄神器，改更社稷。[2]豈不以執尊威廣，以致斯患乎？及其破壞，頭顙墥地，願為孤豚，豈可得哉！[3]夫致貴無漸失必暴，受爵非道殃必疾。今外戚寵幸，功均造化，漢元以來，未有等比。陛下誠仁恩周洽，以親九族。然祿去公室，政移私門，覆車重尋，寧無摧折。[4]而朝臣在位，莫肯正議，翕翕訾訾，更相佐附。[5]臣恐威權外假，歸之良難，虎翼一奮，卒不可制。[6]故孔子曰"吐珠於澤，誰能不含"；[7]老子稱"國之利器，不可以示人"。[8]此最安危[之極]戒，[七]社稷之深計也。

【注】
〔1〕雷之發聲，物皆同應，言無是非者謂之雷同。《禮記》曰："無雷同。"《左傳》曰"君履后土而戴皇天"也。
〔2〕神器謂天位也。《老子》曰："天下神器，不可為也。"竇憲出入禁中，得幸太后，圖為殺害。帝知其謀，誅之。鄧太后崩，宮人告鄧悝、鄧弘等取廢帝故事，謀立平原王得。帝聞，遂免鄧氏為庶人也。

〔3〕《莊子》曰，或聘莊子，莊子謂其使曰："子見夫犧牛乎？衣以文繡，食以芻菽。及其牽而入於太廟，欲為孤犢，其可得乎？"此作"豚"，不同也。

〔4〕賈誼曰"諺云前車覆，後車誡"也。

〔5〕《詩·小雅》曰："翕翕訾訾，亦孔之哀。"《毛傳》曰："翕翕然患其上，訾訾然不思稱職。"《爾雅》曰："翕翕，訾訾，莫供職也。"訾音將徙反。"訿"與"訾"古字通。

〔6〕《韓詩外傳》曰："無為虎傅翼，將飛入邑，擇人而食。"夫置不肖之人於位，是為虎傅翼也。

〔7〕《春秋保乾圖》曰："臣功大者主威侵，權并族害（尸）〔己〕姦行，〔八〕吐珠於澤，誰能不含。"諭君之權柄外假，則必競取以為己利，猶珠出於澤中，誰能不含取以為己寶也。吐猶出也。

〔8〕《老子·道經》曰："魚不可脫於泉，國之利器不可以示人。"河上公注曰："利器謂權道也。理國權道，不可以示執事之臣。"

夫儉德之恭，政存約節。〔1〕故文帝愛百金於露臺，飾帷帳於皁囊。〔2〕或有譏其儉者，上曰："朕為天下守財耳，豈得妄用之哉！"至倉穀腐而不可食，錢貫朽而不可校。今自初政已來，日月未久，費用賞賜已不可筭。斂天下之財，〔九〕積無功之家，帑藏單盡，民物彫傷，卒有不虞，復當重賦百姓，怨叛既生，危亂可待也。

【注】

〔1〕《左氏傳》魯大夫御孫曰"儉，德之恭；侈，惡之大"也。

〔2〕文帝常欲作露臺，計直百金。曰："百金中人十家之產，何以臺為？"遂止不作。又東方朔曰："文帝集上書囊以為殿帷。"

昔成王之政，周公在前，邵公在後，畢公在左，史佚在右，四子挾而維之。目見正容，耳聞正言，一日即位，天下曠然，言其法度素定也。今陛下有成王之尊而無數子之佐，雖欲崇雍熙，致太平,其可得乎?自去年已來,灾譴頻數,地坼天崩,高岸為谷。脩身恐懼,則轉禍為福;輕慢天戒,則其害彌深。願陛下親自勞恤,研精致思,勉求忠貞之臣,誅遠佞諂之黨,損玉堂之盛,尊天爵之重,〔1〕割情欲之歡,罷宴私之好。帝王圖籍,陳列左右,心存亡國所以失之,鑒觀興王所以得之,庶灾害可息,豐年可招矣。

【注】

〔1〕《孟子》曰:"公卿大夫,人爵也。仁義禮智信,天爵也。"

書奏不省,而外戚寵臣咸畏惡之。

延光三年,出為酒泉太守。叛羌千餘騎徙敦煌來鈔郡界,〔一○〕酺赴擊,斬首九百級,羌衆幾盡,威名大震。遷京兆尹。順帝即位,拜光祿大夫,遷將作大匠。損省經用,歲息四五千萬。〔1〕屢因灾異,多所匡正。〔2〕由是權貴共譖酺及尚書令高堂芝等交通屬託,坐減死歸家。復被章云酺前與河南張楷等謀反,逮詣廷尉。及杜真等上書訟之,事得明釋。卒於家。〔3〕

【注】

〔1〕經,常也。

〔2〕《益部耆舊傳》曰:"時詔問酺陰陽失序,水旱隔并,其設銷復興濟之本。酺上奏陳圖書之意曰:'漢四百年將有弱主閉門聽難之禍,數在三百年之間。(宜升)〔斗〕歷改憲,〔宜〕行先王至德要道,〔一一〕奉率時禁,抑損奢侈,宣明質樸,以延四百年之難。'帝從之。"

〔3〕《益部耆舊傳》曰:"杜真字孟宗,廣漢綿竹人也。少有孝行,習《易》、《春秋》,誦百萬言,兄事同郡翟酺。酺後被繫獄,真上檄章救酺,〔一二〕繫獄笞六百,竟免酺難,京師莫不壯之。"

著《援神》、《鉤命解詁》十二篇。〔1〕

【注】
〔1〕《援神契》,《鉤命決》,皆《孝經緯》篇名也。詁音古。

　　初,酺之為大匠,上言:"孝文皇帝始置一經博士,[1]〔一三〕武帝大合天下之書,[2]而孝宣論六經於石渠,學者滋盛,弟子萬數。[3]光武初興,愍其荒廢,起太學博士舍、內外講堂,諸生橫巷,為海內所集。明帝時辟雍始成,欲毀太學,太尉趙憙以為太學、辟雍皆宜兼存,故並傳至今。而頃者積廢,至為園採芻牧之處。宜更修繕,誘進後學。"帝從之。酺免後,遂起太學,更開拓房室,學者為酺立碑銘於學云。

【注】
〔1〕武帝建元五年始置五經博士,文帝之時未遑庠序之事,酺之此言,不知何據。
〔2〕武帝詔曰:"其令禮官勸學,舉遺興禮。"舉遺謂搜求遺逸,是合天下之書也。
〔3〕宣帝甘露三年,詔諸儒講五經於殿中,兼平《公羊》、《穀梁》同異,上親臨決焉。時更崇《穀梁傳》,故此言"六經"也。石渠,閣名。昭帝時博士弟子員百人,宣帝末增倍之,元帝時詔無置弟子員,以廣學者,故言以萬數也。

　　應奉字世叔,汝南南頓人也。曾祖父順,字華仲,和帝時為河南尹、將作大匠,公廉約己,明達政事。[1]生十子,皆有才學。中子疊,江夏太守。疊生郴,武陵太守。郴生奉。

【注】
〔1〕華嶠《書》曰:"華仲少給事郡縣,為吏清公,不發私書。舉孝廉,尚書郎轉右丞,遷冀州刺史,廉直無私。遷東平相,賞罰必信,吏不敢犯。有

梓樹生於廳事室上，事後母至孝，衆以為孝感之應。時竇憲出屯河西，刺史、二千石皆遣子弟奉賂遺憲，憲敗後咸被繩黜，順獨不在其中，由是顯名。為將作大匠，視事五年，省費億萬。"《汝南記》曰"華仲妻本是汝南鄧元義前妻也。元義父伯考為尚書僕射，元義還鄉里，妻留事姑甚謹，姑憎之，幽閉空室，節其食飲，羸露日困，妻終無怨言。後伯考怪而問之。時義子朗年數歲，言母不病，但苦飢耳。伯考流涕曰：'何意親姑反為此禍！'因遣歸家。更嫁為華仲妻。仲為將作大匠，妻乘朝車出，元義於路傍觀之，謂人曰：'此我故婦，非有它過，家夫人遇之實酷，本自相貴。'其子朗時為郎，母與書皆不荅，與衣裳輒燒之。母不以介意，意欲見之，乃至親家李氏堂上，令人以它詞請朗。朗至，見母，再拜涕泣，因起出。母追謂之曰：'我幾死，自為汝家所弃，我何罪過，乃如此邪？'因此遂絕"也。

奉少聰明，自為童兒及長，凡所經履，莫不暗記。讀書五行並下。為郡決曹史，行部四十二縣，〔一四〕錄囚徒數百千人。及還，太守備問之，奉口說罪繫姓名，坐狀輕重，無所遺脫，時人奇之。[1]著《漢書後序》，多所述載。[2]大將軍梁冀舉茂才。

【注】

〔1〕謝承《書》曰："奉少為上計吏，〔一五〕許訓為計掾，俱到京師。訓自發鄉里，在路晝頓暮宿，所見長吏、賓客、亭長、吏卒、奴僕，訓皆密疏姓名，欲試奉。還郡，出疏示奉。奉云：'前食潁川綸氏都亭，亭長胡奴名祿，以飲漿來，何不在疏？'坐中皆驚。"又云："奉年二十時，嘗詣彭城相袁賀，賀時出行閉門，造車匠於內開扇出半面視奉，奉即委去。後數十年於路見車匠，識而呼之。"

〔2〕袁山松《書》曰："奉又刪《史記》、《漢書》及《漢記》三百六十餘年，自漢興至其時，凡十七卷，名曰《漢事》。"

先是，武陵蠻詹山等四千餘人反叛，執縣令，屯結連年。詔下公卿議，四府舉奉才堪將帥。[1]永興元年，拜武陵太守。到官慰納，山等皆悉降散。於是興學校，舉仄陋，政稱變俗。坐公事免。

【注】
〔1〕四府，解見《皇后紀》。

延熹中，武陵蠻復寇亂荊州，車騎將軍馮緄以奉有威恩，為蠻夷所服，上請與俱征。拜從事中郎。[1]奉勤設方略，賊破軍罷，緄推功於奉，薦為司隸校尉。糾舉姦違，不避豪戚，以嚴厲為名。

【注】
〔1〕謝承《書》曰："時詔奉曰：'蠻夷叛逆作難，積惡放恣，鑊中之魚，火熾湯盡，當悉燋爛，以刷國恥。朝廷以奉昔守南土，威名播越，故復式序重任。奉之廢興，期在於今。賜奉錢十萬，駮犀方具劍、金錯把刀劍、革帶各一。奉其勉之！'"

及鄧皇后敗，而田貴人見幸，桓帝有建立之議。奉以田氏微賤，不宜超登后位，上書諫曰："臣聞周納狄女，襄王出居于鄭；[1]漢立飛燕，成帝胤嗣泯絕。母后之重，興廢所因。宜思《關雎》之所求，遠五禁之所忌。"[2]帝納其言，竟立竇皇后。

【注】
〔1〕《左傳》襄王將以狄女為后，富（臣）[辰]諫曰[一六]："不可。狄固貪惏，王又啓之。"王不從。狄人伐周，襄王出奔。
〔2〕《韓詩外傳》曰："婦人有五不娶：喪婦之長女不娶，為其不受命也；[一七]世有惡疾不娶，棄於天也；世有刑人不娶，棄於人也；亂家女不娶，類不正也；逆家子不娶，廢人倫也。"

及黨事起，奉乃慨然以疾自退。追愍屈原，因以自傷，著《感騷》三十篇，數萬言。〔一八〕諸公多薦舉，會病卒。子劭。

劭字仲遠。〔1〕少篤學，博覽多聞。靈帝時舉孝廉，辟車騎將軍何苗掾。

【注】
〔1〕謝承《書》、〔一九〕（曰）《應氏譜》並云"字仲遠"，《續漢書·文士傳》作"仲援"，《漢官儀》又作"〔仲〕瑗"，〔二〇〕未知孰是。

中平二年，漢陽賊邊章、韓遂與羌胡為寇，東侵三輔，時遣車騎將軍皇甫嵩西討之。嵩請發烏桓三千人。北軍中候鄒靖上言："烏桓眾弱，宜開募鮮卑。"事下四府，大將軍掾韓卓議，以為"烏桓兵寡，而與鮮卑世為仇敵，若烏桓被發，則鮮卑必襲其家。烏桓聞之，當復弃軍還救。非唯無益於實，乃更沮三軍之情。鄒靖居近邊塞，究其態詐。若令靖募鮮卑輕騎五千，必有破敵之效"。劭駁之曰："鮮卑隔在漠北，犬羊為群，無君長之帥，廬落之居，而天性貪暴，不拘信義，故數犯障塞，且無寧歲。唯至互市，乃來靡服。苟欲中國珍貨，非為畏威懷德。計獲事足，旋踵為害。是以朝家外而不內，蓋為此也。〔1〕往者匈奴反叛，度遼將軍馬續、烏桓校尉王元發鮮卑五千餘騎，又武威太守趙沖亦率鮮卑征討叛羌。斬獲醜虜，既不足言，而鮮卑越溢，多為不法。裁以軍令，則忿戾作亂；制御小緩，則陸掠殘害。劫居人，鈔商旅，噉人牛羊，略人兵馬。得賞既多，不肯去，復欲以物買鐵。邊將不聽，便取縑帛聚欲燒之。邊將恐怖，畏其反叛，辭謝撫順，無敢拒違。今狡寇未殄，而羌為巨害，如或致悔，其可追乎！臣愚以為可募隴西羌胡守善不叛者，簡其精勇，多其牢賞。〔2〕太守李參沈靜有謀，必能獎厲得其死力。當思漸消之略，不可倉卒望也。"韓卓復與劭相難反覆。於是詔百官大會朝堂，皆從勔議。

【注】

〔1〕朝家猶國家也。《公羊傳》曰"《春秋》內諸夏而外夷狄"也。
〔2〕牢，稟食也。或作"勞"。勞，功也。

三年，舉高第，再遷，六年，拜太山太守。初平二年，黃巾三十萬衆入郡界。勔糾率文武連與賊戰，前後斬首數千級，獲生口老弱萬餘人，輜重二千兩，賊皆退卻，郡內以安。興平元年，前太尉曹嵩及子德從琅邪入太山，勔遣兵迎之，未到，而徐州牧陶謙素怨嵩子操數擊之，乃使輕騎追嵩、德，並殺之於郡界。勔畏操誅，弃郡奔冀州牧袁紹。

初，安帝時河間人尹次、潁川人史玉皆坐殺人當死，次兄初及玉母軍並詣官曹求代其命，因縊而物故。尚書陳忠以罪疑從輕，議活次、玉。勔後追駁之，據正典刑，有可存者。

其議曰：

《尚書》稱："天秩有禮，五服五章哉。天討有罪，五刑五用哉"。而孫卿亦云"凡制刑之本，將以禁暴惡，且懲其末也。凡爵列、官秩、賞慶、刑威，皆以類相從，使當其實也"。若德不副位，能不稱官，賞不酬功，刑不應罪，不祥莫大焉。殺人者死，傷人者刑，此百王之定制，有法之成科。高祖入關，雖尚約法，然殺人者死，亦無寬降。夫時化則刑重，〔二一〕時亂則刑輕。[1]《書》曰"刑罰時輕時重"，此之謂也。

【注】

〔1〕犯化之罪固重，犯亂之罪為輕。

今次、玉公以清時釋其私憾，阻兵安忍，僵屍道路。[1]朝恩在寬，幸至冬獄，而初、軍愚狷，妄自投斃。昔召忽親死子糾之難，而孔子曰"經於溝瀆,人莫之知"。[2]朝氏之父非錯刻峻,遂能自隕其命,班固亦云"不如趙母指括以全其宗"。[3]傳曰"僕妾感慨而致死者,非能義勇,顧無慮耳"。[4]夫刑罰威獄,以類天之震燿殺戮也;溫慈和惠,以放天之生殖長育也。[5]是故春一草枯則為災,秋一木華亦為異。今殺無罪之初、軍,而活當死之次、玉,其為枯華,不亦然乎?陳忠不詳制刑之本,而信一時之仁,遂廣引八議求生之端。夫親故賢能功貴勤賓,豈有次、玉當罪之科哉?[6]若乃小大以情,原心定罪,[7]此為求生,非謂代死可以生也。敗法亂政,悔其可追。

劭凡為駁議三十篇,皆此類也。

【注】

[1]阻,恃也。《左傳》曰,衛州吁"阻兵而安忍。"

[2]召忽,齊大夫。子糾,齊襄公之庶子也。子糾與小白爭國,子糾被殺,召忽其傅也,遂死之。《論語》孔子論召忽曰:"豈若匹夫匹婦之為諒也,自經於溝瀆而莫之知也。"

[3]《前書》,鼂錯為御史大夫,改更律令,諸侯諠譁。錯父聞而非之,曰:"劉氏安而鼂氏危矣。"遂飲藥而死。《史記》曰,趙母,趙將馬服君趙奢之妻,趙括之母也。奢死,趙欲以括為將,母謂趙王曰:"王以為括如其父,父子異心,願王勿遣。"王曰:"吾計決矣。"括母曰:"王終將之,即有不稱,妾得無隨乎?"王許諾。及括敗,王以母先言,竟不誅也。而班固引之以為鼂錯贊詞。

[4]言僕妾之致死者,顧由無計慮耳。[二二]語見《史記·欒布傳贊》也。

[5]《左傳》鄭大夫游吉之詞。

[6]《周禮》小司寇職鄭司農曰:"親,宗室有罪先請也。故謂舊知也。賢謂有德行者。能謂有道蓺者。功謂有大勳也。貴謂若今墨綬,有罪先請也。勤謂憔悴國事。賓謂二王後。"

[7]《左傳》曰:"小大之獄,雖不能察,必以情。"原心定罪,解見《霍

謂傳》也。

又刪定律令為《漢儀》，建安元年乃奏之。曰："夫國之大事，莫尚載籍。載籍也者，決嫌疑，明是非，[1]賞刑之宜，允獲厥中，俾後之人永為監焉。故膠(東)[西]相董仲舒[二三]老病致仕，朝廷每有政議，數遣廷尉張湯親至陋巷，問其得失。[2]於是作《春秋決獄》二百三十二事，動以經對，言之詳矣。逆臣董卓，蕩覆王室，典憲焚燎，靡有孑遺，開闢以來，莫或茲酷。[3]今大駕東邁，巡省許都，拔出險難，其命惟新。臣累世受恩，榮祚豐衍，竊不自揆，貪少云補，輒撰具《律本章句》、《尚書舊事》、《廷尉板令》、《決事比例》、《司徒都目》、《五曹詔書》[4]及《春秋斷獄》凡二百五十篇。蠲去復重，為之節文。[5]又集駁議三十篇，以類相從，凡八十二事。其見《漢書》二十五，《漢記》四，[6]皆刪敘潤色，以全本體。其二十六，博採古今璀瑋之士，文章煥炳，德義可觀。其二十七，臣所創造。豈緊自謂必合道衷，[7]心焉憤邑，聊以藉手。[8]昔鄭人以乾鼠為璞，鬻之於周；宋愚夫亦寶燕石，緹緼十重。夫覿之者掩口盧胡而笑，斯文之族，[二四]無乃類旃。[9]《左氏》實云雖有姬姜絲麻，不弃憔悴菅蒯，蓋所以代匱也。[10]是用敢露頑才，廁于明哲之末。雖未足綱紀國體，宣洽時雍，庶幾觀察，增闡聖聽。惟因萬機之餘暇，游意省覽焉。"獻帝善之。

【注】

〔1〕《禮記》曰："夫禮者，決嫌疑，明是非。"

〔2〕事見《前書》。

〔3〕或，有也。

〔4〕司徒即丞相也。總領綱紀，佐理萬機，故有都目。成帝初置尚書員五人，《漢舊儀》有常侍曹、二千石曹、户曹、主客曹、三公曹也。

〔5〕復音複，重音直容反。

〔6〕即《東觀記》。

〔7〕繄音烏兮反。繄猶是也。

〔8〕藉音自夜反。

〔9〕《尹文子》曰："鄭人謂玉未琢者為璞，周人謂鼠未腊者為璞。周人遇鄭賈，人曰：'欲買璞乎？'鄭賈曰：'欲之。'出璞視之，乃鼠也，因謝不取。"《戰國策》亦然。今此乃云"鄭人以乾鼠為璞"，便與二說不同。此云"乾鼠"，彼云"未腊"，事又差舛。《闕子》曰："宋之愚人得燕石梧臺之東，歸而藏之，以為大寶。周客聞而觀之，主人父齋七日，端冕之衣，釁之以特牲，革匱十重，緹巾十襲。客見之，俛而掩口盧胡而笑曰：'此燕石也，與瓦甓不殊。'主人父怒曰：'商賈之言，豎匠之心。'藏之愈固，守之彌謹。"旍，之也。綌音襲。緹，赤色繒也。《楚詞》曰："襲英衣兮緹綌。"謂鮮明之衣。

〔10〕《左傳》曰："《詩》云：'雖有絲麻，無棄菅蒯。雖有姬、姜，無棄蕉萃。凡百君子，莫不代匱。'"杜注云："逸《詩》也。姬、姜，大國之女。蕉萃，陋賤之人。"蕉萃、憔（萃）〔悴〕古字通。〔二五〕

二年，詔拜劭為袁紹軍謀校尉。時始遷都於許，舊章堙沒，書記罕存。劭慨然歎息，乃綴集所聞，著《漢官禮儀故事》，凡朝廷制度，百官典式，多劭所立。

初，父奉為司隸時，並下諸官府郡國，各上前人像贊，劭乃連綴其名，錄為《狀人紀》。又論當時行事，著《中漢輯序》。撰《風俗通》，以辯物類名號，釋時俗嫌疑。〔二六〕文雖不典，後世服其洽聞。凡所著述百三十六篇。又集解《漢書》，皆傳于時。〔二七〕後卒於鄴。

弟子瑒、〔二八〕璩，並以文才稱。〔1〕

【注】

〔1〕華嶠《書》曰："劭弟珣，字季瑜，司空掾。珣生瑒。"《魏志》曰"瑒字德璉，〔二九〕瑒弟璩字休璉，咸以文章顯"也。

中興初，有應嫗者，生四子而寡。見神光照社，試探之，乃得黃

金。自是諸子宦學，並有才名，至瑒七世通顯。〔1〕

【注】
〔1〕應順，將作大匠；子疊，江夏太守；疊生郴，武陵太守；郴生奉，從事中郎；奉生劭，車騎將軍掾；劭弟珣，司空掾；珣子瑒，曹操辟為丞相掾。

霍諝字叔智，魏郡鄴人也。少為諸生，明經。有人誣諝舅宋光於大將軍梁商者，以為妄刊章文，坐繫洛陽詔獄，掠考困極。諝時年十五，奏記於商曰：

將軍天覆厚恩，愍舅光冤結，前者溫教許為平議，雖未下吏斷決其事，已蒙神明顧省之聽。皇天后土，寔聞德音。竊獨踴躍，私自慶幸。諝聞《春秋》之義，原情定過，赦事誅意，故許止雖弒君而不罪，趙盾以縱賊而見書。〔1〕此仲尼所以垂王法，漢世所宜遵前脩也。傳曰：「人心不同，譬若其面。」〔2〕斯蓋謂大小窊隆醜美之形，至於鼻目眾竅毛髮之狀，未有不然者也。情之異者，剛柔舒急倨敬之閒。至於趨利避害，畏死樂生，亦復均也。諝與光骨肉，義有相隱，言其冤濫，未必可諒，且以人情平論其理。

【注】
〔1〕許止，許悼公之子名止也。《公羊傳》曰：「冬，葬許悼公。賊未討何以書葬？不成乎弒也。許悼公是止進藥而殺，是以君子加弒焉。葬許悼公是君子之赦止。赦止者，免止罪之辭也。」何休注云：「原止欲愈父之病，無害父之意，故赦之。」是原情定過也。又曰：「晉史書趙盾弒其君。趙盾曰：『天乎無辜，吾不弒君。』太史曰：『爾為仁為義，人殺爾君而不討賊，此非弒君如何？』」此赦事誅意也。
〔2〕《左傳》鄭子產謂子皮曰：「人心不同，譬如面焉。吾豈敢謂子面如吾面乎？」

光衣冠子孫，徑路平易，〔1〕位極州郡，日望徵辟，亦無瑕穢纖介之累，無故刊定詔書，欲以何名？就有所疑，當求其便安，豈有觸冒死禍，以解細微？譬猶療飢於附子，止渴於酖毒，未入腸胃，已絕咽喉，豈可為哉！〔2〕昔東海孝婦見枉不辜，幽靈感革，天應枯旱。〔3〕光之所坐，情既可原，守闕連年，而終不見理。呼嗟紫宮之門，泣血兩觀之下，〔4〕傷和致災，為害滋甚。凡事更赦令，不應復案。夫以罪刑明白，尚蒙天恩，豈有冤謗無徵，反不得理？是為刑宥正罪，戮加誣侵也。不偏不黨，其若是乎？明將軍德盛位尊，人臣無二，言行動天地，舉厝移陰陽，誠能留神，沛然曉察，必有于公高門之福，〔5〕和氣立應，天下幸甚。

【注】

〔1〕謂遵依常轍，〔三〇〕無所規求也。

〔2〕《史記》蘇秦曰："飢人之所以飢而不食烏喙〔三一〕者，以其愈充腹而與餓死者同患也。"附子、烏喙，根同而狀異也。

〔3〕《前書》曰，東海有孝婦，少寡無子，養姑甚謹，姑欲嫁之，終不肯。姑告鄰人曰："孝婦養我勤苦，我老，久累丁壯。"乃自經死。姑女告吏曰："婦殺我母。"吏驗之急，孝婦自誣服，具獄上府，太守竟論殺婦。郡中枯旱三年。後太守至，自祭孝婦墓，天立大雨，歲熟。

〔4〕天有紫微宮，是上帝之所居也，王者立宮，象而為之。兩觀謂闕也。

〔5〕于公，東海人，為郡決曹，決獄平。其閭門壞，父老共脩之。于公曰："少高大閭門，令容駟馬蓋車。〔三二〕我決獄多有陰德，子孫必有興者。"至子定國為丞相，孫永御史大夫。

　　商高譍才志，即為奏原光罪，由是顯名。

　　仕郡，舉孝廉，稍遷金城太守。性明達篤厚，能以恩信化誘殊俗，甚為羌胡所敬服。遭母憂，自上歸行喪。服闋，公車徵，再遷北海相，入為尚書僕射。是時大將軍梁冀貴戚秉權，自公卿以下莫敢違忤。譍與尚書令尹勳數奏其事，又因陛見陳聞罪失。及冀誅後，桓帝嘉其忠節，封鄴都亭侯。前後固讓，不許。出為河南尹，遷司隸校尉，轉少府、廷尉，卒官。

子儁，〔三三〕安定太守。

爰延字季平，陳留外黃人也。清苦好學，能通經教授。性質慤，少言辭。縣令隴西牛述好士知人，乃禮請延為廷掾，范丹為功曹，濮陽潛為主簿，〔1〕常共言談而已。後令史昭以為鄉嗇夫，仁化大行，人但聞嗇夫，不知郡縣。在事二年，〔三四〕州府禮請，不就。桓帝時徵博士，太尉楊秉等舉賢良方正，再遷為侍中。

【注】
〔1〕濮陽，姓也。

帝游上林苑，從容問延曰："朕何如主也？"對曰："陛下為漢中主。"帝曰："何以言之？"對曰："尚書令陳蕃任事則化，〔三五〕中常侍黃門豫政則亂，是以知陛下可與為善，可與為非。"〔1〕帝曰："昔朱雲廷折欄檻，〔三六〕今侍中面稱朕違，敬聞闕矣。"〔2〕拜五官中郎將，轉長水校尉，遷魏郡太守，徵拜大鴻臚。

【注】
〔1〕《前書》曰："齊桓公，管仲相之則霸，豎貂輔之則亂。可與為善，可與為惡，是謂中人。"
〔2〕朱雲字游。成帝時上書求見，曰："今朝廷大臣，上不能匡主，下無以益人，臣願賜尚方斬馬劍，斷佞臣一人，以勵其餘。"上問曰："誰也？"對曰："安昌侯張禹。"上大怒曰："小臣廷辱師傅，罪死不赦。"御史將雲下，雲攀殿檻折。雲呼曰："臣得從龍逢、比干遊於地下足矣，未知朝廷如何耳！"

上意乃解。及後當脩檻,上曰"勿易",因而輯之,以旌直臣。

　　帝以延儒生,常特宴見。時太史令上言客星經帝坐,帝密以問延。延因上封事曰:"臣聞天子尊無為上,故天以為子,位臨臣庶,威重四海。動靜以禮,則星辰順序;意有邪僻,則晷度錯違。陛下以河南尹鄧萬[三七]有龍潛之舊,封為通侯,恩重公卿,惠豐宗室。加頃引見,與之對博,上下媟黷,有虧尊嚴。臣聞之,帝左右者,所以咨政德也。故周公戒成王曰'其朋其朋',言慎所與也。[1]昔宋閔公與彊臣共博,列婦人於側,積此無禮,以致大災。[2]武帝與倖臣李延年、韓嫣同臥起,尊爵重賜,情欲無猒,遂生驕淫之心,行不義之事,卒延年被戮,嫣伏其辜。[3]夫愛之則不覺其過,惡之則不知其善,所以事多放濫,物情生怨。故王者賞人必酬其功,爵人必甄其德。[4][三八]善人同處,則日聞嘉訓;惡人從游,則日生邪情。孔子曰:'益者三友,損者三友。'[5]邪臣惑君,亂妾危主,以非所言則悦於耳,以非所行則翫於目,故令人君不能遠之。仲尼曰:'唯女子與小人為難養,近之則不遜,遠之則怨。'蓋聖人之明戒也!昔光武皇帝與嚴光俱寢,上天之異,其夕即見。[6]夫以光武之聖德,嚴光之高賢,君臣合道,尚降此變,豈況陛下今所親幸,以賤為貴,以卑為尊哉?惟陛下遠讒諛之人,納謇謇之士,除左右之權,寢宦官之敝。使積善日熙,[7]佞惡消殄,則乾災可除。"帝省其奏。因以病自上,乞骸骨還家。靈帝復特徵,不行,病卒。

【注】

[1]《尚書》周公戒成王曰:"孺子其朋,孺子其朋,慎其往!"

[2]《公羊》經書"宋萬弒其君捷"。傳曰:"宋萬嘗與魯莊公戰,獲于莊公,歸舍諸宮中,數月然後歸之。與宋閔公博,婦人在側,萬曰:'甚矣魯侯之淑,魯侯之美!天下諸侯宜為君者唯魯侯爾。'閔公矜此婦人,妒其言,顧曰:'此虜也,魯侯之美惡乎至?'萬怒,搏閔公,絶其脰。"

[3]李延年,中山人也。身及父母兄弟皆故倡人也。武帝時,延年女弟得

幸,號曰李夫人。延年善歌舞,為協律都尉,佩二千石印綬,與上臥起。弟季與中人亂,出入驕恣,〔三九〕上遂誅延年兄弟。韓嫣,韓王信之曾孫也。武帝為王時,與嫣相愛,後位至上大夫,賞賜擬鄧通,與上臥起,出入永巷,以姦聞被誅。

〔4〕甄,明也。

〔5〕《論語》孔子曰:"友直,友諒,友多聞,益矣。友便僻,友善柔,友便佞,損矣。'

〔6〕事見《逸人傳》。

〔7〕熙,廣也。

子驥,白馬令,亦稱善士。〔1〕

【注】

〔1〕謝承《書》曰興字驥。

徐璆字孟玉,〔1〕〔四〇〕廣陵海西人也。父淑,度遼將軍,有名於邊。〔2〕璆少博學,辟公府,舉高第。〔3〕稍遷荊州刺史。時董太后姊子張忠為南陽太守,因執放濫,贓罪數億。璆臨當之部,太后遣中常侍以忠屬璆。璆對曰:"臣身為國,不敢聞命。"太后怒,遽徵忠為司隸校尉,以相威臨。璆到州,舉奏忠贓餘一億,使冠軍縣上簿詣大司農,以彰暴其事。又奏五郡太守及屬縣有贓汙者,悉徵案罪,威風大行。中平元年,與中郎將朱儁擊黃巾賊於宛,破之。張忠怨璆,與諸閹官構造無端,〔四一〕璆遂以罪徵。有破賊功,得免官歸家。後再徵,遷汝南太守,轉東海相,所在化行。

【注】

〔1〕璆音仇。〔四二〕

〔2〕謝承《書》曰："淑字伯進，寬裕（傳）[博]學，〔四三〕習《孟氏易》、《春秋公羊傳》、《禮記》、《周官》。善誦《太公六韜》，交接英雄，常有壯志。"

〔3〕袁山松《書》曰："璆少履清高，立朝正色。稱揚後進，惟恐不及。"

獻帝遷許，以廷尉徵，當詣京師，道為袁術所劫，授璆以上公之位。璆乃歎曰："龔勝、鮑宣，獨何人哉？守之必死！"〔1〕術不敢逼。術死軍破，璆得其盜國璽，及還許，上之，〔2〕并送前所假汝南、東海二郡印綬。司徒趙温謂璆曰："君遭大難，猶存此邪？"璆曰："昔蘇武困於匈奴，不隊七尺之節，況此方寸印乎？"

【注】
〔1〕龔勝字君賓，楚人也。好學明經，哀帝時為光禄大夫，乞骸骨。王莽即位，遣使以上卿徵，勝不食而死。鮑宣字子都，渤海人也，哀帝時為司隸校尉。王莽輔政，誅漢忠臣不附己者，宣及何武等皆死。

〔2〕衛宏曰："秦以前以金、玉、銀為方寸璽。秦以來天子獨稱璽，又以玉，群下莫得用。其玉出藍田山，題是李斯書，其文曰'受命于天，既壽永昌'，號曰傳國璽。漢高祖定三秦，子嬰獻之，高祖即位乃佩之。王莽篡位，就元后求璽，后乃出以投地，上螭一角缺。及莽敗時，仍帶璽紱，杜吴殺莽，不知取璽，公賓就斬莽首，並取璽。更始將李松送上更始。赤眉至高陵，更始奉璽上赤眉。建武三年，盆子奉以上光武。孫堅從桂陽入雒討董卓，軍於城南，見井中有五色光，軍人莫敢汲，堅乃浚得璽。袁術有僭盜意，乃拘堅妻求之。術得璽，舉以向肘。魏武謂之曰：'我在，不聽汝乃至此。'"時璆得而獻之。

後拜太常，使持節拜曹操為丞相。操以相讓璆，璆不敢當。卒於官。

論曰：孫懿以高明見忌，而受欺於陰計；翟酺資譎數取通，而終之以謇諫。豈性智自有周偏，先後之要殊度乎？應氏七世才聞，而奉、劭采章為盛。及撰著篇籍，甄紀異知，雖云小道，亦有可觀者焉。延、璆應對辯正，而不（可）犯陵上之尤，〔四四〕斯固辭之不可以已也。〔1〕

【注】
〔1〕《左氏傳》孔子曰："辭之不可以已也如是夫！子產有辭，諸侯賴之。"

贊曰：楊終、李法，華陽有聞。〔1〕二應克聰，亦表汝濆。〔2〕翟酺詐懿，霍諝請舅。延能訐帝，璆亦悟后。

【注】
〔1〕益州，古梁州之域。《尚書》曰："華陽黑水惟梁州。"孔安國注曰："北拒華山之陽，南拒黑水。"故常璩敍蜀事而謂之《華陽國志》焉。
〔2〕鄭玄注《周禮》曰："水涯曰濆。"

【校勘記】
〔一〕民懷土思　《群書治要》"民"作"人"。按：作"人"是，此蓋後人回改而誤者。
〔二〕豈可不臨深履薄以為至戒　按：王先謙謂末有複語，疑此衍文。
〔三〕鑒念前往　按：殿本"往"作"世"。
〔四〕晉侯殺其太子申生至直稱君者甚之也　按：章懷引經傳多刪節，此注所引，與《公羊傳》原文更多出入。《公羊傳》原文作"晉侯殺其世子申生。曷為直稱晉侯以殺？殺世子母弟直稱君者甚之也"。
〔五〕廖子防及光俱為黃門郎　按：沈家本謂光、防乃廖弟，非廖子，注謬。此傳上文言廖不訓諸子，下文言廖不納，子豫後坐縣書誹謗，廖以就國，則終所稱黃門郎即指廖子豫，《廖傳》不言豫為黃門郎，史文不具耳。下文"視成任性"注引《馬防傳》云云,亦誤。

〔六〕選長者之有節行者與之居　按:《史記·外戚傳》作"選長者士之有節行者與居"。

〔七〕此最安危〔之極〕戒　據汲本、殿本補。

〔八〕權并族害(尸)〔己〕姦行　據汲本、殿本改。

〔九〕斂天下之財　按:"天"下原脱"下"字,逕據汲本、殿本補。

〔一○〕叛羌千餘騎徙敦煌來鈔郡界　按:《刊誤》謂案文"徙"當作"從"。

〔一一〕(宜升)〔斗〕歷改憲〔宜〕行先王至德要道　《校補》引錢大昭説,謂"升"當作"斗",見《春秋保乾圖》。《校補》謂案《續志·律歷》中篇論歷,凡三引《保乾圖》讖文,皆作"三百年斗歷改憲"。所謂斗歷者,即古法冬至日在建星,建星謂北斗也。歲十二月以配天之十二辰,取斗杓所指為驗,閏月無中氣,則北斗邪指兩辰之間,以定四時而成歲。漢興迄章帝,改用四分歷,適當三百年,已應斗歷改憲之讖矣。輔本謂漢更有四百年之難,其數即起於三百年改憲之閒,宜豫修省,以銷其禍,則注引《耆舊傳》"宜"字,並當在"斗歷改憲"下也。今據改。

〔一二〕上檄章救酬　按:殿本《考證》王會汾謂上移下曰檄,此止可言上章耳,不應有"檄"字,明衍。

〔一三〕孝文皇帝始置一經博士　汲本"一經"作"五經"。惠校本作"一經",惠所據乃北宋本也。《集解》引周壽昌説,謂據王氏《玉海》引此,作"文帝始置一經博士",殆宋本此書有作"一經"者,非"五經"也。今按:證以章懷注,則作"五經"為合,作"一經"者,殆後人以文帝未嘗於五經徧置博士而改之耳。

〔一四〕行部四十二縣　按:《集解》引錢大昕説,謂《郡國志》汝南郡領三十七城,此云"四十二",未詳。

〔一五〕奉少為上計吏　按:《刊誤》謂"吏"當作"史"。

〔一六〕富(臣)〔辰〕諫曰　據汲本改。

〔一七〕喪婦之長女不娶為其不受命也　按:李慈銘謂"喪婦"當作"喪

父"。今《韓詩外傳》無此文。何氏《公羊》莊二十七年《解詁》與此略同,惟"為其不受命也"作"無教戒也"。《大戴禮·本命篇》又小異。

〔一八〕數萬言　按:汲本作"數十萬言"。

〔一九〕謝承書〔曰〕應氏譜並云字仲遠　據《刊誤》刪。

〔二〇〕漢官儀又作〔仲〕瑗　據汲本、殿本補。

〔二一〕夫時化則刑重　按:《集解》引錢大昕說,謂案《漢書·刑法志》"治則刑重,亂則刑輕"。此傳及注中"化"字本是"治"字,唐人諱治,故章懷注范史,多改"治"為"理",亦有改為"化"者,"世"皆改為"代",亦有改為"時"者,此傳下文"時輕時重"是也。

〔二二〕顧由無計慮耳　按:汲本、殿本"由無"作"無由"。

〔二三〕故膠(東)〔西〕相董仲舒　按:《集解》引錢大昕說,謂"膠東"當作"膠西"。今據改。

〔二四〕斯文之族　按:汲本"族"作"俗"。

〔二五〕憔(萃)〔悴〕古字通　據汲本、殿本改。

〔二六〕釋時俗嫌疑　按:汲本"釋"作"識"。

〔二七〕皆傳于時　按:"于"原作"乎",逕據汲本、殿本改。

〔二八〕弟子瑒　按:原本正文及注"瑒"字皆譌"璗",各本不誤,逕改正。

〔二九〕瑒字德璉　按:原本"璉"作"瑱",瑱不成字,據汲本、殿本逕改正。

〔三〇〕謂遵依常轍　按:"謂"原譌"論","轍"原譌"徹",逕據汲本、殿本改正。

〔三一〕不食烏喙　按:"喙"原譌"啄",逕據汲本、殿本改正。下同。

〔三二〕令容駟馬蓋車　按:"令"原譌"今",逕據汲本、殿本改正。

〔三三〕子儁　按:汲本、殿本"儁"作"雋"。

〔三四〕在事二年　按:汲本、殿本"二"作"三"。

〔三五〕尚書令陳蕃任事則化　按:《御覽》四二七、四五二引,"化"並作"治",此亦避唐諱改。

〔三六〕昔朱雲廷折欄檻　按：《刊誤》謂案文"廷"下少"爭"字。

〔三七〕河南尹鄧萬　按：《集解》引王補說，謂《通鑑》作"鄧萬世"，本書鄧后、陳蕃《傳》引並作"鄧萬世"。又引惠棟說，謂唐諱"世"，故削之，猶"韓擒虎"為"韓擒"也。

〔三八〕爵人必甄其德　按："必"原譌"以"，逕據汲本、殿本改正。

〔三九〕出入驕恣　按："驕"原譌"嬌"，逕據汲本、殿本改正。

〔四〇〕徐璆字孟玉　殿本"玉"作"本"。按：《集解》引洪亮吉說，謂案《先賢行狀》作"孟平"，《汝南先賢傳》作"孟玉"。《校補》謂洪氏歷舉孟平、孟玉兩說，知所見本正文亦必作"孟本"。

〔四一〕構造無端　按："構"原譌"搆"，逕改正。

〔四二〕璆音仇　按：殿本此下有"字孟玉"三字。《校補》謂殿本就監本改刊，其正文作"字孟本"，注當是"一作字孟玉"，脫"一作"二字。

〔四三〕寬裕（傳）〔博〕學　據汲本、殿本改。

〔四四〕而不（可）犯陵上之尤　《集解》引何焯說，謂"可"字衍。今據刪。

後漢書卷四十九

王充王符仲長統列傳第三十九

　　王充字仲任，會稽上虞人也，其先自魏郡元城徙焉。充少孤，鄉里稱孝。後到京師，受業太學，[1]師事扶風班彪。好博覽而不守章句。家貧無書，常游洛陽市肆，閱所賣書，一見輒能誦憶，遂博通衆流百家之言。後歸鄉里，屏居教授。仕郡為功曹，以數諫爭不合去。

【注】

〔1〕袁山松《書》："充幼聰朗。[一]詣太學，觀天子臨辟雍，作《六儒論》。"

　　充好論說，始若詭異，終有理實。以為俗儒守文，多失其真，乃閉門潛思，絕慶弔之禮，戶牖牆壁各置刀筆。著《論衡》八十五篇，二十餘萬言，[1]釋物類同異，正時俗嫌疑。

【注】

〔1〕袁山松《書》曰："充所作《論衡》，中土未有傳者，蔡邕入吳始得之，恒秘玩以為談助。其後王朗為會稽太守，又得其書，及還許下，時人稱其才進。或曰，不見異人，當得異書。問之，果以《論衡》之益，由是遂見傳焉。"《抱朴子》曰："時人嫌蔡邕得異書，或搜求其帳中隱處，果得《論衡》，

抱數卷持去。邕丁寧之曰：'唯我與爾共之，勿廣也。'"

刺史董勤辟為從事，轉治中，自免還家。友人同郡謝夷吾上書薦充才學，〔1〕肅宗特詔公車徵，病不行。年漸七十，志力衰耗，乃造《養性書》十六篇，裁節嗜欲，頤神自守。永元中，病卒于家。

【注】
〔1〕謝承《書》曰："夷吾薦充曰：'充之天才，非學所加，雖前世孟軻、孫卿、近漢楊雄、劉向、司馬遷，不能過也。'"

王符字節信，安定臨涇人也。少好學，有志操，與馬融、竇章、張衡、崔瑗等友善。安定俗鄙庶孼，〔1〕而符無外家，為鄉人所賤。自和、安之後，世務游宦，當塗者更相薦引，而符獨耿介不同於俗，以此遂不得升進。志意蘊憤，乃隱居著書三十餘篇，以譏當時失得，不欲章顯其名，故號曰《潛夫論》。其指訐時短，討謫物情，〔2〕足以觀見當時風政，著其五篇云爾。

【注】
〔1〕何休注《公羊傳》云："孼，賤也。"
〔2〕訐，攻也。謫，責也。

《貴忠篇》曰：
　　夫帝王之所尊敬者天也，皇天之所愛育者人也。今人臣受君之重位，牧天之所愛，焉可以不安而利之，養而濟之哉？是以君子任職則思利人，達上則思進賢，故居上而下不怨，在前而後不恨也。《書》稱"天工人其代之"。王者法天而建官，〔1〕故明主不敢以私授，忠臣不敢以虛受。竊人之財猶謂之盜，況偷天官以私己乎！〔2〕

以罪犯人，必加誅罰，況乃犯天，得無咎乎？夫五(世)[代]之臣，〔二〕以道事君，〔3〕澤及草木，仁被率土，是以福祚流衍，本支百世。〔4〕季世之臣，以諂媚主，不思順天，專杖殺伐。白起、蒙恬，秦以為功，天以為賊；〔5〕息夫、董賢，主以為忠，天以為盜。〔6〕《易》曰："德薄而位尊，智小而謀大，鮮不及矣。"〔7〕是故德不稱，其禍必酷；能不稱，其殃必大。〔三〕夫竊位之人，天奪其鑒。〔8〕雖有明察之資，仁義之志，一旦富貴，則背親捐舊，喪其本心，疏骨肉而親便辟，薄知友而厚犬馬，寧見朽貫千萬，而不忍貸人一錢，情知積粟腐倉，而不忍貸人一斗，骨肉怨望於家，細人謗讟於道。前人以敗，後爭襲之，誠可傷也。

【注】

〔1〕《尚書·皋陶謨》曰："亡曠庶官，天工人其代之。"孔安國注云："言人代天理官，不可以天官私非其才也。"又曰："明王奉若天道，建邦設都。"孔安國注云："天有日、月、北斗、五星二十八宿，皆有尊卑相正之法。言明王奉順此道，以立國設都也。"

〔2〕《左傳》介之推曰："竊人之財猶謂之盜，況貪天功以為己力乎？"

〔3〕五代謂唐、虞、夏、殷、周也。

〔4〕《詩·大雅》曰："文王孫子，本支百世。"

〔5〕《史記》曰，白起為秦將，與趙戰於長平，阬趙卒四十五萬人。蒙恬為秦將，北逐戎翟，築長城，起臨洮至遼東，延袤萬餘里。此為虐於人也。

〔6〕息夫躬字子微，哀帝時，告東平王雲事，封宜陵侯。董賢字聖卿，得幸哀帝，為賢起大第於北闕下，封為高安侯。

〔7〕《易·繫辭》之言。

〔8〕《論語》孔子曰："臧文仲其竊位者歟？"《左傳》晉卜偃曰："虢必亡矣，天奪之鑒而益其疾也。"杜預注云"鑒，所以自照"也。

歷觀前政貴人之用心也，〔四〕與嬰兒子其何異哉？嬰兒有常病，貴臣有常禍，父母有常失，人君有常過。嬰兒常病，傷於飽也；貴臣常禍，傷於寵也。哺乳多則生癎病，富貴盛而致驕疾。愛子而賊之，驕臣而滅之者，非一也。極其罰者，乃有仆死深牢，銜刀都市，[1]豈非無功於天，有害於人者乎？夫鳥以山為埤而增巢其上，魚以泉為淺而穿穴其中，卒所以得者餌也。[2]貴戚願其宅吉而制為令名，欲其門堅而造作鐵樞，卒其所以敗者，非苦禁忌少而門樞朽也，常苦崇財貨而行驕僭耳。

【注】
〔1〕趙將李牧為韓倉所譖，賜死。將自誅，臂短不能及，銜刀於柱以自殺。見《戰國策》。
〔2〕《曾子》之文也。亦見《大戴禮》。

不上順天心，下育人物，而欲任其私智，竊弄君威，反戾天地，欺誣神明。居累卵之危，而圖太山之安；為朝露之行，而思傳世之功。[1]豈不惑哉！豈不惑哉！

【注】
〔1〕朝露言易盡也。蘇子曰："人生一世，若朝露之託於桐葉耳，其與幾何！"

《浮侈篇》曰：
王者以四海為家，兆人為子。一夫不耕，天下受其飢；一婦不織，天下受其寒。[1]今舉俗舍本農，趨商賈，牛馬車輿，填塞道路，游手為巧，充盈都邑，[2]務本者少，浮食者眾。"商邑翼翼，四方是極。"[3]今察洛陽，資末業者什於農夫，虛偽游手什於末業。是則一夫耕，百人食之，一婦桑，百人衣之，以一奉百，孰能供之！天下百郡千縣，市邑萬數，類皆如此。本末不足相供，則民安得不飢寒？飢寒並至，則民安能無姦軌？姦軌繁多，則吏安能無嚴酷？嚴酷數加，則下安能無愁怨？愁怨者多，則咎徵並臻。下民無聊，而上天降災，則國危矣。

【注】
〔1〕《文子》曰："神農之法曰：'丈夫丁壯不耕，天下有受其飢者；婦人當年不織，天下有受其寒者。故其耕不強者，無以養生；其織不力者，無以衣形。'"
〔2〕遊手為巧謂彫鏤之屬也。
〔3〕《詩·商頌》文也。鄭玄注云："極，中也。翼翼然可則効，乃四方之中正也。"

夫貧生於富，弱生於彊，亂生於化，危生於安。〔1〕是故明王之養民，憂之勞之，教之誨之，慎微防萌，以斷其邪。故《易》美節以制度，不傷財，不害民。〔2〕《七月》之詩，大小教之，終而復始。由此觀之，人固不可恣也。〔3〕

【注】
〔1〕富而不節則貧，強而驕人則弱，居理而不修德則亂，恃安而不慎微則危矣。
〔2〕"節以制度"以下，並《節卦·象辭》也。鄭玄注云："空府臧則傷財，力役繁則害人，二者奢泰之所致。"
〔3〕《七月》，《詩·豳風》也。大謂耕桑之法，小謂索綯之類。自春及冬，終而復始也。

今人奢衣服，侈飲食，事口舌而習調欺。或以謀姦合任為業，〔1〕或以游博持掩為事。〔2〕丁夫不扶犂鋤，而懷丸挾彈，攜手上山遨遊，或好取土作丸賣之，外不足禦寇盜，內不足禁鼠雀。或作泥車瓦狗諸戲弄之具，以巧詐小兒，此皆無益也。

【注】
〔1〕合任謂相合為任俠也。
〔2〕博謂六博，掩謂意錢也。《前書·貨殖傳》曰"又況掘冢搏掩犯姦成富"也。

《詩》刺"不績其麻，市也婆娑"。〔1〕又婦人不修中饋，休其蠶織，〔2〕而起學巫祝，鼓舞事神，以欺誣細民，熒惑百姓妻女。羸弱疾病之家，懷憂憒憒，〔五〕易為恐懼。至使奔走便時，去離正宅，崎嶇路側，風寒所傷，姦人所利，盜賊所中。或增禍重祟，至於死亡，而不知巫所欺誤，反恨事神之晚，此妖妄之甚者也。〔六〕

【注】
〔1〕《詩·陳風》也。婆娑，舞兒。謂婦人於市中歌舞以事神也。
〔2〕《易·家人卦》六二曰："在中饋，貞吉。"鄭玄注云："中饋，酒食也。"《詩·大雅》曰："婦無公事，休其蠶織。"

或刻畫好繒，以書祝辭；或虛飾巧言，希致福祚；或糜折金綵，令廣分寸；或斷截衆縷，繞帶手腕；或裁切綺縠，縫紩成幡。皆單費百縑，用功千倍，〔七〕破牢為偽，以易就難，坐食嘉穀，消損白日。〔1〕夫山林不能給野火，江海不能實漏卮，皆所宜禁也。

【注】
〔1〕損或作"捐"。

昔孝文皇帝躬衣弋綈，〔1〕革烏韋帶。而今京師貴戚，衣服飲食，車輿廬第，奢過王制，固亦甚矣。且其徒御僕妾，皆服文組綵牒,〔2〕錦繡綺紈,葛子升越,筩中女布。〔3〕犀象珠玉,虎魄瑇瑁,石山隱飾,金銀錯鏤,〔4〕窮極麗靡,轉相誇咤。〔5〕其嫁娶者,車騈數里,〔八〕緹帷竟道,〔6〕騎奴侍童,夾轂並引。富者競欲相過,貧者恥其不逮,一饗之所費,破終身之業。古者必有命然後乃得衣繒絲而乘車馬,〔7〕今雖不能復古,宜令細民略用孝文之制。

【注】

〔1〕《前書音義》曰:"弋,皁也。綈,繒也。"

〔2〕牒即今疊布也。

〔3〕《說文》曰:"綺,文繒也。"《前書》曰:"齊俗作冰紈。"子,細絺也。沈懷遠《南越志》曰:"蕉布之品有三,有蕉布,有竹子布,又有葛焉。雖精麤之殊,皆同出而異名。"楊雄《蜀都賦》曰:"布則蜘蛛作絲,不可見風,筩中黃潤,一端數金。"盛弘之《荊州記》曰:"秭歸縣室多幽閑,其女盡織布至數十升。"今永州俗猶呼貢布為女子布也。

〔4〕《廣雅》曰:"虎魄,珠也。生地中,其上及旁不生草,深者八九尺。初時如桃膠,凝堅乃成。其方人以為枕。出罽賓及大秦國。"《吳錄》曰:"瑇瑁似龜而大,出南海。"山石謂隱起為山石之文也。

〔5〕郭景純注《子虛賦》曰:"詫,誇也。"咤與詫通也。

〔6〕《蒼頡篇》曰:"輧,衣車。"輧音薄丁反,又步田反。

〔7〕《尚書大傳》曰:"古之帝王者必有命。人能敬長矜孤,取舍好讓者,命於其君,得乘飾車騈馬,衣文錦。未有命者,不得衣,不得乘,乘衣者有罰。"

古之葬者,厚衣之以薪,葬之中野,不封不樹,喪期無數。後世聖人易之以棺槨,〔1〕桐木為棺,葛采為緘,〔2〕下不及泉,上不泄臭。中世以後,轉用楸梓槐柏杶樗之屬,各因方土,裁用膠漆,使其堅足恃,其用足任,如此而已。今者京師貴戚,必欲江南檽梓豫章之木。〔3〕邊遠下土,亦競相放効。夫檽梓豫章,所出殊遠,伐之高山，引之窮谷，入海乘淮，逆河泝洛，工匠彫刻，連累日月，會衆而後動，多牛而後致，重且千斤，功將萬夫，而東至樂浪，西達敦煌，費力傷農於萬里之地。古者墓而不墳，中世墳而不崇。仲尼喪母，冢高四尺，遇雨而崩，弟子請修之，夫子泣曰："古不修墓。"〔4〕及鯉也死，有棺無椁。文帝葬芷陽，〔5〕明帝葬洛南，皆不臧珠寶，不起山陵，墓雖卑而德最高。今京師貴戚，郡縣豪家，生不極養，死乃崇喪。或至金縷玉匣，檽梓楩柟，多埋珍寶偶人車馬，造起大冢，廣種松柏，廬舍祠堂，務崇華侈。案鄗畢之陵，南城之冢，〔6〕周公非不忠，曾子非不孝，以為襃君愛父，不在於聚財，揚名顯親，無取於車馬。昔晉靈公多賦以雕牆，《春秋》以為（非）〔不〕君；〔7〕〔九〕華元、樂舉〔一〇〕厚葬文公，君子以為不臣。〔8〕況於羣司士庶，乃可僭侈主上，過天道乎？〔9〕

【注】

〔1〕《易・繫辭》之言也。

〔2〕《尸子》曰："禹之喪法，死於陵者葬於陵，死於澤者葬於澤，桐棺三寸，制喪三日。"《墨子》曰："舜西教乎七戎，道死，葬南巴之中，〔一一〕衣衾三領，款木之棺，葛以緘之。"采猶蔓也。緘，束也。

〔3〕檽音乃豆反，見《埤蒼》。《爾雅》曰："栵檽。"音而。注云"檽似梬棗而痺小"，恐非棺槨之用。豫章即樟木也。

〔4〕孔子合葬母於防，曰："吾聞之，古也墓而不墳。"於是封之崇四尺。孔子先反，門人後，雨甚至。孔子曰："爾來何遲也？"曰："防墓崩。"孔子泫然流涕曰："吾聞之，古不修墓。"見《禮記》也。

〔5〕縣名，屬京兆，文帝後改曰霸陵。

〔6〕畢，周文王、武王葬地也。司馬遷云"在鄗東南杜中"，無墳隴，在今咸陽縣西北。孔安國注《尚書》云在長安西北。南城山，曾子父所葬，在今沂州費縣西南也。

〔7〕《左傳》："晉靈公不君，厚斂以雕牆。"杜預注云："不君，失君道

也。雕，畫也。"

〔8〕《左傳》曰："宋文公卒，始厚葬，用蜃炭，益車馬，始用殉，椁有四阿，棺有翰檜。君子謂華元、樂舉於是不臣，是弃君於惡也。"

〔9〕《前書》貢禹曰："今大夫僭諸侯，諸侯僭天子，天子過天道，其日久矣。"

《實貢篇》曰：

國以賢興，以諂衰；君以忠安，以佞危。此古今之常論，而時所共知也。然衰國危君，繼踵不絕者，豈時無忠信正直之士哉，誠苦其道不得行耳。夫十步之間，必有茂草；十室之邑，必有忠信。〔1〕是故亂殷有三仁，小衛多君子。〔2〕今以大漢之廣土，士民之繁庶，朝廷之清明，上下之脩正，而官無善吏，位無良臣。此豈時之無賢，諒由取之乖實。夫志道者少與，逐俗者多疇，是以朋黨用私，背實趨華。其貢士者，不復依其質幹，準其才行，但虛造聲譽，妄生羽毛。略計所舉，歲且二百。覽察其狀，則德侔顏、冉，詳覈厥能，則鮮及中人，皆總務升官，自相推達。夫士者貴其用也，不必求備。故四友雖美，能不相兼；〔3〕三仁齊致，事不一節。高祖佐命，出自亡秦；光武得士，亦資暴莽。況太平之時，而云無士乎！

【注】

〔1〕《說苑》曰："十步之澤，必有芳草。"《論語》曰"十室之邑，必有忠信"也。

〔2〕亂殷謂紂時也。三仁，箕子、微子、比干也。《左傳》，吳季札適衛，悅蘧瑗、史狗、史鰌、公子荊、公叔發、公子朝，曰："衛多君子，未有患也。"又臧宣叔曰："衛之於晉，不得為次國。"杜預注云："春秋之時，以彊弱為大小，衛雖侯爵，猶為小國。"

〔3〕《尚書大傳》孔子曰："文王得四臣，丘亦得四友。"謂回也為胥附，

賜也為奔走，師也為先後，由也為禦侮，其能各不同也。

　　夫明君之詔也若聲，忠臣之和也如響。長短大小，清濁疾徐，必相應也。且攻玉以石，洗金以鹽，〔1〕濯錦以魚，浣布以灰。夫物固有以賤理貴，以醜化好者矣。智者弃短取長，以致其功。今使貢士必覈以實，其有小疵，勿彊衣飾，〔2〕出處默語，〔一二〕各因其方，則蕭、曹、周、韓之倫，何足不致，吳、鄧、梁、竇之屬，企踵可待。孔子曰："未之思也，夫何遠之有？"

【注】
〔1〕《詩·小雅》曰："它山之石，可以攻玉。"今之金工發金色者，皆淬之於鹽水焉。

〔2〕衣飾謂裝飾以成其過也。衣音於氣反。

《愛日篇》曰：

　　國之所以為國者，以有民也。民之所以為民者，以有穀也。穀之所以豐殖者，以有民功也。功之所以能建者，以日力也。化國之日舒以長，〔一三〕故其民閑暇而力有餘；亂國之日促以短，故其民困務而力不足。舒長者，非謂羲和安行，〔1〕乃君明民靜而力有餘也。促短者，非謂分度損減，〔2〕乃上闇下亂，力不足也。孔子稱"既庶則富之，既富乃教之"。是故禮義生於富足，盜竊起於貧窮；富足生於寬暇，貧窮起於無日。聖人深知力者民之本，國之基也，故務省繇役，使之愛日。是以堯勑羲和，欽若昊天，敬授民時。明帝時，公車以反支日不受章奏，〔3〕帝聞而怪曰："民廢農桑，遠來詣闕，而復拘以禁忌，豈為政之意乎！"於是遂蠲其制。(令)〔今〕冤民仰希申訴，〔一四〕而令長以神自畜，〔4〕百姓廢農桑而趨府廷者，相續道路，非朝餔不得通，非意氣不得見。〔5〕或連日累月，更相瞻視；或轉請鄰里，饋糧應對。歲功既虧，天下豈無受其飢者乎？

【注】
〔1〕羲和，日也。《山海經》曰："東南海之外，甘水之閒，有羲和之國。有女子曰羲和，方浴日於甘泉。羲和者，帝俊之妻，是生十日。"郭璞注曰："羲和蓋天地始生日月者也。"
〔2〕《洛書甄耀度》曰"凡周天三百六十五度四分度之一，一度為千九百三十二里。日一日行一度，月一日行十三度十九分度之一"也。
〔3〕凡反支日，用月朔為正。戌、亥朔一日反支，申、酉朔二日反支，午、未朔三日反支，辰、巳朔四日反支，寅、卯朔五日反支，子、丑朔六日反支。見《陰陽書》也。
〔4〕難見如神也。
〔5〕《說文》曰："餔謂日加申時也。"今為"晡"字也。

　　孔子曰："聽訟吾猶人也。"從此言之，中才以上，足議曲直，鄉亭部吏，亦有任決斷者，而類多枉曲，蓋有故焉。夫理直則恃正而不橈，事曲則諂意以行賕。不橈故無恩於吏，〔一五〕行賕故見私於法。若事有反覆，吏應坐之，吏以應坐之故，不得不枉之於庭。以羸民之少黨，而與豪吏對訟，其埶得無屈乎？縣承吏言，故與之同。若事有反覆，縣亦應坐之，縣以應坐之故，而排之於郡。以一民之輕，而與一縣為訟，其理豈得申乎？事有反覆，郡亦坐之，郡以共坐之故，而排之於州。以一民之輕，與一郡為訟，其事豈獲勝乎？既不肯理，故乃遠詣公府。公府復不能察，而當延以日月。貧弱者無以曠旬，彊富者可盈千日。理訟若此，何枉之能理乎？正士懷怨結而不見信，〔1〕猾吏崇姦軌而不被坐，此小民所以易侵苦，而天下所以多困窮也。

【注】
〔1〕信讀曰伸。

且除上天感痛致災，但以人功見事言之。自三府州郡，至于鄉縣典司之吏，辭訟之民，官事相連，更相檢對者，日可有十萬人。一人有事，二人經營，是為日三十萬人廢其業也。以中農率之，則是歲三百萬人受其飢者也。然則盜賊何從而銷，太平何由而作乎？《詩》云："莫肯念亂，誰無父母？"〔1〕百姓不足，君誰與足？可無思哉！可無思哉！

【注】
〔1〕《詩·小雅》也。

《述赦篇》曰：

凡療病者，必知脈之虛實，氣之所結，然後為之方，故疾可愈而壽可長也。為國者，必先知民之所苦，禍之所起，然後為之禁，故姦可塞而國可安也。今日賊良民之甚者，莫大於數赦贖。赦贖數，則惡人昌而善人傷矣。何以明之哉？夫謹勑之人，身不蹈非，又有為吏正直，不避彊禦，而姦猾之黨橫加誣言者，皆知赦之不久故也。善人君子，被侵怨而能至闕庭自明者，萬無數人；數人之中得省問者，百不過一；既對尚書而空遣去者，復什六七矣。其輕薄姦軌，既陷罪法，怨毒之家冀其辜戮，以解畜憤，而反一槩悉蒙赦釋，令惡人高會而誇咤，老盜服臧而過門，孝子見讎而不得討，遭盜者覩物而不敢取，痛莫甚焉！夫養稂莠者傷禾稼，惠姦軌者賊良民。〔1〕《書》曰："文王作罰，刑茲無赦。"〔2〕先王之制刑法也，非好傷人肌膚，斷人壽命也；貴威姦懲惡，除人害也。故經稱"天命有德，五服五章哉，天討有罪，五刑五用哉"；《詩》刺"彼宜有罪，汝反脫之"。〔3〕古者唯始受命之君，承大亂之極，寇賊姦軌，難為法禁，故不得不有一赦，與之更新，頤育萬民，〔一六〕以成大化。非以養姦活罪，放縱天賊也。夫性惡之民，民之豺狼，雖得放宥之澤，終無改悔之心。且脫重梏，夕還囹圄，嚴明令尹，不能使其斷絶。何也？凡敢為大姦者，才必有過於衆，而能自媚於上者也。多散誕得之財，奉以諂諛之辭，以轉相驅，〔4〕非有第五公之廉直，孰不為顧哉？〔5〕論者多曰："久不赦則姦軌熾而吏不制，宜數肆眚以解散之。"此未昭政亂之本源，不察禍福之所生也。

【注】
〔1〕《爾雅》曰："稂，童粱。"郭璞注云："莠類也。"《詩》曰："不稂不莠。"稂音郎。
〔2〕《康誥》之言也。
〔3〕《詩·大雅》也。"此宜無罪，汝反收之；彼宜有罪，汝反脫之"。毛萇注云："脫，赦也。"
〔4〕誕猶虛也。
〔5〕謂第五倫也。為司空，性廉直也。

後度遼將軍皇甫規解官歸安定，鄉人有以貨得鴈門太守者，亦去職還家，書刺謁規。規臥不迎，既入而問："卿前在郡食鴈美乎？"有頃，又白王符在門。規素聞符名，乃驚遽而起，衣不及帶，屣履出迎，援符手而還，與同坐，極歡。時人為之語曰："徒見二千石，不如一縫掖。"〔1〕言書生道義之為貴也。符竟不仕，終於家。

【注】
〔1〕《禮記·儒行》孔子曰："丘少居魯，衣逢掖之衣。"鄭玄注曰："逢猶大也。大掖之衣，大袂單衣也。"

仲長統字公理，山陽高平人也。少好學，博涉書記，贍於文辭。年二十餘，游學青、徐、并、冀之間，與交友者多異之。并州刺史高幹，袁紹甥也。素貴有名，招致四方遊士，士多歸附。統過幹，幹善待遇，訪以當時之事。統謂幹曰："君有雄志而無雄才，好士而不能擇人，所以為君深戒也。"幹雅自多，不納其言，統遂去之。無幾，幹以并州叛，卒至於敗。[1]并冀之士皆以是異統。[2]

【注】
〔1〕《魏志》曰："高幹叛，欲〔南〕奔（南）荊州，[一七]上洛都尉王琰捕斬之"也。
〔2〕異其有知人之鑒也。

統性俶儻，敢直言，不矜小節，默語無常，時人或謂之狂生。每州郡命召，輒稱疾不就。常以為凡遊帝王者，欲以立身揚名耳，而名不常存，人生易滅，優遊偃仰，可以自娛，欲卜居清曠，以樂其志，論之曰："使居有良田廣宅，背山臨流，溝池環帀，竹木周布，場圃築前，果園樹後。舟車足以代步涉之艱，使令足以息四體之役。養親有兼珍之膳，妻孥無苦身之勞。[1]良朋萃止，則陳酒肴以娛之；嘉時吉日，則亨羔豚以奉之。躕躇畦苑，遊戲平林，[2]濯清水，追涼風，釣游鯉，弋高鴻。諷於舞雩之下，詠歸高堂之上。[3]安神閨房，思老氏之玄虛；呼吸精和，求至人之仿佛。[4]與達者數子，論道講書，俯仰二儀，錯綜人物。彈《南風》之雅操，發清商之妙曲。[5]消搖一世之上，睥睨天地之閒。不受當時之責，永保性命之期。如是，則可以陵霄漢，出宇宙之外矣。豈羨夫入帝王之門哉！"又作詩二篇，以見其志。辭曰：

【注】
〔1〕孥讀曰奴。
〔2〕躕躇猶踟躕也。
〔3〕雩，祭旱之名也。為壇而儛其上，以祈雨焉。《論語》曾點曰："春服既成，冠者五六人，童子六七人，浴乎沂，風乎舞雩，詠而歸。"
〔4〕《老子》曰："玄之又玄，虛其心，實其腹。"呼吸謂咽氣養生也。

《莊子》曰:"吹呴呼吸,吐故納新。"又曰"至人無己"也。

〔5〕《家語》曰:"舜彈五絃之琴,造《南風》之詩曰:'南風之薰兮,可以解吾人之慍兮。南風之時兮,可以阜吾人之財兮。'"《三禮圖》曰:"琴本五弦,曰宮、商、角、徵、羽,文王增二,曰少宮、少商,弦最清也。"

飛鳥遺跡,蟬蛻亡殼。騰蛇弃鱗,神龍喪角。〔1〕至人能變,達士拔俗。乘雲無轡,騁風無足。垂露成幰,張霄成幄。沉瀅當餐,九陽代燭。〔2〕恒星黶珠,朝霞潤玉。六合之内,恣心所欲。人事可遺,何為局促?

【注】

〔1〕王充《論衡》曰:"蠐螬化為復育,復育轉為蟬。蟬之去復育,龜之解甲,蛇之脱皮,可謂尸解矣。"蛻音式鋭反。《爾雅》曰:"騰蛇有鱗。"〔一八〕《廣雅》曰:"有角曰龍。"〔一九〕喪角,解角也。

〔2〕霄,摩天赤氣也。在旁曰幰,在上曰幄。《陵陽子明經》曰:"沉瀅者,北方夜半氣也。"九陽謂日也。《山海經》曰"陽谷上有扶木,九日居下枝,一日居上枝"也。

大道雖夷,見幾者寡。任意無非,適物無可。古來繞繞,委曲如瑣。百慮何為,至要在我。寄愁天上,埋憂地下。叛散五經,滅弃《風》《雅》。百家雜碎,請用從火。抗志山栖,〔二〇〕游心海左。元氣為舟,微風為柂。〔1〕〔二一〕敖翔太清,縱意容冶。

【注】

〔1〕柂,船尾也,音徒可反。

尚書令荀彧聞統名,奇之,舉為尚書郎。後參丞相曹操軍事。每論說古今及時俗行事,恒發憤歎息。因著論名曰《昌言》,〔1〕凡三十四篇,十餘萬言。

【注】
〔1〕昌,當也。《尚書》曰:"汝亦昌言。"

獻帝遜位之歲,統卒,時年四十一。友人東海繆襲常稱統才章足繼西京董、賈、劉、楊。[1]今簡撮其書有益政者,略載之云。

【注】
〔1〕董仲舒、賈誼、劉向、楊雄也。襲字熙伯,辟御史府,後至尚書、光祿勳。

《理亂篇》曰:
豪傑之當天命者,未始有天下之分者也。無天下之分,故戰爭者競起焉。于斯之時,並偽假天威,矯據方國,擁甲兵與我角才智,程勇力與我競雌雄,不知去就,疑誤天下,蓋不可數也。角知者皆窮,角力者皆負,形不堪復伉,埶不足復校,乃始羈首係頸,就我之銜紲耳。[1]夫或曾為我之尊長矣,或曾與我為等儕矣,或曾臣虜我矣,或曾執囚我矣。彼之蔚蔚,皆匈罿腹詛,幸我之不成,[2]而以奮其前志,詎肯用此為終死之分邪?

【注】
〔1〕銜,勒也。紲,韁也。
〔2〕蔚與鬱古字通。

及繼體之時,民心定矣。普天之下,賴我而得生育,由我而得富貴,安居樂業,長養子孫,天下晏然,皆歸心於我矣。豪傑之心既絕,士民之志已定,貴有常家,尊在一人。當此之時,雖下愚之才居之，猶能使恩同天地，威侔鬼神。暴風疾霆，不足以方其怒；陽春時雨，不足以喻其澤；周、孔數千，無所復角其聖；賁、育百萬，無所復奮其勇矣。彼後嗣之愚主，見天下莫敢與之違，自謂若天地之不可亡也，乃奔其私嗜，騁其邪欲，君臣宣淫，上下同惡。[1]目極角觝之觀，耳窮鄭衛之聲。[2]入則耽於婦人，出則馳於田獵。荒廢庶政，弃亡人物，澶漫彌流，無所底極。[3]信任親愛者，盡佞諂容說之人也；寵貴隆豐者，盡后妃姬妾之家也。使餓狼守庖廚，飢虎牧牢豚，遂至熬天下之脂膏，斵生人之骨髓。怨毒無聊，禍亂並起，中國擾攘，四夷侵叛，土崩瓦解，一朝而去。昔之為我哺乳之子孫者，今盡是我飲血之寇讎也。至於運徙埶去，猶不覺悟者，豈非富貴生不仁，沈溺致愚疾邪？存亡以之迭代，政亂從此周復，[二二]天道常然之大數也。[4]

【注】

[1]《左傳》泄冶諫陳靈公曰："公卿宣淫，人無効焉。"杜預注云："宣，示也。"

[2]武帝元封三年，作角觝戲。《音義》云："兩兩相當角力，角伎藝射御，故名角抵，蓋雜伎樂（以）[也]，[二三]巴俞戲魚龍蔓延之屬也。後更名平樂觀。"《禮記》曰"鄭音好濫淫志，宋音宴安溺志"[二四]也。

[3]澶漫猶縱逸也。澶音徒旦反。《莊子·外篇》曰"澶漫為樂"也。

[4]《左傳》曰："美惡周必復，天之道也。"

又政之為理者，取一切而已，非能斟酌賢愚之分，以開盛衰之數也。日不如古，彌以遠甚，豈不然邪？漢興以來，相與同為編户齊民，而以財力相君長者，世無數焉。而清絜之士，徒自苦於茨棘之閒，無所益損於風俗也。豪人之室，連棟數百，膏田滿野，奴婢千群，徒附萬計。[1]船車賈販，周於四方；廢居積貯，滿於都城。[2]琦賂寶貨，巨室不能容；[3]馬牛羊豕，山谷不能受。妖童美妾，填乎綺室；倡謳(妓)[伎]樂，[二五]列乎深堂。賓客待見而不敢去，車騎交錯而不敢進。三牲之肉，臭而不可食；清醇之酎，敗而不可飲。睇盼則人從其目之所視，喜怒則人隨其心之所慮。此皆公侯之廣樂，君長之厚實也。苟能運智詐者，則得之焉；苟能得之者，人不以為罪焉。源發而橫流，路開而四通矣。求士之舍榮樂而居窮苦，[4]弃放逸而赴束縛，夫誰肯為之者邪！[5]夫亂世長而化世短。亂世則小人貴寵，君子困賤。當君子困賤之時，跼高天，蹐厚地，猶恐有鎮厭之禍也。[6]逮至清世，則復入於矯枉過正之檢。老者耄矣，不能及寬饒之俗；少者方壯，將復困於衰亂之時。是使姦人擅無窮之福利，而善士挂不赦之罪辜。苟目能辯色，耳能辯聲，口能辯味，體能辯寒溫者，將皆以修絜為諱惡，設智巧以避之焉，況肯有安而樂之者邪？斯下世人主一切之愆也。

【注】

[1] 徒，衆也。附，親也。

[2]《史記》曰："轉轂百數，廢居蓄邑。"注云："有所廢，有所蓄，言其乘時射利也。"

[3] 琦，瑋也。《抱朴子》曰"片玉可以琦，奚必俟盈尺"也。

[4] 舍音式者反。

[5] 束縛謂自潔清如拘執也。

[6]《詩·小雅》曰："謂天蓋高，不敢不跼；謂地蓋厚，不敢不蹐。"毛萇注云："跼，曲也。蹐，累足也。"

昔春秋之時，周氏之亂世也。逮乎戰國，則又甚矣。秦政乘幷兼之執，放虎狼之心，[1]屠裂天下，吞食生人，暴虐不已，以招楚漢用兵之苦，甚於戰國之時也。漢二百年而遭王莽之亂，[2]計其殘夷滅亡之數，又復倍乎秦、項矣。以及今日，名都空而不居，百里絕而無民者，不可勝數。[3]此則又甚於亡新之時也。悲夫！不及五百年，大難三起，[4]中閒之亂，尚不數焉。變而彌猜，下而加酷，[5]推此以往，可及於盡矣。嗟乎！不知來世聖人救此之道，將何用也？又不知天若窮此之數，欲何至邪？

【注】
〔1〕政，始皇名也。
〔2〕漢至王莽篡位二百一十四年。云二百者，舉全數。
〔3〕孝平帝時，凡郡國一百三，縣邑一千三百一十四，道三十四，[二六]侯國二百四十一。地東西九千三百二里，南北一萬三百六十八里。[二七]人户一千二百二十三萬三千六十二，口五千九百五十九萬四千九百七十八。此漢家極盛之時。遭王莽喪亂，暨光武中興，海內人户，準之於前，十裁二三，邊方蕭條，略無孑遺。孝靈遭黄巾之寇，獻帝嬰董卓之禍，英雄棋峙，白骨膏野，兵亂相尋三十餘年，三方既寧，萬不存一也。
〔4〕秦三王二帝通在位四十九年，前漢二百三十年，後漢百九十五年，凡四百七十四年，故云不及五百年也。三起謂秦末及王莽并獻帝時也。
〔5〕下猶後也。

《損益篇》曰：

作有利於時，制有便於物者，可為也。事有乖於數，法有翫於時者，可改也。故行於古有其迹，用於今無其功者，不可不變。變而不如前，易而多所敗者，亦不可不復也。漢之初興，分王子弟，委之以士民之命，假之以殺生之權。[二八]於是驕逸自恣，志意無厭。魚肉百姓，以盈其欲；報蒸骨血，以快其情。上有篡叛不軌之姦，下有暴亂殘賊之害。雖藉親屬之恩，蓋源流形執使之然也。降爵削土，稍稍割奪，卒至於坐食奉禄而已。然其洿穢之行，淫昏之罪，猶尚多焉。故淺其根本，輕其恩義，猶尚假一日之尊，收士民之用。況專之於國，擅之於嗣，豈可鞭笞叱咤，而使唯我所為者乎？時政彫敝，風俗移易，純樸已去，智惠已來。[1]出於禮制之防，放於嗜欲之域久矣，固不可授之以柄，假之以資者也。是故收其奕世之權，校其從橫之執，善者早登，否者早去，[2]故下土無壅滯之士，國朝無專貴之人。此變之善，可遂行者也。

【注】
[1]《老子》曰"智惠出，有大偽"也。
[2]去音祛莒反。

井田之變，豪人貨殖，館舍布於州郡，田畝連於方國。身無半通青綸之命，而竊三辰龍章之服；[1]不為編户一伍之長，而有千室名邑之役。[2]榮樂過於封君，執力侔於守令。財賂自營，犯法不坐。刺客死士，為之投命。至使弱力少智之子，被穿帷敗，寄死不斂，冤枉窮困，不敢自理。雖亦由網禁疎闊，蓋分田無限使之然也。今欲張太平之紀綱，立至化之基趾，齊民財之豐寡，正風俗之奢儉，非井田實莫由也。此變有所敗，而宜復者也。

【注】
[1]《十三州志》曰："有秩、嗇夫，得假半章印。"《續漢·輿服志》曰："百石，青紺綸，一采，宛轉繆織，長丈二尺。"《說文》："綸，青絲綬也。"鄭玄注《禮記》曰："綸，今有秩、嗇夫所佩也。"三辰，日、月、星也。龍章謂山龍之章。皆畫於衣也。
[2]《周禮·小司徒》職："五人為伍。"《前書》曰："五家為伍，伍有長。"《論語》孔子曰："千室之邑，百乘之家。"言豪強之家，身無品秩，而強富比於公侯也。

肉刑之廢，輕重無品，下死則得髡鉗，下髡鉗則得鞭笞。[1]死者不可復生，而髡者無傷於人。鞭笞不足以懲中罪，安得不至於死哉！[2]夫雞狗之攘竊，男女之淫奔，酒醴之賂遺，謬誤之傷害，皆非值於死者也。殺之則甚重,髡之則甚輕。不制中刑以稱其罪,則法令安得不參差,殺生安得不過謬乎?今患刑輕之不足以懲惡,則假增贓貨以成罪,託疾病以諱殺。[3]科條無所準,名實不相應,恐非帝王之通法,聖人之良制也。或曰:過刑惡人,可也;過刑善人,豈可復哉?曰:若前政以來,未曾枉害善人者,則有罪不死也,[4]是為忍於殺人(也),而不忍於刑人也。[二九]今令五刑有品,輕重有數,科條有序,名實有正,非殺人逆亂鳥獸之行甚重者,皆勿殺。[5]嗣周氏之祕典,續呂侯之祥刑,此又宜復之善者也。[6]

【注】

[1] 下猶減也。

[2] 言髡笞太輕,不足畏懼,而姦人冒罪,以陷於死。明復古肉刑,則人不陷於死也。

[3] 假增贓貨,以益其罪。託稱疾病,令死於獄也。

[4] 言善人有罪,亦當殺之也。

[5] 鳥獸之行謂蒸報也。

[6]《周禮·大司寇》職:"掌邦之三典,以佐王刑邦國,詰四方,一曰刑新國用輕典,二曰刑平國用中典,三曰刑亂國用重典。"祥,善也。《尚書》曰:"教爾祥刑。"

《易》曰:"陽一君二臣,君子之道也;陰二君一臣,小人之道也。"[1]然則寡者,為人上者也;衆者,為人下者也。一伍之長,才足以長一伍者也;一國之君,才足以君一國者也;天下之王,才足以王天下者也。愚役於智,猶枝之附幹,此理天下之常法也。制國以分人,立政以分事,人遠則難綏,事總則難了。今遠州之縣,或相去數百千里,雖多山陵洿澤,猶有可居人種穀者焉。當更制其境界,使遠者不過二百里。明版籍以相數閱,審什伍以相連持,[2]限夫田以斷并兼,定五刑以救死亡,[3]益君長以興政理,急農桑以豐委積，去末作以一本業，敦教學以移情性，表德行以厲風俗，覈才藝以敍官宜，簡精悍以習師田，[4]修武器以存守戰，嚴禁令以防僭差，信賞罰以驗懲勸，糾游戲以杜姦邪，察苛刻以絕煩暴。審此十六者以為政務，操之有常，課之有限，安寧勿懈墯，有事不迫遽，聖人復起，不能易也。

【注】
〔1〕《繫詞》之文也。《陽卦》一陽而二陰，《陰卦》一陰而二陽。陽為君，陰為臣。
〔2〕《周禮》曰："凡在版者。"注云："版，名籍也，以版為之也。"
〔3〕《司馬法》曰："步百為畝，畝百為夫，夫三為屋，屋三為井。"并兼謂豪富之家以財執并取貧人之田而兼有之。
〔4〕《周禮》曰："凡師田斬牲以左右徇陳。"注云："示犯誓必殺也。"

　　向者，天下戶過千萬，除其老弱，但戶一丁壯，則千萬人也。遺漏既多，又蠻夷戎狄居漢地者尚不在焉。丁壯十人之中，必有堪為其什伍之長，推什長已上，則百萬人也。又十取之，則佐史之才已上十萬人也。又十取之，則可使在政理之位者萬人也。以筋力用者謂之人，人求丁壯；以才智用者謂之士，士貴耆老。充此制以用天下之人，猶將有儲，何嫌乎不足也？故物有不求，未有無物之歲也；士有不用，未有少士之世也。夫如此，然後可以用天性，究人理，興頓廢，屬斷絕，[1]網羅遺漏，拱枒天人矣。[2]

【注】
〔1〕屬猶續也。
〔2〕拱，執也。枒，檻也。枒，音下甲反。

　　或曰：善為政者，欲除煩去苛，并官省職，為之以無為，事之以無事，何子言之云云也？〔1〕曰：若是，三代不足摹，聖人未可師也。〔2〕君子用法制而至於化，小人用法制而至於亂。均是一法制也，或以之化，或以之亂，行之不同也。苟使豺狼牧羊豚，盜跖主征稅，國家昏亂，吏人放肆，則惡復論損益之閒哉！〔3〕夫人待君子然後化理，國待蓄積乃無憂患。君子非自農桑以求衣食者也，蓄積非橫賦斂以取優饒者也。奉祿誠厚，則割剝貿易之罪乃可絕也；蓄積誠多，則兵寇水旱之災不足苦也。故由其道而得之，民不以為奢；由其道而取之，民不以為勞。天災流行，開倉庫以稟貸，不亦仁乎？衣食有餘，損靡麗以散施，不亦義乎？彼君子居位為士民之長，固宜重肉累帛，朱輪四馬。今反謂薄屋者為高，藿食者為清，既失天地之性，又開虛偽之名，使小智居大位，庶績不咸熙，未必不由此也。得拘絜而失才能，非立功之實也。〔4〕以廉舉而以貪去，非士君子之志也。〔5〕夫選用必取善士。善士富者少而貧者多，祿不足以供養，安能不少營私門乎？從而罪之，是設機置穽以待天下之君子也。〔6〕

【注】
〔1〕《老子》云"為無為，事無事"也。
〔2〕摹，法也。三代皆用肉刑及井田之法，今不用，是不摹之也。
〔3〕惡音烏。
〔4〕拘絜謂自拘束而絜其身者，即隱逸之人也。
〔5〕去音欺呂反。
〔6〕穽，穿地陷獸也。機，弩牙也。

　　盜賊凶荒，九州代作，飢饉暴至，軍旅卒發，橫稅弱人，割奪吏祿，所恃者寡，所取者猥，〔1〕萬里懸乏，首尾不救，徭役並起，農桑失業，兆民呼嗟於昊天，貧窮轉死於溝壑矣。今通肥饒之率，計稼穡之入，令畝收三斛，斛取一斗，未為甚多。一歲之閒，則有數年之儲，雖興非法之役，恣奢侈之欲，廣愛幸之賜，猶未能盡也。不循古法，規為輕稅，及至一方有警，一面被灾，未逮三年，校計騫短，坐視戰士之疏食，立望餓殍之滿道，如之何為君行此政也？[2]二十稅一，名之曰貊，況三十稅一乎？[3]夫薄吏祿以豐軍用，緣於秦征諸侯，續以四夷，漢承其業，遂不改更，危國亂家，此之由也。今田無常主，民無常居，吏食日稟，[4]（祿）班［祿］未定。[三〇]可為法制，畫一定科，租稅十一，更賦如舊。[5]今者土廣民稀，中地未墾；[6]雖然，猶當限以大家，勿令過制。其地有草者，盡曰官田，力堪農事，乃聽受之。若聽其自取，後必為姦也。

【注】
〔1〕猥猶多也。
〔2〕《孟子》曰："塗有餓莩而不知發。"趙岐注云："餓死者曰莩。"莩與殍通，音皮表反。
〔3〕《孟子》載白圭曰："吾欲二十而取一何如？"孟子曰："子之道貊［道］也。"[三一]趙岐注云[三二]："貊，夷貊之人在荒者也。貊在北方，其氣寒，不生五穀，無中國之禮，故可二十取一而足也。"此言欲輕稅也。
〔4〕稟，給也。
〔5〕更賦，已見《光武紀》也。
〔6〕上田已耕，唯中地已下未也。

《法誡篇》曰：

《周禮》六典，冢宰貳王而理天下。[1]春秋之時，諸侯明德者，皆一卿為政。爰及戰國，亦皆然也。秦兼天下，則置丞相，而貳之以御史大夫。自高帝逮于孝成，因而不改，多終其身。漢之隆盛，是惟在焉。夫任一人則政專，任數人則相倚。政專則和諧，相倚則違戾。和諧則太平之所興也，違戾則荒亂之所起也。光武皇帝慍數世之失權，忿彊臣之竊命，[2]矯枉過直，政不任下，雖置三公，事歸臺閣。[3]自此以來，三公之職，備員而已；然政有不理，猶加譴責。而權移外戚之家，寵被近習之豎，親其黨類，用其私人，内充京師，外布列郡，顛倒賢愚，貿易選舉，疲駑守境，貪殘牧民，撓擾百姓，忿怒四夷，[4]招致乖叛，亂離斯瘼。[5]怨氣並作，陰陽失和，三光虧缺，怪異數至，蟲螟食稼，水旱為災，此皆戚宦之臣所致然也。反以策讓三公，至於死免，乃足為叫呼蒼天，號咷泣血者也。又中世之選三公也，務於清慤謹慎，循常習故者。是婦女之檢柙，鄉曲之常人耳，惡足以居斯位邪？[6]勢既如彼，選又如此，而欲望三公勳立於國家，績加於生民，不亦遠乎？昔文帝之於鄧通，可謂至愛，而猶展申徒嘉之志。[7]〔三三〕夫見任如此，則何患於左右小臣哉？至如近世，外戚宦豎請託不行，意氣不滿，立能陷人於不測之禍，惡可得彈正者哉！曩者任之重而責之輕，今者任之輕而責之重。昔賈誼感絳侯之困辱，因陳大臣廉恥之分，開引自裁之端。[8]自此以來，遂以成俗。繼世之主，生而見之，習其所常，曾莫之悟。嗚呼，可悲夫！左手據天下之圖，右手刎其喉，愚者猶知難之，況明哲君子哉！[9]光武奪三公之重，至今而加甚，不假后黨以權，數世而不行，蓋親疏之勢異也。[10]母后之黨，左右之人，有此至親之勢，故其貴任萬世。常然之敗，無世而無之，莫之斯鑒，亦可痛矣。未若置丞相自總之。若委三公，則宜分任責成。夫使為政者，不當與之婚姻；婚姻者，不當使之為政也。如此，在位病人，[11]舉用失賢，百姓不安，爭訟不息，天地多變，人物多妖，然後可以分此罪矣。

【注】

[1]《爾雅》曰："冢，大也。"貳謂副貳也。《周禮・天官・冢宰》"掌建邦之六典，以佐王理邦國。一曰理典，以理官府；二曰教典，以擾萬姓；三曰禮典，以諧萬姓；四曰政典，以均萬姓；五曰刑典，以糾萬姓；六曰事典，以生萬姓"也。

〔2〕愠猶恨也。數代謂元、成、哀、平。彊臣謂王莽。

〔3〕臺閣謂尚書也。

〔4〕撓音火高反。

〔5〕瘼，病也。

〔6〕檢柙猶規矩也。

〔7〕展猶申也。文帝時，太中大夫鄧通居上傍，有怠慢禮，丞相申屠嘉奏事見之，罷朝，召通責之曰："通小臣，戲殿上，大不敬，當斬。"通頓首，首盡出血。文帝使人召通，謝丞相曰："此吾弄臣，君其釋之。"

〔8〕文帝時賈誼上書曰："大臣有罪，不執縛係引而行也。其有大罪者，聞命則北面再拜，跪而自裁，（之）〔上〕不使人捽抑而刑之也。"〔三四〕是時丞相絳侯周勃免就國，人有告勃謀反，繫長安獄，卒無事，復爵邑，故誼以此譏上。上深納其言，是後大臣有罪，皆自殺，不受刑也。

〔9〕言不以重利害其生。事見《莊子》。

〔10〕言光武奪三公重任，今奪更甚。光武不假后黨威權，數代遂不遵行。此為三公疏，后族親故也。

〔11〕病人謂萬姓困敝也。

　　或曰：政在一人，權甚重也。曰：人實難得，何重之嫌？昔者霍禹、竇憲、鄧騭、梁冀之徒，籍外戚之權，管國家之柄；及其伏誅，以一言之詔，詰朝而決，何重之畏乎？今夫國家漏神明於媟近，輸權重於婦黨，第十世而為之者八九焉。不此之罪而彼之疑，何其詭邪！〔1〕

【注】

〔1〕此謂后黨，彼謂三公也。詭猶違也。

　　論曰：百家之言政者尚矣。〔1〕大略歸乎寧固根柢，革易時敝也。夫遭運無恒，意見偏雜，故是非之論，紛然相乖。嘗試妄論之，〔2〕以為世非胥、庭，人乖鷇飲，化迹萬肇，情故萌生。[3]雖周物之智，不能研其推變；山川之奧，未足況其紆險。[4]則應俗適事，難以常條。如使用審其道，則殊塗同會；才爽其分，則一豪以乖。[5]何以言之？若夫玄聖御世，則天同極，施舍之道，宜無殊典。[6]而損益異運，文朴遞行。[7]用明居晦，回沈於曩時；興戈陳俎，參差於上世。[8]及至戴黃屋，服絺衣，豐薄不齊，而致化則一；[9]亦有宥公族，黥國儲，寬慘巨隔，而防非必同。此其分波而共源，百慮而一致者也。[10]若乃偏情矯用，則枉直必過。[11]故葛屨履霜，敝由崇儉；[12]楚楚衣服，戒在窮賒；[13]疎禁厚下，以尾大陵弱；[14]斂威峻罰，以苛薄分崩。[15]斯《曹》、《魏》之刺，所以明乎國風；周、秦末軌，所以彰於微滅。故用舍之端，興敗資焉。是以繁簡唯時，寬猛相濟。刑書鑄鼎，事有可詳；三章在令，取貴能約。[16]太叔致猛政之褒，國子流遺愛之涕，[17]宣孟改冬日之和，平陽循畫一之法。斯實弛張之弘致，可以徵其統乎！[18]數子之言當世失得皆究矣，然多謬通方之訓，好申一隅之說。[19]貴清静者，以席上為腐議；束名實者，以柱下為誕辭。[20]或推前王之風，可行於當年；有引救敝之規，宜流於長世。稽之篤論，將為敝矣。如以舟無推陸之分，瑟非常調之音，[21]不限局以疑遠，不拘玄以妨素，則化樞各管其極，理略可得而言與？[22]

【注】

〔1〕尚猶遠也。

〔2〕謙不敢正言也。

〔3〕赫胥氏、大庭氏並古之帝號。《莊子》曰："夫聖人鶉居而鷇飲。"言鶉鳥無常居，鷇飲不假物，並淳朴時也。肇，始也。

〔4〕《易·繫辭》曰："知周乎萬物而道濟天下。"推，遷也。《莊子》曰"凡人心險於山川，難知於天"也。

〔5〕用得其人，審其道也。授非其才，爽其分也。《易·繫辭》曰："天下同歸而殊塗，一致而百慮。"《易緯》曰："差以毫釐，失之千里。"

〔6〕《莊子》曰："玄聖，素王道也。"極猶致也。言法天之道，同其致也。施舍猶興廢也。

〔7〕《論語》孔子曰："殷因於夏禮，所損益可知也。"朴，質也。《禮記》曰"文質再而復"也。

〔8〕回沇猶攜互不齊一也。沇音穴。

〔9〕《前書音義》曰："天子車以黃繒為蓋裏，故曰黃屋。"《韓子》曰："堯之王天下也，冬日鹿裘，夏日葛衣。"絺，葛也。

〔10〕《禮記》曰："公族有死罪，獄成，有司讞于公曰'某之罪在大辟'，公曰'宥之'。有司又曰'在大辟'，公又曰'宥之'。"《史記》曰，秦孝公太子犯法，衛鞅曰"太子君嗣也，不可施刑，刑其傅公子虔，黥其師公孫賈"也。

〔11〕《孟子》曰："矯枉過直。"矯，正也。枉，曲也。言正曲者過於直，以喻為政者懲奢則太儉，患寬則傷猛，不能折衷也。

〔12〕《詩·魏風》序曰："葛屨，刺褊也。其君儉嗇褊急，而無德以將之。"《詩》曰："糾糾葛屨，可以履霜。"鄭玄注云："葛屨賤，皮屨貴，魏俗至冬猶葛屨，可用履霜，利其賤也。"

〔13〕《詩·曹風》序曰："蜉蝣，刺奢也。"《詩》曰："蜉蝣之羽，衣裳楚楚。"毛萇注云："蜉蝣，渠略也。朝生夕死，猶有羽翼以自飾。楚楚，鮮兒也。喻曹朝群臣皆小人也，徒飾其衣裳，不知死亡之無日。"眕奢同。

〔14〕疎禁謂防制太寬，厚下謂封建太廣。言周室微弱而諸侯強盛，如尾大然。《左傳》楚申無宇曰："末大必折，尾大不掉"也。

〔15〕斂，聚也。言秦酷法，以至分崩也。

〔16〕《左傳》曰："鄭人鑄刑書。"杜預注云"鑄刑書於鼎，以為國之常法"也。高祖初入關，除秦苛法，約法三章，言其詳約不同。〔三五〕

〔17〕《左傳》曰："鄭子產有疾，謂子大叔曰：'我死，子必為政。唯有德者能以寬服人，其次莫如猛。'"又曰："子產卒，仲尼聞之，出涕曰：'古之遺愛也。'"國子即子產也，鄭穆公子國之子，因以為姓也。

〔18〕宣孟，晉大夫趙盾也。《左傳》賈季對酆舒曰："趙衰，冬日之日也。

趙盾，夏日之日也。"注云："冬日可愛，夏日可畏。"《前書》平陽侯曹參為相國，百姓歌之曰："蕭何為法，講若畫一。曹參代之，守而勿失。載其清静，人以寧一。"

〔19〕一隅謂一方偏見也。

〔20〕清静謂道家也。席上謂儒也。腐，朽也。《禮記·儒行》曰："儒有席上之珍。"高祖折隨何曰："安用腐儒哉。"名實，名家也。柱下，老子也。誕，虚也。言志各不同也。

〔21〕古法不施於今，猶舟不可行之於陸也。今法有合於時，如瑟可移柱而調也。《莊子》曰"是推舟於陸，勞而無功"也。《前書》董仲舒曰："琴瑟不調，甚者必解而更張之，乃可鼓也。為政不行，甚者必變而更化之，乃可理也。"

〔22〕音余。

贊曰：管視好偏，群言難一。救朴雖文，矯遲必疾。舉端自理，滯隅則失。詳觀時蠹，成昭政術。[1]

【注】

〔1〕滯隅謂偏執一隅也。[三六]《淮南子》曰："非循一跡之路，守一隅之指，而不與俗推移也。"

【校勘記】

〔一〕充幼聰朗　按：汲本、殿本"朗"作"明"。

〔二〕夫五（世）〔代〕之臣　《刊誤》謂此"世"字當是"代"字，後人誤改。今據以回改。

〔三〕是故德不稱其禍必酷能不稱其殃必大　《刊誤》謂"德不稱"下脱"其位"二字，"能不稱"下脱"其禄"二字。按：《集解》引蘇輿説，謂《潛夫論·貴忠篇》作"德不稱其任"，"能不稱其位"。

〔四〕歷觀前政貴人之用心也　按：《集解》引蘇輿説，謂《潛夫論》"政"

作"世",連下讀,疑此避唐諱改。

〔五〕懷憂憤憤　按:殿本"憤憤"作"憒憒",今《潛夫論》亦作"憒憒"。

〔六〕此妖妄之甚者也　按:"妖"原作"妭",逕改正。

〔七〕用功千倍　按:《集解》引蘇輿說,謂"千倍"當從元書作"十倍"。

〔八〕車軿數里　汲本"軿"作"駢"。《校補》謂車駢數里本指車馬言,作"軿"者誤,章懷注亦誤。今按:下言"緹帷竟道",明指車言,作"軿"者是,《校補》說非。

〔九〕春秋以為(非)〔不〕君　殿本"非"作"不",與《左傳》合,今據改。

〔一〇〕樂舉　按:《潛夫論》作"樂呂",成二年《左傳》作"樂舉",文十八年、宣二年並作"樂呂"。

〔一一〕葬南巴之中　按《集解》引沈欽韓說,謂《墨子·節葬篇》"南巴之中"作"南己之市"。《呂覽·安死篇》"舜葬於紀市,不變其肆"。高注"九疑山亦有紀邑"。己與巴相似而誤。

〔一二〕出處默語　按:殿本"默語"作"語默"。

〔一三〕化國之日舒以長　按:《潛夫論》"化"作"治",此亦避唐諱改。惠棟謂唐諱"治",章懷注《後漢書》,隨文改易,此篇"治國之日舒以長",改為"化國",後人因之,遂有"光天化日"之語,豈非郢書而燕說乎?

〔一四〕(令)〔今〕冤民仰希申訴　《刊誤》謂案文"令"當作"今"。今據改。

〔一五〕不橈故無恩於吏　"橈"原作"撓",逕據殿本改。按:撓橈從手從木,古互通,然上文既作"橈",以改歸一律為是。

〔一六〕頤育萬民　按:汲本、殿本"民"作"物"。

〔一七〕欲〔南〕奔(南)荊州　張森楷《校勘記》謂州名有"南"字,始見《宋志》,漢、魏、晉俱無,此"南"字當在"奔"字上。按:《魏志·袁紹傳》正作"欲南奔荊州",今據改。

〔一八〕騰蛇有鱗　按：《集解》引沈欽韓説，謂《爾雅·釋魚》"騰"作"螣"，無"有鱗"二字。

〔一九〕有角曰龍　按：《集解》引沈欽韓説，謂《廣雅》"有角曰虯龍"，注脱"虯"字。

〔二〇〕抗志山栖　按：汲本、殿本"栖"作"西"。

〔二一〕微風為柂　按："柂"原譌"杝"，逕改正。注同。

〔二二〕政亂從此周復　按：王先謙謂"政"亦"治"字避諱改。

〔二三〕蓋雜伎樂（以）〔也〕　據《漢書·武帝紀》文穎注改。

〔二四〕宋音宴安溺志　按：《禮記·樂記》"安"作"女"。

〔二五〕倡謳（妓）〔伎〕樂　據《集解》本改。

〔二六〕道三十四　按：《集解》引洪亮吉説，謂《前書·地理志》"三十四"作"三十二"。

〔二七〕南北一萬三百六十八里　按：《集解》引王鳴盛説，謂"南北一萬"下《前書》有"三千"字，此脱。

〔二八〕假之以殺生之權　按：汲本、殿本作"生殺之權"。

〔二九〕是為忍於殺人（也）而不忍於刑人也　據《刊誤》刪。

〔三〇〕（禄）班〔禄〕未定　《刊誤》謂案文當作"班禄"。今據改。

〔三一〕子之道貊〔道〕也　據汲本補，與今本《孟子》合。

〔三二〕趙岐注云　按：原本趙岐之"岐"皆作"歧"，逕改正。

〔三三〕而猶展申徒嘉之志　按：汲本、殿本"徒"作"屠"。

〔三四〕（之）〔上〕不使人捽抑而刑之也　據殿本改，與《前書·賈誼傳》合。

〔三五〕言其詳約不同　按："詳"原譌"群"，逕改正。又按：汲本、殿本作"言其詳約也"，無"不同"二字。

〔三六〕謂偏執一隅也　按："偏"原譌"徧"，逕改正。

後漢書卷五十

孝明八王列傳第四十

　　孝明皇帝九子：賈貴人生章帝；陰貴人生梁節王暢；餘七王本書不載母氏。[1]

【注】
〔1〕本書謂《東觀記》也。〔一〕

　　千乘哀王建，永平三年封。明年薨。年少無子，國除。

　　陳敬王羨，永平三年封廣平王。建初三年，有司奏遣羨與鉅鹿王恭、樂成王黨俱就國。肅宗性篤愛，不忍與諸王乖離，遂皆留京師。明年，案輿地圖，令諸國戶口皆等，租入歲各八千萬。羨博涉經書，有威嚴，與諸儒講論於白虎殿。〔二〕七年，帝以廣平在北，多有邊費，[1]乃徙羨為西平王，[2]分汝南八縣為國。及帝崩，遺詔徙封為陳王，食淮陽郡，其年就國。立三十七年薨，子思王鈞嗣。

【注】
〔1〕廣平，縣，故城在今洺州永年縣北。
〔2〕西平，縣，屬汝南郡也。

　　鈞立，多不法，遂行天子大射禮。[1]性隱賊，喜文法，國相二千石不與相得者，輒陰中之。憎怨敬王夫人李儀等，永元十一年，遂使客隗久[2]殺儀家屬。吏捕得久，繫長平獄。[3]鈞欲斷絕辭語，復使結客篡殺久。事發覺，有司舉奏，鈞坐削西華、項、新陽三縣。[4]十二年，封鈞六弟為列侯。[5]後鈞取掖庭出女李嬈為小妻，[6]復坐削圉、宜祿、扶溝三縣。[7]永初七年，封敬王孫安國為耕亭侯。

【注】
〔1〕天子將祭，擇士而祭，謂之大射。大射之禮，張三侯，虎侯、熊侯、豹侯，示服猛也，皆以其皮方制之。樂用《騶虞》，九節。謝承《書》曰"陳國戶曹史高慎諫國相曰：'諸侯射豕，天子射熊，八彝六樽，禮數不同。昔季氏設朱干玉戚以舞《大夏》。《左傳》曰："唯名與器，不可以假人。"奢僭之漸，不可聽也。'於是諫爭不合，為王所非，坐司寇罪"也。
〔2〕"久"或作"文"。
〔3〕長平，縣，屬陳國。
〔4〕西華故城在今陳州潊水縣西北。項，今陳州項城縣也。新陽故城在今豫州真陽縣西南也。
〔5〕伏侯《古今注》曰"番為陽都鄉侯，千秋為新平侯，參為周亭侯，壽為樂陽亭侯，寶為博平侯，旦為高亭侯"也。
〔6〕嬈音寧了反。
〔7〕圉、扶溝並屬陳留郡。宜祿屬汝南郡。

　　鈞立二十一年薨，子懷王竦嗣。立二年薨，無子，國絕。
　　永寧元年，立敬王子安壽亭侯崇為陳王，是為頃王。立五年薨，子孝王承嗣。

承薨，子愍王寵嗣。熹平二年，國相師遷追奏前相魏愔與寵共祭天神，希幸非冀，罪至不道。有司奏遣使者案驗。是時新誅勃海王悝，[1]靈帝不忍復加法，詔檻車傳送愔、遷詣北寺詔獄，使中常侍王酺[2]與尚書令、侍御史雜考。愔辭與王共祭黄老君，求長生福而已，無它冀幸。酺等奏愔職在匡正，而所為不端，遷誣告其王，罔以不道，皆誅死。有詔赦寵不案。

【注】
〔1〕靈帝熹平元年，悝被誣謀反自殺也。
〔2〕華嶠《書》及《宦者傳》諸本並作"甫"，此云"酺"，未詳孰是也。

寵善弩射，十發十中，中皆同處。[1]中平中，黄巾賊起，郡縣皆弃城走，寵有彊弩數千張，出軍都亭。[2]國人素聞王善射，不敢反叛，故陳獨得完，百姓歸之者衆十餘萬人。及獻帝初，義兵起，寵率衆屯陽夏，[3]自稱輔漢大將軍。國相會稽駱俊素有威恩，時天下飢荒，鄰郡人多歸就之，俊傾資賑贍，並得全活。後袁術求糧於陳而俊拒絕之，術忿恚，遣客詐殺俊及寵，陳由是破敗。[4]

【注】
〔1〕華嶠《書》曰："寵射，其祕法以天覆地載，參連為奇。又有三微、三小。三微為經，三小為緯，經緯相將，萬勝之方，然要在機牙。"
〔2〕置軍營於國之都亭也。
〔3〕縣名，屬淮陽國。夏音公雅反。
〔4〕謝承《書》曰："俊字孝遠，烏傷人。察孝廉，補尚書侍郎，擢拜陳國相。人有產子，厚致米肉，達府主意，生男女者，以駱為名。袁術使部曲將張闓陽私行到陳，之俊所，俊往從飲酒，因詐殺俊，一郡吏人哀號如喪父母。"

是時諸國無復租祿，而數見虜奪，并日而食，轉死溝壑者甚衆。夫人姬妾多為丹（陽）［陵］兵[三]烏桓所略云。

彭城靖王恭，永平九年賜號靈壽王。[1]十五年，封為鉅鹿王。建初三年，徙封江陵王，改南郡為國。元和二年，三公上言江陵在京師正南，不可以封，乃徙為六安王，以廬江郡為國。肅宗崩，遺詔徙封彭城王，食楚郡，其年就國。恭敦厚威重，舉動有節度，吏人敬愛之。永初六年，封恭子阿奴為竹邑侯。[2]

【注】
〔1〕取其美名也，下重熹王亦同。《東觀記》曰"賜號，未有國邑"也。
〔2〕竹邑，縣，屬沛郡，故城在今徐州符離縣也。"竹邑"或為"邕"字，轉寫誤也。

元初三年，恭以事怒子酺，酺自殺。[1]國相趙牧以狀上，因誣奏恭祠祀惡言，大逆不道。有司奏請誅之。恭上書自訟。朝廷以其素著行義，令考實，無徵，牧坐下獄，會赦免死。[2]

【注】
〔1〕《東觀記》曰："恭子男丁前〔妻〕物故，[四]酺侮慢丁小妻，恭怒，閉酺馬廄，酺亡，夜詣彭城縣欲上書，恭遣從官倉頭曉令歸，數責之，乃自殺也。"
〔2〕《決錄注》曰："牧字仲師，長安人。少知名，以公正稱。修《春秋》，事樂恢。恢以直諫死，牧為陳冤得申。高第為侍御史、會稽太守，皆有稱績。及誣奏恭，安帝疑其侵，乃遣御史母丘歆覆案其事實，下牧廷尉，會赦不誅，終於家。"

恭立四十六年薨，子考王道嗣。元初五年，封道弟三人為鄉侯，[1]恭孫順為東安亭侯。

【注】

〔1〕《東觀記》曰:"丙為都鄉侯,國為安鄉侯,丁為魯陽鄉侯。"

道立二十八年薨,子頃王定嗣。本初元年,封定兄弟九人皆為亭侯。〔1〕〔五〕

【注】

〔1〕《東觀記》曰"定兄據卞亭侯,弟光昭陽亭侯,固公梁亭侯,興蒲亭侯,延昌城亭侯,祀梁父亭侯,堅西安亭侯,代林亭侯"也。

定立四年薨,子孝王和嗣。和性至孝,太夫人薨,行喪陵次,毀胔過禮。傅相以聞。桓帝詔使奉牛酒迎王還宮。和敬賢樂施,國中愛之。初平中,天下大亂,和為賊昌豨所攻,避奔東阿,後得還國。

立六十四年薨,孫祗嗣。立七年,魏受禪,以為崇德侯。

樂成靖王黨,永平九年賜號重熹王,十五年封樂成王。黨聰惠,善《史書》,喜正文字。與肅宗同年,尤相親愛。建初四年,以清河之游、觀津,勃海之東光、成平,涿郡之中水、饒陽、安平、南深澤八縣益樂成國。〔1〕及帝崩,其年就國。黨急刻不遵法度。舊禁宮人出嫁,不得適諸國。有故掖庭技人哀置,嫁為男子章初妻,〔2〕〔六〕黨召哀置入宮與通,初欲上書告之,黨恐懼,乃密賂哀置姊焦使殺初。事發覺,黨乃縊殺內侍三人,以絕口語。又取故中山簡王傅婢李羽生為小妻。永元七年,國相舉奏之。和帝詔削東光、鄡二縣。〔3〕

【注】

〔1〕《前書》及《郡國志》清河無游縣。觀津故城在今德州蓚縣東北,東光在滄州東光縣南,成平在景城縣南,中水在今瀛州樂壽縣西北,南深澤在今

定州深澤縣東也。

〔2〕哀,姓;置,名也。稱男子者,無官爵也。

〔3〕鄡縣屬鉅鹿郡。鄡音羌堯反。

立二十五年薨,子哀王崇嗣。立二月薨,無子,國絕。

明年,和帝立崇兄脩侯巡為樂成王,是為鰲王。[1]立十五年薨,子隱王賓嗣。立八年薨,無子,國絕。

【注】

〔1〕脩縣(及)[即]條縣,(皆)屬勃海。[七]條字或作"脩"。

明年,復立濟北惠王子萇為樂成王後。萇到國數月,驕淫不法,愆過累積,冀州刺史與國相舉奏萇罪至不道。安帝詔曰:"萇有覥其面,而放逸其心。[1]知陵廟至重,承繼有禮,不惟致敬之節,肅穆之慎,乃敢擅損犧牲,不備苾芬。[2]慢易大姬,不震厥教。[3]出入顛覆,風淫于家,娉取人妻,饋遺婢妾。毆擊吏人,[八]專己凶暴。愆罪莫大,甚可恥也。朕覽八辟之議,不忍致之于理。[4]其貶萇爵為臨湖侯。[5]朕無'則哲'之明,致簡統失序,罔以尉承大姬,增懷永歎。"[6]

【注】

〔1〕覥,姡也。言面姡然無媿。姡音胡八反。

〔2〕《詩・小雅》曰:"苾苾芬芬,祀事孔明。"

〔3〕大姬即萇所繼之母。震,懼也。

〔4〕《周禮・司寇》:"以八辟麗邦法:一曰議親之辟,二曰議故之辟,三曰議賢之辟,四曰議能之辟,五曰議功之辟,六曰議貴之辟,七曰議勤之辟,八曰議賓之辟。"

〔5〕臨湖屬廬江郡。

〔6〕袁宏《紀》曰:"尚書侍郎冷宏議,[九]以為自非聖人,不能無過,故

王太子生，爲立賢師傅以訓導之，是以目不見惡，耳不聞非，能保其社稷，高明令終。萇少長藩國，內無過庭之訓，外無師傅之道，血氣方剛，卒受榮爵，幾微生過，遂陷不義。臣聞《周官》議親，惷愚見赦。萇不殺無辜，以譴呵爲非，無赫赫大惡，可裁削奪損其租賦，令得改過自新，革心向道。"案《黄香集》，香與宏共奏，此香之辭也。

延光元年，以河閒孝王子得嗣靖王後。以樂成比廢絕，故改國曰安平，是爲安平孝王。

立三十年薨，子續立。〔一〇〕中平元年，黄巾賊起，爲所劫質，囚于廣宗。〔1〕賊平復國。其年秋，坐不道被誅。立三十四年，國除。

【注】
〔1〕今貝州宗城縣也，隨室諱改焉。

下邳惠王衍，永平十五年封。衍有容貌，肅宗即位，常在左右。建初初冠，詔賜衍師傅已下官屬金帛各有差。四年，以臨淮郡及九江之鍾離、當塗、東城、歷陽、全椒合十七縣益下邳國。〔1〕帝崩，其年就國。衍後病荒忽，而太子卬有罪廢，諸姬爭欲立子爲嗣，連上書相告言。和帝憐之，使彭城靖王恭至下邳正其嫡庶，立子成爲太子。〔2〕

【注】
〔1〕鍾離在今豪州〔一一〕鍾離縣東。當塗在縣西南。東城在定遠縣東南。歷陽，和州縣也。全椒，今滁州縣也。
〔2〕《東觀記》載賜恭詔曰："皇帝問彭城王始夏無恙。蓋聞堯親九族，萬國協和，書典之所美也。下邳王被病沈滯之疾，昏亂不明，家用不寧，姬妾適庶，諸子分爭，紛紛至今。前太子卬頑凶失道，陷于大辟，是後諸子更相誣告，迄今適嗣未知所定，朕甚傷之。惟王與下邳王恩義至親，正此國嗣，非王而

誰？《禮》重適庶之序，《春秋》之義大居正。孔子曰：'惟仁者能好人，能惡人。'貴仁者所好惡得其中也。太子國之儲嗣，可不慎歟！王其差次下邳諸子可為太子者上名，將及景風拜授印綬焉。"

衍立五十四年薨，子貞王成嗣。永建元年，封成兄二人及惠王孫二人皆為列侯。

成立二年薨，子愍王意嗣。陽嘉元年，封意弟八人為鄉、亭侯。中平元年，意遭黃巾，棄國走。賊平復國，數月薨。立五十七年，年九十。

子哀王宜嗣，數月薨，無子，建安十一年國除。

梁節王暢，永平十五年封為汝南王。母陰貴人有寵，暢尤被愛幸，國土租入倍於諸國。肅宗立，緣先帝之意，賞賜恩寵甚篤。建初二年，封暢舅陰棠為西陵侯。[1]四年，徙為梁王，以陳留之鄢、寧陵，濟陰之薄、單父、己氏、成武，凡六縣，益梁國。[2]帝崩，其年就國。

【注】
〔1〕西陵，縣，屬江夏郡。
〔2〕鄢，今許州鄢陵縣也。寧陵，今宋州縣也。薄故城在今曹州考城縣東北。單父，今宋州縣也。己氏，今宋州楚丘縣也。[一二]成武，今曹州縣也。

暢性聰惠，然少貴驕，頗不遵法度。歸國後，數有惡夢，從官卞忌自言能使六丁，善占夢，[1]暢數使卜筮。又暢乳母王禮等，因此自言能見鬼神事，遂共占氣，祠祭求福。忌等諂媚，云神言王當為天子。暢心喜，與相應荅。永元五年，豫州刺史梁相舉奏暢不道，考訊，辭不服。有司請徵暢詣廷尉詔獄，和帝不許。有司重奏除暢國，徙九真，帝不忍，但削成武、單父二縣。暢慙懼，上疏辭謝曰："臣天性狂愚，生在深宮，長養傅母之手,信惑左右之言。及至歸國,不知防禁。從官侍史利臣財物,熒惑臣暢。臣暢無所昭見,與相然諾,不自知陷死罪,以至考案。肌慄心悸,自悔無所復及。自謂當即時伏顯誅,魂魄去身,分歸黃泉。不意陛下聖德,枉法曲平,不聽有司,[2]橫貸赦臣。戰慄連月,未敢自安。上念以負先帝而令陛下為臣收汙天下,[3][一三]誠無氣以息,筋骨不相連。臣暢知大貸不可再得,自誓束身約妻子,不敢復出入失繩墨,不敢復有所橫費。租入有餘,乞裁食睢陽、穀孰、虞、蒙、寧陵五縣,還餘所食四縣。臣暢小妻三十七人,其無子者願還本家。自選擇謹勑奴婢二百人,其餘所受虎賁、官騎及諸工技、鼓吹、倉頭、奴婢、兵弩、廐馬皆上還本署。臣暢以骨肉近親,亂聖化,汙清流,既得生活,誠無心面目以凶惡復居大宮,[一四]食大國,張官屬,藏什物。願陛下加大恩,開臣自悔之門,假臣小善之路,[一五]令天下知臣蒙恩,得去死就生,頗能自悔。臣以公卿所奏臣罪惡詔書常置於前,晝夜誦讀。臣小人,貪見明時,不能即時自引,惟陛下哀臣,令得喘息漏刻。若不聽許,臣實無顏以久生,下入黃泉,無以見先帝。此誠臣至心。臣欲多還所受,恐天恩不聽許,節量所留,於臣暢饒足。”詔報曰:“朕惟王至親之屬,淳淑之美,傅相不良,不能防邪,至令有司紛紛有言。今王深思悔過,端自克責,朕惻然傷之。志匪由〔于〕[王],咎在彼小子,[4][一六]一日克己復禮,天下歸仁。王其安心靜意,茂率休德。《易》不云乎:‘一謙而四益。小有言,終吉。’[5]強食自愛。”暢固讓,章數上,卒不許。

【注】

〔1〕六丁謂六甲中丁神也。若甲子旬中,則丁卯為神,甲寅旬中,則丁巳為神之類也。役使之法,先齋戒,然後其神至,可使致遠方物及知吉凶也。

〔2〕曲平,曲法申恩,平處其罪。

〔3〕汙,惡也。天下以帝赦王為惡,故言收惡天下也。

〔4〕謂由卞忌及王禮等也。

〔5〕《易·謙卦》曰:“天道虧盈而益謙,地道變盈而流謙,鬼神害盈而福

謙，人道惡盈而好謙。"為謙是一，而天地神人皆益之，故曰"一謙而四益"。《訟卦》初六曰："小有言，終吉。"言王雖小有訟言，而終吉也。

立二十七年薨，子恭王堅嗣。永元十六年，封堅弟二人為鄉、亭侯。

堅立二十六年薨，子懷王匡嗣。永建二年，封匡兄弟七人為鄉、亭侯。

匡立十一年薨，無子，順帝封匡弟孝陽亭侯成為梁王，是為夷王。

立二十九年薨，子敬王元嗣。

立十六年薨，子彌嗣。立四十年，魏受禪，以為崇德侯。

淮陽頃王昞，永平〔十〕五年封常山王，〔一七〕建初四年，徙為淮陽王，以汝南之新安、西華益淮陽國。〔一八〕

立十六年薨，未及立嗣，永元二年，和帝立昞小子側復為常山王，奉昞後，是為殤王。

立十三年薨，父子皆未之國，並葬京師。側無子，其月立兄防子侯章為常山王。和帝憐章早孤，數加賞賜。延平元年就國。

立二十五年薨，是為靖王。子頃王儀嗣。永建二年，封儀兄二人為亭侯。

儀立十七年薨，子節王豹嗣。(永)〔元〕嘉元年，〔一九〕封豹兄四人為亭侯。

豹立八年薨，子暠嗣。三十二年，遭黃巾賊，棄國走，建安十一年國除。

濟陰悼王長，永平十五年封。建初四年，以東郡之離狐、陳留之長垣益濟陰國。立十三年，薨于京師，無子，國除。

論曰：晏子稱"夫人生厚而用利，於是乎正德以幅之，謂之幅利"。言人情須節以正其德，亦由布帛須幅以成其度焉。[1]明帝封諸子，租歲不過二千萬，馬后為言而不得也。[2]賢哉！豈徒儉約而已乎！知驕貴之無猒，嗜欲之難極也，故東京諸侯鮮有至於禍敗者也。

【注】

[1]《左傳》云，齊景公與晏子邶殿之邑六十，晏子不受，曰："夫富如布帛之有幅焉，為之度使無遷也。夫人生厚而用利，於是正德以幅之，謂之幅利。過則為敗，吾不敢貪多，所謂幅也。"

[2]《東觀·明紀》曰："皇子之封，皆減舊制。嘗案輿地圖，皇后在傍，言鉅鹿、樂成、廣平各數縣，租穀百萬，帝令滿二千萬止。諸小王皆當略與楚、淮陽相比，什減三四。'我子不當與先帝子等'者也。"

贊曰：孝明傳胤，維城八國。陳敬嚴重，彭城厚德。下邳嬰痾，梁節邪惑。三藩夙齡，[1]黨惟荒忒。

【注】

[1]謂千乘、淮陽、濟陰並早歿也。

【校勘記】

[一] 本書謂東觀記也　按："東"原譌"云"，逕據汲本、殿本改正。

[二] 與諸儒講論於白虎殿　按：張森楷《校勘記》謂何焯云"殿"疑作"觀"。

[三] 多為丹（陽）[陵]兵　據汲本、殿本改。按：殿本《考證》謂"陵"監本誤作"陽"，今改正。

[四] 恭子男丁前[妻]物故　按：王先謙謂今本《東觀記》"前"下有"妻"字，是也。下又引《東觀記》，云丁為魯陽鄉侯，則是丁未物故，而物故者乃其妻也。今據補。

〔五〕封定兄弟九人皆為亭侯　按：《校補》引錢大昭説，謂據《東觀記》當作"兄弟八人"。

〔六〕嫁為男子章初妻　按："初"原譌"諸"，逕據汲本、殿本改正。

〔七〕脩縣（及）〔即〕條縣（皆）屬勃海　《集解》引沈欽韓説，謂注"及"當為"即"，又衍一"皆"字。今按：《漢書·地理志》作"脩"，《景帝紀》《周亞夫傳》作"條"，師古曰"脩音條"，是脩縣即條縣也，沈説是，今據改。

〔八〕毆擊吏人　按："毆"原譌"敺"，逕據《集解》本改正。

〔九〕尚書侍郎冷宏　按：汲本"冷"作"泠"。

〔一〇〕子續立　按：汲本"續"作"績"。

〔一一〕在今豪州　按：殿本"豪"作"濠"。

〔一二〕鄢今許州鄢陵縣也　按："鄢"汲本作"鄢"，殿本作"鄾"。《集解》引惠棟説，謂正文之"鄾"，亦當依注作"鄢"。又引錢大昕説，謂《郡國志》"鄾"作"鄢"，此字亦誤，當為"鄢"。《校補》謂案《光武紀》"三月，光武別與諸將徇昆陽、定陵、郾，皆下之"。彼注云"郾，今豫州 郾城縣也"。章懷既釋郾為豫州之郾城，則此云許州 鄢陵，當然是"鄢"非"郾"，不獨殿本注作"鄾"誤，各本正文作"鄾"皆誤矣。惟"鄢"之作"鄢"，似不應遽指為誤。鄢陵《前》、《續志》均屬潁川郡，鄢《前志》屬陳留郡，《續志》屬梁國，字則《前志》均作"傿"，《續志》均作"鄢"，更無作"鄢"者，如以為誤，則《前志》亦誤矣。

〔一三〕而令陛下為臣收汙天下　按：《集解》引顧炎武説，謂"收汙"袁宏《紀》作"收恥"，《通鑑》作"受汙"。

〔一四〕誠無心面目以凶惡復居大宮　按：《集解》引蘇輿説，謂"心"字疑衍。

〔一五〕假臣小善之路　殿本"小"作"遷"。今按：袁《紀》亦作"小"。

〔一六〕志匪由（于）〔王〕咎在彼小子　《校補》引柳從辰説，謂"于"字係"王"字之譌，"咎"字屬下讀。又謂"于"當作"王"，錢大昭已有是説。今據改。

〔一七〕永平〔十〕五年封常山王　《校補》引錢大昭説，謂"五年"當作"十五年"，脱"十"字。今據補。

〔一八〕以汝南之新安西華益淮陽國　按：《集解》引錢大昕説，謂汝南郡無新安縣，疑"新陽"之譌。

〔一九〕（永）〔元〕嘉元年　據《集解》引錢大昕説改。

後漢書卷五十一

李陳龐陳橋列傳第四十一

　　李恂字叔英，安定臨涇人也。少習、《韓詩》，[1]教授諸生常數百人。太守潁川李鴻請署功曹，未及到，而州辟為從事。會鴻卒，恂不應州命，而送鴻喪還鄉里。既葬，留起冢墳，持喪三年。

【注】
〔1〕韓嬰所傳《詩》也。

　　辟司徒桓虞府。後拜侍御史，持節使幽州，宣布恩澤，慰撫北狄，所過皆圖寫山川、屯田、聚落百餘卷，悉封奏上，肅宗嘉之。拜兗州刺史。以清約率下，常席羊皮，服布被。遷張掖太守，有威重名。時大將軍竇憲將兵屯武威，天下州郡遠近莫不修禮遺，恂奉公不阿，為憲所奏免。
　　後復徵拜謁者，使持節領西域副校尉。西域殷富，多珍寶，諸國侍子及督使賈胡[1]數遺恂奴婢、宛馬、金銀、香罽之屬，一無所受。[2]北匈奴數斷西域車師、伊吾，隴沙以西使命不得通，[3]恂設購賞，遂斬虜帥，縣首軍門。自是道路夷清，威恩並行。

【注】

〔1〕督使,主蕃國之使也。賈胡,胡之商賈也。

〔2〕袁山松《書》曰:"西域出諸香、石蜜。"罽,織毛為布者。

〔3〕《前書》曰:"車師前國王居交河城。"伊吾故城在今瓜州晉昌縣北。《廣志》曰:"流沙在玉門關外,東西數百里,有三斷名曰三隴也。"

遷武威太守。後坐事免,步歸鄉里,潛居山澤,結草為廬,獨與諸生織席自給。會西羌反畔,恂到田舍,為所執獲。羌素聞其名,放遣之。恂因詣洛陽謝。時歲荒,司空張敏、司徒魯恭等各遣子餽糧,悉無所受。徙居新安關下,拾橡實以自資。[1]年九十六卒。

【注】

〔1〕橡,櫟實也。武帝元鼎三年徙函谷關於新安也。

陳禪字紀山,巴郡安漢人也。仕郡功曹,舉善黜惡,為邦內所畏。察孝廉,州辟治中從事。[1][一]時刺史為人所上受納臧賂,禪當傳考,[2]無它所齎,但持喪斂之具而已。及至,笞掠無筭,五毒畢加,禪神意自若,辭對無變,事遂散釋。車騎將軍鄧騭聞其名而辟焉,舉茂才。時漢中蠻夷反畔,以禪為漢中太守。夷賊素聞其聲,[二]即時降服。遷左馮翊,入拜諫議大夫。

【注】

〔1〕《續漢志》曰,每州有持中從事也。

〔2〕傳謂逮捕而考之也。

永寧元年,西南夷撣國王[1]獻樂及幻人,能吐火,自支解,易牛馬頭。明年元會,作之於庭,安帝與群臣共觀,大奇之。禪獨離席舉手大言曰："昔齊魯為夾谷之會，齊作侏儒之樂，仲尼誅之。[2]又曰：'放鄭聲，遠佞人。'[3]帝王之庭，不宜設夷狄之技。"尚書陳忠劾奏禪曰："古者合歡之樂舞於堂，四夷之樂陳於門，故《詩》云'以《雅》以《南》，《韎》《任》《朱離》'。[4][三]今撣國越流沙，踰縣度，[5]萬里貢獻，非鄭衛之聲，佞人之比，而禪廷訕朝政，[6]請劾禪下獄。"有詔勿收，左轉為玄菟候城障尉，[7]詔"敢不之官，上妻子從者名"。禪既行，朝廷多訟之。會北匈奴入遼東，追拜禪遼東太守。胡憚其威彊，退還數百里。禪不加兵，但使吏卒往曉慰之，單于隨使還郡。禪於學行禮，為說道義以感化之。單于懷服，遺以胡中珍貨而去。

【注】

〔1〕撣音徒丹反。

〔2〕《家語》曰，魯定公與齊侯會於夾谷，孔子攝相事。齊奏中宮之樂，倡優侏儒戲於前。孔子趨曰："匹夫而侮諸侯，罪應誅。"於是斬侏儒，手足異處。[四]

〔3〕《論語》孔子之言。

〔4〕《詩·小雅·鼓鍾》之詩曰："以《雅》以《南》，以籥不僭。"薛君云："南夷之樂曰《南》。四夷之樂唯《南》可以和於《雅》者，以其人聲音及籥不僭差也。"《周禮》，鞮鞻氏掌四夷之樂。鄭玄注云："東方曰《韎》，南方曰《任》，西方曰《朱離》，北方曰《禁》。"《毛詩》無"韎任朱離"之文，[五]蓋見《齊》、《魯》之詩也，今亡。韎音昧。《禮記》曰，九夷、八蠻、六戎、五狄來朝，立於明堂四門之外也。

〔5〕《前書·西域傳》曰："縣度者，山名也。[六]谿谷不通，以繩索相引而度，去陽關五千八百八十里。"[七]

〔6〕訕，謗也。

〔7〕候城，縣，在遼東。

及鄧騭誅廢，禪以故吏免。復為車騎將軍閻顯長史。順帝即位，遷司隸校尉。明年,卒於官。

子澄,有清名,官至漢中太守。

禪曾孫寶,亦剛壯有禪風,為州別駕從事,顯名州里。

龐參字仲達,河南緱氏人也。初仕郡,未知名,河南尹龐奮見而奇之,舉為孝廉,拜左校令。坐法輸作若盧。〔1〕

【注】
〔1〕若盧,獄名。

永初元年,涼州先零種羌反畔,遣車騎將軍鄧騭討之。參於徒中使其子俊上書曰:"方今西州流民擾動,而徵發不絕,水潦不休,地力不復。〔1〕重之以大軍,疲之以遠戍,農功消於轉運,資財竭於徵發。田疇不得墾闢,禾稼不得收入,搏手困窮,無望來秋。〔2〕百姓力屈,不復堪命。臣愚以為萬里運糧,遠就羌戎,不若總兵養衆,以待其疲。車騎將軍騭宜且振旅,留征西校尉任尚使督涼州士民,轉居三輔。休徭役以助其時,止煩賦以益其財,令男得耕種,女得織紝,〔3〕然後畜精銳,乘懈沮,出其不意,攻其不備,則邊人之仇報,奔北之恥雪矣。"書奏,會御史中丞樊準上疏薦參曰:"臣聞鷙鳥累百,不如一鶚。〔4〕昔孝文皇帝悟馮唐之言,而赦魏尚之罪,使為邊守,匈奴不敢南向。〔5〕夫以一臣之身,折方面之難者,選用得也。臣伏見故左校令河南龐參,勇謀不測,卓爾奇偉,高才武略,有魏尚之風。前坐微法,輸作經時。今羌戎為患,大軍西屯,臣以為如參之人,宜在行伍。惟明詔採前世之舉,觀魏尚之功,免赦參刑,以為軍鋒,必有成效,宣助國威。"鄧太后納其言,即擢參於徒中,召拜謁者,使西督三輔諸軍屯,而徵鄧騭還。

【注】

〔1〕言其耗損，不復於舊。

〔2〕兩手相搏，言無計也。

〔3〕紙音如深反。杜預注《左傳》云："織紙，織繒布也。"

〔4〕《前書》鄒陽諫吳王之辭也。鷃，大鵰也。

〔5〕《前書》馮唐謂文帝曰："臣聞魏尚為雲中守，匈奴遠避，不近雲中之塞。上功莫府，一言不相應，文吏以法繩之。愚以為陛下法太明而賞太輕。"文帝悅，是日令唐持節赦魏尚，復以為雲中守也。

　　四年，羌寇轉盛，兵費日廣，且連年不登，穀石萬餘。參奏記於鄧騭曰："比年羌寇特困隴右，供徭賦役為損日滋，官負人責數十億萬。〔1〕今復募發百姓，調取穀帛，衒賣什物，以應吏求。外傷羌虜，內困徵賦。〔2〕遂乃千里轉糧，遠給武都西郡。塗路傾阻，難勞百端，疾行則鈔暴為害，遲進則穀食稍損，運糧散於曠野，牛馬死於山澤。縣官不足，輒貸於民。民已窮矣，將從誰求？名救金城，而實困三輔。三輔既困，還復為金城之禍矣。參前數言宜棄西域，乃為西州士大夫所笑。今苟貪不毛之地，營恤不使之民，〔3〕暴軍伊吾之野，以慮三族之外，〔4〕果破涼州，禍亂至今。夫拓境不寧，無益於疆；多田不耕，何救飢敝！故善為國者，務懷其內，不求外利；務富其民，不貪廣土。三輔山原曠遠，民庶稀疏，故縣丘城，可居者多。〔5〕今宜徙邊郡不能自存者，入居諸陵，田戍故縣。孤城絕郡，以權徙之；轉運遠費，聚而近之；徭役煩數，休而息之。此善之善者也。"騭及公卿以國用不足，欲從參議，眾多不同，乃止。

【注】

〔1〕責音側懈反。

〔2〕為羌寇所傷也。

〔3〕恤，憂也。不使之人謂戎虜凶獷，不堪為用。

〔4〕言勞師救遠，以為親戚之憂慮。
〔5〕丘，空也。

拜參為漢陽太守。郡人任棠者，有奇節，隱居教授。參到，先候之。棠不與言，但以薤一大本，水一盂，置戶屏前，自抱孫兒伏於戶下。主簿白以為倨。參思其微意，良久曰："棠是欲曉太守也。水者，欲吾清也。拔大本薤者，欲吾擊強宗也。抱兒當戶，欲吾開門恤孤也。"於是歎息而還。參在職，果能抑強助弱，以惠政得民。

元初元年，遷護羌校尉，畔羌懷其恩信。明年，燒當羌種號多等皆降，始復得還都令居，〔八〕通河西路。〔1〕時先零羌豪僭號北地，詔參將降羌及湟中義從胡七千人，〔2〕與行征西將軍司馬鈞期會北地擊之。參於道為羌所敗。既已失期，乃稱病引兵還，坐以詐疾徵下獄。校書郎中馬融上書請之曰："伏見西戎反畔，寇鈔五州，陛下愍百姓之傷痍，哀黎元之失業，單竭府庫以奉軍師。昔周宣獫狁侵鎬及方，〔3〕孝文匈奴亦略上郡，而宣王立中興之功，文帝建太宗之號。非惟兩主有明叡之姿，抑亦扞城有虓虎之助，〔4〕是以南仲赫赫，列在《周詩》，亞夫赳赳，載於漢策。〔5〕竊見前護羌校尉龐參，文武昭備，智略弘遠，既有義勇果毅之節，兼以博雅深謀之姿。又度遼將軍梁慬，前統西域，勤苦數年，還留三輔，功効克立，閒在北邊，單于降服。今皆幽囚，陷於法網。昔荀林父敗績於邲，晉侯使復其位；〔6〕孟明視喪師於崤，秦伯不替其官。〔7〕故晉景并赤狄之土，秦穆遂霸西戎。〔8〕宜遠覽二君，使參、慬得在寬宥之科，誠有益於折衝，毗佐於聖化。"書奏，赦參等。

【注】
〔1〕令居，縣，屬金城郡。令音零。
〔2〕湟，水名，今在鄯州。
〔3〕《詩·小雅·六月》之詩曰："侵鎬及方，至於涇陽。"鄭玄注云："鎬、方皆北方地名。"

〔4〕《詩》曰:"公侯干城。"又曰:"闞如虓虎。"干,扞也。虓虎,怒貌也。

〔5〕《詩》曰:"赫赫南仲,薄伐西戎。"周亞夫為漢將。赳赳,武貌。

〔6〕《左傳》曰,晉荀林父及楚師戰於邲,晉師敗績。林父請死,晉侯欲許之。士貞子諫曰:"不可。夫其敗也,如日月之食,何損於明?"晉侯使復其位。

〔7〕《左傳》曰,晉敗秦師於崤,獲百里孟明視,後赦而歸之。秦伯曰:"孤之罪也。"不替孟明。

〔8〕《左傳》曰,晉荀林父敗赤狄,遂滅之。晉侯賞林父狄臣千室,亦賞士貞子瓜衍之縣,曰:"吾獲狄土,子之功也。"又曰:"秦伯伐晉,遂霸西戎,用孟明也。"

後以參為遼東太守。永建元年,遷度遼將軍。四年,入為大鴻臚。尚書僕射虞詡薦參有宰相器能,(順帝時)以為太尉,〔九〕錄尚書事。是時三公之中,參名忠直,數為左右所陷毀,以所舉用忤帝旨,司隸承風案之。時當會茂才孝廉,參以被奏,稱疾不得會。上計掾廣漢段恭因會上疏曰:"伏見道路行人,農夫織婦,皆曰'太尉龐參,竭忠盡節,徒以直道不能曲心,孤立群邪之間,自處中傷之地'。臣猶冀在陛下之世,當蒙安全,而復以讒佞傷毀忠正,此天地之大禁,人主之至誡。昔白起賜死,諸侯酌酒相賀;季子來歸,魯人喜其紓難。〔1〕夫國以賢化,〔一〇〕君以忠安。今天下咸欣陛下有此忠賢,願卒寵任,以安社稷。"書奏,詔即遣小黃門視參疾,太醫致羊酒。

【注】

〔1〕紓,緩也。季子,魯公子季友也。閔公之時,國家多難,以季子忠賢,故請齊侯復之。《公羊傳》曰:"季子來歸。其言季子何?賢也。言其來歸何?〔一一〕喜之也。"

後參夫人疾前妻子,投於井而殺之。參素與洛陽令祝良不平,[1]良聞之,率吏卒入太尉府案實其事,乃上參罪,遂因災異策免。有司以良不先聞奏,輒折辱宰相,坐繫詔獄。良能得百姓心,洛陽吏人守闕請代其罪者,日有數千萬人,詔乃原刑。

【注】

〔1〕謝承《書》曰"良字邵平,[一二]長沙人。聰明博學有才幹,以廉平見稱"也。

陽嘉四年,復以參為太尉。永和元年,以久病罷,卒於家。

陳龜字叔珍,上黨泫氏人也。[1]家世邊將,便習弓馬,雄於北州。

【注】

〔1〕泫氏故城,今澤州高平縣也。泫音公玄反。

龜少有志氣。永建中,舉孝廉,五遷五原太守。永和五年,拜使匈奴中郎將。時南匈奴左部反亂,龜以單于不能制下,外順内畔,促令自殺,坐徵下獄免。後再遷,拜京兆尹。時三輔強豪之族,多侵枉小民。龜到,厲威嚴,悉平理其怨屈者,郡内大悅。

會羌胡寇邊,殺長吏,驅略百姓。桓帝以龜世諳邊俗,拜為度遼將軍。龜臨行,上疏曰:"臣龜蒙恩累世,馳騁邊垂,雖展鷹犬之用,頓斃胡虜之庭,魂骸不返,薦享狐狸,猶無以塞厚責,荅萬分也。(至)臣〔至〕頑駑,[一三]器無鈆刀一割之用,過受國恩,榮秩兼優,生年死日,永懼不報。臣聞三辰不軌,擢士為相;蠻夷不恭,拔卒為將。臣無文武之才,而忝鷹揚之任,[1]上慙聖(朝)〔明〕,[一四]下懼素餐,[2]雖歿軀體,無所云補。今西州邊鄙,土地塉埆,[3]鞍馬為居,射獵為業,男寡耕稼之利，女乏機杼之饒，守塞候望，懸命鋒鏑，聞急長驅，去不圖反。自頃年以來，匈奴數攻營郡，[4]殘殺長吏，侮略良細。戰夫身膏沙漠，居人首係馬鞍。或舉國掩戶，盡種灰滅，孤兒寡婦，號哭空城，野無青草，室如懸磬。[5]雖含生氣，實同枯朽。往歲并州水雨，災螟互生，稼穡荒耗，租更空闕。[6]老者慮不終年，少壯懼於困乏。陛下以百姓為子，品庶以陛下為父，焉可不日昃勞神，[7]垂撫循之恩哉！唐堯親捨其子以禪虞舜者，是欲民遭聖君，不令遇惡主也。[8]故古公杖策，其民五倍；[9]文王西伯，天下歸之。[10]豈復興金輦寶，以為民惠乎！近孝文皇帝感一女子之言，除肉刑之法，[11]體德行仁，為漢賢主。陛下繼中興之統，承光武之業，臨朝聽政，而未留聖意。且牧守不良，或出中官，懼逆上旨，取過目前。呼嗟之聲，招致災害，胡虜凶悍，因衰緣隙。而令倉庫單於豺狼之口，功業無銖兩之効，皆由將帥不忠，聚姦所致。前涼州刺史祝良，初除到州，多所糾罰，太守令長，貶黜將半，政未踰時，功効卓然。實應賞異，以勸功能，改任牧守，去斥姦殘。又宜更選匈奴烏桓護羌中郎將校尉，簡練文武，授之法令，除并涼二州今年租更，寬赦罪隸，埽除更始。則善吏知奉公之祐，惡者覺營私之禍，胡馬可不窺長城，塞下無候望之患矣。"帝覺悟，乃更選幽、并刺史，自營郡太守都尉以下，多所革易，下詔"為陳將軍除并、涼一年租賦，以賜吏民"。龜既到職，州郡重足震慄，鮮卑不敢近塞，省息經用，歲以億計。[12]

【注】

〔1〕《詩》曰"維師尚父，時惟鷹揚"也。

〔2〕素，空也。無功受祿為素餐。

〔3〕埆音覺，又音確，謂薄土也。

〔4〕謂郡有屯兵者，即護羌校尉屯金城，烏桓校尉屯上谷之類。

〔5〕《左傳》曰："室如懸磬，野無青草。"言其屋居如磬之懸，下無所有。

〔6〕更謂卒更錢也。

〔7〕《書》曰"文王至于日中昃，不遑暇食"也。

〔8〕《史記》曰"堯知子丹朱不肖，不足授天下，乃推授舜。[授舜]則天下得其利而丹朱病，〔一五〕授丹朱則天下病而丹朱得其利。堯曰：'終不以天下之病而利一人。'卒授舜以天下"也。

〔9〕《帝王世紀》曰"古公亶甫，是為太王，為百姓所附。狄人攻之，事之以皮幣玉帛，不能免焉。王遂杖策而去，踰梁山，止於岐山之陽，邑於周地。豳人從者如歸市，一年成邑，二年成都，三年五倍其初"也。

〔10〕《帝王世紀》曰西伯至仁，百姓襁負而至。

〔11〕女子即太倉令淳于公之女緹縈也。事見《前書》。

〔12〕經，常也。

大將軍梁冀與龜素有隙，譖其沮毀國威，挑取功譽，〔1〕不為胡虜所畏。坐徵還，遂乞骸骨歸田里。復徵為尚書。冀暴虐日甚，龜上疏言其罪狀，請誅之。帝不省。自知必為冀所害，不食七日而死。西域胡夷，并、涼民庶，咸為舉哀，弔祭其墓。

【注】

〔1〕挑取猶獨取也。獨取其名，如挑戰之義。

橋玄字公祖，梁國睢陽人也。七世祖仁，從同郡戴德學，〔一六〕著《禮記章句》四十九篇，號曰"橋君學"。成帝時為大鴻臚。〔一七〕祖父基，廣陵太守。父肅，東萊太守。

玄少為縣功曹。時豫州刺史周景行部到梁國，玄謁景，因伏地言陳相羊昌〔一八〕罪惡，乞為部陳從事，〔1〕窮案其姦。景壯玄意，署而遣之。玄到，悉收昌賓客，具考臧罪。昌素為大將軍梁冀所厚，冀為馳檄救之。景承旨召玄，玄還檄不發，案之益急。昌坐檻車徵，玄由是著名。

【注】
〔1〕部猶領也。

舉孝廉,補洛陽左尉。[1]時梁不疑為河南尹,玄以公事當詣府受對,恥為所辱,棄官還鄉里。後四遷為齊相,坐事為城旦。刑竟,徵,再遷上谷太守,又為漢陽太守。時上邽令皇甫禎有臧罪,玄收考髡笞,死于冀市,[2]一境皆震。郡人上邽姜岐,守道隱居,名聞西州。玄召以為吏,稱疾不就。玄怒,勑督郵尹益逼致之,曰:"岐若不至,趣嫁其母。"[3]益固爭不能得,遽曉譬岐。岐堅臥不起。郡內士大夫亦競往諫,玄乃止。時頗以為譏。後謝病免,復公車徵為司徒長史,拜將作大匠。

【注】
〔1〕左部尉也。
〔2〕冀,縣名,屬漢陽郡。
〔3〕趣音促。

桓帝末,鮮卑、南匈奴及高句驪嗣子伯固並畔,為寇鈔,四府舉玄為度遼將軍,假黃鉞。玄至鎮,休兵養士,然後督諸將守討擊胡虜及伯固等,皆破散退走。在職三年,邊境安靜。

靈帝初,徵入為河南尹,轉少府、大鴻臚。建寧三年,遷司空,轉司徒。素與南陽太守陳球有隙,及在公位,而薦球為廷尉。玄以國家方弱,自度力無所用,乃稱疾上疏,引眾災以自劾。遂策罷。歲餘,拜尚書令。時太中大夫蓋升與帝有舊恩,前為南陽太守,臧數億以上。玄奏免升禁錮,沒入財賄。帝不從,而遷升侍中。玄託病免,拜光祿大夫。光和元年,遷太尉。數月,復以疾罷,拜太中大夫,就醫里舍。

玄少子十歲,獨游門次,卒有三人持杖劫執之,入舍登樓,就玄求貨,玄不與。有頃,司隸校尉陽球率河南尹、洛陽令圍守玄家。球等恐并殺其子,未欲迫之。玄瞋目呼曰:"姦人無狀,玄豈以一子之命而縱國賊乎!"促令兵進。於是攻之,玄子亦死。玄乃詣闕謝罪,乞下天下:"凡有劫質,皆并殺之,不得贖以財寶,開張姦路。"詔書下其章。初自安帝以後,法禁稍弛,京師劫質,不避豪貴,自是遂絕。

玄以光和六年卒,時年七十五。〔一九〕玄性剛急無大體,然謙儉下士,子弟親宗無在大官者。及卒,家無居業,〔二〇〕喪無所殯,當時稱之。

初,曹操微時,人莫知者。嘗往候玄,玄見而異焉,謂曰:"今天下將亂,安生民者其在君乎!"操常感其知己。及後經過玄墓,輒悽愴致祭。自為其文曰:"故太尉橋公,懿德高軌,〔二一〕汎愛博容。國念明訓,士思令謨。幽靈潛翳,慸哉緬矣!〔二二〕操以幼年,逮升堂室,特以頑質,見納君子。〔二三〕增榮益觀,皆由獎助,〔二四〕猶仲尼稱不如顏淵,〔1〕李生厚歎賈復。〔2〕士死知己,懷此無忘。又承從容約誓之言:'殂沒之後,〔二五〕路有經由,不以斗酒隻雞過相沃酹,車過三步,腹痛勿怨。'〔二六〕雖臨時戲笑之言,非至親之篤好,胡肯為此辭哉?懷舊惟顧,念之悽愴。〔3〕奉命東征,屯次鄉里,北望貴土,乃心陵墓。裁致薄奠,公其享之!"〔4〕〔二七〕

【注】

〔1〕《論語》孔子謂子貢曰:"汝與回也孰愈?"子貢曰:"賜也何敢望回。"子曰:"吾與汝俱不如也。"

〔2〕復少好學,師事舞陰李生。李生奇之,曰:"賈君國器也。"

〔3〕惟,思也。

〔4〕《魏志》曰"建安七年,曹公軍譙,遂至浚儀,遣使以太牢祀橋玄,進軍官度"也。

玄子羽,官至任城相。

論曰:任棠、姜岐,世著其清。結甕牖而辭三命,〔1〕殆漢陽之幽人乎?〔二〕龐參躬求賢之禮,故民悦其政;橋玄厲邦君之威,而衆失其情。夫豈力不足歟?將有道在焉。〔三〕如令其道可忘,則彊梁勝矣。語曰:"三軍可奪帥,匹夫不可奪志。"〔四〕子貢曰:"寧喪千金,不失士心。"昔段干木踰牆而避文侯之命,〔五〕泄柳閉門不納穆公之請。〔六〕貴必有所屈,賤亦有所申矣。

【注】
〔一〕結猶構也。《莊子》曰:"原憲處魯,居環堵之室,桑樞而甕牖。"《周禮》:"一命受職,再命受服,三命受位。"謂任、姜辭太守之辟也。
〔二〕《易》曰:"履道坦坦,幽人貞吉。"
〔三〕橋玄之舍姜岐,以道不可違,故不得以威力逼也。
〔四〕鄭玄注《論語》云:"匹夫之守志,重於三軍之死將者也。"
〔五〕《高士傳》曰,段干木者,晉人也。守道不仕。魏文侯造其門,段干木踰牆而避之。
〔六〕泄柳,魯之賢人也。魯穆公時,請見之,泄柳閉門而不納。事見《孟子》。

贊曰:李叟勤身,甘飢辭饋。禪爲君隱,之死靡貳。龜習邊功,參起徒中。橋公識運,先覺時雄。

【校勘記】
〔一〕州辟治中從事 按:《集解》引錢大昕說,謂章懷避唐諱,凡"治"字或改爲"理",或改爲"化",或改爲"持",此"治中"字亦必改易,宋人校書者又回改耳。
〔二〕夷賊素聞其聲 按:汲本、殿本"聲"上有"名"字。
〔三〕鞿任朱離 按:《集解》引錢大昕說,謂此句上下當有脫文,未必《詩》有此語。
〔四〕手足異處 《刊誤》謂"手"當作"首"。今按:《史記·孔子世家》

亦作"手足異處",惟《穀梁傳》作"首足異門而出",劉氏殆據《穀梁傳》言也。

〔五〕毛詩無觟任朱離之文　按:《集解》引黄山説,謂賢注引薛君《韓詩説》,不及"觟任朱離",是《韓詩》亦無此句,不獨《毛詩》也。今曰《毛詩》無,"毛"字當為後人妄改。注不及《毛傳》,必不舍《韓》而計《毛》也。

〔六〕縣度者山名也　按:《前書·西域傳》"山名也"作"石山也",此誤。《章帝紀》注引作"石山也",不誤。

〔七〕去陽關五千八百八十里　按:《前書》"八十里"作"八十八里"。

〔八〕始復得還都令居　按:《集解》引黄山説,謂《通鑑》"都"作"治",此避唐諱改。

〔九〕(順帝時)以為太尉　沈欽韓謂上有永建元年事,此"順帝時"三字衍文。今據刪。

〔一〇〕夫國以賢化　《集解》引惠棟説,謂"化"當作"治"。按:此亦章懷避諱改。

〔一一〕言其來歸何　《刊誤》謂"言其"當作"其言"。按:今本《公羊傳》作"其言"。

〔一二〕良字邵平　按:《集解》引惠棟説,謂《長沙耆舊傳》作"字邵卿",《水經注》亦作"邵卿",章懷注誤。

〔一三〕(至)臣〔至〕頑駑　據《刊誤》改。

〔一四〕上慙聖(朝)〔明〕　據汲本、殿本改。

〔一五〕乃推授舜〔授舜〕則天下得其利而丹朱病　《刊誤》謂案《史記》本文,更有"授舜"二字。今據補。

〔一六〕七世祖仁從同郡戴德學　按:"戴德"當作"戴聖"。《集解》引朱彝尊説,謂案《前書·儒林傳》,仁傳小戴之學,此云"戴德",恐誤。

〔一七〕成帝時為大鴻臚　按:《集解》引洪亮吉説,謂案《前書·百官表》,平帝元始元年始云大鴻臚橋仁,今言"成帝時",誤。

〔一八〕陳相羊昌　按:《集解》引何焯説,謂"羊"舊抄《廣川書跋》作

"芉"。

〔一九〕玄以光和六年卒時年七十五　《集解》引惠棟説，謂《橋公廟碑》"七年五月甲寅，以太中大夫薨于京師"。案《橋公》二碑皆云光和七年，疑傳誤也。又引侯康説，謂玄卒時年七十五，而蔡伯喈《西鼎銘》載玄于光和元年有"犬馬齒七十"之語，則實卒於六年，傳不誤。今按：光和七年十二月己巳改元中平，如依《橋公廟碑》，則當書"中平元年"。

〔二〇〕家無居業　按：《集解》引惠棟説，謂張璠《漢記》"居業"作"餘業"。

〔二一〕懿德高軌　按：《三國·魏志》注作"誕敷明德"。

〔二二〕幽靈潛翳懇哉緬矣　按：《魏志》注作"靈幽體翳，邈哉晞矣"。

〔二三〕特以頑質見納君子　按：《魏志》注作"特以頑鄙之姿，為大君子所納"。

〔二四〕皆由奬助　按：《魏志》注同，汲本、殿本"助"作"勖"。

〔二五〕徂没之後　按：《魏志》注"没"作"逝"。

〔二六〕腹痛勿怨　按：《魏志》注"怨"作"怪"。

〔二七〕公其享之　按：《魏志》注"享之"作"尚饗"。

後漢書卷五十二

崔駰列傳第四十二 子瑗 孫寔

崔駰字亭伯，涿郡安平人也。高祖父朝，昭帝時為幽州從事，諫刺史無與燕刺王通。〔一〕及刺王敗，擢為侍御史。[1]生子舒，歷四郡太守，所在有能名。

【注】
〔1〕燕刺王旦，武帝子，坐與上官桀等謀亂，自殺。刺，力割反。

舒小子篆，王莽時為郡文學，以明經徵詣公車。太保甄豐〔二〕舉為步兵校尉，篆辭曰："吾聞伐國不問仁人，[1]戰陳不訪儒士。[2]此舉奚為至哉？"遂投劾歸。[3]

【注】
〔1〕《前書》董仲舒曰："昔（在）〔者〕魯君問柳下惠曰〔三〕：'吾欲伐齊，如何？'柳下惠曰：'不可。'歸而有憂色，曰：'吾聞伐國不問仁人，此言何為至於我哉？'"
〔2〕《論語》曰："衛靈公問陳於孔子。孔子對曰：'俎豆之事則嘗聞之，軍旅之事未之學也。'"
〔3〕投辭自劾有過，不合應舉。

莽嫌諸不附己者，多以法中傷之。時篆兄發以佞巧幸於莽，位至大司空。母師氏能通經學、百家之言，莽寵以殊禮，賜號義成夫人，金印紫綬，文軒丹轂，顯於新世。

後以篆為建新大尹，[1]篆不得已，乃歎曰：「吾生無妄之世，值澆、羿之君，[2]上有老母，下有兄弟，安得獨潔己而危所生哉？」乃遂單車到官，稱疾不視事，三年不行縣。[3]門下掾倪敞諫，篆乃彊起班春。[4]所至之縣，獄犴填滿。[5]篆垂涕曰：「嗟乎！刑罰不中，乃陷人於穽。此皆何罪，而至于是！」遂平理，所出二千餘人。掾吏叩頭諫曰[四]：「朝廷初政，州牧峻刻。[6]宥過申枉，誠仁者之心；然獨為君子，將有悔乎！」篆曰：「邾文公不以一人易其身，君子謂之知命。[7]如殺一大尹贖二千人，蓋所願也。」遂稱疾去。

【注】

〔1〕莽改千乘郡曰建新，守曰大尹。

〔2〕《易》曰：「無妄之行，窮之災也。」《左傳》曰：「昔有夏之方衰也，后羿自鉏遷於窮石，因夏人以代夏政，而淫於原獸。用寒浞，伯明氏之讒子弟也。而虞羿于田，以取其國家。浞因羿室，生澆及豷，恃其讒慝詐偽，而不德於人。」澆音五弔反。豷音許既反。

〔3〕《續漢志》曰：「郡國常以春行（至）〔主〕縣，[五]勸人農桑，振救乏絕。」

〔4〕班布春令。

〔5〕犴音岸。《前書音義》曰：「鄉亭之獄曰犴。」

〔6〕初政謂莽即位。

〔7〕《左傳》曰「邾文公卜遷於繹。史曰：『利於人，不利於君。』邾子曰：『苟利於人，孤之利也。人既利矣，孤必與焉。』遂遷于繹。五月，邾文公卒。君子曰知命」也。

建武初，朝廷多薦言之者，幽州刺史又舉篆賢良。篆自以宗門受莽偽寵，憗愧漢朝，遂辭歸不仕。客居滎陽，閉門潛思，著《周易林》六十四篇，用決吉凶，多所占驗。臨終作賦以自悼，名曰《慰志》。其辭曰：

嘉昔人之遘辰兮，[1]美伊、傅之遌時。[2]應規矩之淑質兮，過班、倕而裁之。[3]協準繩之貞度兮，同斷金之玄策。[4]何天衢於盛世兮，超千載而垂績。[5]豈脩德之極致兮，將天祚之攸適？

【注】

〔1〕遘，遇也。辰，時也。

〔2〕伊尹干湯，傅說遇高宗。《爾雅》曰："遌，遇也。"音五故反。

〔3〕公輸班，魯人也。倕，舜時為共工之官。皆巧人也。以喻湯及高宗也。

〔4〕準，繩也。矱，尺也。貞，正也。《易》曰："二人同心，其利斷金。"玄策猶妙策也。

〔5〕《易·大畜卦》，乾下艮上，其上九曰："何天之衢，亨。"鄭玄云："艮為手，手上肩也。乾為首。首肩之閒荷物處。乾為天，艮為徑路，天衢象也。"

愍余生之不造兮，[1]丁漢氏之中微。[2]氛霓鬱以橫厲兮，羲和忽以潛暉。[3]六柄制于家門兮，王綱漼以陵遲。[4]黎、共奮以跋扈兮，羿、浞狂以恣睢。[5]睹嫚臧而乘釁兮，竊神器之萬機。[6]思輔弼以媮存兮，亦號咷以誶咨。[7]嗟三事之我負兮，乃迫余以天威。[8]豈無熊僚之微介兮？悼我生之殲夷。[9]庶明哲之末風兮，懼《大雅》之所譏。[10]遂鴌翼以委命兮，受符守乎艮維。[11]恨遭閉而不隱兮，違石門之高蹤。[12]揚蛾眉於復關兮，犯孔戒之冶容。[13]懿氓蚩之悟悔兮，慕白駒之所從。[14]乃稱疾而屢復兮，歷三祀而見許。[15]悠輕舉以遠遁兮，託峻崾以幽處。[16]竫潛思於至賾兮，騁六經之奧府。[17]皇再命而紹卹兮，乃云眷乎建武。[18]運欃槍以電埽兮，清六合之土宇。[19]聖德滂以橫被兮，黎庶愷以鼓舞。闢四門以博延兮,彼幽牧之我舉。[20]分畫定而計決兮,豈云貴乎鄙耇,[21]遂懸車以繫馬兮,絕時俗之進取。歎暮春之成服兮,闔衡門以埽軌。[22][六]聊優游以永日兮,守性命以盡齒。[23]貴啓體之歸全兮,庶不忝乎先子。[24]

【注】

〔1〕造,成也。

〔2〕丁,當也。

〔3〕氛,祲也。霓,日傍之氣。橫厲謂氣盛而陵於天也。羲和,日也。氣盛而日光微,諭王莽篡漢。

〔4〕《國語》管仲對齊桓公曰:"昔者聖人之理天下也,而慎用其六柄焉。"韋昭注云:"六柄,生、殺、貧、賤、富、貴也。"漼猶摧落也,音千隗反。

〔5〕《國語》曰:"昔少皡之衰,九黎亂德,人神雜揉,不可方物。"《淮南子》曰:"昔者共工與顓頊爭為帝,怒而觸不周之山,天柱折,地維絕。"跋扈,強梁也。恣睢,自用之貌也。恣音訾。睢音許維反。羿、浞已見上。

〔6〕《易》曰:"嫚藏誨盜。"釁,隙也。神器,帝王之位。《老子》曰:"天下神器,不可為也。"《書》云:"兢兢業業,一日二日萬機。"

〔7〕輔弼謂王莽輔政也。偷,苟且也。[七]號咷,哀呼也。《前書》王莽策孺子嬰為定安公,莽親執孺子手,流涕歔欷也。

〔8〕三事謂三公也。負謂太保甄豐舉也。

〔9〕《左傳》曰:"楚白公勝為亂。石乞曰:'市南有熊相宜僚者,若得之,可以當五百人矣。'從白公而見之。與之言,說;告之故,辭;承之以劍,不動。勝曰:'不為利(謟)[諂],[八]不為威惕,不泄人言以求媚者。'去之。"介,耿介也。我生謂母也。殲,滅也。夷,傷也。言其母老,恐禍及也。

〔10〕《詩·大雅》曰:"既明且哲,以保其身。"

〔11〕艮,東北之位。謂篆為千乘太守也。

〔12〕《易》曰:"天地閉而賢人隱。"《論語》曰:"子路宿於石門。晨門

曰：'奚自？'子路曰：'自孔氏。'曰：'是知其不可而為之者歟？'"

〔13〕《楚詞》曰："衆女皆妒余之蛾眉。"《詩·國風》序曰："《氓》，刺時也。淫風大行，男女無別，故序其事以風焉。"其《詩》曰："乘彼垝垣，以望復關。"毛萇注云："垝，毀也。復關，君子所近之處也。"《易·繫辭》曰："冶容誨淫。"鄭玄云："謂飾其容而見於外曰冶。"

〔14〕《詩》曰"氓之蚩蚩，抱布貿絲。匪來貿絲，來即我謀"。注云："氓，人也。蚩蚩，殷厚之貌。布，幣也。即，就也。言此之人，非買絲來，就我為室家也。"又曰："及爾偕老，老使我怨。"注云："我欲與汝俱至老，汝反薄我使怨也。"又曰："皎皎白駒。"諭賢人也。

〔15〕復猶白也。

〔16〕峻峗謂山也。峗音魚委反。

〔17〕隤，深也。

〔18〕皇，天也。紹，繼也。卹，憂也。言天憂卹眷顧漢家，所以再命光武也。

〔19〕欃槍，彗也。

〔20〕開闢四方之門，廣求賢也。幽牧謂為幽州刺史所舉也。

〔21〕賁，飾也。《易》曰"束帛戔戔，賁於丘園"也。

〔22〕《論語》曾點曰："暮春〔者〕，春服既成。"〔九〕衡，橫也，謂橫木為門。軌，跡也。

〔23〕齒，年也。

〔24〕《論語》曰："曾子有疾，召門弟子曰：'啓余足。'"〔一〇〕注云："父母全己生之，〔一一〕亦當全而歸之。"忝，辱也。先子謂先人也。《孟子》曾西曰："吾先子之所畏。"

篆生毅，以疾隱身不仕。

毅生駰，年十三能通《詩》、《易》、《春秋》，博學有偉才，盡通古今訓詁百家之言，善屬文。少游太學，與班固、傅毅同時齊名。常以典籍為業，未遑仕進之事。時人或譏其太玄静，將以後名失實。駰擬楊雄

《解嘲》，作《達旨》以荅焉。[1]其辭曰：

【注】
[1]華嶠《書》曰："駰譏楊雄，以為范、蔡、鄒衍之徒，乘釁相傾，誑曜諸侯者也，而云'彼我異時'。又曰，竊貲卓氏，割炙細君，斯蓋士之贅行，而云'不能與此數公者同'。以為失類而改之也。"

或說己曰："《易》稱'備物致用'，'可觀而有所合'，故能扶陽以出，順陰而入。[1]春發其華，秋收其實，有始有極，爰登其質。今子韞櫝六經，服膺道術，[2]歷世而游，高談有日，俯鉤深於重淵，仰探遠乎九乾，[3]窮至賾於幽微，測潛隱之無源。然下不步卿相之廷，上不登王公之門，進不黨以讚己，退不黷於庸人。[4]獨師友道德，合符曩真，抱景特立，與士不群。蓋高樹靡陰，獨木不林，隨時之宜，道貴從凡。[5]于時太上運天德以君世，憲王僚而布官；[6]臨雍泮以恢儒，疏軒冕以崇賢；[7]率惇德以厲忠孝，揚茂化以砥仁義；[8]選利器於良材，求鏌鋣於明智。[9]不以此時攀台階，闚紫闥，[10]據高軒，望朱闕，夫欲千里而咫尺未發，[11]蒙竊惑焉。故英人乘斯時也，[12]猶逸禽之赴深林，蝱蚋之趣大沛。[13]胡為嘿嘿而久沈滯也？"

【注】
[1]"備物致用"，《易·繫辭》之文也。"可觀而有所合"，《序卦》之文也。鄭玄注《易乾鑿度》曰："陽起於子，陰起於午，天數大分。以陽出離，以陰入坎，坎為中男，離為中女。太一之行，出從中男，入從中女。因陰陽男女之偶為終始也。"

[2]韞，匣也。櫝，匱也。《論語》曰："有美玉，韞櫝而臧諸。"

[3]《易》曰："探賾索隱，鉤深致遠。"九乾謂天有九重也。《離騷·天問》曰："圜則九重，孰營度之？"

〔4〕讚猶稱也。

〔5〕華嶠《書》作"高樹不庇"。《易》曰:"隨時之義大矣哉!"《老子》曰:"和其光而同其塵。"故言道貴從凡。

〔6〕太上,明帝也。傳曰:"太上立德。"天德,含弘光大也。《易》曰:"乃位乎天德。"《尚書》曰:"唐虞稽古,建官惟百,夏商官倍,亦克用乂。"憲,法也。僚,官也。言法三王而建官也。

〔7〕天子辟雍,諸侯頖宮。璧雍者,環之以水,圓而如璧也。頖,半也。諸侯半天子之宮,皆所以立學垂教也。

〔8〕砥,礪也。

〔9〕《吳越春秋》曰:"干將,吳人也,造二劍,一曰干將,二曰莫邪。莫邪者,干將之妻名也。干將作劍,采五山之精,合六金之英,百神臨觀,遂以成劍。"《說苑》曰:"所以尚干將、莫邪者,貴其立斷。所以尚騏驎者,〔一二〕貴其立至。必且歷日曠久,絲氂猶能契石,駑馬亦能致遠。是以聰明敏捷,人之美材也。"

〔10〕三台謂之三階,三公之象也。

〔11〕八寸為咫。

〔12〕《文子》曰:"智過萬人謂之英,千人謂之俊。"

〔13〕蚋,小蟲,蚊之類。蚋音芮。《說文》曰:"秦謂之蚋,楚謂之蚊。"《孟子》曰:"汙池沛澤。"劉熙曰:"沛,水草相半。"

荅曰:"有是言乎?子苟欲勉我以世路,不知其跌而失吾之度也。古者陰陽始分,天地初制,〔1〕皇綱云緒,帝紀乃設,傳序歷數,三代興滅。昔大庭尚矣,赫胥罔識,〔2〕淳樸散離,人物錯乖。高辛攸降,厥趣各違。〔3〕道無常稽,與時張弛。〔4〕失仁為非,得義為是。〔5〕君子通變,各審所履。故士或掩目而淵潛,〔6〕或盬耳而山棲;〔7〕或草耕而僅飽,〔8〕或木茹而長飢;〔9〕或重聘而不來,〔10〕或屢黜而不去;〔11〕或冒訽以干進,或望色而斯舉;〔12〕或以役夫發夢於王公,〔13〕或以漁父見兆於元龜。〔14〕若夫紛縕塞路,〔一三〕凶虐播流,[15]人有昏墊之厄,主有疇咨之憂,[16]條垂藟蔓,上下相求。[17]於是乎賢人授手,援世之災,[18]跋涉赴俗,急斯時也。[19]昔堯含感而皋陶謨,高祖歎而子房慮;[20]禍不散而曹、絳奮,[21]結不解而陳平權。[22]及其策合道從,克亂弭衝,乃將鏤玄珪,册顯功,[23]銘昆吾之冶,[24]勒景、襄之鍾。[25]與其有事,[一四]則褰裳濡足,冠挂不顧。[26]人溺不拯,則非仁也。當其無事,則躡纓整襟,規矩其步。[27]德讓不修,則非忠也。是以險則救俗,平則守禮,舉以公心,不私其體。

【注】

〔1〕制,協韻音之設反。

〔2〕大庭、赫胥並古帝王號也。尚,遠也。罔,無也。識,記也。

〔3〕高辛氏,帝嚳也。

〔4〕隨時弛張,不考之於常道也。

〔5〕《老子》曰:"失道後德,失德後仁,失仁後義,失義後禮。"

〔6〕《莊子》曰"北人無澤與舜為友,舜以天下讓之,無澤乃自投清泠之淵,終身不反"也。

〔7〕盥,洗也。許由字武仲,隱於沛澤之中。堯聞之,乃致天下而讓焉。由以為污,乃臨池洗耳。其友巢父飲犢,聞由為堯所讓,曰:"何以污吾犢口!"牽於上流而飲之。見《莊子》及《高士傳》。

〔8〕伯成子高,唐虞時為諸侯。至禹,去而耕。禹往見之,則耕在野。見《呂氏春秋》。

〔9〕《說苑》曰:"鮑焦衣木皮,食木實。"《韓詩外傳》曰"焦弃其蔬,而立槁死於洛濱"也。

〔10〕狂接輿者,楚人也。耕而食。楚王聞其賢,使使者持金百溢、車二駟聘之,曰:"願煩先生理江南。"接輿笑而不應。使者去而遠徙,莫知所之。見《莊子》。

〔11〕《論語》曰"柳下惠為士師,三黜。人曰:'可以去矣。'曰:'直

道而事人,何往而不三黜'"也。

〔12〕詢,辱也,音火豆反。《新序》曰:"伊尹蒙恥辱,負鼎俎以干湯。"《論語》曰:"色斯舉矣,翔而後集。"舉,協韻音據。

〔13〕高宗夢得説,乃使百工營求諸野,得諸傅巖。孔安國曰:"傅氏之巖,在虞、虢之界,通道所經,有澗水壞道,常使胥靡刑人築護此道。説賢而隱,代胥靡築之以供食。"事見《尚書》。王公,總而言也。《爾雅》:"皇、王、后、辟、公、侯,君也。"

〔14〕《戰國策》曰:"吕尚之遇文王也,身為漁父。"《史記》曰:"太公以釣干周西伯。西伯將出獵,卜之,曰:'所獲非龍非螭,非熊非羆,所獲霸王之輔。'於是西伯獵,果遇太公渭水之陽,與語大説。"元,大也。

〔15〕《方言》云:"穠,盛多也。"音奴董反。

〔16〕《尚書》曰:"下人昏墊。"孔安國曰:"昏瞀墊溺,皆困水災也。"又曰:"帝曰:咨洪水滔天,浩浩懷山襄陵,有能俾乂。"

〔17〕藟,藤也。音壘。《詩》曰:"南有樛木,葛藟纍之。"

〔18〕《孟子》曰"天下溺則援之以道,嫂溺則援之以手"也。

〔19〕草行為跋。

〔20〕謨,謀也。堯遭洪水,咨嗟憂愁,訪下人有能理者,皋陶、大禹陳其謀。見《尚書》。《史記》曰,高祖為項羽所敗,下馬踞鞍而問子房曰:"吾欲捐關以東,誰可與共功者?"子房曰:"九江王布、彭越、韓信。即欲捐之此三人,楚可破(之)〔也〕。"〔一五〕

〔21〕曹參及絳侯周勃,皆從高祖征伐,以定天下也。

〔22〕高祖擊匈奴,至白登,被圍七日,用陳平計得出。

〔23〕珪,玉也。《詩含神霧》曰:"刻之玉版,臧之金匱。"

〔24〕《墨子》曰:"昔夏后開(冶)使飛廉析金於山,〔一六〕以鑄鼎於昆吾。"蔡邕《銘論》曰"吕尚作周太師,其功銘於昆吾之鼎"也。

〔25〕《國語》曰:"晉魏顆以其身退秦師于輔氏,其勳銘於景鍾。"此兼言襄也。

〔26〕褰裳,涉水也。《新序》曰:"今為濡足之故,不救人溺,可乎?"

《淮南子》曰"禹之趨時，冠挂而不顧，履遺而不取"也。

〔27〕躙音呂涉反。躙，踐也。此字宜從"手"。《廣雅》云："擸，持也。"言持纓整襟，修其容止。《史記》曰："攝纓整襟。"華嶠《書》"躙"作"攝"也。

"今聖上之育斯人也，樸以皇質，雕以唐文。[1]六合怡怡，比屋為仁。壹天下之衆異，齊品類之萬殊。參差同量，坯冶一陶。[2]群生得理，庶績其凝。[3]家家有以樂和，人人有以自優。威械臧而俎豆布，六典陳而九刑厝。[4]濟茲兆庶，出於平易之路。雖有力牧之略，尚父之厲，[5]伊、皋不論，奚事范、蔡？[6]夫廣廈成而茂木暢，遠求存而良馬繁，[7]陰事終而水宿臧，[8]場功畢而大火入。[9]方斯之際，處士山積，學者川流，衣裳被宇，冠蓋雲浮。譬猶衡陽之林，岱陰之麓，[10]伐尋抱不為之稀，蓺拱把不為之數。[11]悠悠罔極，亦各有得。[12]彼採其華，我收其實。舍之則臧，己所學也。[13]故進動以道，則不辭執珪而秉柱國；[14]復靜以理，則甘糟糠而安藜藿。

【注】
〔1〕孔子曰："大哉堯之為君也，煥乎其有文章。"故言唐文。
〔2〕坯，土器之未燒者。郭璞注《爾雅》曰："坯胎，物之始也。"坯音普才反。
〔3〕凝，成也。
〔4〕械謂器械甲兵之屬也。厝謂置之不用也。《周禮》："太宰之職，掌建邦之六典，以佐王理邦國：一曰理典，二曰教典，三曰禮典，四曰政典，五曰刑典，六曰事典。"《左傳》曰："周有亂政而作九刑。"杜預注云："周之衰，為刑書，謂之九刑。"
〔5〕力牧，黃帝臣也。《史記》，尚父呂望相武王以伐紂。厲謂威容嚴厲。
〔6〕伊尹、皋繇、范睢、蔡澤。

〔7〕廣厦既成,不求材,故林木條暢也。遠求謂遠方珍異之物也。存猶止息也。言所求之物既止,不資良馬之力也。

〔8〕立冬之後,盛德在水,陰氣用事,故曰陰事。水宿謂北方七宿,斗、牛、女、虛、危、室、壁也。《月令》曰,孟冬之月昏危中,仲冬昏東壁中,季冬昏婁中,孟春昏參中,水星伏臧不見也。

〔9〕《爾雅》曰:"心為大火。"《詩·豳風》曰:"七月流火。"又曰"九月築場圃"也。

〔10〕山南曰陽,山北曰陰。《穀梁傳》曰:"林屬於山曰麓。"

〔11〕八尺曰尋。薮,殖也。兩手曰拱。數猶概也。數音疏角反。

〔12〕悠悠,衆多也。罔極猶無窮也。亦各有得,言皆自以為得也。

〔13〕彼,彼衆人也。《論語》曰:"用之則行,舍之則臧。"

〔14〕《呂氏春秋》曰:"得伍員者位執珪。"《前書音義》曰:"古爵名也。"又曰:"柱國,楚官,猶秦之相國也。"

"夫君子非不欲仕也,恥夸毗以求舉;〔1〕非不欲室也,惡登牆而摟處。〔2〕叫呼銜鬻,縣旌自表,非隨和之寶也。暴智燿世,因以干祿,非仲尼之道也。〔3〕游不倫黨,苟以徇己,〔4〕汗血競時,利合而友。〔5〕子笑我之沈滯,吾亦病子屑屑而不已也。〔6〕先人有則而我弗虧,行有枉徑而我弗隨。〔7〕臧否在予,唯世所議。固將因天質之自然,誦上哲之高訓;詠太平之清風,行天下之至順。懼吾躬之穢德,勤百畝之不耘。〔8〕縶余馬以安行,俟性命之所存。〔9〕昔孔子起威於夾谷,〔10〕晏嬰發勇於崔杼;〔11〕曹劌舉節於柯盟,〔12〕卞嚴克捷於彊禦;〔13〕范蠡錯埶於會稽,〔14〕五員樹功於柏舉;〔15〕〔一七〕魯連辯言以退燕,〔16〕包胥單辭而存楚;〔17〕唐且華顛以悟秦,〔18〕甘羅童牙而報趙;〔19〕原衰見廉於壺飱,〔20〕〔一八〕宣孟收德於束脯;〔21〕吳札結信於丘木,〔22〕展季効貞於門女;〔23〕顏回明仁於度轂,程嬰顯義於趙武。〔24〕僕誠不能編德於數者,竊慕古人之所序。"

【注】

〔1〕夸毗謂佞人足恭，善為進退。

〔2〕《孟子》曰："踰東家牆摟其處子則得妻，不摟則不得，將摟之乎？"趙岐注云："摟，牽也。"其字從"手"。"處子，處女也。"

〔3〕華嶠《書》（曰）"因"字作"回"。〔一九〕回，邪也。

〔4〕倫謂等倫，黨謂朋黨。徇，營也。言交非其類，苟以營己而已。

〔5〕汗血謂勞力也。競時謂趨時也。利合而友，〔二〇〕不以道義。

〔6〕屑屑猶區區也。

〔7〕枉，曲也。徑，道也。

〔8〕《尚書》曰："穢德彰聞。"《禮記》曰："夫人情者，聖王之田也。修禮以耕之，陳義以種之，講學以耨之。"古者夫田百畝。耨，除草也。

〔9〕安行，不奔馳也。天命之謂性。言隱居以體命。

〔10〕解見《陳禪傳》。

〔11〕解見《馮衍傳》。

〔12〕曹劌，曹沫也。《史記》曰，曹沫以勇事魯莊公，為魯將，與齊戰，三敗，莊公懼，乃獻遂邑地以和，猶以為將。齊桓公與莊公會于柯而盟。桓公與莊公既盟於壇上，曹沫執匕首劫齊桓公，左右莫敢動，乃還魯之侵地。

〔13〕《新序》曰"卞莊子養母，戰而三北，交游非之，國君辱之。及母死三年，齊與魯戰，莊子請從，遂赴敵而鬪，三獲甲首。曰：'夫三北，以養母也。今志節小具，而責塞矣。吾聞之，節士不以辱生。'遂反敵，殺十人而死。君子曰：三北已塞，滅世斷宗，於孝未終"也。

〔14〕錯，置也，音七故反。執謂謀略也。《史記》曰，吳王敗越於夫椒，越王乃以餘兵五千人保於會稽。吳師追而圍之。越王謂范蠡曰："柰何？"范蠡對曰："卑辭厚禮以遺之。"句踐乃命大夫種行成於吳。膝行頓首曰："句踐請為臣，妻為妾。"吳王乃赦越王。越王反國，拊循其士。范蠡曰："可矣。"乃伐吳。吳師敗，越復棲吳王姑蘇之山也。

〔15〕伍子胥名員，楚人也。子胥父誅於楚，子胥挾弓矢而干吳王闔閭，闔閭甚勇之，為興師伐楚，戰於柏舉，楚師敗績。事見《穀梁傳》。

〔16〕《史記》曰，魯仲連，齊人也。燕將攻下齊聊城，固保守之，田單攻之不下。魯仲連乃為書遺燕將。燕將見書，泣三日，乃自殺。遂平聊城。

〔17〕《左傳》曰，楚昭王為吳所敗，奔隨，〔二一〕申包胥如秦乞師，曰："吳為封豕長蛇，以荐食上國，寡君越在草莽，使下臣告急。"立依於庭牆而哭，日夜不絕聲，勺飲不入口，七日，秦師乃出，軍敗吳而復楚國。〔二二〕

〔18〕唐且即唐雎也。〔二三〕《戰國策》曰："齊、楚伐魏，魏使人請救［於秦］，〔二四〕不至。魏人有唐雎者，年九十餘矣，西見秦王。秦王曰：'丈人忙然乃遠至（魏）此，［魏］來者數矣，〔二五〕寡人知魏之急矣。'唐且曰：'夫魏，萬乘之國也。稱東藩者，以秦之強也。今齊、楚之兵已在魏郊矣，大王之救不至，魏急，且割地而約從。是王亡一萬乘之魏，而強二敵之齊、楚。'秦王悟，遽發兵救魏。"《爾雅》曰："顛，頂也。"華顛謂白首也。

〔19〕甘羅，下蔡人，甘茂孫也。年十二，事秦相呂不韋。秦使張唐往相燕。羅曰："借臣車五乘，請為張唐先報趙。"不韋乃言之於始皇，召見，使甘羅於趙，趙襄王郊迎。事見《史記》。童牙謂幼小也。

〔20〕昔趙衰為原大夫，〔二六〕故曰原衰。《左傳》曰，晉侯問原守於寺人勃鞮，對曰："昔趙衰以壺飧從徑，餒而不食，故使處原。"見音胡殿反。

〔21〕《呂覽》曰，昔趙宣孟將之絳，見桑下有餓人，宣孟止車下食而餔之，再咽而能視。宣孟問之曰："汝何為而餓若是？"對曰："臣宦於絳，歸而糧絕，羞行乞，故至於此。"宣子與脯三朐，拜受而弗敢食。問其故。曰："臣有老母，將以遺之。"宣孟曰："食之，吾更與汝。"乃復與脯二束。

〔22〕《史記》曰："吳公子季札使過徐，徐君好季札劍，口不敢言。季札知之，為使上國，未獻。洎還至徐，徐君已死，於是乃解其寶劍，繫之徐君冢樹而去。"

〔23〕展季，柳下惠也。《韓詩外傳》曰："魯有男子獨處，夜暴風雨至，婦人趨而託之。男子閉戶不納，曰：'吾聞男子不六十不閒居。'婦人曰：'子何不學柳下惠然？嫗不逮門之女，國人不稱其亂焉。'"

〔24〕程嬰解見《馮衍傳》。度轂，未詳。

元和中,肅宗始修古禮,巡狩方岳。駰上《四巡頌》以稱漢德,辭甚典美,文多故不載。[1]帝雅好文章,自見駰頌後,(帝)[常]嗟歎之,[二七]謂侍中竇憲曰:"卿寧知崔駰乎?"對曰:"班固數為臣說之,然未見也。"帝曰:"公愛班固而忽崔駰,此葉公之好龍也。試請見之。"[2]駰由此候憲。憲屣履迎門,[3]笑謂駰曰:"亭伯,吾受詔交公,公何得薄哉?"遂揖入為上客。居無幾何,帝幸憲第,時駰適在憲所,帝聞而欲召見之。憲諫,以為不宜與白衣會。帝悟曰:"吾能令駰朝夕在傍,何必於此!"適欲官之,會帝崩。

【注】
[1]案:《駰集》有東、西、南、北四巡頌,流俗本"四"多作"西"者,誤。
[2]劉向《新序》曰:"子張見魯哀公,七日,哀公不禮焉而去,曰:'君之好士,有似葉公子高好龍。天龍聞而降之,窺頭於牖,拖尾於堂,葉公見之,失其魂魄,五色無主。是葉公非好龍也,好夫似龍而非龍者。'"
[3]屣履謂納履曳之而行,言怱遽也。屣音山爾反。

竇太后臨朝,憲以重戚出内詔命。駰獻書誡之曰:

駰聞交淺而言深者,愚也;在賤而望貴者,惑也;未信而納忠者,謗也。三者皆所不宜,而或蹈之者,思効其區區,憤盈而不能已也。竊見足下體淳淑之姿,躬高明之量,意美志厲,有上賢之風。駰幸得充下館,序後陳,[1]是以竭其拳拳,敢進一言。

【注】
[1]陳,列也。

傳曰:"生而富者驕,生而貴者傲。"生富貴而能不驕傲者,未之有也。今寵祿初隆,百僚觀行,當堯舜之盛世,處光華之顯時,[1]豈可不庶幾夙夜,以永衆譽,弘申伯之美,致周邵之事乎?[2]語曰:"不患無位,患所以立。"[3]昔馮野王以外戚居位,稱為賢臣;[4]近陰衛尉克己復禮,終受多福。[5]郟氏之宗,非不尊也;[6]陽(侯)[平]之族,[二八]非不盛也。重侯累將,建天樞,執斗柄。[7]其所以獲譏於時,垂愆於後者,何也?蓋在滿而不挹,位有餘而仁不足也。漢興以後,迄于哀、平,外家二十,保族全身,四人而已。[8]《書》曰:"鑒于有殷。"可不慎哉!

【注】

[1]《尚書大傳》曰:"舜時百工相和為《卿雲之歌》曰:'卿雲爛兮,(禮)[糺]漫漫兮,[二九]日月光華,旦復旦兮。'"

[2]申伯,周宣王之元舅。周公、邵公皆輔佐周室也。

[3]《論語》(曰)孔子之言也。[三〇]言但患立身不處於仁義也。

[4]《前書》曰,馮野王字君卿,妹為元帝昭儀,野王為左馮翊。御史大夫缺,上使尚書選第中二千石,而野王行能第一。

[5]陰衛尉,光烈皇后同母弟興也。以謹敕親幸焉。

[6]史丹封郟,故云郟氏。《前書》史丹字君仲,魯國人也。祖父恭有女弟,武帝時為衛太子良娣。成帝即位,擢丹為長樂衛尉,遷右將軍,封為武陽侯,封東海郟之武彊聚,以舊恩見襃賞,賜累千金。

[7]王氏九侯五大司馬。《春秋運斗樞》曰:"北斗七星,第一名天樞,第二至第四為魁,第五至第七為杓。杓即柄。《前書》"斗運中央,制臨四海"。

[8]外家,當為后家也。二十者,謂高帝呂后產、祿謀反誅,惠帝張皇后廢,文帝母薄太后弟昭被殺,孝文帝竇皇后從昆弟子嬰誅,景帝薄皇后、武帝陳皇后並廢,衛皇后自殺,昭帝上官皇后家族誅,宣帝祖母史良娣為巫蠱死,宣帝母王夫人弟子商下獄死,霍皇后家破,元帝王皇后弟(王)[子]莽篡位,[三一]成帝許皇后賜死,趙皇后廢自殺,哀帝祖母傅太后家屬徙合浦,平帝母衛姬家屬誅,昭帝趙太后憂死是也。四人者,哀帝母丁姬,景帝王皇后,宣帝許皇后、王皇后,其家族並全。

竇氏之興，肇自孝文。[1]二君以淳淑守道，成名先日；[2]安豐以佐命著德，顯自中興。[3]內以忠誠自固，外以法度自守，卒享祚國，垂祉於今。夫謙德之光，《周易》所美；滿溢之位，道家所戒。[4]故君子福大而愈懼，爵隆而益恭。遠察近覽，俯仰有則，銘諸几杖，刻諸盤杆。[5]矜矜業業，〔三二〕無殆無荒。如此，則百福是荷，慶流無窮矣。

【注】

[1]《前書》曰，竇嬰字王孫，孝文皇后從兄子也。孝文時為吳相，孝景時為詹事也。

[2]竇太后之弟長君、少君，退讓君子，不敢以富貴驕人，故云淳淑守道也。

[3]竇融封為安豐侯。

[4]《易》曰："謙尊而光，卑而不可踰。"《老子》曰："富貴而驕，自遺其咎。功成名遂而身退，天之道也。"

[5]《太公金匱》曰："武王曰：'吾欲造起居之誡，隨之以身。'几之書曰：'安無忘危，存無忘亡，孰惟二者，必後無凶。'杖之書曰：'輔人無苟，扶人無（容）[咎]。'"〔三三〕《墨子》曰："堯、舜、禹、湯書其事於竹帛，琢之盤盂。"杆亦盂也。

及憲為車騎將軍，辟駰為掾。憲府貴重，掾屬三十人，皆故刺史、二千石，唯駰以處士年少，擢在其間。憲擅權驕恣，駰數諫之。及出擊匈奴，道路愈多不法，駰為主簿，前後奏記數十，指切長短。憲不能容，稍疏之，因察駰高第，出為長岑長。[1]駰自以遠去，不得意，遂不之官而歸。永元四年，卒于家。所著詩、賦、銘、頌、書、記、表、《七依》、《婚禮結言》、《達旨》、《酒警》合二十一篇。中子瑗。

【注】
〔1〕長岑，縣，屬樂浪郡，其地在遼東。

瑗字子玉，早孤，銳志好學，盡能傳其父業。年十八，至京師，從侍中賈逵質正大義，逵善待之，瑗因留游學，遂明天官、歷數、京房《易傳》、六日七分。[1]諸儒宗之。與扶風馬融、南陽張衡特相友好。初，瑗兄章為州人所殺，瑗手刃報仇，因亡命。會赦，歸家。家貧，兄弟同居數十年，鄉邑化之。

【注】
〔1〕解見《郎顗傳》。

年四十餘，始為郡吏。以事繫東郡發干獄。[1]獄掾善為《禮》，瑗閒考訊時，輒問以《禮》說。其專心好學，雖顛沛必於是。後事釋歸家，為度遼將軍鄧遵所辟。居無何，遵被誅，瑗免歸。

【注】
〔1〕發干縣之獄也。

後復辟車騎將軍閻顯府。時閻太后稱制，顯入參政事。先是安帝廢太子為濟陰王，而以北鄉侯為嗣。瑗以侯立不以正，知顯將敗，欲說令廢立，而顯日沈醉，不能得見。乃謂長史陳禪曰："中常侍江京、陳達等，得以嬖寵蠱惑先帝，遂使廢黜正統，扶立疎孽。少帝即位，發病廟中，周勃之徵，於斯復見。[1]今欲與長史君共求見，說將軍白太后，收京等，廢少帝，引立濟陰王，必上當天心，下合人望。伊、霍之功，不下席而立，則將軍兄弟傳祚於無窮。若拒違天意，久曠神器，則將以無罪并辜元惡。[2]此所謂禍福之會，分功之時。"[3]禪猶豫未敢從。會北鄉侯懿，孫程立濟陰王，是為順帝。閻顯兄弟悉伏誅，瑗坐被斥。門生蘇祇具知瑗謀，欲上書言狀，瑗聞而遽止之。時陳禪為司隸校尉，召瑗謂曰："第聽祇上書，〔三四〕禪請為之證。"〔4〕瑗曰："此譬猶兒妾屏語耳，願使君勿復出口。"遂辭歸，不復應州郡命。

【注】
〔1〕呂后立惠帝後宮子為少帝，周勃廢之也。
〔2〕元，大也。《書》曰："元惡大憝。"
〔3〕《史記》蔡澤說范睢曰："君獨不觀夫博者乎？或欲大投，或欲分功。今君相秦，坐制諸侯，使天下皆畏秦，此亦秦分功之時也。"
〔4〕第，但也。《司馬相如[傳]》曰〔三五〕："第如臨邛。"

久之，大將軍梁商初開莫府，復首辟瑗。自以再為貴戚吏，不遇被斥，遂以疾固辭。歲中舉茂才，遷汲令。〔1〕在事數言便宜，為人開稻田數百頃。視事七年，百姓歌之。

【注】
〔1〕汲，縣名，屬河內。

漢安初，大司農胡廣、少府竇章共薦瑗宿德大儒，從政有迹，不宜久在下位，由此遷濟北相。時李固為太山太守，美瑗文雅，奉書禮致殷勤。歲餘，光祿大夫杜喬為八使，徇行郡國，〔1〕以臧罪奏瑗，徵詣廷尉。瑗上書自訟，得理出。會病卒，年六十六。臨終，顧命子寔曰："夫人稟天地之氣以生，及其終也，歸精於天，還骨於地。何地不可臧形骸，勿歸鄉里。其賵贈之物，羊豕之奠，一不得受。"寔奉遺令，遂留葬洛陽。

【注】
〔1〕八使見《周舉傳》。

　　瑗高於文辭,尤善為書、記、箴、銘,所著賦、碑、銘、箴、頌、《七蘇》、[1]《南陽文學官志》、《歎辭》、《移社文》、《悔祈》、《草書埶》、七言,凡五十七篇。其《南陽文學官志》稱於後世,諸能為文者皆自以弗及。瑗愛士,好賓客,盛脩肴膳,單極滋味,[三六]不問餘產。居常蔬食菜羹而已。家無擔石儲,當世清之。[2]

【注】
〔1〕《瑗集》載其文,即枚乘《七發》之流。
〔2〕華嶠《書》曰"瑗愛士,好賓客,盛脩肴膳。或言其太奢。瑗聞之怒,勑妻子曰:'吾并日而食,以供賓客,而反以獲譏,士大夫不足養如此。後勿過菜具,無為諸子所蛊也。'終不能改,奉禄盡於賓饗"也。

　　寔字子真,一名台,字元始。少沈静,好典籍。父卒,隱居墓側。服竟,三公並辟,皆不就。
　　桓帝初,詔公卿郡國舉至孝獨行之士。寔以郡舉,徵詣公車,病不對策,除為郎。明於政體,吏才有餘,論當世便事數十條,名曰《政論》。指切時要,言辯而确,[1]當世稱之。仲長統曰:"凡為人主,宜寫一通,置之坐側。"其辭曰:

【注】
〔1〕确,堅正也,音口角反。

　　　　自堯舜之帝,湯武之王,皆賴明哲之佐,博物之臣。故皋陶陳謨而唐虞以興,伊、箕作訓而殷周用隆。[1]及繼體之君,欲立中興之功者,曷嘗不賴賢哲之謀乎!凡天下所以不理者,常由人主承平日久,俗漸敝而不悟,政寖衰而不改,習亂安危,怢不自覩。[2]或荒耽嗜欲,不恤萬機;或耳蔽箴誨,厭偽忽真;[3]或猶豫歧路,莫適所從;或見信之佐,括囊守祿;[4]或疏遠之臣,言以賤廢。是以王綱縱弛於上,智士鬱伊於下。[5]悲夫!

【注】
[1]伊尹作《伊訓》,箕子作《洪範》。
[2]怢音他没反。怢,忽忘也。
[3]厭飫姦偽,輕忽至真。
[4]《易》曰:"括囊無咎無譽。"括,結也。結囊不言,持祿而已。
[5]鬱伊,不申之貌。《楚詞》曰"獨鬱伊而誰語"也。

　　自漢興以來,三百五十餘歲矣。政令垢翫,上下怠懈,[1]風俗彫敝,人庶巧偽,百姓囂然,咸復思中興之救矣。且濟時拯世之術,豈必體堯蹈舜然後乃理哉?期於補綻決壞,枝柱邪傾,[2]隨形裁割,要措斯世於安寧之域而已。故聖人執權,遭時定制,[3]步驟之差,各有云設。不彊人以不能,背急切而慕所聞也。[4]蓋孔子對葉公以來遠,哀公以臨人,景公以節禮,非其不同,所急異務也。[5]是以受命之君,每輒創制;中興之主,亦匡時失。昔盤庚愍殷,遷都易民;[6]周穆有闕,甫侯正刑。[7]俗人拘文牽古,不達權制,奇偉所聞,簡忽所見,烏可與論國家之大事哉!故言事者,雖合聖德,[三七]輒見掎奪。[8]何者?其頑士闇於時權,安習所見,不知樂成,況可慮始,[9]苟云率由舊章而已。其達者或矜名妒能,恥策非己,舞筆奮辭,以破其義,寡不勝衆,遂見擯弃。雖稷、契復存,猶將困焉。斯賈生之所以排於絳、灌,屈子之所以攄其幽憤者也。[10]夫以文帝之明,賈生之賢,絳、灌之忠,而有此患,況其餘哉!

【注】

〔1〕垢，惡也。

〔2〕綻音直莧反，《禮記》曰："衣裳綻裂紉箴請補綴。"柱音陟主反。

〔3〕權謂變也。遭遇其時而定法制，不循於舊也。

〔4〕背當時之急切，而慕所聞之事，則非濟時之要。

〔5〕《韓子》曰，葉公問政於仲尼。仲尼曰："政在悅近而來遠。"魯哀公問政於仲尼。仲尼曰："政在選賢。"齊景公問政於仲尼。仲尼曰："政在節財。"此云"臨人""節禮"，文不同也。

〔6〕盤庚，殷王也。自耿遷於亳邑，作書三篇以告之。

〔7〕甫侯即呂侯也。為周穆王訓暢夏禹用刑之法。並見《尚書》。

〔8〕掎音居蟻反。賈逵注《國語》曰："從後牽曰掎。"

〔9〕《前書》劉歆曰："夫可與樂成，難與慮始，此乃衆庶所為耳。"

〔10〕孝文帝時，賈誼請更定律，令列侯就國，周勃、灌嬰等毀之。屈原為楚三閭大夫，上官靳尚妒害其能，憂愁憤懣，遂作《離騷經》。

（故宜）量力度德，[三八]《春秋》之義。[1]今既不能純法八（世）[代]，[三九]故宜參以霸政，[2]則宜重賞深罰以御之，明著法術以檢之。自非上德，嚴之則理，寬之則亂。何以明其然也？近孝宣皇帝明於君人之道，審於為政之理，故嚴刑峻法，破姦軌之膽，海內清肅，天下密如。[3]薦勳祖廟，享號中宗。筭計見效，優於孝文。及元帝即位，多行寬政，卒以墮損，[4]威權始奪，遂為漢室基禍之主。政道得失，於斯可監。昔孔子作《春秋》，褒齊桓，懿晉文，歎管仲之功。夫豈不美文、武之道哉？誠達權救敝之理也。[5]故聖人能與世推移，而俗士苦不知變，[6]以為結繩之約，可復理亂秦之緒，《干戚》之舞，足以解平城之圍。[7]

【注】

〔1〕《左氏傳》曰，息侯伐鄭，"不度德，不量力"。

〔2〕八(世)[代]謂三皇、五帝也。霸政謂齊桓、晉文也。

〔3〕密,靜也。

〔4〕墮讀曰隳。

〔5〕《左傳》,齊桓公伐楚,責以包茅不貢,王祭不供;晉文公召王盟諸侯於踐土;管仲相公子糾而射桓公:〔四〇〕此並權變之道也。

〔6〕《楚詞・漁父》曰"聖人不凝滯於物,而與時推移"也。

〔7〕《易》曰:"上古結繩而化,後世聖人易之以書契。"干,盾也。戚,鉞也。《尚書》曰,苗人逆命,禹乃舞《干羽》於兩階,七旬有苗格。《前書》,高祖被匈奴圍於平城,用陳平計得解。言《干戚》之舞,非平城之所用也。

夫熊經鳥伸,雖延歷之術,非傷寒之理;呼吸吐納,雖度紀之道,非續骨之膏。〔1〕蓋為國之法,有似理身,平則致養,〔四一〕疾則攻焉。夫刑罰者,治亂之藥石也;德教者,興平之粱肉也。夫以德教除殘,是以粱肉理疾也;以刑罰理平,是以藥石供養也。方今承百王之敝,值厄運之會。自數世以來,政多恩貸,馭委其轡,馬駘其銜,四牡橫奔,皇路險傾。〔2〕方將拑勒鞭䩟以救之,豈暇鳴和鑾,清節奏哉?〔3〕〔四二〕昔高祖令蕭何作九章之律,有夷三族之令,黥、劓、斬趾、斷舌、梟首,故謂之具五刑。文帝雖除肉刑,當劓者笞三百,當斬左趾者笞五百,當斬右趾者弃市。右趾者既殞其命,笞撻者往往至死,雖有輕刑之名,其實殺也。當此之時,民皆思復肉刑。至景帝元年,乃下詔曰:"[加]笞與重罪無異,〔四三〕幸而不死,不可為(民)[人]。"〔四四〕乃定律,減笞輕捶。自是之後,笞者得全。〔4〕以此言之,文帝乃重刑,非輕之也;以嚴致平,非以寬致平也。必欲行若言,當大定其本,使人主師五帝而式三王。〔5〕蕩亡秦之俗,遵先聖之風,弃苟全之政,蹈稽古之蹤,復五等之爵,立井田之制。〔6〕然後選稷契為佐,伊呂為輔,樂作而鳳皇儀,擊石而百獸舞。〔7〕若不然,則多為累而已。

【注】

〔1〕《莊子》曰："吹呴呼吸，吐故納新，熊經鳥伸，此導引之士，養形之人也。"《黃帝素問》曰："人傷於寒而轉為熱，何也？夫寒盛則生於熱也。"度紀猶延年也。言鳥伸不可療傷寒，吸氣不能續斷骨也。

〔2〕《家語》曰："古者天子以德法為銜勒，以百官為轡策。善御馬者，正銜勒，齊轡策，鈞馬力，和馬心，故口無聲而極千里。善御人者，一其德法，正其百官，均齊人物，和安人心，故刑不用而天下化。"《說文》曰："䩡，馬銜脫也。"音達來反。皇路，天路也。〔四五〕

〔3〕何休注《公羊傳》曰："柑，以木銜其口也。"柑音巨炎反。勒，馬轡。輈，車轅。鞭猶束也。《說苑》曰："鑾設於鑣，和設於軾，馬動〔則〕鑾鳴，鑾鳴則〔和〕應，〔四六〕行〔之〕節也。"〔四七〕

〔4〕此以上並見《前書·刑法志》。

〔5〕式，法也。

〔6〕畝百為夫，九夫為井。

〔7〕《尚書》曰："《簫韶》九成，鳳皇來儀。"又"夔曰：'於余擊石拊石，百獸率舞。'"

其後辟太尉袁湯、大將軍梁冀府，並不應。大司農羊傅、少府何豹上書薦寔才美能高，宜在朝廷。召拜議郎，遷大將軍冀司馬，與邊韶、延篤等著作東觀。

出為五原太守。五原土宜麻枲，而俗不知織績，民冬月無衣，積細草而臥其中，見吏則衣草而出。寔至官，斥賣儲峙，為作紡績、織絍、練縕之具以教之，民得以免寒苦。〔1〕是時胡虜連入雲中、朔方，殺略吏民，一歲至九奔命。寔整厲士馬，嚴烽候，虜不敢犯，常為邊最。〔2〕

【注】

〔1〕杜預注《左傳》曰："織絍，織布者。"孔安國《論語注》曰："縕，枲也。"

〔2〕最為第一。

以病徵，拜議郎，復與諸儒博士共雜定五經。會梁冀誅，寔以故吏免官，禁錮數年。

時鮮卑數犯邊，詔三公舉威武謀略之士，司空黃瓊薦寔，拜遼東太守。行道，母劉氏病卒，上疏求歸葬行喪。母有母儀淑德，博覽書傳。初，寔在五原，常訓以臨民之政，寔之善績，母有其助焉。服竟，召拜尚書。寔以世方阻亂，稱疾不視事，數月免歸。

初，寔父卒，剽賣田宅，起冢塋，立碑頌。〔1〕葬訖，資產竭盡，因窮困，以酤釀販鬻為業。時人多以〔此〕譏之，〔四八〕寔終不改。亦取足而已，不致盈餘。及仕官，〔四九〕歷位邊郡，而愈貧薄。建寧中病卒。家徒四壁立，無以殯斂，光祿勳楊賜、太僕袁逢、少府段熲為備棺槨葬具，大鴻臚袁隗樹碑頌德。所著碑、論、箴、銘、荅、七言、祠、文、表、記、書凡十五篇。

【注】
〔1〕《廣雅》曰：「剽，削也，音匹妙反。」一作「摽」。〔五〇〕

寔從兄烈，有重名於北州，歷位郡守、九卿。靈帝時，開鴻都門榜賣官爵，公卿州郡下至黃綬各有差。其富者則先入錢，貧者到官而後倍輸，或因常侍、阿保別自通達。〔1〕是時段熲、樊陵、張溫等雖有功勤名譽，然皆先輸貨財而後登公位。烈時因傅母入錢五百萬，得為司徒。及拜日，天子臨軒，百僚畢會。帝顧謂親倖者曰：「悔不小靳，可至千萬。」〔2〕程夫人於傍應曰：「崔公冀州名士，豈肯買官？賴我得是，反不知姝邪！」〔3〕烈於是聲譽衰減。久之不自安，從容問其子鈞曰：「吾居三公，於議者何如？」鈞曰：「大人少有英稱，歷位卿守，論者不謂不當為三公；而今登其位，天下失望。」烈曰：「何為然也？」鈞曰：「論者嫌其銅臭。」烈怒，舉杖擊之。鈞時為虎賁中郎將，服武弁，戴鶡尾,狼狽而走。烈罵曰:"死卒,父檛而走,[五一]孝乎?"[4]鈞曰:"舜之事父,小杖則受,大杖則走,非不孝也。"[5]烈慙而止。烈後拜太尉。

【注】

[1]阿保謂傅母也。

[2]靳,固惜之也。靳或作"㒨"。《說文》曰:"㒨,引為價也。"音一建反。

[3]姝,美也。言反不知斯事之美也。姝或作"株"。株,根本也。

[4]以其武官,故罵為卒。或作"孔卒"者,誤也。

[5]《家語》曰:"曾子耘瓜,誤傷其根。曾晳怒,建大杖以擊其首。曾子仆地不知人,有頃乃蘇。孔子聞之怒,謂門弟子曰:'參來勿內也。昔瞽叟有子曰舜,瞽叟欲使之,未嘗不往,則欲殺之,未嘗可得。小箠則待,大杖則逃,不陷父於不義也。'"

鈞少交結英豪,有名稱,為西河太守。獻帝初,鈞與袁紹俱起兵山東,董卓以是收烈付郿獄,錮之,銀鐺鐵鎖。[1]卓既誅,拜烈城門校尉。及李傕入長安,為亂兵所殺。

【注】

[1]《說文》曰:"銀鐺,鎖也。"《前書》曰:"人犯鑄錢,以鐵鎖銀鐺其頸。"銀音郎,鐺音當。

烈有文才,所著詩、書、教、頌等凡四篇。

論曰:崔氏世有美才,兼以沈淪典籍,遂為儒家文林。駰、瑗雖先盡心於貴戚,而能終之以居正,則其歸旨異夫進趣者乎!李固,高絜之士也,與瑗隣郡,奉贄以結好。[1]由此知杜喬之劾,殆其過矣。寔之

《政論》，言當世理亂，雖鼌錯之徒不能過也。

【注】
〔一〕《儀禮》曰："士相見之禮，贄冬用雉，夏用腒，奉之曰：'某也欲見無由達。'"腒，乾（腒）[胊]，〔五二〕音渠。

贊曰：崔為文宗，世禪雕龍。[1]建新恥潔，摧志求容。永矣長岑，于遼之陰。不有直道，曷取泥沈。瑗不言祿，亦離冤辱。子真持論，感起昏俗。

【注】
〔一〕《史記》曰："談天衍，雕龍奭。"劉向《別錄》曰："言鄒奭脩飾之文若雕龍文也。"禪謂相傳授也。

【校勘記】
〔一〕諫刺史無與燕剌王通　按："刺史"之"刺"從束，"剌王"之"剌"從束，二字音義並異，各本往往譌混。
〔二〕太保甄豐　按：《集解》引黃山說，謂《前書·王莽傳》甄邯為太保，豐為太阿，未為太保也，"保""豐"二字當有一誤。
〔三〕昔（在）[者]魯君問柳下惠曰　據汲本改，與《前書·董仲舒傳》合。
〔四〕掾吏叩頭諫曰　按：《刊誤》謂"吏"當作"史"。總言之，掾、史皆吏也，獨言之當云史耳。
〔五〕郡國常以春行（至）[主]縣　陳景雲謂"至"當從《續志》本文作"主"。主縣者，所主之縣也。按：《百官志》云"常以春行所主縣"，陳說是，今據改。
〔六〕闔衡門以埽軌　按："埽"原譌"歸"，逕據汲本、殿本改正。
〔七〕偷苟且也　按：汲本、殿本"偷"作"媮"，與正文合，然偷媮同字，似不必改歸一律，今仍之。

〔八〕不為利（謟）〔諂〕　據《集解》本改。

〔九〕暮春〔者〕春服既成　據汲本、殿本補，與《論語》合。

〔一〇〕啟余足　按：汲本、殿本"余"作"予"，與《論語》合。

〔一一〕父母全己生之　按：汲本、殿本"己"作"而"。

〔一二〕所以尚騏驎者　汲本、殿本"驎"作"驥"。按：騏驎、騏驥皆謂良馬也。

〔一三〕紛纚塞路　"纚"汲本、殿本作"纚"。《集解》引惠棟說，謂"纚"依《方言》作"纚"，云"南楚凡大而多謂之𦁌，或謂之纚"。郭璞曰"纚音奴動反"。按：據惠說，則字當作"纚"。

〔一四〕與其有事　按：《刊誤》謂案文"與"合作"當"，上又合有"故"字，楊雄、蔡邕同用此律也。

〔一五〕楚可破（之）〔也〕　據《刊誤》改。

〔一六〕昔夏后開（冶）使飛廉析金於山　沈欽韓謂"冶"字衍文，見《墨子·耕柱篇》。今據刪。按：《墨子》"析"作"折"，王念孫謂作"折"是。

〔一七〕五員樹功於柏舉　汲本、殿本"五"作"伍"。按：五伍通。

〔一八〕原衰見廉於壺湌　按："衰"原譌"裏"，逕改正。

〔一九〕華嶠書（曰）因字作回　按："曰"字當衍，今刪。

〔二〇〕利合而友　按："利"原譌"時"，逕改正。

〔二一〕奔隨　按："隨"原譌"遺"，殿本譌"隋"，逕據汲本改正。

〔二二〕軍敗吳而復楚國　按："軍"字疑衍。

〔二三〕唐且即唐雎也　按："雎"字各本並譌"睢"，逕改正。

〔二四〕魏使人請救〔於秦〕　據汲本、殿本補。

〔二五〕丈人忙然乃遠至（魏）此〔魏〕來者數矣　據汲本改。按：今本《戰國策》作"丈人芒然乃遠至此，甚苦矣，魏來求救數矣"。

〔二六〕昔趙衰為原大夫　按：陳景雲謂"昔"當作"晉"。

〔二七〕（帝）〔常〕嗟歎之　據汲本改。

〔二八〕陽（侯）〔平〕之族　《刊誤》謂案文"侯"當作"平"，王鳳封陽平侯，《前書》亦謂陽平之王也。今據改。按：《集解》引黃山說，謂鳳乃嗣侯，始封陽平者，鳳父頃侯禁也。

〔二九〕(禮)〔紕〕漫漫兮　據殿本改。按：疑"紕"先譌作"礼"，轉寫又譌作"禮"。

〔三〇〕論語(曰)孔子之言也　據《校補》刪。

〔三一〕元帝王皇后弟(王)〔子〕莽篡位　《校補》謂"王"乃"子"之譌，莽乃后弟曼子也，各本皆未正。今據改。

〔三二〕矜矜業業　按：汲本"矜矜"作"兢兢"。

〔三三〕扶人無(容)〔咎〕　據殿本改。按：《集解》引錢大昭說，謂"容"當作"咎"。

〔三四〕第聽祗上書　"第"原作"弟"，殿本同，此據汲本改，注同。按：第弟通。

〔三五〕司馬相如〔傳〕曰　據《集解》引黃山說改。按：此非司馬相如語，乃文君謂相如云云也。

〔三六〕單極滋味　按：《御覽》九七六引"單"作"殫"。

〔三七〕雖合聖德　按：張森楷《校勘記》謂《治要》"德"作"聽"，疑"聽"字是。

〔三八〕(故宜)量力度德　《刊誤》謂案文多"故宜"二字，下文自有用"故宜"字處。今據刪。

〔三九〕純法八(世)〔代〕　《刊誤》謂"世"當作"代"。《集解》引惠棟說，謂《文選》注引作"八代"。按：此轉改之失，今據改。注同。

〔四〇〕管仲相公子糾而射桓公　按：《集解》引黃山說，謂原注"射桓公"下當有"卒乃相桓公"句。

〔四一〕平則致養　按：殿本無"致"字。

〔四二〕豈暇鳴和鑾清節奏哉　按："清"原譌"請"，逕據汲本、殿本改正。

〔四三〕〔加〕笞與重罪無異　據汲本、殿本補，與《前志》合。

〔四四〕不可為(民)〔人〕　按：《校補》謂案《前志》本作"不可為人"，

此轉改之失。今據改。

〔四五〕皇路天路也　按：汲本"天"作"大"。

〔四六〕馬動〔則〕鑾鳴鑾鳴則〔和〕應　據汲本、殿本補。

〔四七〕行〔之〕節也　據今本《說苑》補"之"字。按：汲本、殿本"節也"上無"行"字。

〔四八〕時人多以〔此〕譏之　據汲本、殿本補。

〔四九〕及仕官　汲本、殿本"官"作"宦"，《勘誤》謂案文"宦"當作"官"。按：《集解》引王會汾說，謂古書中言"仕宦"者甚多，"仕官"不成文理，此傳寫互誤，傳及注"宦"字當本作"官"，劉注當本作"官當作宦"。

〔五〇〕一作標　按："標"原譌"摽"，逕改正。

〔五一〕父樞而走　按：汲本"樞"作"摳"。

〔五二〕腒乾（腒）〔朐〕　按：張元濟《後漢書校勘記》謂汪文盛刊本、元大德本並作"乾朐"。今據改。又按：殿本作"乾雉"，與《儀禮·士相見禮》"夏用腒"《釋文》合。

後漢書卷五十三

周黃徐姜申屠列傳第四十三

《易》曰："君子之道，或出或處，或默或語。"[1]孔子稱"蘧伯玉邦有道則仕，邦無道則可卷而懷也"。[2][一]然用舍之端，君子之所以存其誠也。[3]故其行也，則濡足蒙垢，出身以効時；[4]及其止也，則窮棲茹菽，臧寶以迷國。[5]

【注】

〔1〕《上繫》之詞也。言賢哲所行，其趣異也。
〔2〕《論語》蘧伯玉名瑗，衛大夫也。卷而懷謂不預時政，不忤於人者也。
〔3〕誠，實也。孔子曰："用之則行，舍之則臧。"《易》曰："閑邪存其誠。"
〔4〕《新序》曰："申徒狄[二]非時，將自投河，崔嘉聞而止之曰：'吾聞聖人從事於天地之閒，人之父母也。今為濡足之故，不救溺人乎？'"
〔5〕《爾雅》曰："啜，茹也。"《孫卿子》曰："君子啜菽飲水，非愚也，是節然也。"《論語》曰，陽貨謂孔子曰："懷其寶而迷其邦，可謂仁乎？"

太原閔仲叔者，[1]世稱節士，雖周黨之潔清，自以弗及也。黨見其含菽飲水，遺以生蒜，受而不食。[2]建武中，應司徒侯霸之辟。既至，霸不及政事，徒勞苦而已。[3]仲叔恨曰："始蒙嘉命，且喜且懼；今見明公，喜懼皆去。以仲叔為不足問邪，不當辟也。辟而不問，是失人也。"遂辭出，投劾而去。[4]復以博士徵，不至。客居安邑。老病家貧，不能得肉，日買猪肝一片，屠者或不肯與，安邑令聞，勅吏常給焉。仲叔怪而問之，知，乃歎曰："閔仲叔豈以口腹累安邑邪？"遂去，客沛。以壽終。

【注】

〔1〕謝沈《書》曰[三]："閔貢字仲叔。"

〔2〕黨與仲叔同郡，亦貞介士也。見《逸人傳》。皇甫謐《高士傳》曰："黨見仲叔食無菜，遺之生蒜。仲叔曰：'我欲省煩耳，今更作煩邪？'受而不食。"

〔3〕勞其勤苦也。勞音力到反。

〔4〕案罪曰劾，自投其劾狀而去也。投猶下也。今有投辭、投牒之言也。

仲叔同郡荀恁，[四]字君大，[1]少亦脩清節。資財千萬，父越卒，悉散與九族。隱居山澤，以求厥志。王莽末，匈奴寇其本縣廣武，[2]聞恁名節，相約不入荀氏閭。光武徵，以病不至。永平初，東平王蒼為驃騎將軍，開東閣延賢俊，辟而應焉。及後朝會，顯宗戲之曰："先帝徵君不至，驃騎辟君而來，何也？"對曰："先帝秉德以惠下，故臣可得不來。驃騎執法以檢下，[3]故臣不敢不至。"後月餘，罷歸，卒於家。

【注】

〔1〕恁音而甚反。

〔2〕廣武，縣，屬太原郡，故城在今代州鴈門縣也。

〔3〕檢猶察也。

桓帝時，安陽人魏桓，字仲英，亦數被徵。其鄉人勸之行。桓曰："夫干祿求進，所以行其志也。今後宮千數，其可損乎？廐馬萬匹，其可減乎？左右悉權豪，其可去乎？"皆對曰："不可。"桓乃慨然歎曰：

"使桓生行死歸，於諸子何有哉！"〔1〕遂隱身不出。

【注】
〔1〕若忤時强諫，死而後歸，於諸勸行者復何益也。

若二三子，可謂識去就之槩，候時而處。〔1〕夫然，豈其枯槁苟而已哉？蓋詭時審己，以成其道焉。〔2〕余故列其風流，區而載之。〔3〕

【注】
〔1〕槩，節也。候時以居，不失去就也。
〔2〕詭，違也。（亦）〔迹〕若違時，〔五〕志存量己也。
〔3〕言其清潔之風，各有條流，故區別而紀之。

周燮字彦祖，汝南安城人，（法）〔決〕曹掾燕之後也。〔1〕〔六〕燮生而欽頤折頞，醜狀駭人。〔2〕其母欲弃之，其父不聽，曰："吾聞賢聖多有異貌。〔3〕興我宗者，乃此兒也。"於是養之。

【注】
〔1〕燕具《獨行篇·周嘉傳》。
〔2〕頤，頷也。欽頤，曲頷也。《說文》曰："頞，鼻莖也。"折亦曲也。欽音丘凡反。欽或作"顉"，音同。
〔3〕伏羲牛首，女媧蛇軀，皋繇鳥喙，孔子牛唇，是聖賢異貌也。又蔡澤亦顉頤蹙頞。

始在髫髫，而知廉讓；〔1〕十歲就學，能通《詩》、《論》；及長，專精《禮》、《易》。不讀非聖之書，不脩賀問之好。有先人草廬結于岡畔，〔2〕下有陂田，常肆勤以自給。〔3〕〔七〕非身所耕漁，則不食也。鄉黨宗

族希得見者。〔4〕

【注】

〔1〕髦,髮也。《礼記》曰:"子生三月之末,擇日翦髮為(髦)[髦],〔八〕男角女羈,否則男左女右。"髦音徒果反。

〔2〕山脊曰岡。

〔3〕肆,陳也。

〔4〕謝承《書》曰"爕居家清處,非法不言,兄弟、父子、室家相待如賓,鄉曲不善者皆從其教"也。

舉孝廉、賢良方正,特徵,皆以疾辭。延光二年,安帝以玄纁羔幣聘爕,〔1〕及南陽馮良,二郡各遣丞掾致禮。宗族更勸之曰:"夫修德立行,所以為國。自先世以來,勳寵相承,君獨何為守東岡之陂乎?"爕曰:"吾既不能隱處巢穴,追綺季之跡,〔2〕而猶顯然不遠父母之國,斯固以滑泥揚波,同其流矣。〔3〕夫修道者,度其時而動。動而不時,焉得亨乎!"〔4〕因自載到潁川陽城,遣[門]生送敬,〔九〕遂辭疾而歸。〔5〕良亦載病到近縣,送禮而還。〔6〕詔書告二郡,歲以羊酒養病。

【注】

〔1〕《禮》,卿執羔。董仲舒《春秋繁露》曰:"凡贄卿用羔,羔有角而不用,類仁者;執之不鳴,殺之不噑,類死義者;羔飲其母必跪,類知禮者:故以為贄。"

〔2〕綺季、東園公、夏黃公、甪里先生,〔一〇〕謂之四皓,隱於商山。見《前書》也。

〔3〕滑,混也。《楚詞》:"何不滑其泥而揚其波。"滑音古没反。

〔4〕亨,通也。《書》曰:"慮善以動,動惟厥時。"

〔5〕送敬猶致謝也。

〔6〕送禮謂送其所致之禮也。

良字君郎。〔一〕出於孤微，少作縣吏。年三十，為尉從佐。[1]奉檄迎督郵，即路慨然，恥在廝役，[2]因壞車殺馬，毀裂衣冠，乃遁至犍為，從杜撫學。妻子求索，蹤迹斷絕。後乃見草中有敗車死馬，衣裳腐朽，謂為虎狼盜賊所害，發喪制服。積十許年，乃還鄉里。志行高整，非禮不動，遇妻子如君臣，鄉黨以為儀表。爕、良年皆七十餘終。

【注】
[1] 從佐謂隨從而已，不主案牘也。
[2] 廝，賤也。

黃憲字叔度，汝南慎陽人也。[1]世貧賤，父為牛醫。

【注】
[1] 在慎水之南，〔一二〕因以名縣。南陽有順陽國，而流俗書此或作"順陽"者，誤。

潁川荀淑至慎陽，遇憲於逆旅，[1]時年十四，淑竦然異之，揖與語，移日不能去。謂憲曰："子，吾之師表也。"既而前至袁（閎）[閬][2]所，〔一三〕未及勞問，逆曰："子國有顏子，寧識之乎？"[3]（閎）[閬]曰："見吾叔度邪？"是時，同郡戴良才高倨傲，而見憲未嘗不正容，及歸，罔然若有失也。其母問曰："汝復從牛醫兒來邪？"對曰："良不見叔度，不自以為不及；既覩其人，則瞻之在前，忽焉在後，[4]固難得而測矣。"同郡陳蕃、周舉〔一四〕常相謂曰："時月之閒不見黃生，則鄙吝之萌復存乎心。"[5]及蕃為三公，臨朝歎曰："叔度若在，吾不敢先佩印綬矣。"太守王龔在郡，禮進賢達，多所降致，卒不能屈憲。郭林宗少游汝南，先過袁（閎）[閬]，不宿而退；進往從憲，累日方還。或以問林宗。[6]林宗曰："奉高之器，譬諸（汎）[沈]濫，〔一五〕

雖清而易挹。〔7〕叔度汪汪若千頃陂，〔一六〕澄之不清，淆之不濁，不可量也。"〔8〕

【注】

〔1〕逆旅，客舍。

〔2〕一作"閭"。〔一七〕

〔3〕顏子，顏回也。

〔4〕《論語》顏回慕孔子之言也。

〔5〕吝，貪也。

〔6〕《郭泰別傳》曰："時林宗過薛恭祖，恭祖問曰：'聞足下見袁奉高，車不停軌，鸞不輟軛，從叔度乃彌信宿也？'"〔一八〕

〔7〕奉高，閎字也。〔一九〕《爾雅》曰："側出（汜）〔沈〕泉，正出濫泉。"（汜）〔沈〕音軌。濫音檻。

〔8〕淆，混也。

憲初舉孝廉，又辟公府，友人勸其仕，憲亦不拒之，暫到京師而還，竟無所就。年四十八終，天下號曰"徵君"。

論曰：黃憲言論風旨，無所傳聞，然士君子見之者，靡不服深遠，去玼吝。〔1〕將以道周性全，無德而稱乎？〔2〕余曾祖穆侯〔3〕以為憲隤然其處順，〔4〕淵乎其似道，〔5〕淺深莫臻其分，清濁未議其方。〔6〕若及門於孔氏，其殆庶乎！〔7〕故嘗著論云。

【注】

〔1〕玼音此。《說文》曰："鮮色也。"據此文當為"疵"，作"玼"者，古字通也。

〔2〕道周備，性全一。無德而稱，言其德大無能名焉。

〔3〕《晉書》曰："范汪字玄平，安北將軍，諡曰穆侯。汪生甯，甯生泰，

泰生曄。"

〔4〕《易·繫詞》曰："坤隤然示人簡矣。"隤，柔順貌。

〔5〕《老子》曰："道沖而用之，或不盈，淵乎似萬物之宗。"言淵深不可知也。

〔6〕《廣雅》曰："方，所也。"

〔7〕《易·繫詞》曰："顏氏之子，其殆庶幾乎！"殆，近也。

徐穉字孺子，豫章南昌人也。〔1〕家貧，常自耕稼，非其力不食。恭儉義讓，所居服其德。屢辟公府，不起。

【注】
〔1〕豫章，郡，今洪州也。南昌，縣，即今豫章縣也。謝承《書》曰"稚少為諸生，學《嚴氏春秋》、《京氏易》、《歐陽尚書》，兼綜風角、星官、筭歷、《河圖》、《七緯》、推步、變易，異行矯時俗，閭里服其德化。有失物者，縣以相還，道無拾遺。四察孝廉，五辟宰府，三舉茂才"也。

時陳蕃為太守，以禮請署功曹，穉不免之，〔二〇〕既謁而退。蕃在郡不接賓客，唯穉來特設一榻，去則縣之。後舉有道，家拜太原太守，〔1〕皆不就。

【注】
〔1〕就家而拜之也。

延熹二年，尚書令陳蕃、僕射胡廣等上疏薦穉等曰："臣聞善人天地之紀，政之所由也。〔1〕《詩》云：'思皇多士，生此王國。'〔2〕天挺俊乂，為陛下出，當輔弼明時，左右大業者也。〔3〕伏見處士豫章徐穉、彭城姜肱、汝南袁閎、〔4〕京兆韋著、〔5〕潁川李曇，德行純備，著于人聽。

若使擢登三事，協亮天工，必能翼宣盛美，增光日月矣。"桓帝乃以安車玄纁，備禮徵之，並不至。帝因問蕃曰："徐穉、袁閎、韋著誰為先後？"蕃對曰："閎生出公族，聞道漸訓。著長於三輔禮義之俗，所謂不扶自直，不鏤自雕。[6]至於穉者，爰自江南卑薄之域，而角立傑出，宜當為先。"[7]

【注】

〔1〕《左傳》曰，晉三郤害伯宗，譖而殺之，及欒弗忌。韓獻子曰"郤氏其不免乎！善人天地之紀也，而驟絕之，不亡何待"也。

〔2〕《大雅·文王》之詩也。思，願也。皇，天也。思願天多生賢人於此王國。

〔3〕左右，助也。

〔4〕閎見《袁安傳》。謝承《書》曰："閎少脩志節，矯俗高厲。"

〔5〕著見《韋彪傳》。謝承《書》曰："為三輔冠族。著少修節操，持《京氏易》、《韓詩》，博通術蓺。"

〔6〕《說苑》曰"蓬生枲中，不扶自直"也。

〔7〕如角之特立也。

穉嘗為太尉黃瓊所辟，不就。及瓊卒歸葬，穉乃負糧徒步到江夏赴之，設雞酒薄祭，哭畢而去，不告姓名。[1]時會者四方名士郭林宗等數十人，聞之，疑其穉也，乃選能言語生茅容輕騎追之。及於塗，容為設飯，共言稼穡之事。臨訣去，謂容曰："為我謝郭林宗，大樹將顛，非一繩所維，何為栖栖不遑寧處？"[2]及林宗有母憂，穉往弔之，置生芻一束於廬前而去。眾怪，不知其故。林宗曰："此必南州高士徐孺子也。《詩》不云乎，'生芻一束，其人如玉。'[3]吾無德以堪之。"

【注】

〔1〕謝承《書》曰："穉諸公所辟雖不就，有死喪負笈赴弔。常於家豫炙

雞一隻，以一兩緜絮漬酒中，暴乾以裹雞，徑到所起冢墠外，以水漬緜使有酒氣，斗米飯，白茅為藉，以雞置前，醊酒畢，留謁則去，不見喪主。"

〔2〕顛，仆也。維，繫也。喻時將衰季，豈一人可能救邪？

〔3〕《小雅·白駒詩》。此戒賢者，行所舍，主人之餼雖薄，要就賢主人，其德如玉然也。

靈帝初，欲蒲輪聘稺，會卒，時年七十二。

子胤字季登，篤行孝悌，亦隱居不仕。〔1〕太守華歆禮請相見，固病不詣。〔2〕漢末寇賊從橫，皆敬胤禮行，轉相約勑，不犯其閒。建安中卒。

【注】

〔1〕謝承《書》曰"胤少遭父母喪，致哀毀瘁，歐血發病。服闋，隱居林藪，躬耕稼穡，勌則誦經，貧寠困乏，執志彌固，不受惠於人"也。

〔2〕《魏志》曰，歆字子魚，平原人。為豫章太守。為政清淨不煩，吏人咸感而愛之。

李曇字雲，少孤，繼母嚴酷，曇事之愈謹，〔1〕為鄉里所稱法。養親行道，終身不仕。

【注】

〔1〕謝承《書》曰："曇少喪父，躬事繼母。［繼母］酷烈，〔二一〕曇性純孝，定省恪勤，妻子恭奉，寒苦執勞，不以為怨。得四時珍玩，先以進母。與徐孺子等海內列名五處士焉。"

姜肱字伯淮，彭城廣戚人也。〔1〕家世名族。〔2〕肱與二弟仲海、季江，俱以孝行著聞。其友愛天至，常共臥起。〔3〕及各娶妻，兄弟相戀，不能別寑,以係嗣當立,〔二〕乃遞往就室。

【注】
〔1〕廣戚故城今徐州沛縣東。
〔2〕謝承《書》曰"祖父豫章太守,父任城相"也。
〔3〕謝承《書》曰"肱性篤孝,事繼母恪勤。母既年少,又嚴厲。肱感《凱風》之孝,兄弟同被而寑,不入房室,以慰母心"也。

肱博通五經,兼明星緯,士之遠來就學者三千餘人。諸公爭加辟命,皆不就。二弟名聲相次,亦不應徵聘,時人慕之。
肱嘗與季江謁郡,夜於道遇盜,欲殺之。肱兄弟更相爭死,賊遂兩釋焉,〔1〕但掠奪衣資而已。既至郡中,見肱無衣服,怪問其故,肱託以它辭,終不言盜。盜聞而感悔,後乃就精廬,〔2〕求見徵君。肱與相見,皆叩頭謝罪,而還所略物。肱不受,勞以酒食而遣之。

【注】
〔1〕謝承《書》曰"肱與季江俱乘車行適野廬,為賊所劫,取其衣物,欲殺其兄弟。肱謂盜曰:'弟年幼,父母所憐愍,又未娉娶,願自殺身濟弟。'季江言:'兄年德在前,家之珍寶,國之英俊,乞自受戮,以代兄命。'盜戢刃曰:'二君所謂賢人,吾等不良,妄相侵犯。'弃物而去。肱車中尚有數千錢,盜不見也,使從者追以與之,亦復不受。肱以物經歷盜手,因以付亭吏而去"也。
〔2〕精廬即精舍也。

後與徐穉俱徵,不至。桓帝乃下彭城使畫工圖其形狀。肱臥於幽闇,以被韜面,〔1〕言患眩疾,不欲出風。工竟不得見之。

【注】
〔1〕韜，臧也。

中常侍曹節等專執朝事，新誅太傅陳蕃、大將軍竇武，欲借寵賢德，以釋衆望，乃白徵肱為太守。肱得詔，乃私告其友曰："吾以虛獲實，遂藉聲價。明明在上，猶當固其本志，況今政在閹豎，夫何為哉！"乃隱身逃命，遠浮海濱。再以玄纁聘，不就。即拜太中大夫，詔書至門，[1] 肱使家人對云"久病就醫"。遂羸服閒行，竄伏青州界中，賣卜給食。召命得斷，家亦不知其處，歷年乃還。年七十七，熹平二年終于家。弟子陳留劉操追慕肱德，共刊石頌之。

【注】
〔1〕謝承《書》曰："靈帝手筆下詔曰：'肱抗陵雲之志，養浩然之氣，以朕德薄，未肯降志。昔許由不屈，王道為化；夷、齊不撓，周德不虧。州郡以禮優順，勿失其意。'"

申屠蟠字子龍，陳留外黃人也。九歲喪父，哀毀過禮。服除，不進酒肉十餘年。每忌日，輒三日不食。[1]

【注】
〔1〕《海內先賢傳》曰："蟠在冢側致甘露、白雉，以孝稱。"

同郡緱氏女玉為父報讎，[1] 殺夫氏之黨，吏執玉以告外黃令梁配，[2] 配欲論殺玉。蟠時年十五，為諸生，進諫曰："玉之節義，足以感無恥之孫，激忍辱之子。不遭明時，尚當表旌廬墓，況在清聽，而不加哀矜！"配善其言，乃為讞得減死論。[3] 鄉人稱美之。

【注】

〔1〕緱，姓也。

〔2〕《續漢書》曰"同縣大女緱玉為從父報仇，殺夫之從母兄李士，姑執玉以告吏"也。〔二三〕

〔3〕讞，請也。

家貧，傭為漆工。郭林宗見而奇之。同郡蔡邕深重蟠，及被州辟，乃辭讓之曰："申屠蟠稟氣玄妙，性敏心通，喪親盡禮，幾於毀滅。至行美義，人所鮮能。安貧樂潛，味道守真，不為燥濕輕重，〔1〕不為窮達易節。〔2〕方之於邕，以齒則長，以德則賢。"

【注】

〔1〕《律歷志》曰："銅為物至精，不為燥濕寒暑變其節，不為風雨暴露改其形，介然有常，似於士君子之行。"

〔2〕《易》曰："窮則獨善其身，達則兼濟天下。"〔二四〕

後郡召為主簿，不行。〔1〕遂隱居精學，博貫五經，兼明圖緯。始與濟陰王子居同在太學，子居臨歿，以身託蟠，蟠乃躬推輦車，送喪歸鄉里。遇司隸從事於河鞏之間，〔2〕從事義之，為封傳護送，〔3〕蟠不肯受，投傳於地而去。事畢還學。

【注】

〔1〕謝承《書》曰"蟠前後徵辟，文書悉挂於樹，初不顧眄"也。

〔2〕《百官志》曰"司隸從事史十二人，秩百石"也。

〔3〕傳謂符牒。使人監送之。

太尉黃瓊辟，不就。及瓊卒，歸葬江夏，四方名豪會帳下者六七千人，〔1〕互相談論，莫有及蟠者。唯南郡一生與相酬對，既別，執蟠手曰：

"君非聘則徵,如是相見於上京矣。"蟠勃然作色曰:"始吾以子為可與言也,何意乃相拘教樂貴之徒邪?"〔2〕因振手而去,不復與言。再舉有道,不就。〔3〕

【注】
〔1〕帳下,葬處。
〔2〕樂音五孝反。
〔3〕謝承《書》曰"詔書令郡以禮發遣,蟠到河南萬歲亭,折轅而旋"也。

先是京師游士汝南范滂等非訐朝政,自公卿以下皆折節下之。〔1〕太學生爭慕其風,以為文學將興,處士復用。蟠獨歎曰:"昔戰國之世,處士橫議,〔2〕列國之王,至為擁篲先驅,〔3〕卒有阬儒燒書之禍,今之謂矣。"乃絕迹於梁碭之間,〔4〕因樹為屋,自同傭人。〔5〕居二年,滂等果罹黨錮,或死或刑者數百人,蟠確然免於疑論。後蟠友人陳郡馮雍坐事繫獄,豫州牧黃琬欲殺之。或勸蟠救雍,蟠不肯行,曰:"黃子琰為吾故邪,未必合罪。如不用吾言,雖往何益!"琬聞之,遂免雍罪。

【注】
〔1〕訐謂橫議是非也。訐或作"評"也。
〔2〕《孟子》曰:"聖王不作,諸侯恣行,處士橫議。"《前書》曰:"秦既稱帝,患周之敗,以為起於處士橫議,諸侯力爭。"《音義》曰:"言由橫議而敗之。"
〔3〕《史記》,鄒衍如燕,昭王擁篲先驅,請列弟子之坐而受業。築碣石宮,身親往師之。
〔4〕梁國有碭縣。
〔5〕謝承《書》曰"居蓬萊之室,〔二五〕依桑樹以為棟"也。

大將軍何進連徵不詣,進必欲致之,使蟠同郡黃忠書勸曰:"前莫府初開，至如先生，特加殊禮，優而不名，申以手筆，設几杖之坐。經過二載，而先生抗志彌高，所尚益固。竊論先生高節有餘，於時則未也。今潁川荀爽載病在道，北海鄭玄北面受署。彼豈樂羈牽哉，知時不可逸豫也。昔人之隱，遭時則放聲滅迹，巢棲茹薇。[1]其不遇也，則裸身大笑，被髮狂歌。[2]今先生處平壤，[3]游人閒，吟典籍，襲衣裳，事異昔人，而欲遠蹈其迹，不亦難乎！孔氏可師，何必首陽。"[4]蟠不荅。

【注】
〔1〕放，棄也。謂棄聲名也。巢棲謂巢父也。《說文》："薇，似藿也。"
〔2〕《楚詞》曰："桑扈裸行。"《史記》曰："箕子被髮陽狂。"歌謂楚狂接輿歌而過孔子也。
〔3〕壤，地也。
〔4〕孔子使子路語隱者云："不仕無義。長幼之節，不可廢也；君臣之義如之何其可廢也？欲潔其身而亂大倫。"首陽，夷、齊所隱山也。

中平五年，復與爽、玄及潁川韓融、[1]陳紀等十四人並博士徵，不至。明年，董卓廢立，蟠及爽、融、紀等復俱公車徵，[2]唯蟠不到。衆人咸勸之，蟠笑而不應。居無幾，爽等為卓所脅迫，西都長安，京師擾亂。及大駕西遷，公卿多遇兵飢，室家流散，融等僅以身脫。唯蟠處亂末，終全高志。年七十四，終于家。

【注】
〔1〕融字元長，韶之子也。見《韶傳》。
〔2〕《續漢志》曰，徵爽為司空，融為尚書，紀為侍中。

贊曰：琛寶可懷，貞期難對。[1]道苟違運，理用同廢。與其遐棲，豈若蒙穢？[2]悽悽碩人，陵阿窮退。[3]韜伏明姿，甘是堙曖。[4]

【注】

〔1〕琛寶喻道德也。貞期謂明時也。對，偶也。

〔2〕蒙穢謂仕亂朝。

〔3〕碩人謂賢者。悽悽，飢病貌也。言賢者退而窮處。《詩·國風》曰："考槃在阿，碩人之薖。"曲陵曰阿。陵，升也。薖，飢也。薖音苦戈反。

〔4〕堙，沈也。曖猶翳也。

【校勘記】

〔一〕邦無道則可卷而懷也　按："則"字原脱，逕據汲本、殿本補。

〔二〕申徒狄　按：汲本、殿本"徒"作"屠"。

〔三〕謝沈書曰　按：汲本、殿本"沈"作"承"。

〔四〕仲叔同郡苟恁　按：《集解》引錢大昕説，謂案《劉平傳》，數薦達名士承宫、郇恁等，即此苟恁也。《説文》無"苟"字，當以"郇"為正。

〔五〕(亦)〔迹〕若違時　據殿本改。

〔六〕(法)〔决〕曹掾燕之後也　據汲本、殿本改。按：殿本《考證》云"决"字監本作"法"。王會汾謂《周嘉傳》言燕於宣帝時為郡决曹掾，則作"法曹"者誤。

〔七〕常肆勤以自給　按：《集解》引錢大昕説，謂"肆"當為"肄"字之誤。

〔八〕擇日剪髮為(髻)〔鬠〕　據殿本改，與今本《禮記》合。

〔九〕遣〔門〕生送敬　據《刊誤》補。

〔一〇〕甪里先生　殿本"甪"作"角"。按：甪本有禄音，後人不知，别造"甪"字代之。《廣韻》一屋亦作"角"，不作"甪"。

〔一一〕良字君郎　按：《集解》引惠棟説，謂袁宏《紀》"君郎"作"君卿"。

〔一二〕在慎水之南　按：《校補》謂"南"字疑"陽"字之誤。

〔一三〕既而前至袁(閎)〔閬〕所　《集解》引陳景雲説，謂黄憲、袁閬俱慎陽人，故荀淑有"子國顔子"之語，慎陽本侯國也。若汝陽袁閎，與憲同郡異縣，則作"閡"非矣。又引黃山説，謂此傳"閡"皆當作"閫"，惟後《徐穉傳》所載，則確為袁閎耳。今據改。

〔一四〕同郡陳蕃周舉　按：《集解》引惠棟説，謂《世説》及袁宏《紀》皆作"周子居"。

〔一五〕譬諸（汜）〔汎〕濫　據殿本改。注同。

〔一六〕叔度汪汪若千頃陂　按：《集解》引惠棟説，謂"千頃"《續漢書》作"萬頃"。

〔一七〕一作閫　按：李慈銘謂《黃憲傳》之"袁閎"，皆為"袁閫"之誤。章懷所注者乃是誤本，其云"一作閫"者，乃別據一不誤之本。

〔一八〕乃彌信宿也　按：《校補》引柳從辰説，謂袁宏《紀》作"乃彌日信宿也"，多"日"字文義更較圓足。

〔一九〕奉高閎字也　按：李慈銘謂袁閫字奉高，見第五十六卷《王龔傳》，《憲傳》與《龔傳》僅隔兩卷，章懷又見他本之作"閫"，乃不能援以改正，反注奉高為閎字，可謂率謬。足見當時東宮僚屬，各人分注，不相證核也。

〔二〇〕穉不免之　按：殿本《考證》引何焯説，謂"免"疑作"就"。《集解》引惠棟説，謂《通鑑》作"穉不之免"，胡注"不辭免也"。袁宏《紀》作"不之起"。

〔二一〕躬事繼母〔繼母〕酷烈　據汲本、殿本補。

〔二二〕以係嗣當立　殿本《考證》謂"係"當作"繼"。按：《集解》引黃山説，謂《御覽》五一五引《續漢書》作"繼"。繫、係、繼三字古以同義通作。

〔二三〕姑執玉以告吏也　按："吏"原譌"史"，逕改正。

〔二四〕易曰達則兼濟天下　汲本、殿本"濟"作"善"。按：《校補》謂"窮則獨善其身，達則兼善天下"，語出《孟子》，注作"《易》曰"，誤。

〔二五〕居蓬萊之室　按：殿本《考證》王會汾謂蓬萊雖皆草名，然古人或作"蓬蒿"，或作"蒿萊"，至蓬萊二字並用，恐與山名相混，此注"萊"字當是"藟"字之誤。